böhlau Wien

Alla mia tanto amata famiglia

Stefan Wallisch

Aufstieg und Fall der Telekratie

Silvio Berlusconi, Romano Prodi und die Politik im Fernsehzeitalter

BÖHLAU VERLAG WIEN · KÖLN · WEIMAR

Gedruckt mit Unterstützung durch
das Bundesministerium für Wissenschaft, Verkehr und Kunst

Umschlagabbildung: Silvio Berlusconi, apa/epa.

Die Deutsche Bibliothek – CIP-Einheitsaufnahme:

Wallisch, Stefan:
Aufstieg und Fall der Telekratie : Silvio Berlusconi, Romano Prodi
und die Politik im Fernsehzeitalter / Stefan Wallisch. -
Wien ; Köln ; Weimar : Böhlau, 1997
ISBN 3-205-98568-0

Layout und Satz: Gianluca Wallisch
Druck: Novographic, A-1238 Wien

Inhalt

Telecrazia all´italiana

„Der Bürger arbeitet in einer Firma des Präsidenten (dem Staat, zum Beispiel), geht in den Supermarkt des Präsidenten einkaufen, der voller Produkte ist, die vom Präsidenten beworben werden;

dann geht er in sein Haus zurück, das vom Präsidenten gebaut wurde, sieht das Fernsehen des Präsidenten (Rai und Fininvest) oder das Pay-TV des Präsidenten;

wenn er keine Lust hat, kann er sich immer noch mit einem Buch oder einer Schallplatte zerstreuen, die vom Präsidenten herausgegeben wurde;

ansonsten blättert er in einer Zeitung des Präsidenten und wählt zwischen den Theaterhäusern (Oper oder Sprechtheater) und den Kinos des Präsidenten, eines, das ein Konzert, ein Theaterstück oder einen vom Präsidenten produzierten Film bringt;

am Sonntag geht er in das Stadion des Präsidenten, in dem man zur Mannschaft des Präsidenten hält, im Sommer reist er mit der Agentur des Präsidenten;

in den Werbeunterbrechungen, während die Spots wieder vorbeiziehen, singt er, um sich zu zerstreuen, die Hymne des Präsidenten.

Was schlecht daran ist?

Es ist das Leben, das seit Jahren die (glücklichen) Fininvest-Angestellten leben.

*Ah ja, die Handys sind von Olivetti, die Autos von Fiat und die Reifen von Pirelli: eine Abwechslung.“**

---

* CORRIAS, Pino / GRAMELLINI, Massimo / MALTESE, Curzio: 1994. Colpo Grosso. Mailand, 1994.

Einleitung

Aufstieg und Fall der Telekratie

Als im Frühjahr 1994 der italienische Medientycoon Silvio Berlusconi nur hundert Tage nach seinem Einstieg in die Politik und der Gründung der neuen Bewegung Forza Italia die Parlamentswahlen gewann und Ministerpräsidenten wurde, blickte ganz Europa besorgt nach Italien. Der Besitzer der drei größten Fernseh-Networks hatte einen beispiellosen TV-Wahlkampf geführt, in dem er das elektronische Medium mit Hilfe von PR und Demoskopie für seine politischen Ziele instrumentalisiert hatte. Europas Intellektuelle verfielen in eine Endzeitstimmung: Mit Berlusconi sei die Demokratie zu Grabe getragen worden. Der Multimilliardär habe die Achillesferse der Demokratie - das Fernsehen - entdeckt. Der Demokratie folge nun die Telekratie, jene Staatsform, in der die Macht nicht vom Volk sondern vom Fernsehen bzw. von dessen Besitzer ausgeht. Besorgt fragte man sich, wann in den anderen Staaten die mediale Machtergreifung stattfinden werde.

Italien 1996 - Das Land hat die Telekratie überlebt, scheint es. Der Telepolitiker Berlusconi wurde von einem unscheinbaren Wirtschaftsprofessor besiegt. Als Romano Prodi in den Palazzo Chigi, den Regierungssitz, einzog, waren Europas Kommentarjournalisten erleichtert. Das Menetekel war verschwunden. Das politische Chaos, kurioserweise der einzige wirklich beständige Faktor in der italienischen Politik, hatte das Pendel in die andere Richtung ausschlagen lassen. Erstmals in der Geschichte wurde das Land von einer Mitte-Links-Regierung geführt. Nach einem halben Jahr wurde Italien allerdings seiner letzten Illusion beraubt. Trotz einiger bemerkenswerter Erfolge gelang es auch dieser Regierung nicht, der Politik Kontinuität zu geben.

„Der Wahlsieg Berlusconis ist von ebenso großer historischer Tragweite wie der Fall der Berliner Mauer.“[1] Paul Virilios Einschätzung der Lage der italienischen Nation von 1994 mag apokalyptisch wirken, und der französische Philosoph meint dies im kulturellen, politischen und geistigen Sinne. Nimmt man den Fall der Berliner Mauer als *pars-pro-toto* für den Zusammenbruch des Kommunismus in Osteuropa, dann muß man erkennen, daß die völlige Tragweite dieses Ereignisses bis heute nicht abzusehen ist. Der Wahlsieg des Begründers von Forza Italia führte 1994 unter den Intellektuellen zu einer Inflation von Neologismen und Etikettierungen. Man versicherte uns, die Geburt einer „Telekratie“, einer „Fernsehrepublik“, der „Postpolitik“ bzw. der „Nichtpolitik“ erlebt zu haben. Virilio ist es wieder einmal am besten gelungen, Aufmerksamkeit zu erregen: Wir erinnern uns noch gerne an den Schauer, den wir verspürten, als wir die Bilder von der Berliner Mauer sahen, die im wahrsten Sinne des Wortes brüchig wurde und dem Ansturm der Menschen nicht mehr standhielt. Wir nahmen via Fernsehen an einem einzigartigen historischen Ereignis teil. Wir ahnten in diesem Moment, daß sich das Leben Hunderter Millionen Menschen ändern würde, zum Besseren - hofften wir. Wir ahnten, daß die Landkarte Europas neu gezeichnet werden würde. Wir konnten noch nicht ahnen, daß durch den späteren Zerfall der UdSSR sogar in Asien neue/alte Länder (wieder)entstehen würden. Wir konnten noch nicht ahnen, daß nach dem Fall einer anderen, einer geistigen, Mauer wenig später mitten in Europa einer der grausamsten Kriege der Menschheitsgeschichte ausbrechen würde.

Deshalb mag Virilos Einschätzung übertrieben gewesen sein. Unbestritten bleibt, daß die Wahl eines Medienmagnaten zum Ministerpräsidenten einzigartig in der Geschichte der Demokratie ist. Der Wahlkampf lief über das Fernsehen in einer Perfektion, von der auch amerikanische Präsidentschaftskandidaten noch etwas lernen könnten. Daß die drei größten privaten Networks Italiens Berlusconi gehören, war für den Erfolg sicherlich nicht hinderlich. Als Ministerpräsident nahm er den Zweiflern und Kritikern keineswegs ihre Vorbehalte.

Der Wahlsieg Berlusconis, sein umstrittener Regierungsstil, sein Abgang und die Neuwahlen 1996, die die Theorie der Telekratie gänzlich umgestoßen haben, indem eine besonnen wirkende Mannschaft gegen Berlusconi erfolgreich war und die Regierungsgeschäfte übernahm, haben deshalb eine Reihe von Fragen aufgeworfen: Fragen zur Zukunft Italiens, aber auch Fragen zur Zukunft der Demokratie in der sogenannten Kommunikations- bzw. Informationsgesellschaft. Diesen mit der gegebenen zeitlichen und räumlichen Distanz nachzugehen, ist Ziel dieses Buches.

Die sogenannte Telekratie ist eine Sonderform der mediatisierten Politik. Im ersten Kapitel kommen die Experten der Politologie und der Kommunikationswissenschaft zu Wort. Jene Forschungsrichtungen gingen von den USA aus, wo das Phänomen der mediatisierten Politik schon seit Jahrzehnten zu beobachten war. Da in Wahlkämpfen die Symbiose von Medien und Politik am stärksten auftritt und da Berlusconi den Sieg seinem professionellen Wahlkampf zu verdanken hat, wird der Wahlkampfforschung besondere Aufmerksamkeit gewidmet.

In Kapitel II beginnt der eigentliche narrative Teil, wo versucht wird, in der Ersten Republik, d.h. in der Zeit vor Ministerpräsident Berlusconi, Antworten auf die gestellten Fragen zu finden. Begründet sich der politische Erfolg des Medienmultis aus der geschichtlichen Entwicklung Italiens nach dem Zweiten Weltkrieg? Bietet die italienische Gesellschaft, aus welchem Grund auch immer, einen besseren Boden für die Telekratie? Oder war es wirklich das Ende des Kalten Krieges, das in Italien ähnlich revolutionäre Veränderungen bewirkt hat wie in Osteuropa? Den Korruptionsermittlungen der Mailänder Staatsanwälte und dem Sturz einer ganzen Politikergeneration Anfang der Neunziger wird besondere Beachtung geschenkt.

Wenn Berlusconi tatsächlich die Telekratie eingeführt hat, dann nur deshalb, weil ihm die Gesellschaft, die Politik und die Medien die Voraussetzungen dafür geboten haben. Die Medienkultur eines Landes gilt weithin als Spiegel der Gesellschaft. Italien ist für das hohe Niveau der Tageszeitungen und das erschreckend niedrige Niveau der privaten TV-Stationen bekannt. Nota bene: Berlusconi besitzt sowohl prestigereiche Printmedien als auch erfolgreiche Fernseh-Networks! Viele haben schon nach den Ursachen dieser qualitativen „Bewußtseinsspaltung" im Medienkonsum der Italiener gesucht. Die Antwort kann nur vage sein, sie liegt in der Geschichte. Kapitel III skizziert diese einzigartige Medienlandschaft.

Der vierte Abschnitt dieses Buches beschäftigt sich mit der Person Silvio Berlusconis sowie mit seiner wirtschaftlichen und politischen Erfolgsstory. Sein Erfolg als Unternehmer basierte zum Teil auf seinen guten Verbindungen zur alten Regierungskaste, die jetzt größtenteils auf der Anklagebank sitzt. Als diese Verbindungen verlorengingen, betrat er selbst die Bühne der Politik und gründete die „virtuelle Partei" Forza Italia. Berlusconi hat im Wahlkampf den Populismus via Fernsehen neu erfunden. Mit Videoclip und eigener Hymne, die an die Signation einer Olympiade oder Fußball-WM erinnert, hat er sich wie ein Produkt verkauft und war damit erfolgreich. Als Ministerpräsident war es aber nicht mehr ausreichend, sich als Produkt zu verkaufen. Jedes Waschmittel, auch das mit dem besten Werbeslogan, muß auch waschen, sonst ist es im Handumdrehen wieder vom Markt verschwunden. So geschah es denn auch: Nach wenigen Monaten, im Dezember 1994, ging ihm die sezessionistische Lega Nord als Koalitionspartner verloren. Eine Vorladung der Mailänder Staatsanwälte brachte ihn schließlich zu Fall.

Die Expertenregierung unter Lamberto Dini sollte eine Konsolidierungsphase für das Land einleiten, das allerdings wie gelähmt war und auf Neuwahlen wartete. Ein Mann begann diesen Wahlkampf, noch lange bevor er eröffnet wurde. Der Bologneser Wirtschaftsprofessor Romano Prodi vereinte das fragile Mitte-Links-Bündnis unter dem Namen Ulivo - d.h. der Olivenbaum als Zeichen des Friedens (Kap. V). Prodis Wahlsieg stellte alle Theorien zur Telekratie wieder in Frage. Der unscheinbare und wenig telegene Professor hatte sich gegen das Mediengenie durchgesetzt. War die Telekratie endgültig gestorben, oder steht Prodi für eine andere Form der Telekratie? Sein Autobus, mit dem er im Wahlkampf durch Italien reiste, wurde zum *Symbol* der direkten Kommunikation. Prodi verkörperte nicht den Großunternehmer, der es geschafft hatte, sondern den schrulligen Professor von nebenan, von dem man keine Überraschungen welcher Art auch immer zu erwarten hatte. Ohne Fernsehen hätte aber auch er nicht diese Botschaft vermitteln können.

Kapitel VI analysiert die beiden Wahlkämpfe, die Geschichte geschrieben haben.

Auch dem Ulivo gelang es - zumindest in den ersten Monaten - nicht, die versprochene neue Art des Regierens umzusetzen. Für die nächsten Wahlen werden bereits die Karten wieder neu gemischt. Eine Regierung Berlusconi II ist möglich, wenn nicht wahrscheinlich. Dennoch: Eine „mediale Machtergreifung" wie 1994 wird es nicht mehr geben. Dies belegten bereits die Wahlen zwei Jahre später. Zu einzigartig war die Situation, als nach dem Sturz einer gesamten Politikergeneration im völligen Vakuum erstmals mit einem neuen Wahlrecht zu den Urnen gerufen wurde. Was wir im Frühjahr 1994 in Italien erlebt haben, war eine kommunikationsgesellschaftliche Revolution. Wenn es stimmt, daß die Revolution ihre Kinder frißt, dann ist es auch wahrscheinlich, daß das Revolutionsmedium Fernsehen sein Liebkind, Silvio Berlusconi, frißt, denn eine zweite Niederlage würde der Großunternehmer wahrscheinlich nicht mehr hinnehmen.

So wichtig die Zukunft der italienischen Demokratie auch ist, es stellen sich allerdings auch andere Fragen: Kann das, was im „Labor" Italien geschehen ist, auch in anderen Demokratien passieren? Es gibt sehr wohl kulturelle und geschichtliche Unterschiede zwischen den einzelnen Ländern, die es nicht erlauben, den Wahlerfolg von Berlusconi für Prognosen für andere Nationen anzuwenden. Italien '94 läßt Tendenzen, aber keine unaufhaltsamen Strömungen für die politische Kommunikationskultur in Europa erkennen, schließlich wurden sie ja bereits nach knappen zwei Jahren - zumindest teilweise - widerlegt. So wird es daher in absehbarer Zeit in Österreich auch keinen Bundeskanzler Dichand mit einer Bewegung namens „Immer wieder Österreich" geben (Kap. VII).

Hat das heutige demokratische Modell aber überhaupt noch Zukunft? Es besteht sicherlich die Gefahr, daß Politik wie der private Rundfunk seine Aktivitäten zur reinen Quotenjagd degeneriert. Beim Rundfunk sind es Einschaltquoten, bei den Politikern Beliebtheits- und Wahlquoten. Seriöse, oft unpopuläre Sachpolitik fällt populistischen Strohfeuern zum Opfer. Die Politik kann sich den Gesetzen der Kommunikationsgesellschaft anpassen, oder das Welt-Medium Fernsehen beginnt Verantwortung zu übernehmen - eine Illusion?

Kassandra-Rufe der Philosophen des Fernsehzeitalters

Europa scheint (vorübergehend) Berlusconi überlebt zu haben, dennoch soll betont werden, daß die gesellschaftlichen Entwicklungen, die die Wahl eines Medientycoons zum Ministerpräsidenten erlaubt haben, nach wie vor gegeben sind. Ohne aber die Warnungen leichtfertig mißachten zu wollen, ist eine distanzierte Sichtweise unabdingbar. Die Aufgabe der Medienkritiker und -philosophen ist es auch, die Gesellschaft auf besorgniserregende Veränderungen aufmerksam zu machen. In der Postmoderne nehmen die Medienkritiker, allen voran die Stars Paul Virilio und Jean Baudrillard, die Rolle der Kassandra aus der griechischen Mythologie ein. Wir wollen klüger als Trojas Bürger sein und den Warnungen zumindest Aufmerksamkeit schenken. Die „kassandrischen" Gedankengänge sind in vielen Fällen äußerst spannend und schärfen unsere Sinne für gesellschaftliche Veränderungen, die durch das Fernsehen bewirkt werden. Es ist eine große Tugend, die vielbeschworenen „Zeichen der Zeit" lesen zu können, und gerade in Phasen des gesellschaftlichen und politischen Umbruchs ist eine verfeinerte Sensibilität für Veränderungen angebracht.

Virilio verglich die Bedeutung des Wahlsieges Berlusconis mit der des Falles der Berliner Mauer und meinte sicherlich nicht die positiven Veränderungen, die der 9. November 1989 gebracht hat. Demnach müßte Berlusconi erhebliche politische und gesellschaftliche Veränderungen für ganz Europa bewirkt haben oder noch nach sich ziehen. Der französische Philosoph wählt wie sein Kollege Jean Baudrillard gerne drastische Formulierungen; damit erreicht man leichter die Aufmerksamkeit der Medien. Virilo verkündete auf diese Weise, die Wahlen seien ein audiovisueller Staatsstreich gewesen.

Warum reagierten der Pariser Philosoph und manche seiner Kollegen so sensibel auf die Veränderungen in Italien? Berlusconis Medienimperium ist einzigartig und in Frankreich findet man trotz einiger Tendenzen nichts Vergleichbares. Alain Minc nennt in *Le Monde* geschichtspolitische Fakten, die die Sensibilität der Franzosen für die Veränderungen in Italien legitimieren. Er erinnert daran, daß Italien bereits in den zwanziger Jahren „das Laboratorium der politischen Entwicklung in Europa" war.[2] Werner Raith führt diesen Gedanken in seinem Buch *Der Korruptionsschock* aus: „Genau in diesem Zusammenhang wird das Beispiel Italiens besonders wichtig: Dort hat sich seit eh und je - zurück bis zu den Römern der Antike - stets eine besonders schnelle Reaktion auf alle gesellschaftlichen Veränderungen eingestellt. Dies gilt im guten wie im schlechten, für die Entwicklung des neuzeitlichen Kapitalismus und des Humanismus als moderne Philosophie ebenso wie für die Reichseinigung im vorigen Jahrhundert, den Faschismus der zwanziger Jahre, den Übergang zur Demokratie bei Kriegsende und die erste Öffnung eines westeuropäischen Systems für die Linke in den sechziger Jahren."[3] Auch Angelo Bolaffi sieht in der „verspäteten Nation" Italien einen Seismographen, „der auf die Bewegungen in den tektonischen Schichten der europäischen Seele zu reagieren verstand. In mehr als einem Fall hat es ein schlechtes Beispiel gegeben."[4]

Der Pariser Philosoph Paul Virilio geht allerdings noch einen Schritt weiter. Für ihn ist Italien nicht ein Seismograph, sondern das Epizentrum aller Veränderungen in Europa. In einem Interview zum politischen Aufstieg Berlusconis führt er diesen Gedanken genauer aus: „Die Ideen sind alle aus Italien gekommen, alle philosophischen und politischen Ideen sind aus Italien gekommen. [...] Italien [...] ist, was es immer war. Es ist ganz auf der Höhe, auf allen Gebieten, denken Sie an Kapazitäten wie Marconi, Gramsci, Sciascia, das Kino wäre nichts ohne Rossellini und Fellini, lange vor Heidegger gab es in Italien Marinetti und den Futurismus, sie haben die Herrschaft der Technik über Kultur und Politik überhaupt erfunden. Italien ist das Labor der Moderne für ganz Europa. Es gäbe Frankreich überhaupt nicht ohne Italien."[5]

Die hier angeführten Beobachter beantworten demnach die Frage nach dem „Labor" Italien mit einem klaren Ja. Italien führte uns 1994 - um bei der Metapher des Labors zu bleiben - ein Experiment der Telekratie vor. Die in Italien erlebten Veränderungen werden nicht zwangsläufig auch in den anderen westlichen Demokratien nachvollzogen werden. Italien gibt einen Trend vor, dem die anderen westlichen Demokratien in unterschiedlicher Weise folgen werden. Virilio erkennt in Italien sogar die Avantgarde des Vergessens, das Ende der Politik, das Ende der Demokratie und die Avantgarde der Amerikanisierung Europas.[6]

Es ist nicht so, daß Berlusconi als Politiker die Demokratie abschaffen würde, er lebt aber *im* und *vom* Fernsehen, das den realen Ort der Begegnung unwichtig werden läßt. Berlusconi gehört der Generation von Politikern an, die das Wahlvolk zwar täglich im Fernsehen sieht - vielleicht sogar öfter als manche Familienmitglieder zu Hause -, aber nur in Ausnahmefällen auch persönlich, d.h. real, begegnet. Er ist ein „virtueller Präsident".[7]

Pippo Baudo, einer der bekanntesten Showmaster Italiens, wird von fünf Prozent der Acht- bis Zehnjährigen für eine Fiktion gehalten. Diese Zahl ergab eine Umfrage unter italienischen Schulkindern.[8] Das „Wirkliche" und das „Bildhafte" werden visuell vertauschbar.[9] Für den Betrachter wird es irrelevant, ob der Schauplatz oder gar die Person im Fernsehen real ist, er kann es sowieso nicht verifizieren. So ist es auch mit den Politikern, man kann ihre Realität oder zumindest ihre Personalität nicht mehr unmittelbar wahrnehmen. Berlusconi steht für diese Entwicklung. Das beste Beispiel ist seine „Rede an die Nation" vom 26.1.1994, in der er seinen Einstieg in die Politik bekanntgab. Das Arbeitszimmer, in dem die Rede aufgezeichnet worden war, existierte nicht. Die Kulisse war extra für die Rede auf der Baustelle der neuen Berlusconi-Villa im Parco di Macherio aufgebaut worden.[10] Dies ist kein Verbrechen, gewiß. Es zeigt aber deutlich auf, wie sehr bei Berlusconi die Grenzen zwischen Fiktion und Wirklichkeit verschwimmen. Wenn das Arbeitszimmer Fiktion ist, warum sollte dann alles andere, warum sollte sogar Berlusconi selbst Realität sein?

Unter diesem Blickwinkel versteht man Virilos Szenario vom Ende der Demokratie besser: Wie kann man die Macht mit dem Volk teilen, wenn man für das Volk nur virtuell existiert? Dies ist eine Entwicklung, die noch schwerwiegende Folgen mit sich bringen wird. Gerade jene Generation, die in der virtuellen Welt des Bildes, d.h. des Fernsehens, aufgewachsen ist, ist von dieser Form der Politik fasziniert und ergriffen.

Waren Virilio und *Libération* die übervorsichtigen Warner, so versuchen Baudrillard und *L'Evénement du Jeudi* die Situation realistisch, aber nicht so aufgeregt zu sehen. Der Fernsehfaschismus wird als Gefahr erkannt, das Medium Fernsehen aber nicht kategorisch dämonisiert. Man erinnert daran, daß das Fernsehen die Kommunisten-Jagd durch Senator McCarthy in den fünfziger Jahren beendet hat, und man zitiert Arthur Miller, in dessen Augen die USA dem Fernsehen deshalb „ewige Dankbarkeit schuldet".[11] Man könnte den Gedanken von *L'Evénement* weiter verfolgen und die Kriegsmüdigkeit in den USA gegen Ende des Vietnam-Krieges, die politische Isolierung Chinas (die allerdings nicht lange währte) nach der blutigen Niederschlagung der Demokratisierungsbewegung und noch viele andere Ereignisse als positive Einflußnahmen des Fernsehens auf Prozesse in der Gesellschaft nennen. Das Fernsehen ist nicht an sich „schlecht", es kommt nur darauf an, was man damit macht. Baudrillard versucht zu relativieren und nicht dem „Pawlowschen Reflex angesehener Intellektueller"[12] zu verfallen, wie es der journalistische Weggefährte Montanellis,

Mario Cervi, nennt. Die Dämonisierung Berlusconis und die Überreaktion der Intellektuellen bewirke in den unteren sozialen Schichten nur das Gegenteil.

Baudrillard glaubt nicht, daß Berlusconi seine Medienmacht in politische Macht ummünzen kann. Er sei vielmehr das Resultat eines globalen Bankrottes, des Verlustes der Ideale, der Korruption der Eliten. Die Verantwortung für den Sieg sei nicht in der Person Berlusconi und seinen Massenmedien zu suchen, sondern in den aufgeriebenen Korruptions-Parteien, die ein großes Vakuum hinterlassen haben, das man nur ausfüllen mußte.

Dies wird dadurch erleichtert, daß die Partei- und Regierungsprogramme sich in der modernen Gesellschaft immer ähnlicher werden. Richard Münch, Soziologe, formuliert es so: „Der Handlungsspielraum für Regierungen ist ohnehin sehr eng gesteckt. Die Zielvorgaben stehen fest: Steigerung von Wohlstand und Wohlfahrt bei Erhaltung des ökologischen Gleichgewichts.“[13] Was will man mehr, wer kann gegen dieses Programm stimmen? Berlusconi hat durch detaillierte Meinungsumfragen die zentralen Sehnsüchte der Italiener erheben lassen und kam - wer hätte das gedacht - auf die Wunschliste, wie sie Münch darstellt.

Ideologien im klassischen Sinne werden unmodern, der Populismus wird zum tragenden Element der Politik. Die Macht via Medien kann nur erhalten werden, wenn man die Sprache der Medien spricht, und diese ist die des Populismus. Im Emotions-Medium Fernsehen muß man mit Gefühlen arbeiten, um politische Erfolge erzielen zu können. Wenn der Populismus zur Voraussetzung wird, verlieren Sachpolitik und Politik der Vernunft ihre tragende Rolle in der Gesellschaft. Es stellt sich allerdings die Frage, wann und wie lange der Populismus regieren kann. Die tatsächliche Umsetzung der Telekratie bedarf einiger entscheidender Grundvoraussetzungen. Die wichtigste Voraussetzung ist die Etablierung der Kommunikationsgesellschaft. Ohne Kommunikations-Infrastruktur, die nur in dieser Gesellschaftsform über ein derart hohes Niveau verfügt, kann die Telekratie nicht funktionieren. Man muß jeden Bürger jederzeit direkt ansprechen können. Hitler konnte es schon via Radio, das Fernsehen und die Live-Berichterstattung bieten aber eine wesentlich bessere Plattform. Auch hat sich die PR(opaganda)-Technik verbessert. Politik, Werbung und Unterhaltung haben zu einer scheinbar perfekten Synthese zusammengefunden, sie wurden zur Politik im Fernsehzeitalter...

Anmerkungen:

1 Zit.n. ALTWEGG, Jürg: Sanfter Totalitarismus. Völker, seht die Einschaltquoten: Paris ist von Rom gebannt. In: Frankfurter Allgemeine Zeitung. 21.4.1994, S.33.
2 Zit.n. ALTWEGG, Jürg: Sanfter Totalitarismus. a.a.O.
3 RAITH, Werner: Der Korruptionsschock. Demokratie zwischen Auflösung und Erneuerung: Das Beispiel Italien. Hamburg 1994, S.7f.
4 Zit.n. BOLAFFI, Angelo: Spieler unter Zugzwang. Italiens Intellektuelle am Beginn der Epoche Berlusconi. In: Frankfurter Allgemeine Zeitung. 8.6.1994, S.33.
5 „Die Avantgarde des Vergessens“. Ein ZEIT-Interview mit Paul Virilio. In: Die Zeit. 15.4.1994. S.53.
6 Zit.n. BOLAFFI, Angelo: Spieler unter Zugzwang. a.a.O.

7 Das italienische Autorenteam Pino Corrias, Massimo Gramellini und Curzio Maltese hat den Ausdruck des „virtuellen Präsidenten“ geprägt. Vgl.: CORRIAS, Pino / GRAMELLINI, Massimo / MALTESE, Curzio: 1994. Colpo grosso. a.a.O. S.77.

8 POLACZEK, Dietmar: In der Wasserleitung fließt Gratisalkohol. Berlusconis Videokratie oder Warum Italiens Demokraten ohne Verbraucherschutz auskommen. In: Frankfurter Allgemeine Zeitung. 16.6.1994. S.36.

9 VIRILIO, Paul: Revolution der Geschwindigkeit. a.a.O. S.49.

10 CORRIAS, Pino / GRAMELLINI, Massimo / MALTESE, Curzio: 1994. Colpo Grosso. a.a.O.

11 Zit.n. ALTWEGG, Jürg: Sanfter Totalitarismus. a.a.O.

12 CERVI, Mario: Der Faschismus ist tot. In: Frankfurter Allgemeine Zeitung. 16.8.1994, S.8.

13 MÜNCH, Richard: Journalismus in der Kommunikationsgesellschaft. a.a.O. S.266.

I. Politik im Fernsehzeitalter

„Über Erfolg und Mißerfolg politischer Maßnahmen entscheidet immer weniger die Richtigkeit der Maßnahme an sich und immer mehr die Art ihrer öffentlichen Thematisierung. Politik wird von der Dramaturgie der öffentlichen Darstellung diktiert. Die öffentliche Inszenierung wird zum eigentlichen Erfolgskriterium der Politik."[1] Der deutsche Soziologe Richard Münch setzte sich in seinem 1991 erschienenen Buch *Dialektik der Kommunikationsgesellschaft* mit den Veränderungen der politischen Kommunikation auseinander, die durch die Massenmedien bedingt werden. In der mediatisierten Gesellschaft scheint es, als bestimme die Form, die gekonnte Inszenierung, und nicht die Unantastbarkeit der Argumentation über die Breite ihrer Akzeptanz. Kann aber Politik funktionieren, wenn Entscheidungen nur nach ihrem Marktwert, nach demoskopischen Trends, nach ihrer „Verkaufbarkeit", und nicht zum langfristigen Vorteil eines Landes gefällt werden, wenn Politiker nach ihrer Telegenität und nicht nach ihrer Integrität und Kompetenz beurteilt werden? Kritiker haben bereits das Ende der Demokratie vor Augen, die Massenmedien würden die Demokratie behindern, sie entwerten oder gar ihre Existenz bedrohen.

In der Diskussion um den Stellenwert politischer Kommunikation in der modernen Gesellschaft vermischen sich oft wissenschaftliche Fakten mit gesellschaftskritischen Thesen und politischen Ideologien. Journalisten, Intellektuelle, Politiker und Künstler fühlen sich gleichermaßen berufen, sich zu diesem Thema zu äußern. Die zahlreichen Wortmeldungen belegen die Bedeutung, die der politischen Kommunikation heute allgemein beigemessen wird. Die exaktesten Aussagen können die Wissenschaftler mit ihrer in Jahrzehnten perfektionierten Wahlkampfforschung liefern. Das Instrumentarium der Wahlkampfforschung ermöglicht überaus detaillierte und präzise Forschungsergebnisse, weil ein Wahlkampf zeitlich und räumlich begrenzt ist.

Um langfristige Zustimmung für die Regierungsarbeit zu erlangen, muß das politisch-administrative System seine Arbeit durch die Medien der Öffentlichkeit präsentieren. Regierungskommunikation ist deshalb „das wichtigste Instrument politischer Führung in einer parlamentarischen Demokratie".[2] Wenn solche Kommunikationsmuster nicht funktionieren, ebbt die Zustimmung rapide ab. „Maastricht I" war für viele EU-Politiker wohl ein Lehrbeispiel dafür, daß die ständige, professionelle Informationsarbeit zu den Essentials jeder Art von demokratischer Politik gehört. In diesem Sinne definiert etwa auch der deutsche Politiker Dieter Vogel demokratische Politik als „kommunikative Politik", die nicht nur Politiker einschließt, sondern in jeweils wesentlichen Rollen auch die Journalisten und das Medienpublikum.[3]

Die steigende Bedeutung der PR-Experten in den Parteien steht für diese Entwicklung. Dieser Trend ist in den USA schon lange Zeit zu beobachten. Deutschland und Österreich hinken noch etwas nach. Ein Grund dafür mag im relativ traditionellen Politikverständnis dieser Länder liegen. Italien scheint unter Berlusconi zumindest in diesem Punkt in Europa eine Vorreiterrolle eingenommen zu haben. Giuliano Ferrara war als Minister ausschließlich für die Öffentlichkeitsarbeit der Regierung zuständig; damit wurde die Funktion eines Pressesprechers bzw. PR-Managers erstmals auf das Niveau eines Ministers gehoben. Dieses „Adeln" der politischen PR veranschaulicht nicht nur die gestiegene Bedeutung, sondern zweifellos auch die gestiegene Professionalität dieses Sektors.

Die Professionalität der politischen PR, die Personalisierung der Politik auf wenige, populäre Gesichter und die Verlagerung von Konflikten auf die Bühne der Massenmedien kann unser Demokratieverständnis in gewisser Weise in Frage stellen. „Es besteht die Gefahr, daß die so entstehende Funktions- und damit Kommunikationselite den Prozeß der politischen Kommunikation oligarchisiert."[4] Das würde bedeuten, daß politische Kommunikation wieder kleinen, auserwählten Gruppen vorbehalten bleibt, eine zutiefst undemokratische Perspektive: Statt Integration Desintegration.[5] Die Etablierung dieser „Kommunikationselite" steigert allerdings bei jenen, die ihr nicht angehören, die oft beklagte Politikverdrossenheit. Der „kleine Mann" fühlt sich von „denen da oben" im Stich gelassen. Für den Populisten ist es daher ein leichtes Spiel, diese Wähler für sich zu gewinnen.

Bemerkenswert ist dies deshalb, weil gerade die Populisten eine Etablierung der Kommunikationselite vorantreiben, indem sie durch eine starke Zentrierung des Öffentlichkeitsbildes der ganzen Partei auf ihre Person den Parteimitgliedern und -funktionären jede Möglichkeit der Selbstdarstellung in den Medien nehmen. In die Öffentlichkeit tritt nur der Parteivorsitzende. Da er keine Zwischenrufe aus den eigenen Reihen zu befürchten hat, entsteht das Bild einer homogenen und funktionierenden Partei. Daß gerade diese Parteistruktur aber die Schaffung einer Kommunikationselite fördert, wird von den Anhängern dieser Bewegungen gerne übersehen.

Die genannten Tendenzen kann man in den europäischen Demokratien zwar bereits überall beobachten, aber es gibt in einer Legislaturperiode immer wieder Phasen „klassischer" Politik, in denen Personalisierung und Inszenierung etwas in den Hintergrund treten. Im Wahlkampf kehren diese Formen allerdings dann in gebündelter Form zurück. Für den Wissenschaftler ist dies insofern ein Vorteil, als er diese Phänomene in einem zeitlich begrenzten Rahmen in einer „laborähnlichen" Situation beobachten kann. Es besteht dann allerdings die Gefahr der Verallgemeinerung,[6] die 1994 in Italien bei vielen Medientheoretikern und Medienkritikern zu beobachten war: Sie hatten aufgrund des spektakulären Wahlkampfes von Forza Italia die italienische Demokratie bereits zu Grabe getragen. Wie man allerdings bereits nach wenigen Wochen beobachten konnte, ließen sich mit den erprobten Mitteln zwar Wahlen gewinnen, aber es ließ sich damit noch lange nicht Politik machen. So kommen die Wahlkampfanalysen auch in Deutschland und Österreich immer wieder zu widersprüchlichen Ergebnissen, vor allem lassen sie keine allgemein gültigen Rückschlüsse auf die Tagespolitik zu.

Smarte Parteileader statt grauer Ideologen

Durch die zahlreichen Neologismen wird die zunehmende Bedeutung der Massenmedien in der politischen Kommunikation illustriert: Wir erleben demnach die Video- bzw. Telekratie, die Mediatisierung bzw. Medifizierung der Politik. Sarcinelli und Plasser sprechen von der „rhetorischen Politik", von „symbolischer Pseudopolitik" und dem „zwanghaften Bemühen um Medienpräsenz".[7]

Der Begriff „Telekratie" tauchte als Schlagwort - wenn auch nur sehr selten benutzt - erstmals bereits in den fünfziger Jahren auf. Damals hielten die Fernsehkameras in die Parlamentssäle Einzug. Man befürchtete einen durch das Fernsehen bewirkten Wandel der Parlamentsarbeit. Diese Befürchtung hat sich, wie wir heute wissen, teilweise als begründet erwiesen. Telekratie wird oft als Fortsetzung bzw. Ablösung der Demokratie verstanden. Vom wissenschaftlichen Standpunkt kann man das Ende der Demokratie allerdings noch nicht belegen, deshalb soll dieses Modewort den Gesellschafts- und Medienkritikern überlassen und gegebenenfalls als *„eye-catcher"* verwendet werden. „Mediatisierung von Politik meint wohl das für alle modernen westlichen Systeme gültige Faktum, daß der Legitimationsbedarf, verstanden als Rechtfertigung, Begründung und Darstellung von Politik, in dem Maße zunimmt, in dem die politischen Entscheidungsstrukturen komplexer, Willensbildungsprozesse intransparenter und damit die Zuordnung von Verantwortung schwerer nachvollziehbar werden. Wenn Politik nicht zuletzt die Kunst ist, 'im Medium der Öffentlichkeit Zustimmungsbereitschaften zu erzeugen', dann hat also Politik mehr denn je 'mediatisierte Politik' zu sein."[8]

Ulrich Sarcinelli begründet die Mediatisierung aus der Gesellschaftsfunktion der Medien. Medien sind ein elementarer Bestandteil der Demokratie. Das demokratische System ist begründungs-, legitimationspflichtig und zustimmungsabhängig. Politiker müssen ihr Verhalten vor den Wählern rechtfertigen, um auch bei den nächsten Wahlen das Vertrauen ausgesprochen zu bekommen. Neben den Wahlen dienen meist Volksabstimmungen bzw. Referenden dazu, von der Bevölkerung das Einverständnis für die Umsetzung bestimmter politischer Programme oder Maßnahmen zu bekommen. „Insofern ist Mediatisierung von Politik zunächst eine Folge eines verstärkt drohenden, latenten Legitimationsentzugs."[9]

Die Massenmedien bieten die Möglichkeit, politische Inhalte vor den Augen aller auch darstellen zu können. Politik wird in der modernen Gesellschaft fast ausschließlich über diese Kanäle verbreitet.[10] Ulrich Sarcinelli erkennt darin einen „Bedeutungszuwachs des Kommunikativen" in der Politik: „All dies spricht dafür, daß die Organisation von Zustimmung, daß der Prozeß der Mehrheitsbeschaffung in der Politik nicht weniger, sondern mehr Kommunikationsaufwand voraussetzen wird. Auszugehen ist also von einem Bedeutungszuwachs des Kommunikativen in der Politik und damit der medienvermittelten Kommunikation.“ Mit der zunehmenden Bedeutung der Kommunikation wachsen auch die politischen Darstellungsmöglichkeiten: „Politikvermittlung reicht deshalb vom technisch perfektionierten, sozialpsychologisch subtil kalkulierten Kommunikationsmanagement, von der politischen Dramaturgie und Inszenierung von Pseudorealität bis zur sachbezogenen Information und Aufklärung, vom politischen ‘Showgeschäft’ bis zur informationsgesättigten politischen Bewußtseinsbildung.“[11]

Heinrich Oberreuter führt die Veränderungen in der Politik an, die durch die Mediatisierung ausgelöst wurden:

- Politik wird in der Publikumswahrnehmung zum Schauspiel, stilisiert durch dramaturgische Erfordernisse (Spannung, Verkürzung, Simplifizierung); mit Bevorzugung des Visualisierbaren, Personalisierbaren und Ritualisierbaren.

- Politiker werden zu übereilten Äußerungen und Aktionen genötigt, und Fernsehdramaturgie tritt vielfach an die Stelle der Staatskunst bzw. der politischen Führung;

- zwischen dem Handeln der Politiker im Entscheidungsprozeß und ihrem Auftreten in der Öffentlichkeit entsteht eine Kluft;

- diese Kluft wird dadurch überwunden, daß „Theater, Themenverschleiß und Diskontinuität“ zur politischen Realität werden und politische Planung sich in Kommunikationsplanung verwandelt;

- Politiker wiederum bedienen sich der Eigengesetzlichkeit der Medien; Politik und Medien unterwerfen und instrumentalisieren sich somit wechselseitig.[12]

Die Mediatisierung der Politik wird von allen beklagt, und es scheint, als überwiegen die Nachteile eindeutig die Vorteile. Vor allem die Politiker beklagen diesen Zustand. Man könne nicht mehr effektiv arbeiten, die Sachpolitik trete in den Hintergrund etc. Saxer läßt diese Schuldzuweisung zu Lasten der Journalisten allein nicht gelten: „Was die Politiker betrifft, so tragen sie an der von ihnen beklagten Mediatisierung von Politik ein gerüttelt Maß an Mitschuld, gerade weil sie die Medien für ihre Zwecke instrumentalisieren wollen. Dies veranlaßt sie ja zur antizipatorischen Anpassung an deren Publizitätsmechanismen, namentlich an die journalistischen Nachrichtenwerte. Und da sie dem Fernsehen übergroße politische Macht zuschreiben, lassen sie sich auf dieses Medium besonders intensiv ein und vermindern damit selber den Gehalt von Politik. Insbesondere hat die wiederum vor allem im Fernsehen gepflegte Selbstdarstellung der Politiker als omnipotenter Urheber positiver Entwicklungen ständig Enttäuschungen im Publikum über den realen politischen Prozeß zur Folge, und damit Legitimitätseinbußen demokratischer Politik überhaupt.“[13]

Oberreuter spricht in diesem Zusammenhang deshalb von der „Unterwerfung der Politik unter die Eigengesetzlichkeit des Mediensystems“[14] Ähnlich Helmut Schmidt: „Ich selbst bin allerdings skeptisch hinsichtlich des politischen Einflusses des Fernsehens als vielmehr hinsichtlich der freiwilligen Unterwerfung der Politiker unter die Fernsehdramaturgie.“[15]

Der Wahlkampf stellt, wie Langenbucher anmerkt[16], eine Ausnahmesituation dar. In der Alltagspolitik wenden sich die Politiker oft wieder den Zeitungen zu, weil sie dort mehr Raum zur Selbstdarstellung finden. Im Fernsehen sind Politiker zwar „omnipräsent“, aber nur in Ausnahmefällen kommen sie länger zu Wort. Die Zeitung bietet hier die wesentlich besseren Voraussetzungen, kompliziertere Sachverhalte darzustellen. Im Wahlkampf sind allerdings sachpolitische oder programmatische Themen nicht gefragt. Man muß Stimmungen erzeugen, und dafür ist das „Emotionsmedium“ Fernsehen am besten geeignet.

Der Einfluß der Massenmedien auf den Ablauf politischer Themen ist evident: Die Massenmedien übertragen ihre „Neophilie“, die Sehnsucht nach stets Neuem, auf die Politik, die dadurch ebenfalls kurzlebiger wird.[17] Dies stellt ein Grundproblem der modernen Politik dar. Der in einer Demokratie nötige Diskussionsprozeß wird verkürzt, und politische Entscheidungen werden oft voreilig getroffen. Der Reflexionszeitraum fällt durch die omnipräsenten TV-Kameras weg. Vor der Kamera darf man nicht zögern. Die Phase des Diskurses wird ebenfalls verkürzt, da die Medien einem langwierigen und unspektakulären Konsensfindungsprozeß nur wenig Aufmerksamkeit schenken.

Das Partizipationsangebot des Mediums Fernsehen

Bemerkenswert ist die Skepsis, mit der auch die Wissenschaftler der Mediatisierung des Fernsehens begegnen. Dabei hatte man gerade von diesem Medium eine Verbesserung der demokratischen Strukturen erwartet. Das Fernsehen bietet wie kein anderes Medium ein Partizipationsangebot. Man kann, so man will, via Fernsehen an allen wesentlichen politischen Entscheidungsprozessen teilhaben: Parlamentssitzungen, die Pressekonferenz nach dem Ministerrat, etc. Die Problematik liegt allerdings darin, daß man nur „Zaungast“ der großen Politik ist, man sich einer „Augenzeugenillusion“[18] hingibt. Die eigene Meinung ist nicht gefragt, erst wieder bei den nächsten Wahlen. „Wenn schließlich zutrifft, daß im Zuge des Wertewandels die Transparenz- und Partizipationsansprüche zugenommen haben, dann darf mediatisierte Politik keine kommunikative Einbahnstraße bleiben.“

Wie soll nun dieser „kommunikative Gegenverkehr“ aussehen? Die Forderung nach einem stärkeren *feedback* seitens der Rezipienten, d.h. Bürger, ist berechtigt. Eine besorgniserregende Vision der Telekratie spricht allerdings von der täglichen Wahl per Fernbedienung nach der Nachrichtensendung. Sarcinelli meint sicherlich nicht dieses interaktive Demokratiemodell, sondern tritt offensichtlich dafür ein, daß auch der Rezipient vermehrt in den Medien zu Wort kommt. Durch die Mediatisierung der Politik sind aber „Kunstwelten“

bzw. „Potemkinsche Dörfer“ ohne direkten Kontakt der Beteiligten entstanden. Politik ist für den Bürger „Darstellung von Politik“. Politiker präsentieren sich heute fast ausschließlich durch die Medien. Sie nehmen die Realität allerdings auch nur durch die Medien und die Demoskopie wahr.[19] Gerade Silvio Berlusconi wird diese Neigung immer wieder nachgesagt. D.h. wir erleben die Politik nur virtuell, und die Politik erfährt von der „öffentlichen Meinung“ auch nur über virtuelle Kanäle.

„Symbolische Politik, die sich die Vormacht der Wahrnehmung über die Sprache und die Unübersichtlichkeit der Verhältnisse in den komplexen Gegenwartsgesellschaften zunutze macht, produziert eine Welt von sinnfälligen Scheinhandlungen, die den Zusammenhang mit dem wirklichen Tun und Lassen der Politiker zunehmend einbüßt. Die politische Beteiligung der Bürger, die über die sinnliche Faszination der elektronischen Massenmedien der Illusion des Dabeiseins erliegen, beschränkt sich zumeist allenfalls noch auf eine symbolische Partizipation an den Prozessen und Entscheidungen, die sie heute vielleicht mehr denn je betreffen. Das Fernsehen schafft eine neuartige Form der allgegenwärtigen Scheinbeteiligung. Man ist überall dabei, ohne irgendwo dabeizusein.“[20]

Wandel im Wahlverhalten

Die Aufweichung der Sozialmilieus hat zu einer erhöhten politischen Mobilität geführt. Empirische Befunde[21] belegen die Erosion der Parteibindungen, den *party decline*[22]. Der *Spiegel* bezeichnete 1984 den Niedergang der Parteien sogar als Voraussetzung für die „TV-Demokratie“.[23] Fritz Plasser faßte die wesentlichen Faktoren dieser Entwicklung zusammen:

- „eine zunehmende Instabilität des Wählerverhaltens in den westlichen Demokratien,
- eine fortschreitende Lockerung struktureller und affektiver Parteibindungen,
- die abnehmende Mobilisierungsfähigkeit politischer Parteien, sowie
- eine Schwächung ihrer Fähigkeit, mit neuen politischen Präferenzen und politischen Leistungsimpulsen zu Rande zu kommen.“[24]

Diese Prozesse wurden in Italien durch den Sturz der alten politischen Kaste verstärkt. Die elektronische Politikvermittlung wird allgemein für diese destabilisierenden Effekte mitverantwortlich gemacht:

- „Die politische Fernsehberichterstattung unterminiere durch ein kontroverses und widersprüchliches Informationsangebot bestehende Parteibindungen und erschwere durch ihre spezifische Dramaturgie und Präsentationstechnik eine ‘parteiliche’ und damit konstante Verarbeitung der dargebotenen Informationen.

- Die politische Fernsehberichterstattung dränge durch eine vordergründige Personalisierung des Informationsangebotes die politischen Parteien als repräsentative Institutionen der politischen Willensbildung in den Hintergrund.
- Die politische Fernsehberichterstattung trage durch ein Übergewicht konfliktgeladener, polarisierender und negativer Informationen zu einem Ansteigen des öffentlichen Zynismus, des politischen Protestes bzw. wachsender Apathie und Verdrossenheit bei.“[25]

McLeod und Blumler verweisen auf ein Faktorenbündel, das erhebliche Variationen in Stil, Form, Qualität und Wirkungsweise der massenmedialen Politikvermittlung bewirken kann:

- „die institutionelle Struktur des Mediensystems (Grad der öffentlichen Kontrolle, der Verflechtung mit politischen bzw. ökonomischen Interessen, des intermediären Wettbewerbs etc.),
- die institutionelle Stärke der politischen Parteien (Format und Struktur des Parteiensystems, Grad der gesellschaftlichen Verankerung der Parteien, Grad korporativer Verflechtungen etc.),
- Akzeptanz und Wertschätzung politischer Eliten und politischer Parteien in der spezifischen politischen Kultur (Grad der politischen Systemzufriedenheit, Grad des politischen Vertrauens, Qualität der politischen Unterstützungs- und Folgebereitschaft etc.),
- die Orientierungen gegenüber politischen Eliten und politischen Parteien in der professionellen Kultur der Journalisten und Redakteure,
- den Grad der Professionalisierung der politischen Parteien (Kommunikationsmanagement, politisches Marketing).“[26]

Diese Faktorenbündel müssen ebenfalls in der spezifischen Situation in Italien Anfang der neunziger Jahre betrachtet werden: Das Mediensystem war durch das ausgeprägte Duopol gekennzeichnet. Die RAI stand unter direktem Einfluß der Politik. Die Existenz der Fininvest war vom Wohlwollen der Regierung abhängig, da eine Änderung des Mediengesetzes das Ende dieser Fernsehanstalt bedeutet hätte (ad a). Die Regierungsparteien waren Staatsparteien und kontrollierten das öffentliche Leben ebenso wie die öffentliche Meinung (ad b). Durch die Korruptionsermittlungen der Staatsanwälte verschwand die Akzeptanz dieser Parteien binnen kürzester Zeit (ad c). Die Journalisten solidarisierten sich daher mit den verärgerten Bürgern und beschleunigten auf diese Weise den Wechsel an der politischen Spitze (ad d). Forza Italia präsentierte den bis dato professionellsten Wahlkampf in Europa (ad e).

Dieser Punktekatalog würde die Verstärkerfunktion der Medien unterstreichen, Kepplinger relativiert allerdings die gesellschaftsverändernde Rolle des Journalismus: „Die Journalisten sind [...] in der Regel nicht die Quelle der genannten Veränderungen (= Wertewandel).

Vielmehr greifen sie mit z.T. erheblicher Zeitverzögerung Veränderungen der Werte in anderen gesellschaftlichen Gruppen auf, verleihen ihnen Publizität und verschaffen ihnen dadurch gesamtgesellschaftliche Bedeutung. Dies geschieht jedoch nicht gleichzeitig. Vielmehr existieren innerhalb des Mediensystems Meinungsführer, die die allgemeinen Trends beeinflussen oder zumindest vorwegnehmen."[27]

Nationale Unterschiede lassen diese Entwicklungen allerdings in unterschiedlich starker Form zutage treten. Elektronisierung der Wahlkampfführung, Professionalisierung des Wahlkampfmanagements und Personalisierung des Wahlkampfes sind in einigen Ländern stärker ausgeprägt. So gelten Italien und Spanien in Europa als „Fernsehnationen", d.h. in diesen Ländern nimmt das Fernsehen einen sehr hohen, beinahe „amerikanischen" Stellenwert ein. Es war deshalb nur eine logische Konsequenz, daß Italien den amerikanischen Wahlkampfstil übernahm. Die innenpolitische Situation verstärkte noch die Trends der mediatisierten Politik wie *issue-* und *image-voting*. Bereits 1989, d.h. vier bis fünf Jahre vor Berlusconis Einstieg in die Politik, relativierte Fritz Plasser die Befürchtungen um die Auswüchse der „symbolischen Politik" in eindeutiger Weise: „Die Transformation des politischen Wettbewerbs zu einem politischen Kommunikationsdrama wird von Kulturkritikern empört als massenmedialer Populismus, als elektronische Schau- und Zirkuspolitik abgetan. Kritik am unaufhaltsamen Vormarsch 'symbolischer Pseudopolitik' ist sicher berechtigt. Übereilt wäre es aber, daraus vorschnell auf einen Verfall der kollektiven Rationalität zu schließen. Denn was die Indikatoren der steigenden politischen Mobilität zum Ausdruck bringen, erscheint aus wertnormativer Sicht begrüßenswert: Die Wähler beginnen zu wählen."[28] Eine Antwort, die auch für Italien Gültigkeit hat. Nach dem Sturz des alten politischen Systems fühlten sich die Italiener keiner Partei mehr verpflichtet und wollten neue Gesichter wählen.

Wandel der Politikvermittlung

In der modernen Gesellschaft fällt die Aufgabe des *map-making*[29], der Konstruktion von Weltbildern, immer häufiger den Massenmedien zu. Die klassischen Institutionen, wie z.B. die Kirche und die Parteien, verlieren in dieser Funktion zusehends ihre Vormachtstellung. Die Medien erfüllen demnach neben der klassischen Ressourcenfunktion, in der sie als Informationslieferanten dienen, auch operative Funktionen. Zu diesen operativen Medienfunktionen zählt die Multiplikator-, Akzelerator- und die Verstärkerfunktion. In der Diskussion über den politischen Umbruch in Osteuropa wurde den Medien diese aktive Rolle zugesprochen. Das Fernsehen hat zwar nicht den Kommunismus gestürzt, aber es hat einen Trend in der Bevölkerung vervielfacht, beschleunigt und verstärkt. Ähnlich verhielt es sich mit dem Einfluß des Fernsehens auf die Wahlentscheidung der Italiener im Frühjahr 1994. Berlusconi hat nicht *wegen* der Berichterstattung auf seinen drei Fernsehsendern gewonnen, sondern das Fernsehen hat eine Stimmung, für die Berlusconi stand, vervielfacht, beschleunigt und verstärkt. Wittkämper nennt die Medien deshalb „Sozialisationsagenturen", denn sie können die öffentliche Meinung prägen, Stimmungen erzeugen, aber auch Ängste schüren. Auch hier läßt sich wieder eine Parallele zu Berlusconi finden: Mit den ständigen Warnungen vor den Kommunisten hat er eine Angst in der Bevölkerung wieder entfacht, an die man kaum noch gedacht hatte.

Neben den Verstärkerfunktionen nehmen die Massenmedien heute auch eine Orientierungsfunktion wahr. Wir überlassen vor allem dem Fernsehen die Gewichtung der Themen, glauben aber dennoch, eigenständige und „verantwortungsbewußte Entscheidungen" zu treffen.[30] Ähnlich verhält es sich mit der klassischen Fernsehwerbung: Kaum ein Konsument wird eingestehen, sich von der Werbung in seiner Kaufentscheidung beeinflussen zu lassen.

Die Informationslawine der elektronischen Medien führt zu einer „Kommunikationserstickung"[31], so Lerg. Die Masse an Information kann nicht mit Kommunikation gleichgesetzt werden. Deshalb scheint es auch zielführender, von der Informations- und nicht von der Kommunikationsgesellschaft zu sprechen. „Niemals zuvor waren die Möglichkeiten des Bürgers zur gründlichen Information über politische, wirtschaftliche und kulturelle Fragen so umfassend wie heute. Gleichzeitig wird es ihm immer schwerer, Orientierung zu finden, einen Überblick zu gewinnen, ein eigenständiges Urteil zu bilden."[32]

Die Medien müssen wegen der ständigen Zunahme an Informationen eine Orientierungsfunktion für den Rezipienten übernehmen. Der Rezipient fühlt sich bei der Gewichtung aller Informationen überfordert und überläßt diese seiner Zeitung oder seinem bevorzugten Fernsehsender. Selektion und Reduktion von politischer Komplexität ist zu einer zentralen Funktion der Medien geworden.[33] Auf der einen Seite nimmt die Komplexität der Politik zu, auf der anderen Seite simplifizieren die Medien den politischen Prozeß immer stärker. Der reale Ablauf der politischen Willensbildung läßt sich daher, so Oberreuter, nicht mehr visualisieren.[34] Sarcinelli sieht in der massenmedialen Vereinfachung der politischen Komplexität eine problematische Entwicklung. Ebenso verhält es sich mit der zunehmend aktiven Rolle der politischen Akteure im Rahmen der massenmedialen Kommunikation und der symbiotischen Kommunikationsgemeinschaft von Journalismus und Politik.[35]

„Tausche Information gegen Publicity!"

Das Verhältnis von Journalismus und Politik wandelt sich zusehends zur einer „symbiotischen Kommunikationsgemeinschaft"[36]. Man steht in gegenseitiger Abhängigkeit und tauscht Publizität gegen Information.[37] Das Fernsehen ist nicht mehr Transportmittel, sondern Bedingung für Politik.[38] Politik ist nicht mehr Inhalt, sondern Teil dieser Kommunikationsgemeinschaft. „Das politische System agiert immer 'medialer' und das Mediensystem immer 'politischer'."[39] Problematisch ist nicht nur die Einflußnahme der Politik auf die Medien, sondern auch die Rolle der Medien als „Mitpolitiker ohne Mandat", wie es

Carlo Schmidt ausgedrückt hat.[40] Ähnlich bezeichnet auch Hans Heinz Fabris die Journalisten als „Quasi-Politiker".[41] Sarcinelli: „Massenmedien sind in allen modernen politischen Systemen zu einem Schlüsselinstrument politischer Steuerung und Herrschaftssicherung geworden."[42] Die Verbindung von Politik und Journalismus wird in der mediatisierten Gesellschaft in verstärktem Maße durch Public Relations wahrgenommen. Öffentlichkeitsarbeit ist zu einer der zentralen Determinanten politischer Berichterstattung geworden. Durch die Schaffung von Medienereignissen versucht die PR, Einfluß auf die Entscheidungsmuster der Journalisten zu gewinnen. Der Grenzbereich zwischen diesen zwei Teilsystemen wird daher immer fließender. Wenn nun ein Medienvertreter wie Berlusconi in die Politik einsteigt, ohne sich von seinem Imperium zu trennen, dann darf hinterfragt werden, ob die Grenze überhaupt noch gegeben ist.

Was hat zur beklagten Mediatisierung bzw. „Kommerzialisierung" der Politik geführt? Eine allgemein gültige Antwort läßt sich nicht geben. Die „Schuld" dürfte gleichermaßen beim Politiker, Journalisten und Rezipienten liegen: Die politische Klasse hat die Selbstdarstellungsmöglichkeiten der modernen Massenmedien erkannt und sich dieser bedient. Die Medien haben, gezwungen durch den starken Konkurrenzkampf auf dem freien Markt, sich diesem Trend willig untergeordnet. Die politikverdrossene Gesellschaft empfand die neuen Darstellungsformen der Politik als angenehme Abwechslung.

Image - Das Zauberwort der Neunziger

„Die Wahrnehmung und Deutung von Personen durch Bevölkerung und Massenmedien werden meist als 'Image' bezeichnet."[43] Medienkritiker beklagen den Wertewandel in der Politik, der durch die Symbiose der beiden Subsysteme verursacht worden ist. Laut Joshua Meyrowitz gewinnt durch diesen Wertewandel das Image fast absoluten Vorrang über das Thema.[44] Er geht in seiner Argumentation sogar noch viel weiter: „Die politische Wirklichkeit beruht auf dem politischen Image."[45] Parteiprogramme verlieren an Bedeutung und werden durch Images ersetzt. Berlusconi soll bei der „Markteinführung" des Produktes Forza Italia von seinen Mitarbeitern die Schaffung eines Coca Cola-Effektes verlangt haben, d.h., er wollte, daß die Italiener mit Forza Italia ähnlich positive, jugendliche und dynamische Assoziationen verbinden, wie mit dem amerikanischen Kultgetränk. Das Image stellt damit jeglichen politischen Inhalt in den Hintergrund. Der Wiener Kommunikationswissenschaftler Eugen Semrau dazu: „Images, Gefühle und Effekte überlagern Programme, Argumente und Sachlösungen. Nicht mehr allein die Schaffung von Wissen oder die Bildung von Meinung durch Information verspricht Erfolg, sondern auch die Formulierung von klimatischen Voraussetzungen für die Wahlentscheidung, wobei Vertrauen, Zuneigung und unbewußte Präferenzen für Personen eine Rolle spielen."[46]

Joshua Meyrowitz[47] erkennt im Fernsehen allerdings auch image*schädigende* Faktoren. Die omnipräsente Fernsehkamera zeige den Politiker oft in Momenten, in denen er all zu menschliche Züge oder gar Schwächen zeige. Eine Mystifikation einer Person sei unmöglich geworden. Zur Zeit der Printmedien sei z.B. ein Sprachfehler, wie ihn Thomas Jefferson hatte, in den Berichten nur selten erwähnt worden. Heute hätte ein Präsidentschaftskandidat mit einem derartigen „Defekt" keine Chance, politisch erfolgreich zu sein. „Von ihrer äußeren Erscheinung her wären viele unserer früher 'großen' Präsidenten nicht geeignet für die Fernseh-Politik."[48] Das bedeutet aber nicht, daß nun alle Politiker wie Berlusconi aussehen müssen. Dem würde auch der Wahlsieg des wenig telegenen Romano Prodi 1996 widersprechen. Prodi hatte ein anderes, aber ebenso erfolgreiches Image: Er wurde als der schrullige und integre Professor von nebenan gesehen.

Bevor die Live-Berichterstattung des Fernsehens zur Gewohnheit wurde, konnten Politiker auch über bestimmte Aussagen und Reaktionen nachdenken. Zögern bei einer Antwort auf eine Journalistenfrage wird heute hingegen als Schwäche des Politikers angesehen. Meyrowitz unterstützt durch diese Argumentationen die These vieler Medienkritiker, die besagt, daß die Telekraten (sprich: die fernsehwirksamen Populisten) durch die eigene Waffe - das Fernsehen - zu Fall kommen. In Abwandlung des Bibelzitates „Wer zum Schwert greift, fällt durch das Schwert" könnte man zu den Telekraten sagen: „Wer zum Fernsehen greift, fällt durch das Fernsehen". Die omnipräsente Fernsehkamera ist unbarmherzig und kann in einem Augenblick ein mühsam erbautes Image zerstören. Berlusconi läßt bei seinen Großauftritten deshalb nur eine kleine, auserwählte Zahl von Fotografen und Kameraleuten in seine Nähe kommen, denn er weiß, daß ein mißliebiger Kameramann ihn in Momenten des Zögerns, der Unsicherheit ertappen könnte, und so das Image des unbeirrbaren Wirtschafts- und Staatsmannes vernichten könnte.

Feindbild als Negativ-Image

Die Parteiprogramme werden sich in den wesentlichen Punkten immer ähnlicher. Um die Parteien dennoch unterscheidbar zu machen, sind Polarisierungen nötig. Vorbei sind die Zeiten, als der italienische PCI bei einem - immer hypothetisch gebliebenen - Wahlsieg Italien aus der NATO führen wollte. Man polarisierte sich bereits auf diese Weise von den anderen Parteien. Heute muß man nach Unterscheidungsmerkmalen suchen. Ulrich Sarcinelli: „Der politische Wettbewerb wird zum Fundamentaldissens hochstilisiert, bei dem die 'Zukunft der Republik' auf dem Spiel steht und die Entscheidung zwischen Freiheit oder Unfreiheit getroffen werden muß."[49]

Im italienischen Wahlkampf 1994 hatte man tatsächlich den Eindruck, auf der einen Seite stünden nur Kommunisten und auf der anderen nur Faschisten zur Wahl. Es stellt sich allerdings die Frage, wie weit die Bevölkerung bei diesen Polarisierungen auch tatsächlich mitgeht oder sie als politisches Schauspiel empfindet. Die Schaffung von politischen Feindbildern ist eine Form der Polarisierung. Die Medien kreieren zwar in der Regel keine Feindbilder, aber sie transportieren sie und können sie verstärken.[50] „Unter Feindbild versteht man nicht den Feind oder Gegner selbst, sondern etwas Drittes, das sich zwischen ihn und uns selbst schiebt, ein Bild, das sich wie alle Bilder aus einer ganzen Anzahl von Komponenten zusammensetzt, die mit dem eigentlichen Objekt oft sehr wenig oder kaum etwas zu tun haben."[51]

Kurt und Kati Spillmann erarbeiteten sieben typische Feindbild-Merkmale:

- „Mißtrauen: Alles was vom Feind kommt, ist entweder schlecht oder, wenn es vernünftig aussieht, aus unredlichen Motiven entstanden.
- Schuldzuschiebung: Der Feind ist schuld an der existierenden Spannung bzw. an dem, was an den herrschenden Umständen für uns negativ ist.
- Negative Antizipation: Was immer der Feind unternimmt, er will uns schaden.
- Identifikation mit dem Bösen: Der Feind verkörpert in allem das Gegenteil dessen, was wir sind und anstreben, er will unsere höchsten Werte vernichten und muß deshalb selbst vernichtet werden.
- Nullsummendenken: Was dem Feind nützt, schadet uns - und umgekehrt.
- De-Individualisierung: Jeder, der zur Gruppe der N.N. gehört, ist *eo ipso* unser Feind.
- Empathieverweigerung: Mit unserem Feind verbindet uns keine Gemeinsamkeit; es gibt keine Information, die uns von unserer Feind-Auffassung abbringen könnte; den Feinden gegenüber sind menschliche Gefühle und ethische Kriterien gefährlich und fehl am Platz."[52]

Diese Kategorien treffen in besonderer Weise auf internationale Konflikte zu. Der Golf-Krieg ist sicherlich ein passendes Beispiel. Binnen kürzester Zeit wurde Saddam Hussein durch die amerikanischen Medien ein Feindbild zugeordnet. (Anm.: Es geht hier nicht um eine politische Beurteilung, sondern ausschließlich um die Form der Berichterstattung.) In weniger ausgeprägter Form konnte man diese Feindbild-Konstruktionen 1994 und phasenweise auch 1996 in Italien beobachten. Beide Seiten, d.h. das Mitte-Links- und das Mitte-Rechts-Bündnis, dämonisierten den Gegner, und stellten sich selbst hingegen in einem positiven Licht dar.

Das Fernsehen ist durch die Dominanz des Bildes für diese Formen der Berichterstattung besonders anfällig. Wagenlehner: „[Das Bild] wird zum Feindbild, wenn der andere prinzipiell durch negativ besetzte Begriffe beschrieben und mit ungünstigen Fotos gezeigt wird, die eigene Lage durch positive Begriffe und günstige Fotos. Im Fernsehen entscheidet mehr noch als der Text das Bild."[53] In diesem Buch werden zahlreiche Belege für diese Berichterstattungstechnik am Beispiel Italien erbracht werden.

Politik als Unterhaltung

Neben Image wird auch Entertainment - laut Claudia Mast[54] - zum politischen Selektionskriterium. Auch für diese Entwicklung wird das Fernsehen verantwortlich gemacht. Otto Roegele zieht einen Vergleich zur griechischen Antike: „Zum Lohn für einen Akt großzügiger Gastfreundschaft wurde dem phrygischen König Midas die Gabe verliehen, daß alles, was er berührte, sich in Gold verwandelte. Das Geschenk wirkte tödlich, denn auch Speise und Trank erstarrten zu ungenießbarem Metall, sobald es mit dem Körper des Unglücklichen in Kontakt kam. Ich frage mich, für welchen Tugendakt dem Fernsehen die Fähigkeit geschenkt wurde, alles, was es in sein Programm einbezieht, in Unterhaltung zu verwandeln."[55]

Unter Entertainment in der Politik soll nicht ein humoresker Stil verstanden werden, sondern politischer Zweikampf, den der Zuschauer - ähnlich wie einen sportlichen Wettbewerb - von seinem Wohnzimmer aus mitverfolgen kann. TV-Duelle der Politiker vor den Wahlen dienen den Zuschauern nur selten zur politischen Orientierung, sie haben vor allem einen starken Unterhaltungswert. Weischenberg: „[Es] gibt den Zuschauer, der Politik wie *Dallas* konsumiert, der auch in der Politik vor allem Unterhaltung, Aufregung, Entspannung sucht."[56] Unterhaltung kann aber den Blick für das Wesentliche in der Politik rauben. Die Sachpolitik tritt hinter die populistische Politik zurück. Politiker versuchen zusehends ihre rhetorische Kompetenz und weniger ihre fachliche Kompetenz in den Vordergrund zu stellen. Die Professionalisierung der Politik läßt die PR-Berater und Demoskopen einflußreicher werden als die Sachexperten.

PR und Demoskopie in der Politik

Die politische Werbung paßt sich in verstärktem Maße der kommerziellen Produktwerbung an.[57] So wecken Berlusconis Werbespots für Forza Italia bewußt Assoziationen mit bekannten Werbespots aus dem Fernsehen. Die Politik läßt sich aber nicht nur den Stil vorgeben, sondern auch die Inhalte ihres Handelns. Die Demoskopie, die Meinungsforschung, wird zum bestimmenden Faktor. Neben der Politik hat mittlerweile auch der Journalismus die zunehmende Bedeutung der Demoskopie erkannt: „Zur politischen Technostruktur reifer Industriegesellschaften zählt aber auch die politische Meinungsforschung, ohne die das demokratische 'Supersystem' nicht mehr existieren könnte. Die professionellen Forschungstechnokraten des 'information business' versorgen Politiker und Journalisten kontinuierlich mit Prozentnachrichten aus jenem 'exotischen' Land, mit dem das politische 'Supersystem' nur mehr intermediär in Verbindung steht."[58] Wenn sich außer die Politik nun auch der Journalismus an den Meinungsumfragen orientieren, dann besteht die Gefahr, daß die Demoskopie tatsächlich zum Entscheidungsträger wird. Rudolf Bretschneider, einer der bekanntesten österreichischen Experten auf diesem Gebiet, in einem der wenigen Aufsätze zu dieser Thematik: „Die Politiker verdächtigt man dabei des Opportunismus, der dem Volk nach dem Mund redet und dabei dessen 'wahre Interessen' verrät."[59]

Die „Demoskopie-Politik" verstärkt bestimmte Trends. Mit der Theorie der *self-fulfilling prophecy* kann man argumentieren, daß eine von den Demoskopen attestierte Entwicklung allein durch ihre Veröffentlichung verstärkt wird. Sagt eine Umfrage einen starken Stimmengewinn für eine Partei voraus, dann kann man davon ausgehen, daß in den Tagen nach der Publikation dieser Zahlen die Partei noch mehr potentielle Wähler auf ihrer Seite haben wird. Wie Noelle-Neumann mit ihrer Theorie der Schweigespirale bewiesen hat, steht man lieber auf der Seite der vermeintlichen Mehrheit. Richard Münch ordnet deshalb der monatlichen Publikation des Politbarometers im ZDF eine Verstärkerfunktion zu.[60] Demoskopiepolitik bedeutet deshalb kein Mehr an Demokratie: „Bedenklich ist freilich auch die - immer wieder ventilierte und impliziert praktizierte - Möglichkeit, Meinungsforschung als Form der direkten Demokratie zu ge- bzw. mißbrauchen. Die sachlichen Einwände gegen eine solche Nutzung hat Offe [...] zusammengestellt (rechtliche Formlosigkeit der Umfrage, fehlende Periodizität der Abstimmung, mangelnde Willensbildung, ungenügende Anonymität der 'Abstimmenden' etc.)."[61]

Neben den verfassungsrechtlichen Einwänden sprechen auch die Regeln der Alltagspolitik gegen eine zu starke Fixierung der Politiker auf demoskopische Daten: „Es wäre durchaus kontraproduktiv (bezogen auf die beabsichtigte Stimmenmaximierung), richtete sich die Politik stets nach den jeweiligen Mehrheiten - zum einen, weil neue erfolgversprechende Ansätze zunächst nur von Minderheiten wahrgenommen werden, die aber über entsprechende Dynamik verfügen, zum anderen, weil oft erst klare Standpunkte der Parteien die Meinung machen; überdies rufe ein 'Schwanken' mit der Bevölkerungsmeinung in allem und jedem den Eindruck der politischen Orientierungslosigkeit hervor - und der ist zweifellos fataler als das feinste und begründete Bekenntnis zu einer Position, für die sich keine Mehrheiten in der Bevölkerung findet."[62]

Laut Pelinka agiert die Politik nicht mehr, sondern reagiert nur noch.[63] Auch Franz Ronneberger versteht das permanente Abfragen der Volksmeinung nicht als Zuwachs der Demokratie: „So unabweisbar es geworden ist, den Rat von PR-Fachleuten einzuholen, wenn über politische Planung nachgedacht wird, so bedenklich wäre es, wenn diese die Inhalte bestimmten. Ihr Rat sollte sich auf die Modalitäten der öffentlichen Darbietung und Durchsetzung beschränken."[64]

Die Demoskopie soll deshalb weniger bei der Auswahl als vielmehr bei der Darstellung der Themen zu Rate gezogen werden. Durch eine Bevorzugung bestimmter Themen gemäß demoskopisch ermittelter Präferenzen könne man zwar kurzfristige Erfolge erzielen; aber Regierungen, die wiedergewählt werden wollen, müssen auch weniger populäre Themen aufgreifen. Auch Sarcinelli relativiert die Befürchtungen um die „Machtergreifung" der Demoskopie. Die Themenwahl sei sehr schwer, da zu viele Außenfaktoren beachtet werden müßten.[65] Ebenso Bretschneider: Politiker würden „oft viel härtere und verbindlichere Willensäußerungen der vox populi (etwa die Ergebnisse von Volksbegehren und Bürgerinitiativen)“ ignorieren.[66]

Berlusconi hat im Sommer 1994 das Scheitern der Demoskopie erleben müssen. Seine Berater hatten ihn über die Stimmungslage in der Öffentlichkeit falsch informiert. Die Bevölkerung war *gegen* eine Lockerung der U-Haft-Bestimmungen, und Berlusconi mußte das liberalisierende Dekret zurückziehen. All dies belegt eine der Thesen dieses Buches, daß man mit professioneller PR und Demoskopie in Zeiten des politischen Vakuums sich zwar in ein politischen Amt wählen lassen kann, aber dort nicht bestehen kann, wenn es nicht gelingt, Sachpolitik zu machen. „Winston Churchill soll einmal gesagt haben ‘nothing is more dangerous than to live in the temperamental atmosphere of the polls, always taking one´s temperature’; das mag stimmen, wenn man in einem Land mit sehr raschen Stimmungs- und Meinungsumschwüngen lebt.“[67] Italien erfüllt diese Voraussetzungen, und Churchill dürfte mit seiner Aussage recht behalten.

Personalisierung[68]

„Nicht nur in der Wahlkampfkommunikation gilt Personalisierung als ein wesentliches Grundmuster politischer Dramaturgie und Inszenierung. Sie wird bisweilen so auf die Spitze getrieben, daß die öffentlichkeitswirksam ausgetragenen zwischenparteilichen Konflikte mit Recht als themenlose Personalplebiszite oder als reine Image-Duelle kritisiert werden, in denen Spitzenpolitiker zum Programm oder besser zum Symbol für eine in ihrem politisch-inhaltlichen Profil schwer zu vermittelnde Politik werden.“ Spitzenpolitiker sind demnach „Symbol diffuser individueller Erwartungen“[69] in der Bevölkerung. Der italienische Politologe Luigi Caracciolo bringt am Beispiel Berlusconi den *party-decline* und die Personalisierung in einen unmittelbaren Zusammenhang: „Nicht mehr die Partei zählt, sondern das direkte Vertrauensverhältnis zwischen dem Führer und seinen Wählern, angefacht durch die Macht der Elektronik und reguliert durch die Kunst der Umfragen.“[70]

Berlusconi stand für das neue „italienische Wunder“, er machte Versprechungen und ließ die Italiener von einem funktionierenden Staat träumen. 1994 wählte man Berlusconi und zog diese Versprechen und Träume der bitteren Realität vor. Berlusconi war Spitzenkandidat, Partei und Parteiprogramm in Personalunion. Die Personalisierung ist nicht nur in der Politik zu beobachten, sondern auch im Star-Prinzip der Fernsehsendungen. Sie ist ein wesentliches Grund- und Reduktionsmuster der massenmedialen Wahrnehmung. Mit einer Nachrichtensendung soll ein „Gesicht“ verbunden werden. Gesichter lassen sich leichter darstellen als Inhalte. In der Politik, die nur durch Komplexitätsreduktion den Kontakt zu den Wählern bewahren kann, ist die Personalisierung - die „visuelle Präsentation“[71] der Politiker - besonders stark ausgeprägt. In Westeuropa gibt es kaum noch Parteien, deren Bild in der Öffentlichkeit ausschließlich auf einer Ideologie basiert. Sogar die Grünen arbeiten jetzt gezielt mit Spitzenkandidaten. Clinton und Berlusconi gelten als Politiker, die ihre Wahlerfolge der Personalisierungstechnik zu verdanken haben. Personalisierung bzw. Prominenz stellt gerade im Fernsehen einen der wichtigsten Nachrichtenfaktoren dar. Das „Gladiatoren-Prinzip“ wird deshalb weiterhin das Bild prägen. Kritiker befürchten einen Verlust der strukturellen und institutionellen Seite der Politik.[72]

Im kommunikativen „Extremfall“ Wahlkampf hat sich die Politik bereits seit geraumer Zeit von diesen Grundaufgaben entfernt und die Regeln der „symbolischen Politik“ und der Inszenierung der Politik willig angenommen.[73]

In den USA haben sich die Kommunikations- und die Politikwissenschaft bereits sehr früh mit den Phänomenen der „Telewahlkämpfe“ und der mediatisierten Politik auseinandergesetzt, in Europa setzte dieser Trend zeitversetzt ein. Amerikanische Studien lassen sich nur bedingt auf Europa anwenden, zu verschieden sind die politischen und soziokulturellen Traditionen dieser zwei Kontinente. Besonders die Rolle des US-Präsidenten läßt sich mit der der westeuropäischen Präsidenten nicht vergleichen, nicht einmal mit der des starken französischen Präsidenten. Der amerikanische Präsident vereinigt die Rolle des Regierungschefs und des Staatspräsidenten in einer Person, was eine ausgeprägte Personalisierung der Politik fördert. Dennoch soll ein Blick auf die Wahlkampftechniken in den USA geworfen werden.[74] In Europa, und in letzter Zeit gerade in Italien, wird eine „Amerikanisierung“ der Gesellschaft und Politik beklagt. Wenn diese These zutrifft, dann kann uns eine Analyse der amerikanischen Studien, ähnlich einem Frühwarnsystem, mögliche Entwicklungen der politischen Kommunikation in Europa mit einem gewissen zeitlichen Vorsprung „voraussagen“.

Journalismus und Politik: Ein gewandeltes Verhältnis

In den USA hat die Kommerzialisierung des Zeitungsmarktes sehr früh eingesetzt, und die Parteipresse verschwand bereits gegen Ende des 19. Jahrhunderts. Dennoch fühlten sich die Medien bis in die sechziger Jahre dieses Jahrhunderts in der politischen Berichterstattung durch die „Fairneß-Doktrin“ einer neutralen Berichterstattung verpflichtet. Durch die zunehmende Bedeutung der Massenmedien veränderte sich auch ihre Rolle im politischen Diskurs: „The roles of communicator, recruiter, and scorekeeper which political parties once shared are more and more the responsibilities of the media alone. The media have become the forum for the policy discussion and debate, both inside and outside the government.“[75]

Durch den Vietnam-Krieg und besonders durch den Watergate-Skandal wurden die Journalisten kritischer - interessanterweise oft gegen den Willen der Bevölkerung. Mehr als einmal wiesen Journalisten darauf hin, daß sie durch das Pentagon in ihrer Berichterstattung über Kampfeinsätze der US-Soldaten erheblich behindert wurden. Statt sich mit den Journalisten zu solidarisieren und eine objektive Berichterstattung zu fordern, stellte sich die Bevölkerung größtenteils hinter die Regierenden, denen man - so scheint es - zutraute, zu wissen, was gut für die Nation ist.[76]

Veränderungen waren aber nicht nur in der Kriegsberichterstattung, sondern auch in der Darstellung der Politik in den Medien zu beobachten. „In Verbindung mit dem veränderten Selbstbewußtsein der Journalisten entstand ein glattes Parkett für die Politiker, die es zunächst nicht gewöhnt waren, sich vor laufenden Kameras kritischen Interviews zu stellen. Andererseits erkannten sie in dem Medium einen Weg, sich direkt an einen Großteil ihrer Wähler zu wenden, vor allem an diejenigen, die sie nicht über die Zeitung erreichen konnten.“[77]

Das Fernsehen beschleunigte die Politik durch die Live-Berichterstattung, stellte wenige, telegene Politiker in den Vordergrund und bewirkte dadurch einen Bedeutungsverlust der Parteien und ihrer Ideologien. Die modernen Massenmedien gewannen an Bedeutung und wurden, so die verbreitete Meinung, zu einer eigenen Partei. Die *Vorteile* der neuen Kommunikationstechniken werden auch heute kaum wahrgenommen oder gar geschätzt, denn „statt dessen macht man die 'neuen Parteien' dafür verantwortlich, daß politische Interessen und politischer Kenntnisstand der Bevölkerung sinken, daß die Wahlkämpfe zu öffentlichen Materialschlachten mit politisch irrelevanten Inhalten denaturieren, daß die Auswahl der politischen Elite nach dysfunktionalen Kriterien geschieht und daß die Themen der politischen Auseinandersetzung einer ganzen Nation von den Vorlieben hochdotierter *anchormen* abhängen.“[78]

Wahlkampftechniken

„Print-Journalisten und Fernsehredakteure mußten im Verlauf der Kampagne staunend zur Kenntnis nehmen, daß sie von einer professionellen Wahlkampfregie instrumentalisiert wurden; daß sie über synthetische Ereignisse berichteten, die von politischen PR-Strategen kunstvoll inszeniert wurden; daß ihnen kameragerecht vorbereitete Auftritte und Botschaften angeboten wurden, kurz: daß sie subtil benutzt und zum ausführenden Organ eines technokratischen Kommunikationsmanagements degradiert waren.“[79]

Diese Schilderung bezieht sich weder auf den spektakulären Wahlkampf von Clinton 1992 noch auf den Berlusconis 1994, es war der amerikanische Präsidentschaftswahlkampf von 1968, der zur zitierten Ernüchterung der Journalisten führte. Wahlkämpfe werden gerne mit Superlativen tituliert, und oft vergißt man, daß die beklagten Entwicklungen gar nicht so neu sind, sondern lediglich von Wahlkampf zu Wahlkampf perfektioniert werden. In den USA gilt der Präsidentschaftswahlkampf von 1952 als erster „Fernsehwahlkampf“.[80]

Wie bereits erwähnt, treten diese informationsgesellschaftlichen Trends im Wahlkampf in verstärkter Form auf. Sie werden durch die PR-Manager gefördert, die die Berichterstattung zugunsten ihres Kandidaten lenken wollen. Gerade im Wahlkampf geben sie die Gangart vor und sind oft mächtiger als der Parteivorsitzende oder gar der Kandidat, oft sind sie es, die die Kandidatenauswahl vornehmen. So wurde 1988 Dan Quayle als Kandidat für den Vizepräsidenten aufgestellt, da er ein Wählersegment ansprach, das Bush nicht abdecken konnte.[81] D.h. die Ergebnisse der Meinungsumfragen waren wichtiger als die Qualifikation für das Amt. Chancen hat ein Kandidat nur, wenn er eine *television competent personality* mit einem eigenen *video style* ist.[82] Semrau: „Telegenität ersetzt vielfach sachliche Kompetenz, Glaubwürdigkeit wird wichtiger als richtiges Argumentieren, Aussehen wichtiger als Wissen und Sachverstand."[83]

Paul Taylor faßt plakativ die Arbeit der PR-Manager im Wahlkampf zusammen: „They were the ones who had reduced media age to a dismal science: take a poll, find a 'hot button' issue, feed it back to the voters in the form of a picture, a symbol and a pre-masticated attack line. Repeat tomorrow. Cut down on killer gaffes by curtailing press access. Be sure the candidate shows no more spontaneity than a mulitication table. Above all, never discuss the hard realities of government."[84] Der Wahlkampf wird also zu einer großen Inszenierung: Themen werden ausgewählt und unentwegt, aber intelligent wiederholt.[85] Probleme werden hingegen einfach nicht diskutiert. Man wählt die Journalisten aus, die an den Veranstaltungen teilnehmen dürfen. Dem Kandidaten werden genaue Verhaltensregeln auferlegt...

Von „Wirklichkeit" kann keine Rede mehr sein. Clinton und später auch Berlusconi haben in ihren Wahlkämpfen die Sehnsüchte der Bevölkerung angesprochen, die sie aus Meinungsumfragen kannten. Durch ständige Thematisierung dieser und der De-Thematisierung schwieriger sachpolitischer Fragen, entstand in beiden Fällen in der Bevölkerung das Bild eines Politikers, der Hoffnungen wecken konnte. Konnte Berlusconi eine Sachfrage nicht de-thematisieren, so ging nicht er zur Pressekonferenz, sondern schickte einen politisch unverbrauchten Experten hin, der sich selbstverständlich solider schlug als der gegnerische Berufspolitiker.

Die USA eignen sich durch ihre räumliche Größe und ihre soziokulturelle und politische Tradition in besonderer Weise für Telewahlkämpfe. Eine flächendeckende Wahlreise des Spitzenkandidaten ist unmöglich. Da in Amerika allerdings in 98 Prozent der Haushalte mindestens ein Fernsehgerät steht und 82 Prozent der Bevölkerung zur *prime time* davor sitzen, kann man die Wähler via Fernsehen erreichen. Mit einem einzigen Fernsehauftritt kann man auf diese Weise Millionen von Menschen ansprechen.[86] Man wendet sich zwar an ein einziges Publikum, dieses ist allerdings heterogen. Dem Politiker muß es in seiner Rede deshalb gelingen, einen „gemeinsamen Nenner", Formulierungen zu finden, der sich alle Zuschauer anschließen können. Die Amerikaner haben keine große Parteibindung und sind traditionell Wechselwähler. Gerade Wechselwähler entscheiden aber in großem Maße emotionell und können deshalb durch das emotionelle Medium Fernsehen besonders leicht angesprochen werden.

„Alle diese erfolgreichen Politiker haben in ihren Wahlsiegen auch bewiesen, daß politische Entscheidungen letztlich auf emotionaler Grundlage fallen, wo Vertrauen oft mehr zählt als Qualifikation und Stil mehr als Substanz.“[87] Außerdem gilt das Fernsehen als das glaubwürdigste Medium. 70 Prozent des Wahlkampf-Budgets wird deshalb für den Kauf von TV-Werbezeit aufgewendet. Mit diesen Fernseh-Commercials kann man im Laufe eines Wahlkampfes immerhin 83 Prozent der Bevölkerung erreichen. Standen diese Spots früher für eine *feeling good*-Atmosphäre, wobei die Kandidaten wie ein Waschmittel oder wie Coca-Cola verkauft wurden, setzte sich in den letzten Jahren das *negative campaining* durch. Hierbei wird erbarmungslos auf die Schwächen des politischen Gegners aufmerksam gemacht. Tests haben ergeben, daß negative und aggressive Spots in der Bewertung durch die Rezipienten schlechter abschneiden als *feeling good*-Spots.[88] Sie werden als unangemessen und übertrieben angesehen. Dennoch bleiben die PR-Manager auf dieser Linie, denn Wahlkampfwerbung muß *wirken* und nicht *gefallen*. Eine Negativmeldung erfüllt einen Nachrichtenwert, eine Positivmeldung hingegen nur in den seltensten Fällen. Spots über politische und eheliche Ausrutscher des Gegners, über die Zunahme der Verbrechen und der Arbeitslosigkeit unter seiner Präsidentschaft lassen sich leicht thematisieren und bleiben länger in Erinnerung als ein lieblicher Spot über den eigenen Kandidaten als fürsorglicher Familienvater. *Feeling good*-Spots sind wenig trennscharf, dienen nicht zur Polarisierung der Kandidaten, denn liebevolle Familienväter sind schließlich alle...

Berlusconi hat in seinen Spots auf beiden Ebenen gearbeitet. In seiner Werbung machte er die Bevölkerung wieder stolz auf ihr wunderschönes Land Italien, warnte aber immer wieder vor den Gefahren des Kommunismus. Die Stimmung seiner Spots war aber größtenteils positiv und hoffnungsvoll.

Neben der *paid media-campaign*, den bezahlten Werbeeinschaltungen, hat die *free media-campaign*, der redaktionelle Wahlkampf, in den letzten Jahren sehr stark an Bedeutung gewonnen. Man begann, die Berichterstattung der Journalisten nach Möglichkeit zu lenken. Im Gegensatz zu früher nicht mehr durch Machtausübung, sondern subtiler, durch Zuarbeiten. „Erklärtes Ziel der Kommunikationsdirektoren im Weißen Haus ist es, nicht nur die politische Tagesordnung des Kongresses zu bestimmen, sondern auch die im Fernsehen zu behandelnden Themen. Politik soll dramaturgisch so perfekt inszeniert werden, daß das Fernsehen dem Drehbuch des Präsidenten folgt; Gelegenheit zu eigener Kommentierung soll ihm gar nicht erst geboten sein. Seit Reagan ist auch die Tendenz bekannt, den Filter der Presse zu umgehen und die perfekten Inszenierungen dazu zu benutzen, sich über das Fernsehen direkt an die Öffentlichkeit zu wenden: eine Strategie, die im Präsidentschaftswahlkampf 1988 ebenfalls eine hervorgehobene Rolle gespielt hat.“[89]

War der Wahlkampf spätestens seit Reagan vollkommen mediatisiert, so hat der Präsidentschaftswahlkampf 1992 eine neue Form angenommen, die man 1994 auch in Italien beobachten konnte: Der Wahlkämpfer umgeht die etablierten Nachrichtenmedien, indem er die Bevölkerung direkt anspricht. Die Medien wurden als Nachrichtenvermittler ausgeschaltet, indem man medieninterne Selektionskriterien neutralisierte. So gab Clinton seine Kandidatur nicht, wie üblich, in einer Pressekonferenz bekannt, sondern im wesentlich freundlicheren Ambiente der CNN-Talkshow *Larry King live*. Durch weitere Auftritte in Shows, in denen er sogar Saxophon spielte, konnte er ein positives Bild von sich in der Gesellschaft zeichnen. Ross Perot nutzte ebenfalls eine Talkshow, um seinen Einstieg in die Politik bekannt zu geben.

Was bei Berlusconi heftig kritisiert wurde, hatten Bush, Clinton und Perot bereits zwei Jahre zuvor praktiziert: Sie verschickten an die TV-Anstalten *video news releases*, Videobänder, auf denen sie im perfekten Umfeld Presseerklärungen abgaben oder ihren Wahlkampf darstellten. Diese Bänder waren so gut gemacht, daß vor allem kleine Stationen gerne auf sie zurückgriffen. Bereits 1988 produzierten die Republikaner mehrmals täglich *radio news clips*, die über Reden und Veranstaltungen von Bush berichteten, und von vielen Radiostationen auch verwendet wurden.

Unliebsame Wertungen der Medien lassen sich in vielfältiger Form umgehen. Durch *power faxing* „bombardiert" man Nachrichtenredaktionen mit Mitteilungen via Fax. Allein die Masse an Fax-Meldungen lassen der Redaktion den Inhalt als wichtig und bedeutsam erscheinen. Berlusconi ließ seine Anhänger während des Wahlkampfes 1994 zahllose Leserbriefe an die Zeitungsredaktionen schicken, um den Eindruck zu erwecken, das ganze Land warte bereits auf seinen Sieg.

Neben vorfabrizierten Videos und *power faxing* besteht eine weitere Möglichkeit, die öffentliche Meinung zu lenken, darin, mit einer Meldung so kurz vor den Hauptnachrichten herauszukommen, daß die Journalisten sie noch in die Sendung nehmen, aber keinen Kommentar des politischen Gegners mehr einholen können.

Der Kandidat tritt ausschließlich in *medialities* auf, d.h. inszenierte kameragerechte Medienereignisse, die in ihrem Ablauf programmiert sind und wobei sich der Kandidat ungestört (selbst) darstellen kann.[90] Pressekonferenzen sind tunlichst zu vermeiden, falls man sie dennoch abhält, geht dies nicht ohne *spindoctors*.[91] Sie schwärmen nach der Konferenz unter die Journalisten aus und versuchen, ihnen bei der Gewichtung der Themen zu „helfen". Sie „spinnen den Faden" weiter, daher der Name. Der Gegner wird auf Schritt und Tritt beobachtet; gibt er ein Statement ab, so muß die Antwort darauf noch vor dem Statement selbst in den Redaktionen einlangen. Dieses „Ping-Pong-Spiel" von Aussage und Reaktion wird als *dialogischer Wahlkampfstil* bzw. *instant campaining*[92] bezeichnet.

Die Fachliteratur hat auch andere PR-Maßnahmen kategorisiert:[93] *Clear-cut issues*, sollen dem Wähler helfen, die Kandidaten unterscheiden zu können. Ziel ist die Polarisierung der Kandidaten. Dies geschieht durch plakative Äußerungen und durch Verunglimpfen des Gegners. Franz Ronneberger: „Es liegt auf der Hand, daß dabei die jeweilige Opposition im

Vorteil ist. Sie kann ihre weltanschaulich-ideologischen Optionen voll ausspielen, während die Regierung ihre Entscheidungen eher rational begründen und erklären muß."[94] Allerdings haben auch die Regierungsparteien Vorteile in der politischen Kommunikation: „Es ist schwer zu schätzen, welcher von beiden Akteuren in diesem Spiel die besseren Karten hat. Regierungs-PR verfügt über die größeren materiellen Ressourcen und über Prioritäten bei der Themenwahl. Sie ist hinsichtlich der Thematisierungsfunktion in der öffentlichen Kommunikation prinzipiell überlegen. Die Opposition kann hingegen auf die funktionalen Besonderheiten des Mediensystems bauen, das auf der Suche nach dem stets Neuen (Neophilie), nach dem Außeralltäglichen und Spektakulären ist und kontroverse Positionen mit Vorliebe aufgreift."[95] Kleinparteien wählen daher oft möglichst extreme Standpunkte, um in die Medien zu kommen. So versucht der Aktionismus der Grün-Parteien den Nachrichtenwert durch spektakuläre Aktionen zu erfüllen. Pannellas Liste war im italienischen Wahlkampf in den Medien präsent, nicht weil sie etwa eine relevante politische Größe war, sondern weil Pannella die „Spielregeln" des Fernsehens genau kannte, und auf diese Weise die Journalisten instrumentalisierte.

Durch *Narration* versucht man den Wahlkampf in eine erzählerische, leicht verständliche Form zu bringen. Das Fernsehen ist für diesen Stil besonders anfällig, da es in die Art der Berichterstattung paßt. Über eine Wahlveranstaltung läßt sich leichter erzählerisch als analytisch berichten. Die Ankunft des Spitzenkandidaten und der tosende Applaus im Saal sind inszenierte dramaturgische Höhepunkte einer Veranstaltung, die der Journalist aber willig in seinen TV-Bericht einbaut, da diese Bilder den Beitrag beleben. Plasser belegt, daß diese Erzähltechnik unabhängig von der politischen Präferenz des Journalisten eingesetzt wird. Dem ORF kann kein Naheverhältnis zu Jörg Haider nachgesagt werden, dennoch findet sich das narrative Stilelement, das dem Politiker durch den dramaturgischen Stil meist nützt, in den meisten Beiträgen über den FPÖ-Chef.[96]

In einer *Sound-bite*-Demokratie dürfen die Statements der Politiker maximal zehn Sekunden dauern, da sie sonst von den Journalisten geschnitten werden, und dies wäre ein Unsicherheitsfaktor. Zwischen 1968 und 1988 verkürzte sich ein *sound bite* im US-Fernsehen von durchschnittlich 42,3 auf 9,8 Sekunden. Politiker, die sich diesem Trend nicht anpassen können, verbessern ihr Image dann meist in Fernsehdebatten und Talkshows, wo sie ihre Gedanken ausführen können.

Der *Horse-race*-Journalismus stellt den Wahlkampf als sportlichen Wettkampf dar. Eine US-Studie belegt, daß im Wahlkampf 1988 60 Prozent der Berichterstattung von 18 großen Zeitungen dem *horse race*, dem Wettkampf zwischen den Spitzenkandidaten, gewidmet wurden. Dies war zwanzigmal mehr, als über Sachthemen berichtet wurde.[97] Die *Demoskopie-Manie* hat auch schon längst Europa ergriffen. Wie beim *horse race* will die Bevölkerung immer wissen, wo ihr Kandidat in der Wählergunst gerade liegt. Wahlkampfbüros, Rundfunkanstalten und Printmedien investieren große Summen, um aktuelle Umfragedaten zu besitzen. Diese Daten sind oft ungenau, vor allem verstärken sie aber bestehende Trends. Es war deshalb kein Zufall, daß Berlusconi vor den Wahlen in den Umfragen, die von seiner Firma durchgeführt wurden, weit voran lag. Schlußendlich lag Berlusconis Chef-Demoskop Gianni Pilo mit seinen Schätzungen etwa zehn Prozent über dem tatsächlichen Wahlergebnis. Da es aber keinerlei Zweifel an der beruflichen Qualifikation Pilos geben konnte, lag die Vermutung nahe, daß man bei Forza Italia besonders „optimistisch" war und diesen Optimismus auch auf die Bevölkerung übertragen wollte.

Ein US-Wahlkampf in Italien?

Plasser und Sommer haben jene Trends im amerikanischen Wahlkampf herausgearbeitet, die in modifizierter Form auch in Europa zu beobachten sind. Der Grad der Mediatisierung der Politik eines Landes hängt von spezifischen Faktoren, wie der gesellschaftlichen und politischen Tradition, ab. Die angeführten Punkte können deshalb in unterschiedlich starker Form auftreten:

- absolute Professionalität des Wahlkampfstabes
- maximale Effizienz des Einsatzes der zur Verfügung stehenden Mittel
- hochgradige Medien- und Fernsehorientierung
- Mobilisierung der Wähler durch hochgradige Emotionalisierung
- schrankenlose Instrumentalisierung der massenmedialen Berichterstattung als Transportmittel der zentralen Kampagnenbotschaften
- hochreaktive, dialogische Wahlkampfführung *(instant reaction-campaining)*
- sorgfältige Ansprache von Zielgruppen und strategische Variationen bei zielgruppengerechten Wahlkampfthemen
- Unterordnung sämtlicher Wahlkampfaktivitäten unter ein technokratisches Machtkalkül[98]

Versucht man diesen Punktekatalog auf den italienischen Wahlkampf anzuwenden, dann sieht man, daß in Italien 1994 tatsächlich der amerikanische Wahlkampfstil Einzug gehalten hat:

- Die Professionalität des Wahlkampfstabes kann bei Forza Italia nicht in Frage gestellt werden. In Europa hat es bis dato wohl kein professionelleres Wahlkampfteam gegeben. Die besten PR-Kräfte und Demoskopen des Landes standen im Dienste der Fininvest bzw. der Berlusconi-Partei.

- Da die neue Partei über große intellektuelle und finanzielle Ressourcen verfügte, konnten diese auch effizient eingesetzt werden.

- Der Wahlkampf fand - wie Daten belegen - faktisch ausschließlich im Fernsehen statt. Schließlich besaß Berlusconi drei Networks. Alle Großereignisse des Wahlkampfes fanden im Fernsehen statt: die „Rede an die Nation“, der Parteikongreß, das TV-Duell,...

- Wahlspots und -reden entsprachen dem Temperament der Italiener. Eine derart bedeutsame Wahl konnte nicht ohne Emotionen über die Bühne gehen. Italien hatte im Jahr vor den Wahlen einen politischen Umbruch erlebt. Von den Wahlen erwartete man sich deshalb mehr als nur einen Regierungswechsel.

- Wenn man den halben Fernsehmarkt besitzt, ist es nicht schwierig, diesen für sich zu instrumentalisieren. Auch für diese These werden in dieser Arbeit genaue Forschungsergebnisse erbracht werden.

- Obwohl Berlusconi direkte TV-Konfrontationen bis auf eine Ausnahme mied, erlebte Italien einen dialogischen Wahlkampf. Auf ein Statement, das Berlusconis in einem Interview abgab, reagierte Occhetto, der Spitzenkandidat des Linksbündnisses, ebenfalls wieder über das Fernsehen. Der Dialog wurde deshalb nicht *im* Fernsehen, sondern *via* Fernsehen geführt.

- Durch detaillierte Meinungsumfragen wußte Berlusconi, wer was hören wollte. Seine Reden und die TV-Spots sprachen deshalb gezielt bestimmte Bevölkerungsgruppen an. Für die Kommunalwahlen 1995 sendete Forza Italia sogar einen TV-Spot, der die *nicht*-wahlberechtigten Teenagers ansprach. Diese konnten zwar nicht wählen, aber das Meinungsklima in der Familie entscheidend beeinflussen. Es gab auch spezielle Spots für Hausfrauen, Pensionisten, etc.

- Nichts im Wahlkampf von Forza Italia wurde dem Zufall überlassen. Jeder Unsicherheitsfaktor, wie z.B. eine Pressekonferenz, wurde deshalb wenn möglich gemieden. Berlusconi gilt als Perfektionist, und in diesem Stil bereitete er sich auf seine Auftritte vor.

Medien als „Vierte Gewalt“?

Kurz nach Berlusconis Wahlsieg schrieb Dirk Schümer in der *Frankfurter Allgemeinen Zeitung* von der „Machtübernahme der Vierten Gewalt“.[99] Bemerkenswert waren diese Worte vor allem, weil die *FAZ* Berlusconi während des Wahlkampfes nicht in dem Maße negativ beurteilt hatte wie die anderen deutschen Qualitätsblätter.

Die Diskussion um „Medienmacht", den Einfluß der Medien auf die öffentliche Meinung, ist so alt wie die Massenmedien. Durch Zensur übte man Macht auf die Medienmacht aus. In der wissenschaftlichen Diskussion gilt Joseph Eberles *Großmacht Presse* als erste eingehende Auseinandersetzung mit diesem Thema. Während der Gewaltherrschaft der Nationalsozialisten war die Forschungsliteratur versucht, den Einfluß der Medien zu minimieren. Dadurch sollte die Aufmerksamkeit vom Propagandainstrument Massenmedien und von der Zensur abgelenkt werden. Paul Lazersfeld begann sich schon in den dreißiger Jahren mit dem Einfluß der Medien auf politische Entscheidungen auseinanderzusetzen. Seine Analyse des amerikanischen Präsidentschaftswahlkampfes 1940 gilt mittlerweile als wissenschaftliche Kostbarkeit. Als Marshall McLuhan 1962 *The Gutenberg Galaxy* publizierte, glaubte die Öffentlichkeit, „den wichtigsten Denker seit Newton, Darwin, Freud, Einstein und Pavlov"[100] entdeckt zu haben. Die amerikanische Gesellschaft befand sich auf dem Höhepunkt der Mediengläubigkeit. So innovativ und revolutionierend McLuhans Gedanken schienen, die moderne Forschung hat einige seiner Thesen bereits relativiert.

Im Mittelalter gab es nur eine weltliche und eine geistliche Macht. Durch die Herausbildung der Verfassungsstaaten kam es zur Trennung der Gewalten in Gesetzgebung, Verwaltung und Rechtssprechung. Auf diesen drei Säulen stehen auch die modernen demokratischen Verfassungen. Die zahlreichen Konventionen wie die *KSZE-Schlußakte* von 1975, die *UNESCO-Massenmediendeklaration* von 1978 sowie die *Europäische Konvention zum Schutz der Menschenrechte und Grundfreiheiten* von 1950 gehen von der prinzipiellen Trennung von Staatsgewalt und Medien aus. Medien weisen allerdings auch Ähnlichkeiten mit den staatlichen Machtstrukturen auf: „Die Medien können zwar nicht Recht setzen. Sie können aber über die Schiene der Rechtspolitik ihre Schaffung, Umgestaltung und Weiterentwicklung bewegen. Die Medien können zwar nicht das Recht ausführen. Sie können aber die Gesetzesanwendung und -umsetzung gegenüber dem Bürger beobachten, kritisch begleiten, auf Mißstände aufmerksam machen und Änderungen anregen. Die Medien können zwar nicht Recht sprechen. Sie können aber über laufende Prozesse berichten, Unrecht dokumentieren und Vorverurteilungen vornehmen."[101]

Wie stellt sich diese „Vierte Gewalt" aber dar, welche Macht besitzt sie, über welche Sanktionsmaßnahmen verfügt sie? Stober führt die Teilgewalten der Massenmedien an:

- Berichts- und Informationsgewalt: Der Staat ist auf die Medien als Mittler von politischen Entscheidungen angewiesen. Er kann von sich aus kaum informieren.

- Bewertungs- und Beurteilungsgewalt: Im Gegensatz zum Staat dürfen die Medien auch das allgemeine Gesellschaftsleben und den Privatbereich der Bürger kommentieren.

- Vermittlungsgewalt: Medien vermitteln die „öffentliche Meinung" durch Leserbriefe, Kommentare, Anzeigen, Werbung etc.

- Monopolgewalt: Falls keine Alternativen als Mittler gegeben sind, nehmen die Medien in dieser Funktion sogar eine Monopolstellung ein.[102]

Die Massenmedien sind in ihrer Funktion deshalb auch „Bewußtseinsbildner und Bewußtseinsveränderer". Die Möglichkeiten des Machtmißbrauches der Medien sind zahlreich. Stober sieht in der Vielfalt des Medienangebotes die Möglichkeit, diesen Fehlentwicklungen entgegenzutreten. Medienkonzentration kann demnach auch Machtkonzentration bedeuten.

Berlusconis Medienimperium verfügte während des Wahlkampfes über einige der oben angeführten Teilgewalten: Die Fininvest hatte die Berichts- und Informationsgewalt, weil Berlusconi fast ausschließlich in seinen Medien auftrat. Journalisten und Talkmaster machten Lobby für ihren Chef und hatten deshalb eine Bewertungs- und Beurteilungsgewalt. Die eigenen Medien stellten in ihrer Berichterstattung ein Stimmungsbild der Öffentlichkeit dar, das nur teilweise der Wirklichkeit entsprach (= Vermittlungsgewalt). Als Ministerpräsident kontrollierte Berlusconi in der einen oder anderen Form 90 Prozent der TV-Reichweiten und hatte damit eine Monopolgewalt. Da es sich aber um kein totalitäres System handelte, waren diese Teilgewalten nur begrenzt verfügbar. Selbstverständlich hatten auch die politischen Gegner Plattformen, auf denen sie sich darstellen konnten. Die Berichterstattung der RAI war sogar eher Berlusconi-kritisch. Verallgemeinerungen sind daher nicht angebracht. Unter Berlusconi konnte aber ein Trend beobachtet werden, der zumindest theoretisch die von Stober angeführten Teilgewalten auf eine Person zentrierte.

Nach Berlusconis Amtszeit versuchte man, auch die Berichterstattung der Privatsender während des Wahlkampfes den öffentlich-rechtlichen Kriterien der Ausgewogenheit und Objektivität zu unterwerfen. Damit näherte man sich der Informationsfunktion der Medien, wie sie Stober 1992 in seinem Buchbeitrag gefordert hatte: „Die Medien haben vor allem angemessen über Politik und Parteien zu berichten, damit die politische Willensbildung erfolgen kann. [...] Deshalb hat die sachliche Information Vorrang vor ihrer Bewertung. Denn der mündige Bürger soll sich in der Demokratie aufgrund der Information sein eigenes Urteil bilden. Die Medien haben insofern eine dienende Rolle."[103] Eine Forderung, die sich im journalistischen und politischen Alltag schwer umsetzten läßt.

Was geschah 1994 in Italien?

Der politische Alltag hat sich durch die elektronischen Massenmedien stark gewandelt. Politiker, Journalisten und Rezipienten haben sich gleichermaßen den veränderten Bedingungen anpassen müssen. Politik und Journalismus gingen eine symbiotische Kommunikationsgemeinschaft ein, in der Information gegen Publizität getauscht wurde. Veränderungen waren allerdings nicht nur in der Vermittlung von Politik zu beobachten, sondern auch in den

Grundstrukturen der Politik. So machte die Parlamentsarbeit, einer der „Pfeiler" des demokratischen Systems, einen großen Funktions- und Strukturwandel durch.[104]

Die Politik verläßt zusehends den Parlamentssaal und verlagert sich auf Ebenen, die von der Verfassung nicht vorgesehen sind. Pressekonferenzen und Foyergespräche lösen die institutionellen Kommunikationskanäle ab. Politische „Premieren" finden nicht mehr im Parlamentsplenum, sondern im fernseh- und inszenierungsgerechten Ambiente eines Interviews statt. Das Parlament degeneriert in seiner Funktion zu einer Schaubühne, auf der die Akteure der einzelnen Parteien auftreten und ihre hinlänglich bekannten Standpunkte einnehmen. Aufsehenerregende Aussagen hebt man sich für Pressekonferenzen auf, bei denen man nicht mit den Zwischenrufen der anderen Fraktionen rechnen muß, dennoch werden die politischen Entscheidungen nach wie vor im Parlament gefaßt. Als Regierungspolitiker muß man tagelang in Ausschüssen hinter verschlossenen Türen verhandeln und Kompromisse finden. Die Ergebnisse dieser Verhandlungen lassen sich in der Regel der Öffentlichkeit nur sehr schlecht präsentieren. Da der Oppositionspolitiker meist keinen Wahrheitsbeweis für seine Versprechen antreten muß, kann er gegen sachpolitische Entscheidungen mit populistischen Mitteln ankämpfen. Mit ein, zwei scharfen Formulierungen ist ihm ein Bericht in der Nachrichtensendung sicher.

Berlusconi hat 1994 die Wahlen gewonnen, weil er ein Neopolitiker war. In einer Phase größter Politikverdrossenheit konnte er sich als ein völlig neues Produkt verkaufen. Die Mediatisierung der Politik ist aber keine Erfindung Berlusconis. Die Wissenschaft setzt sich schon seit längerem mit den Phänomenen *Politikdarstellung im Fernsehen, symbiotische Kommunikationsgemeinschaft, politische PR, Demoskopie-Politik, Image* und *Feindbild* auseinander. Berlusconi und seine Berater haben alle Erkenntnisse, die man aus der amerikanischen Politik gewinnen konnte, auf seine Person angewendet. Klammert man den Medientycoon und Fininvest-Chef aus und analysiert man ausschließlich den Politiker Berlusconi, dann erkennt man, daß er sich in seiner Darstellung kaum von Reagan, Clinton und Perot unterscheidet, die als die Wegbereiter der Telekratie gelten.

Wenn nun symbolische Politik wichtiger als die Sachpolitik wird, dann muß die Gesellschaftsfunktion der Medien neu definiert werden. Das Schlagwort der „Vierten Gewalt" ist zwar beinahe so alt wie der Verfassungsstaat, dennoch gewinnt dieser Begriff durch die Ereignisse in Italien 1994 eine neue Bedeutung.

Anmerkungen:

1 MÜNCH, Richard: Dialektik der Kommunikationsgesellschaft. Frankfurt a.M., 1991, S.95.

2 BERGSDORF, Wolfgang: Probleme der Regierungskommunikation. In: Communications. 3/1986. S.30. Zit.n.: JARREN, Otfried / GROTHE, Thorsten / RYBARCZYK, Christoph: Medien und Politik - eine Problemskizze. In: DONSBACH, Wolfgang / JARREN, Otfried / KEPPLINGER, Hans Mathias /

Barbara: Beziehungsspiele - Medien und Politik in der öffentlichen Diskussion. Gütersloh, 1993. S.11-44, hier: S.16.

3 Vgl.: VOGEL, Dieter: Kommunikationsprobleme des modernen demokratischen Staates. Vortrag am Institut für Publizistik- und Kommunikationswissenschaft der Universität Wien am 17. November 1994. Unveröffentlichtes Vortragsmanuskript. S.1. - Vgl. u.a. „Politik durch Kommunikation" bei: SEMRAU, Eugen: Entertainment für Einsiedler. Überlegungen zur Strategie politischer Fernsehwerbung. In: PLASSER, Fritz / ULRAM, Peter A. / WELAN, Manfried (Hg.): Demokratierituale. Zur politischen Kultur der Informationsgesellschaft. Wien / Köln / Graz, 1985. S.61-74, hier: S.62.

4 JARREN, Otfried / GROTHE, Thorsten / RYBARCZYK, Christoph: Medien und Politik - eine Problemskizze. a.a.O. S.19.

5 PLASSER, Fritz: Elektronische Politik und politische Technostruktur reifer Industriegesellschaften - Ein Orientierungsversuch. a.a.O. S.25.

6 Zur Gegenüberstellung von Wahlkampf- und politischer Alltagskommunikation vgl.: SARCINELLI, Ulrich: Symbolische Politik. Zur Bedeutung symbolischen Handelns in der Wahlkampfkommunikation der Bundesrepublik Deutschland. Opladen, 1987. S.70-75.

7 SARCINELLI, Ulrich: Mediatisierung und Wertewandel: Politik zwischen Entscheidungsprozeß und politischer Regiekunst. In: BÖCKELMANN, Frank E. (Hg.): Medienmacht und Politik. Berlin, 1989. S.165-174, hier S.175.

8 SARCINELLI, Ulrich: Mediatisierung und Wertewandel. a.a.O. S.165.
Vgl.: LÜBBE, Hermann: Streit um Worte. In: KALTENBRUNNER, Gerd-Klaus (Hg.): Die umfunktionierten Wörter. Freiburg, 1987. S.87-111.

9 SARCINELLI, Ulrich: Mediatisierung und Wertewandel. a.a.O. S.166.

10 Vgl.: SARCINELLI, Ulrich: Massenmedien und Politikvermittlung - Eine Problem- und Forschungsskizze. In: WITTKÄMPER, Gerhard W. (Hg.): Medien und Politik. Darmstadt, 1992. S.37-62, hier S.37.

11 SARCINELLI, Ulrich: Massenmedien und Politikvermittlung. a.a.O. S.38.

12 Zit.n.: BÖCKELMANN, Frank E. (Hg.): Medienmacht und Politik. a.a.O. S.11.

13 SAXER, Ulrich: Aspekte und Modalitäten politischer Wertsozialisation durch Medienkommunikation. In: BÖCKELMANN, Frank E. (Hg.): Medienmacht und Politik. a.a.O. S.121-137, hier S.128. - Vgl. auch: GOTTSCHLICH, Maximilian: Machen Medienzaren in Zukunft Staat? In: Wiener. 5/1994. S.14.

14 Zit.n.: BÖCKELMANN, Frank E. (Hg.): Medienmacht und Politik. a.a.O. S.163.

15 SCHMIDT, Helmut: Menschen und Mächte. Berlin, 1987. S.319.

16 LANGENBUCHER, Wolfgang R.: Grenzen (fernseh)mediatisierter Politik. In: BÖCKELMANN, Frank E. (Hg.): Medienmacht und Politik. Berlin, 1989. S.87-96, hier: S.92.

17 SARCINELLI, Ulrich: Symbolische Politik. a.a.O. S.211.

18 GOTTSCHLICH, Maximilian: Journalismus und Orientierungsverlust. Grundprobleme öffentlich-kommunikativen Handelns. Wien / Köln / Graz, 1980. S.125.

19 vgl. SARCINELLI, Ulrich: Mediatisierung und Wertewandel. a.a.O. S.167, 171. - PLASSER, Fritz / ULRAM, Peter A. / WELAN, Manfried (Hg.): Demokratierituale. Zur politischen Kultur der Informationsgesellschaft. Wien / Köln / Graz, 1985. S.8. - SARCINELLI, Ulrich: Symbolische Politik. a.a.O. S.5.

20 FLAIG, Berthold Bodo / MEYER, Thomas / UELTZHÖFFER, Jörg: Alltagsästhetik und politische Kultur. Zur ästhetischen Dimension politischer Bildung und politischer Kommunikation. Bonn, 1993. S.211.

21 PLASSER, Fritz: Medienlogik und Parteienwettbewerb. In: BÖCKELMANN, Frank E. (Hg.): Medienmacht und Politik. a.a.O. S.207-218, hier S.208. - Vgl. u.a.: MEYROWITZ, Joshua: Überall und nirgends dabei. Die Fernsehgesellschaft I. Weinheim/Basel, 1990. S.312.

22 PLASSER, Fritz: Medienlogik und Parteienwettbewerb. a.a.O. S.209.

23 Zit.n.: PLASSER, Fritz: Elektronische Politik und politische Technostruktur reifer Industriegesellschaften. a.a.O. S.9.

24 PLASSER, Fritz: Medienlogik und Parteienwettbewerb. a.a.O. S.208.

25 PLASSER, Fritz: Medienlogik und Parteienwettbewerb. a.a.O. S.212.

26 McLEOD, Jack M. / BLUMLER, Jay G.: The Macrosocial Level of Communication Science. In: BERGER, Charles / CHAFFEE, Steven H. (Hg.): Handbook of Communication Science. Newbury Park / Beverly Hills / London / New Delhi, 1987. S.310f. Zit.n.: PLASSER, Fritz: Medienlogik und Parteienwettbewerb. a.a.O. S.212f.

27 KEPPLINGER, Hans Mathias: Voluntaristische Grundlagen der Politikberichterstattung. In: BÖCKELMANN, Frank E. (Hg.): Medienmacht und Politik. a.a.O. S.59-83, hier S.60.

28 PLASSER, Fritz: Medienlogik und Parteienwettbewerb. a.a.O. S.215, 217. - Vgl.: ROSE, Richard / McALLISTER, Ian: Voters Begin to Chose. From Closed Class to Open Elections. London / Beverly Hills / New Delhi, 1986.

29 WITTKÄMPER, Gerhard W.: Medien und Politik. a.a.O. S.5f.

30 SEMRAU, Eugen: Entertainment für Einsiedler. a.a.O. S.72.

31 LERG, Winfried B.: Medienmacht und Politik. In: WITTKÄMPER, Gerhard W. (Hg.): Medien und Politik. a.a.O. S.14-26, hier S.25.

32 BERGSDORF, Wolfgang: Mediatisierte Politik und politischer Wertewandel. In: BÖCKELMANN, Frank E. (Hg.): Medienmacht und Politik. a.a.O. S.27-30, hier S.28.

33 Vgl. u.a.: LIPPMANN, Walter: Die öffentliche Meinung. Reprint. Bochum, 1990. - LUHMANN, Niklas: Öffentliche Meinung. In: Politische Vierteljahresschrift. 1/1970, S.2-28.

34 OBERREUTER, Heinrich: Mediatisierte Politik und politischer Wertewandel. a.a.O. S.40.

35 Vgl.: SARCINELLI, Ulrich: Massenmedien und Politikvermittlung. a.a.O. S.42.

36 Vgl. u.a.: SARCINELLI, Ulrich: Symbolische Politik. a.a.O. S.213-221.

37 SARCINELLI, Ulrich: Massenmedien und Politikvermittlung. a.a.O. S.46.

38 SARCINELLI, Ulrich: Symbolische Politik. a.a.O. S.11.

39 PLASSER, Fritz: Elektronische Politik und politische Technostruktur reifer Industriegesellschaften. a.a.O. S.16.

40 Zit.n.: SARCINELLI, Ulrich: Massenmedien und Politikvermittlung. a.a.O. S.46.

41 FABRIS, Hans Heinz: Zwischen Politik und Politikinszenierung: Mediendiskurse der sechziger Jahre. In: LANGENBUCHER, Wolfgang R. (Hg.): Politische Kommunikation. Grundlagen, Strukturen, Prozesse. Wien, überarb. Auflage, ^{2}1993. S.164-173, hier S.171.

42 SARCINELLI, Ulrich: Symbolische Politik. a.a.O. S.201.

43 SCHULZ, Winfried / KINDELMANN, Klaus: Die Entwicklung der Images von Kohl und Lafontaine im Wahljahr 1990. Ein Vergleich der Wählerurteile mit den Urteilen ausgewählter Leitmedien. In: HOLTZ-BACHA, Christina / LEE KAID, Lynda (Hg.): Die Massenmedien im Wahlkampf. Untersuchungen aus dem Wahljahr 1990. Opladen, 1993. S.10-45, hier S.15.

44 MEYROWITZ, Joshua: Wie Medien unsere Welt verändern. Die Fernseh-Gesellschaft II. Weinheim/Basel, 1990. S.163.

45 MEYROWITZ, Joshua: Wie Medien unsere Welt verändern. a.a.O. S.164.

46 SEMRAU, Eugen: Entertainment für Einsiedler. a.a.O. S.63.

47 Vgl. v.a.: MEYROWITZ, Joshua: Wie Medien unsere Welt verändern. a.a.O. S.143-174.

48 MEYROWITZ, Joshua: Wie Medien unsere Welt verändern. a.a.O. S.168.

49 SARCINELLI, Ulrich: Massenmedien und Politikvermittlung. a.a.O. S.53.

50 Vgl.: WAGENLEHNER, Günther: Politische Feindbilder und Medien. In: WITTKÄMPER, Gerhard W. (Hg.): Medien und Politik. a.a.O. S.63-72, hier S.63.

51 WAGENLEHNER, Günther: Politische Feindbilder und Medien. a.a.O. S.63.

52 Zit.n.: WAGENLEHNER, Günther: Politische Feindbilder und Medien. a.a.O. S.64.

53 WAGENLEHNER, Günther: Politische Feindbilder und Medien. a.a.O. S.67.

54 MAST, Claudia: Tagesschau oder Tagesshow? Zur Präsentation politischer Informationen in den Medien. In: BÖCKELMANN, Frank E. (Hg.): Medienmacht und Politik. a.a.O. S.105-115, hier S.105.

55 ROEGELE, Otto B.: Anmerkungen zum Thema der Tagung. a.a.O. S.147.

56 WEISCHENBERG, Siegfried: Gladiatoren und Propagandisten? Die Akteure politischer Kommunikation in einer medialen Streitkultur. In: LANGENBUCHER, Wolfgang R.: Politische Kommunikation. a.a.O. S.132-149, hier S.142.
57 SARCINELLI, Ulrich: Symbolische Politik. a.a.O. S.5.
58 PLASSER, Fritz: Elektronische Politik und politische Technostruktur reifer Industriegesellschaften. a.a.O. S.16.
59 BRETSCHNEIDER, Rudolf: Demoskopie als Politikersatz? Gebrauch und Mißbrauch der politischen Meinungsforschung. In: PLASSER, Fritz / ULRAM, Peter A. / WELAN, Manfried (Hg.): Demokratierituale. a.a.O. S.271-277, hier S.271.
60 MÜNCH, Richard: Journalismus in der Kommunikationsgesellschaft. In: Publizistik. 3/1993. S.261-279, hier S.267.
61 BRETSCHNEIDER, Rudolf: Demoskopie als Politikersatz? a.a.O. S.274.
Vgl.: OFFE, Claus: Politische Legitimation durch Mehrheitsentscheidung? In: Journal für Sozialforschung. 3/1982.
62 BRETSCHNEIDER, Rudolf: Demoskopie als Politikersatz? a.a.O. S.275.
63 PELINKA, Anton: Mächtige Medien - ohnmächtige Politik? In: Publizistik. 3/1993. S.305-310, hier S.306.
64 RONNEBERGER, Franz: Die Rolle von Public Relations im politischen Entscheidungsprozeß. a.a.O. S.155.
65 Zit.n.: BÖCKELMANN, Frank E. (Hg.): Medienmacht und Politik. a.a.O. S.161.
66 BRETSCHNEIDER, Rudolf: Demoskopie als Politikersatz? a.a.O. S.272.
67 BRETSCHNEIDER, Rudolf: Demoskopie als Politikersatz? a.a.O. S.276.
68 Vgl. u.a.: SARCINELLI, Ulrich: Symbolische Politik. a.a.O. S.166-198. - LANGENBUCHER, Wolfgang R. / UEKERMANN, Heinz R.: Politische Kommunikationsrituale. Zur publizistischen Funktion moderner Wahlkämpfe am Beispiel der Bundesrepublik Deutschland. In: PLASSER, Fritz / ULRAM, Peter A. / WELAN, Manfried (Hg.): Demokratierituale. Zur politischen Kultur der Informationsgesellschaft. Wien / Köln / Graz, 1985. S.49-59, hier: S.53f.
69 SARCINELLI, Ulrich: Symbolische Politik und politische Kultur. Das Kommunikationsritual als politische Wirklichkeit. In: Politische Vierteljahresschrift. 2/1989. S.292-309, hier: S.304.
70 CARACCIOLO, Luigi: Spirale der Selbstzerstörung. Berlusconis erste postpolitische Regierung des Westens. In: Der Spiegel. 25/1994. S.135-138, hier S.138.
71 LANGENBUCHER, Wolfgang R. / UEKERMANN, Heinz R.: Politische Kommunikationsrituale. a.a.O. S.53.
72 SARCINELLI, Ulrich: Massenmedien und Politikvermittlung. a.a.O. S.54.
73 SARCINELLI, Ulrich: Symbolische Politik. a.a.O. S.6.
74 Eine bemerkenswerte Zusammenfassung der amerikanischen Forschungsliteratur zu diesem Thema bietet der Aufsatz, der auch diesem Unterkapitel teilweise zu Grunde liegt: DONSBACH, Wolfgang: Täter oder Opfer - Die Rolle der Massenmedien in der amerikanischen Politik. In: DONSBACH, Wolfgang / JARREN, Otfried / KEPPLINGER, Hans Mathias / PFETSCH, Barbara: Beziehungsspiele - Medien und Politik in der öffentlichen Diskussion. Gütersloh, 1993. S.221-281.
75 ORREN, Gary R.: Thinking About the Press and Government. In: LINSKY, Martin: Impact. How The Press Affects Federal Policy Making. New York / London, 1986. S.10. Zit.n.: DONSBACH, Wolfgang: Täter oder Opfer - Die Rolle der Massenmedien in der amerikanischen Politik. a.a.O. S.228.
76 Vgl.: WALLISCH, Stefan: Die Medien-Kriege. Die Problematik der modernen Kriegsberichterstattung. Vietnam-, Falkland- und Golf-Krieg als zeitgeschichtliche Fallbeispiele. Diplomarbeit. Wien, 1992.
77 DONSBACH, Wolfgang: Täter oder Opfer - Die Rolle der Massenmedien in der amerikanischen Politik. a.a.O. S.229.
78 DONSBACH, Wolfgang: Täter oder Opfer - Die Rolle der Massenmedien in der amerikanischen Politik. a.a.O. S.230.

79 PLASSER, Fritz / SOMMER, Franz: Politische Öffentlichkeitsarbeit in informationsgesellschaftlichen Demokratien. In: DORER, Johanna / LOJKA, Klaus (Hg.): Öffentlichkeitsarbeit. Theoretische Ansätze, empirische Befunde und Berufspraxis der Public Relations. Wien, 1991. S. 93-110, hier: S.93.
80 PLASSER, Fritz: Elektronische Politik und politische Technostruktur reifer Industriegesellschaften. a.a.O. S.19.
81 DONSBACH, Wolfgang: Täter oder Opfer - Die Rolle der Massenmedien in der amerikanischen Politik. a.a.O. S.241.
82 PLASSER, Fritz / SOMMER, Franz: Politische Öffentlichkeitsarbeit in informationsgesellschaftlichen Demokratien. a.a.O. S.95.
83 SEMRAU, Eugen: Entertainment für Einsiedler. a.a.O. S.63.
84 TAYLOR, Paul: See How They Run. Electing the President in An Age of Mediocracy. New York, 1990. S.6. Zit.n.: DONSBACH, Wolfgang: Täter oder Opfer - Die Rolle der Massenmedien in der amerikanischen Politik. a.a.O.
85 Zit.n : MAST, Claudia: Tagesschau oder Tagesshow? a.a.O. S.111.
86 PLASSER, Fritz: Elektronische Politik und politische Technostruktur reifer Industriegesellschaften. a.a.O. S.14.
87 SEMRAU, Eugen: Entertainment für Einsiedler. a.a.O. S.63.
88 PLASSER, Fritz / SOMMER, Franz: Politische Öffentlichkeitsarbeit in informationsgesellschaftlichen Demokratien. a.a.O. S.95ff, 101.
89 OBERREUTER, Heinrich: Mediatisierte Politik und politischer Wertewandel. In: BÖCKELMANN, Frank E. (Hg.): Medienmacht und Politik. a.a.O. S.31-41, hier S.40f.
90 PLASSER, Fritz / SOMMER, Franz: Politische Öffentlichkeitsarbeit in informationsgesellschaftlichen Demokratien. a.a.O. S.96.
91 DONSBACH, Wolfgang: Täter oder Opfer - Die Rolle der Massenmedien in der amerikanischen Politik. a.a.O. S.242.
92 PLASSER, Fritz / SOMMER, Franz: Politische Öffentlichkeitsarbeit in informationsgesellschaftlichen Demokratien. a.a.O. S.100.
93 Vgl. DONSBACH, Wolfgang: Täter oder Opfer - Die Rolle der Massenmedien in der amerikanischen Politik. a.a.O. S.258-261.
94 RONNEBERGER, Franz: Die Rolle von Public Relations im politischen Entscheidungsprozeß. In: BÖKKELMANN, Frank E. (Hg.): Medienmacht und Politik. a.a.O. S.149-160, hier S.151.
95 RONNEBERGER, Franz: Die Rolle von Public Relations im politischen Entscheidungsprozeß. a.a.O. S.151.
96 Vgl.: PLASSER, Fritz: Die populistische Arena: Massenmedien als Verstärker. In: LANGENBUCHER, Wolfgang R. (Hg.): Politische Kommunikation. a.a.O. S.186-207.
97 PATTERSON, Thomas E.: More Style Than Substance: Television News in U.S. National Elections. Political Communication and Persuasion. 8/1991. S.145-161.
98 PLASSER, Fritz / SOMMER, Franz: Politische Öffentlichkeitsarbeit in informationsgesellschaftlichen Demokratien. a.a.O. S.102.
99 SCHÜMER, Dirk: Geballte Gewalten, gemischte Kanäle. In: Frankfurter Allgemeine Zeitung. 30.3.1994.
100 Zit.n.: LERG, Winfried B.: Medienmacht und Politik. a.a.O. S.20.
101 STOBER, Rolf: Medien als Vierte Gewalt - Zur Verantwortung der Massenmedien. In: WITTKÄMPER, Gerhard W. (Hg.): Medien und Politik. a.a.O. S.27-36, hier S.28.
102 Vgl.: STOBER, Rolf: Medien als Vierte Gewalt. a.a.O. S.29ff.
103 STOBER, Rolf: Medien als Vierte Gewalt. a.a.O. S.36.
104 Vgl.: OBERREUTER, Heinrich: Parlament und Öffentlichkeit. In: LANGENBUCHER, Wolfgang R. (Hg.): Politische Kommunikation. a.a.O. S.94-103.

II. Von der Ersten zur Zweiten Republik

In Italien ist mit den Parlamentswahlen von 1994 die Zweite Republik ausgerufen worden. Was hat zu dieser für eine westliche Demokratie einzigartigen Zäsur geführt, und was hat den ebenso einzigartigen Wahlsieg eines Medientycoons wie Silvio Berlusconi ermöglicht? Wird es in anderen europäischen Ländern ähnliche Entwicklungen geben? Warum wurde 1996 Romano Prodi, der eine völlig andere Art der Politik vertritt, an die Macht gewählt?

Wichtige soziokulturelle Entwicklungen und politische Ereignisse lassen sich oft nur aus dem geschichtlichen Zusammenhang erklären. Der Umschwung - die „Friedliche Revolution“, wie sie der ehemalige Ministerpräsident Ciampi genannt hat[1] - ist auf die politische Tradition eines Landes zurückzuführen, deren politische Vertreter jahrzehntelang vom kalten Krieg „gelebt“ haben. Die italienische Innenpolitik war stets durch eine starke Polarisierung zwischen Christdemokraten und Kommunisten geprägt. Sie war der einzige beständige Faktor. Regierungen hielten meist nur Monate, die Democrazia Cristiana (DC) war aber in jeder Regierung als Garant gegen kommunistische Tendenzen im Lande vertreten und somit die am längsten dienende Regierungspartei Europas.

Diese „Ordnung im Chaos“ ermöglichte - wie man zu Beginn der neunziger Jahre schließlich öffentlich feststellen mußte - Auswüchse der Vetternwirtschaft und Korruption, die man in einer westlichen Demokratie bislang für unmöglich gehalten hatte. Zudem war die politische Haltung, oft nur aus Staatsräson weiterhin die etablierte Machtelite zu wählen, mit dem Fall der Berliner Mauer obsolet geworden. Der Kommunismus stellte keinerlei innen- oder außenpolitische Gefahr mehr dar.

Der Wahlsieg Berlusconis von 1994 begründet sich deshalb aus der Geschichte des Landes und auch aus der Medienlandschaft, die in ihrem Wildwuchs ebenfalls einzigartig in Europa ist. In keinem anderen Land hätte sich Berlusconi ein derart großes Medienimperium aufbauen können; in den USA hätte er als Besitzer eines Unternehmens von der Größe der Fininvest wahrscheinlich nicht einmal für ein politisches Amt kandidieren dürfen. Erklärbar ist diese Situation allerdings mit dem völligen Fehlen einer Anti-Trust-Philosophie in der italienischen Wirtschaft und Politik.

Analysiert man die italienische Nachkriegsgeschichte und Medienpolitik, dann erscheint der politische Erfolg Berlusconis nicht mehr vollends als Mysterium. Deshalb folgt ein geschichts- und medienpolitischer Überblick der letzten fünfzig Jahre bis zur „Katharsis“, die durch die Anti-Korruptionsermittlungen der Mailänder Richter bewirkt wurde. Hieraus läßt sich aber nicht nur der offensichtliche Gesellschaftswandel in Italien erkennen, sondern es lassen sich infolgedessen auch Parallelen und Unterschiede zu anderen europäischen Ländern ablesen. Zweck eines solchen medienpolitisch-historischen Überblicks soll schließlich auch sein, auf diese Weise der Frage nachgehen zu können, ob eine Form der Telekratie nach italienischem Muster auch in anderen Ländern vor der Tür steht.

Italiens politische Entwicklung

Italien gilt als „verspätete Nation", deren Einigung durch Garibaldi von vielen Italienern bis heute - nach über 125 Jahren - nicht restlos ins Nationalbewußtsein aufgenommen worden ist. Man fühlt sich traditionell der Region mehr verbunden als dem Staat. Die separatistischen Tendenzen politisch-populistischer Bewegungen wie der Lega Lombarda bzw. der Lega Nord sind daher keine neuzeitliche Erfindung einer Handvoll Lombarden, sondern sie sind im Regionalpatriotismus der Bevölkerung fest verwurzelt. Der Norden will sich von Rom lossagen, weil er seiner Ansicht nach zuviel in die Staatskassa einzahle und davon nicht ausreichend profitiere. Der Süden ist hingegen auf Rom angewiesen, da ihm die wirtschaftliche Infrastruktur des Nordens fehlt. Im Mezzogiorno verweist man darauf, daß der Norden ohne den Absatzmarkt im Süden nicht zu diesem Reichtum gekommen wäre. Die rezenten Wahlerfolge der separatistischen Lega im Norden und der zentralistischen Neofaschistischen im Süden sind daher auf die Geschichte des Landes und auf das gespaltene Nationalbewußtsein der Italiener zurückzuführen.

Von der nationalen Einigung zur Republik

Nationale Einigung

Il Risorgimento steht für die Zeit der nationalen Einigung Italiens. Der Name dieser Epoche geht auf den Titel der Zeitung des politisch aufgeschlossenen Camillo Graf Benso di Cavour zurück. Bereits dies ist ein starkes Indiz dafür, daß Medien und Politik in Italien stärker zusammenhängen als in anderen Ländern. Dem fehlgeschlagenen Versuch der Einigung von 1848/49 folgte eine Phase politischer Unruhen im Land, weil die Vertreter der Autonomie alarmiert waren. Nachdem 1860 ein Aufstand in Palermo mißlungen war, landete Giuseppe Garibaldi mit seinen „Rothemden" in Marsala und setzte zum legendären „Zug der Tausend" durch Sizilien und Kalabrien an. Die bourbonische Armee unterlag seinen Truppen am Volturno bei Neapel. 1861 wurden die Bourbonen gestürzt, und das gesamt-italienische Parlament erklärte Rom zur Hauptstadt und Viktor Emanuel II zum König von Italien. Der neue Staat hatte bereits damals unter dem starken Nord/Süd-Gefälle zu leiden. Dem Süden mit 75 Prozent Analphabeten und stark entwickeltem Bandenwesen stand der politisch und wirtschaftlich übermächtige Piemont gegenüber. Der Krieg gegen Österreich und der Konflikt mit dem Kirchenstaat warfen Garibaldis Einigungsbestrebungen allerdings wieder zurück. Erst 1871 - der Papst herrschte damals nicht mehr über weite Teile Italiens, sondern nur noch über den Vatikanstaat - wurde Rom endgültig zur Hauptstadt Italiens ernannt.

Vom Trasformismo zum Faschismus

Es folgte die Zeit des *Trasformismo*, der „Überformung" der Opposition durch Mitbeteiligung und Bestechung. Die Bemühungen um die Schaffung einer ordentlichen wirtschaftlichen Infrastruktur und soziale Errungenschaften wie die Einführung der Volksschulpflicht 1879 verursachten naturgemäß große Haushaltsdefizite. Die expansive Kolonialpolitik schlug außerdem fehl, und die große Armut zwang bereits jeden vierten Italiener zur Auswanderung, meistens nach Argentinien oder in die USA.

In den achtziger Jahren des vorigen Jahrhunderts schürten anarchistische Verbände und die Mafia, die trotz unterschiedlicher Motive das gleiche Ziel der Untergrabung der Staatsautorität hatten, politische Unruhen im Land. 1893/94 kam es zu Hungerrevolten der sog. *Fasci*-Arbeiter.

Das erste Jahrzehnt unseres Jahrhunderts brachte Reformen unter Ministerpräsident Giolitti, die einen Wirtschaftsaufschwung bewirkten. Bald kam aber die Ideologie des Nationalismus auf, die in der Anfangsphase wesentlich vom politisch überaus aktiven Dichter Gabriele d´Annunzio geprägt und mitgetragen wurde. 1912 spalteten sich Benito Mussolini und seine „Revolutionäre" von den Sozialisten ab.

Im Ersten Weltkrieg gab Italien eine Neutralitätserklärung ab und erreichte damit territoriale Zugeständnisse. Italien erklärte daraufhin Österreich und dem Deutschen Reich den Krieg. Es folgten die äußerst blutigen und verlustreichen Schlachten am Isonzo, und erst gegen Ende des Ersten Weltkrieges war man gegen die Österreicher erfolgreich. In den Friedensverträgen von Saint-Germain wurde Italien schließlich tatsächlich das Trentino, Südtirol bis zum Brenner, Görz, Triest, Istrien, Dalmatien sowie Teile Kärntens und der Krain zugesprochen.

Die Zwischenkriegszeit war von wachsenden nationalistischen Strömungen in der Bevölkerung geprägt. 1919 hielt Mussolini die erste Versammlung der *Fasci di combattimento* ab. Die Regierung konnte sich gegen diese neuen Kräfte nicht durchsetzen. Am 28.10.1922 kam es zum historischen Marsch der faschistischen Schwarzhemden unter der Führung Mussolinis auf Rom. In den nächsten Jahren etablierte sich die Diktatur mit all ihren unmenschlichen Zügen in der Innen- und Außenpolitik. Zwischen 1936 und dem Ausbruch des Zweiten Weltkriegs bildete sich die Achse Berlin-Rom heraus.

Zweiter Weltkrieg

Erst am 10.6.1940 trat Italien in den Krieg ein und schloß am 27.9.1940 den Dreimächtepakt mit Deutschland und Japan. Die militärischen Niederlagen führten in der Bevölkerung sehr rasch zu einer zunehmend anti-faschistischen Stimmung und schließlich zum Sturz und zur Verhaftung Mussolinis (25.7.1943). Die Übergangsregierung unter Marschall Pietro Badoglio schloß daraufhin einen Waffenstillstand mit den Alliierten. Anfang September wurde allerdings eine Gegenregierung in Saló gegründet, der Mussolini seit seiner Befreiung durch die Deutschen am 12.9.1943 vorstand. Im Oktober erklärte das offizielle Italien Deutschland den Krieg. Am 28.4.1945 kapitulierten die deutschen Streitkräfte in Italien. Mussolini wurde auf der Flucht in die Schweiz von Partisanen erschossen.

Die Erste Republik

Die italienische Politik seit 1945 zeichnet sich - wie bereits erwähnt - durch die extreme Kurzlebigkeit ihrer Regierungen aus. Mit Ministerpräsident Prodi wurde im Frühjahr 1996 bereits die 55. Regierung angelobt. Die Regierung Andreotti 1 hält mit nur neun (!) Tagen den Rekord für die kürzeste Regierungszeit. Die Regierung Craxi 1 ist zwar wenige Tage vor dem dritten Jahrestag ihrer Angelobung gestürzt worden, hält aber damit den absoluten Langzeitrekord. Italien hat noch keine Legislaturperiode ohne Regierungssturz erlebt. Die durchschnittliche Amtszeit eines Kabinetts betrug bisher elf Monate. Rechnet man von diesen elf Monaten die ersten 100 Tage „Schonfrist", die zur Einarbeitung unbedingt nötig ist, und das letzte Monat ab, in dem die Regierungsarbeit oft schon faktisch gelähmt ist, dann stünden der durchschnittlichen italienischen Regierung nicht einmal sieben Monate realer Arbeitszeit zur Verfügung. Unter diesen Voraussetzungen würde man dem Parlament auf den ersten Blick völlige Handlungsunfähigkeit attestieren.*

Dennoch hat die Politik auch beständige Faktoren. Die Democrazia Cristiana war in allen Regierungen vor Berlusconi vertreten. Italien hat bis 1993 außer dem Republikaner Giovanni Spadolini (1981-1982) und dem Sozialisten Bettino Craxi (1983-1987) nur christdemokratische Ministerpräsidenten erlebt. Die DC ist somit die am längsten dienende Regierungspartei der westlichen Demokratien. Sie war de facto Staatspartei. Auch unter den Ministerpräsidenten findet man immer wieder die gleichen Namen. Der legendäre Alcide De Gasperi führte acht, Giulio Andreotti sieben, Amintore Fanfani sechs und Aldo Moro fünf verschiedene Regierungen an. De Gasperi war sogar fast acht Jahre *en suite* Regierungschef, für Italien eine geradezu unvorstellbare Kontinuität. Auch die Namen der wichtigsten Minister wechselten nicht besonders oft. Dem Rotationsprinzip folgend - wenn auch nicht immer aus Effektivitätsgründen - hat so mancher Politiker vier oder fünf verschiedene Mi-

---

* siehe Tabelle 1 im Anhang

nisterien geleitet. Andreotti gehörte sogar dreißig (!) Kabinetten an. War die DC die dauerhafteste Regierungspartei, so war der Partito Comunista Italiano (PCI) die größte westliche Kommunistische Partei und von der unmittelbaren Nachkriegszeit (1945-47) abgesehen, in der eine Regierung auf breiter Basis für das Land überlebenswichtig gewesen war, zwangsläufig auch die dauerhafteste und hartnäckigste Oppositionspartei.

Daß diese tragenden Strukturen für beinahe 50 Jahre unverändert blieben, deutet darauf hin, daß es in der Politik, außer den öffentlich bekannten, auch noch effizientere inoffizielle Verbindungen zwischen den verschiedenen Machtträgern gab. Die Italiener fanden in ihrer Vorliebe für griffige Neologismen für diese Art der Politik rasch den Ausdruck des *sottogoverno*, der Unterregierung bzw. Schattenregierung: eine inoffizielle Regierung, der alle großen Parteien - auch die Kommunisten - angehörten, und die die tatsächlichen Entscheidungen fällte. Auf diese Weise wurde es schon in den fünfziger Jahren möglich, daß 90 Prozent der Gesetze schlußendlich auch von den Kommunisten mitgetragen wurden. Zwischen 1976 und 1979 tolerierten sie sogar eine Minderheitsregierung der Christdemokraten.

Republik auf schwachen Beinen

Die Volksabstimmung von 1946 über die Abschaffung der Monarchie hatte bereits gezeigt, daß die neue Republik auf schwachen Beinen stand: Im Süden gewannen die Monarchisten 65 Prozent der Stimmen, nur das klare „Nein" im Norden ermöglichte schließlich die Mehrheit für eine Republiksgründung. Die Königsfamilie mußte daraufhin das Land verlassen.

Die unmittelbare Nachkriegszeit war von politischer Instabilität geprägt. Kaum hatte man sich vom Joch des Faschismus befreit, begannen die Widerstandsgruppen um die Macht zu kämpfen, zeitweise drohte sogar ein Bürgerkrieg. Im Land herrschte das generelle Chaos. Der Pariser Friedensvertrag von 1947 zwang Italien außerdem dazu, alle Kolonien, Dodekans sowie Istrien abzutreten. Triest wurde Freistaat. 1954 wurde schließlich ein Teilungsplan mit Jugoslawien abgeschlossen, der den Hafen und die Stadt Triest Italien und ganz Istrien Jugoslawien zusprach. Dieser Kompromiß wurde vor allem von den Italienern, die infolgedessen mehrheitlich von Istrien nach Triest auswanderten, nie hingenommen. Auch heute erzielen die Postfaschisten mit Parolen und Aktionen zur Rückgewinnung Istriens noch große mediale Aufmerksamkeit. Die neuen tragenden Kräfte der italienischen Nachkriegszeit waren auf der einen Seite die Katholiken, die politisch seit 1943 mit der Democrazia Cristiana vertreten waren. Diese war aus dem im Jahre 1919 vom Geistlichen Luigi Struzo gegründeten Partito Popolare Italiano (PPI) hervorgegangen. Ministerpräsident De Gasperi setzte von Beginn an auf eine Politik der europäischen Integration. Auf der anderen Seite standen die seit 1921 in einer Partei, Partito Comunista Italiano, vereinten Kommunisten, die wegen ihrer für westliche Demokratien überproportionalen Stärke vom Ausland mit großem Mißtrauen beobachtet wurden. Beide Parteien, PPI und PCI, konnten in der Zwischenkriegszeit nur für kurze Zeit in Erscheinung treten. Nach dem Krieg war die ideologische Kluft zwischen den Parteien unvermindert groß. Vor allem die DC fürchtete, daß Italien wegen der Stärke der Kommunisten vom Westen isoliert werden könnte. Zwischen Juni 1945 und Mai 1947 rang man sich aber zu gemeinsamer Regierungsverantwortung durch, um im Sinne der Staatsräson das Land zu stabilisieren.

Die 1947 nun endlich verabschiedete Verfassung erleichterte die Regierungsarbeit keineswegs. Diese sah ein ausschließlich nach Proporz gewähltes Zwei-Kammern-System vor, wobei der einzige Unterschied zwischen Abgeordnetenhaus und Senat darin bestand, daß man das aktive Wahlrecht für den Senat erst ab einem Alter von 25 Jahren in Anspruch nehmen durfte. Es gab auch keine Prozent-Hürde, wodurch es immer wieder geschah, daß gleichzeitig bis zu einem Dutzend Parteien im Parlament vertreten waren.

Einen Stabilitätsfaktor stellte hingegen immer der Staatspräsident dar. Er wird auch heute noch vom Parlament und dem erweiterten Senat auf sieben Jahre gewählt. Durch diesen Wahlmodus entstehen kaum Polarisierungen, die im herkömmlichen Wahlkampf jedenfalls unvermeidbar wären. Der Staatspräsident genießt wegen seiner traditionell überparteilichen Politik hohes Ansehen. Besondere Bedeutung kommt ihm in Krisenzeiten zu, in denen er schon mehrmals durch Einsetzung einer überparteilichen Experten-Regierung das Land vor dem Chaos bewahrt hat.

Die ersten Parlamentswahlen 1947 brachten einen Sieg der DC von beinahe 50-Prozent. Der PCI kam hingegen gemeinsam mit den Sozialisten auf verhältnismäßig schwache 31 Prozent. Dieses Wahlergebnis gab auch die politische Richtung für die nächsten fünfzehn Jahre vor: Eine solide Mehrheit unterstützte eine Mitte-Regierung. Erst 1960 öffnete sich die DC nach links zu den Sozialisten, worauf die kommenden Regierungen einen Mitte-Links-Kurs einschlugen.

In jener Zeit wurden die Mißstände im politischen System immer deutlicher. Aus der *democrazia* wurde gemeinhin die *partitocrazia*, der Parteienstaat. Der schwache Staat wurde von starken Parteien gelenkt. Neben diesen noch sichtbaren Kräften gab es seit der unmittelbaren Nachkriegszeit inoffizielle, unsichtbare Kräfte, die das Land kontrollierten. Das organisierte Verbrechen, die Mafia, hielt seit jeher den Süden und so wichtige Wirtschaftszweige wie die Landwirtschaft praktisch in der Hand. Vermutungen über das Zusammenwirken von Mafia und Politik sind so alt wie die Mafia selbst. Das tatsächliche Ausmaß wird aber erst jetzt nach den Korruptionsermittlungen der Staatsanwälte deutlich. Sogar und vor allem Spitzenpolitikern wie Giulio Andreotti werden dunkle Verbindungen nachgesagt.

P2 und Gladio - Die Abenddämmerung der Ersten Republik

Anfang der achtziger Jahre kamen die Machenschaften und eine Mitgliederliste der geheimen Freimaurerloge *Propaganda Due* (P2) ans Tageslicht. „In der Loge waren alle Machtzentren der italienischen Gesellschaft repräsentiert, teils mit ihren höchsten Spitzen: Armee, Carabinieri, Polizei, Geheimdienste, Justiz, Presse und Fernsehen, Banken, Industrie und die Politik."[2] *Tangentopoli*, der Korruptionsstaat, leitet sich demnach direkt von den Machenschaften der P2 und ihrer Mitglieder ab, die - so der Politologe und ehemalige Abgeordnete der Radikalen Massimo Teodori[3] recht hat - tatsächlich an allen Schalthebeln der Macht saßen, auch an denen der Massenmedien. Auch Silvio Berlusconi soll der Loge P2 angehört haben. Der Name des Logenchefs Licio Gelli wurde seinerzeit auch in Zusammenhang mit den Ermittlungen zum Bombenattentat am Bahnhof in Bologna und zum mysteriösen Tod der Bankiers Sinoda und Calvi gebracht. Andreotti und Craxi bemühten sich als staatstragende Politiker stets, die Bedeutung der P2 zu minimieren.

1990 wurde schließlich die Existenz einer weiteren Geheimorganisation publik: die der geheimen Bürgerkriegstruppe Gladio. Seit der unmittelbaren Nachkriegszeit gab es Pläne der gleichen politischen Gruppierungen, die auch in der Loge P2 vertreten waren, mit allen Mitteln eine Machtübernahme der Kommunisten zu verhindern, wenn es sein mußte, auch durch einen Staatsstreich. Sogar der damalige Staatspräsident Cossiga soll von Gladio gewußt haben.

Von den „Blei-Jahren" zu den „Schlamm-Jahren"

Ein Klima des Mißtrauens prägte in besonderem Maße die späten sechziger und die siebziger Jahre. Diese Jahre gingen als *anni di piombo*, die Blei-Jahre, in die Geschichte ein. Die *Roten Brigaden* lieferten zahlreiche blutige Aktionen. Letzter tragischer Höhepunkt war die Entführung und Ermordung des DC-Führers Aldo Moro im Jahre 1978 durch diese linke Terrororganisation. Moro repräsentierte den linken Flügel der DC und trat für eine Annäherung von DC und PCI ein.[4] Auch wenn es stets den Anschein hatte, daß nur die Roten Brigaden all jene Terroraktionen setzten, muß erwähnt werden, daß nicht alle Anschläge auf ihr Konto gegangen sein dürften: Einige sollen angeblich von Neofaschisten verübt worden sein, um in der Bevölkerung eine Stimmung für den Ruf nach *law and order* zu schaffen. Der Geheimdienst war in diesen Fällen um Verschleierung bemüht. Auf die *anni di piombo* folgten die *anni di fango*[5] , die Schlamm-Jahre, jene Jahre, in denen Korruptions- und Bestechungspraktiken perfektioniert und salonfähig wurden.

Wahlrechtsreform

Die italienische Demokratie befand sich in einer tiefen Krise. Schon lange vor *Mani pulite* hatte der tägliche Umgang mit den Behörden und die Affären rund um P2, Gladio und Mafia der Bevölkerung das Vertrauen in die Politik geraubt. Was aber seit Anfang der neunziger Jahre in Italien geschah, kann nicht mehr mit „Politikverdrossenheit" tituliert werden.

Das Land stand kurz vor der Unregierbarkeit, und ein Ministerpräsident Umberto Bossi (Lega Nord) sowie eine Teilung Italiens - in welcher Form auch immer - war nicht mehr gänzlich auszuschließen.

Staatspräsident Scalfaro setzte im April 1993 als letzten Ausweg den parteilosen, ehemaligen Notenbankchef Carlo Azeglio Ciampi als Ministerpräsidenten ein. Er und sein „Kabinett der Professoren" sollten die Weichen für Neuwahlen stellen. Diese „Not-Regierung" der Technokraten konnte trotz heftiger Kritik wichtige Maßnahmen setzen. Nun konnte und wollte Ciampi aber nicht *die* Lösung sein, er hatte dennoch gezeigt, daß sogar Italien regiert werden kann - wenn auch nur von Technokraten. Als Berlusconi Ende 1994 zurücktrat, setzte Scalfaro wieder eine Experten-Regierung ein, diesmal unter der Führung des Wirtschaftsprofessors Lamberto Dini.

Neben den laufenden Korruptionsermittlungen trug das alte Wahlrecht die Hauptschuld an der Unregierbarkeit des Landes. Das Fehlen einer Prozent-Hürde sorgte im Parlament zwar für ein breites politisches Spektrum (So schaffte die Radikale Partei immer wieder den Einzug ins Parlament, wenn auch meist nur mit 0,9 Prozent der Stimmen.); dieser „Regenbogen" an politischen Ideologien, von radikal-kommunistisch über Ein-Personen-Listen bis faschistisch, machte das Regieren aber fast unmöglich. In den achtziger Jahren hatte sich der *Pentapartito*, die 5-Parteien-Koalition, als einzig gangbarer Weg erwiesen. Christdemokraten, Craxis Sozialisten, Sozialdemokraten, Republikaner und Liberale teilten sich mit ständig wechselnden Ämtern und Ministerpräsidenten die Regierungsmacht. Trotz dieser breiten Basis gab es für die Regierung in jenen Jahren etwa 200 (!) Abstimmungsniederlagen. 1991 stiegen die Republikaner aus, und die Parlamentsarbeit wurde noch unvorhersehbarer.

Ein neues Wahlrecht sollte das Land aus der Krise führen.[6] Der DC-Dissident Mario Segni, Sohn des ehemaligen Staats- und Ministerpräsidenten Antonio Segni, wurde zur Symbolfigur dieser Bewegung. Das Referendum am 18. April 1993 brachte ein klares „Ja" für das neue Wahlrecht. Die 325 Senatoren und die 630 Abgeordneten sollten in Zukunft 75 Prozent nach Mehrheits- und 25 Prozent nach Proporzionalwahlrecht ermittelt werden.[7] Es wurde auch eine 4-Prozent-Hürde geschaffen. Die Parteien wurden daher, um relevantes politisches Gewicht zu erhalten, zu Bündnissen gezwungen. Sogleich kristallisierten sich drei Bündnisse heraus: Links (alle linken Parteien, einschließlich Grüne und Rete), Mitte (Segni und die meisten Überlebenden der „gesunkenen DC") und Rechts (Teile der DC, Lega und Neofaschisten - von Forza Italia ahnte man noch nichts). Die Mitte wurde aber bald zwischen den beiden starken Blöcken aufgerieben.

Parteien

Italien ist ein typischer Vertreter jener Staaten - im Gegensatz zu Österreich -, die durch eine hohe Partikularisierung in der Parteienlandschaft gekennzeichnet sind. Auffällig ist auch die Tatsache, daß die Democrazia Cristiana zwar immer mit Abstand die stimmenstärkste Partei war, es aber nie geschafft hat, eine absolute Mehrheit zu erringen. Die zweitstärkste Partei war stets die kommunistische Partei, die 1948 als Einheitsliste mit den Sozialisten kandidierte und ab 1992 als reformierte PDS antrat. Trotz ihrer Stimmen- und Mandatsstärke war sie bis 1996 nie Mitglied einer Regierung.

Democrazia Cristiana (DC) / Partito Popolare Italiano (PPI)/ Centro Cristiano Democratico (CCD) / Cristiani Democratici Uniti (CDU)

Die Democrazia Cristiana bezog einen Teil ihres Erfolges kurioserweise immer aus der Stärke der italienischen Kommunisten. Die konservativen Wähler wurden praktisch „gezwungen", ihre Stimme der DC zu geben, um eine kommunistische Regierung zu verhindern. Immerhin wollten die Kommunisten, einmal an der Macht, den Austritt Italiens aus der NATO proklamieren. Indro Montanelli, der berühmte konservative Doyen des italienischen Journalismus, trat deshalb auch medial dafür ein, trotz aller Makel und Probleme „mit zugehaltener Nase" DC zu wählen.

Eine weitere Erfolgsgarantie bot der Vatikan, der bis zu Beginn der neunziger Jahre immer eine Wahlempfehlung für die DC abgab. Im katholischen Italien ist eine derartige Empfehlung bereits der halbe Sieg. Der Priester und Politologe Gianni Baget Bozzo bezeichnet sogar die Bischöfe als die entschlossensten Anhänger der DC, und die größte Leistung der Kirche in Italien sei die Vereinigung der Katholiken in der DC gewesen.[8] Die Bindung zur Kirche soll allerdings nicht überschätzt werden.[9] Auffallend ist auch, daß mit der zunehmenden Säkularisierung auch der langsame Abstieg der Christdemokraten begann.

Die Democrazia Cristiana war zwar eine typische Zentrumspartei, aber auch im Zentrum gibt es noch rechts und links. So bildeten sich rasch einige Flügel, die die Macht unter sich aufteilten. Es entstand die *correntocrazia*, die Herrschaft der Parteiströmungen. Bestechung wurde zum Normalfall. Eine ganze politische Klasse nahm Abschied von den Idealen ihres Berufes und widmete sich der Gewinnmaximierung für ihre Partei, ihren Wahlkreis und schließlich auch für sich selbst. Etliche Reformversuche blieben erfolglos. Die Untersuchungen der Staatsanwälte und die darauf folgenden Verhaftungen zogen die Popularität der Christdemokraten in den Abgrund. Im letzten Moment versuchte der neue, engagierte Parteisekretär Mino Martinazzoli die Partei zu retten. Die DC wurde in Partito Popolare Italiano zurückgetauft, auf jenen Namen, den sie vor dem Zweiten Weltkrieg getragen hatte. Als Parteimitglieder wurden nur Politiker zugelassen, die nicht unter Korruptionsverdacht standen. Es spaltete sich allerdings eine Gruppe von DC-Politikern ab, die den Centro Cristiano

Democratico (CCD) gründeten. Der CCD trat später in die Koalition mit Berlusconi ein. Bei den Wahlen 1994 erreichte der PPI nur 11,1 Prozent. Martinazzoli zog die Konsequenzen und trat zurück. Im Juli 1994 wurde schließlich Rocco Buttiglione zum neuen Parteisekretär gewählt. Der Philosoph und persönliche Berater des Papstes verwickelte sich allerdings rasch in einen Richtungsstreit, der zu einer weiteren Parteispaltung führte. Buttiglione schloß sich mit einigen Gefolgsleuten Berlusconis Bündnis an. Nach langen Gerichtsverhandlungen wurde das legendäre DC-Parteisymbol, das Wappen mit dem Kreuz und dem „Libertas"-Schriftzug Buttigliones Bewegung zugeteilt. An Gherardo Bianco, der mittlerweile mit dem Rest der Partei dem Mitte-Links-Bündnis angehörte, ging der Parteiname Partito Popolare Italiano. Buttiglione nahm daraufhin Anleihe bei der erfolgreichen deutschen Schwesterpartei und nannte seine Bewegung CDU, Cristiani Democratici Uniti. 1996 konnten alle christdemokratischen Parteien wieder leichte Zugewinne verzeichnen. Die Parteienlandschaft begann sich langsam wieder zu konsolidieren.

Partito Socialista Italiano (PSI)

Der PSI, Partito Socialista Italiano, war über all die Jahrzehnte die elektoral schwächste sozialistische Partei Westeuropas. Die klassische Zehn-Prozent-Partei erreichte 1987 mit 14,3 Prozent ihr bestes Ergebnis. Dennoch war sie zuweilen Regierungspartei und immer das Zünglein an der Waage. Sie stellte sogar zweimal den Ministerpräsidenten. Zu den einflußreichsten Politikern des PSI zählt Bettino Craxi, der seit 1976 als Parteisekretär fungierte. Als er gewählt wurde, sah man in ihm den schwachen Vertreter des rechten Flügels, den man leicht kontrollieren konnte. Craxi stellte sich aber als machthungriger Politiker heraus, der die ganze Partei und ihre Spitzenfunktionäre in der Hand hielt. Die Gegner seiner Politik verließen, wenn sie nicht bereits ausgeschlossen worden waren, die Partei. Seine Maxime war der sozialistische Kampf um Posten, Geld- und Machtquellen.[10]

Der PSI wurde in den achtziger Jahren schließlich zur Partei der Aufsteiger und Yuppies. Mit den ursprünglichen Idealen hatte diese Partei nichts mehr gemein. Die Korruptionsermittlungen trafen die Sozialisten noch schlimmer als die DC, da sie prozentuell wesentlich kleiner als die Christdemokraten waren, und der „Korruptionsgrad" wesentlich höher war. Bei den Wahlen 1994 wurde die Partei mit nur 2,2 Prozent der Stimmen vernichtend geschlagen. Bettino Craxi setzte sich kurz vor Prozeßbeginn in seine Villa nach Tunesien ab, wo ihn bis heute ein angebliches Herzleiden festhält. In Abwesenheit wurde er bereits vom Mailänder Gericht verurteilt. Es gab diverse Versuche, die Partei auch durch Namensänderungen vor dem Untergang zu retten, diese schlugen allerdings alle fehl. Die 10-Prozent-Partei hatte nur ein kleines Vakuum hinterlassen, das von anderen Parteien sofort ausgefüllt wurde.

Partito Comunista Italiano (PCI) / Partito Democratico della Sinistra (PDS)

Der Kommunistischen Partei war es bis Mitte der siebziger Jahre gelungen, ihren Stimmenanteil bei jeder Wahl um einige Prozentpunkte zu steigern. Mit Enrico Berlinguer hatte sie einen Mann an der Spitze, der sogar von den Katholiken respektiert wurde. Dadurch wurde das Wählerspektrum erweitert, denn linke Katholiken wählten oft PCI, weil ihnen der Politiker Berlinguer gefiel. So finden sich in Italien immer wieder Katholiken in den Reihen der Kommunisten. Bereits 1945 hatte sich die Sinistra Cristiana, die christliche Linke, mit dem PCI fusioniert.

1976 erreichten die Kommunisten mit 34,4 Prozent ihr bestes Ergebnis. Zu diesem Zeitpunkt begann dann aber bereits wieder ihre Talfahrt. Einen Tiefpunkt erreichte die Partei Ende der Achtziger, als der Kommunismus in Osteuropa kapitulierte und neue Protestparteien in Italien dem PCI die Stimmen jener wegnahmen, die sich bisher, um nicht Mitte-Links zu wählen, für die Kommunisten entschieden hatten.

Auf dem Parteitag 1989 wurde der PCI in PDS, Partito Democratico della Sinistra (Demokratische Partei der Linken), umgetauft. Der liberalere Kurs des Parteisekretärs Achille Occhetto rief aber seit Beginn Widerstand hervor, der 1991 in der Abspaltung der Altkommunisten, Rifondazione Comunista (RC), endete. Bei den Kommunalwahlen im Herbst 1993 konnte die Linke noch Erfolge erzielen. In allen Großstädten gewannen ihre Kandidaten in der Stichwahl gegen die Neofaschisten und Legisten. In Venedig konnte sie mit dem parteilosen, aber PDS-nahen Philosophen Massimo Cacciari und in Rom mit dem Grünen, vom PDS unterstützten Francesco Rutelli zwei über die Parteigrenze hinaus respektierte Bürgermeister stellen. Dieser Wahlerfolg dürfte den PDS geblendet haben. Parteianhänger, Parteigegner und Experten - das ganze Land erwartete bei den anstehenden Parlamentswahlen einen Sieg des PDS. Zu den Parlamentswahlen trat man mit demselben Intellektuellen*image*, aber ohne Intellektuelle und ohne zugkräftiges Programm an. Man wollte auch nicht den DC-Aussteiger und Reformpolitiker Mario Segni als Ministerpräsidenten unterstützen, sondern ging scheinbar wieder stärker nach links.

Das neue Wahlgesetz zwang die Parteien zu Bündnissen. PDS und RC fanden sich im Bündnis der Progressisten wieder. Für die rechten Parteien war dies äußerst günstig, denn auf diese Weise konnten sie den PDS leicht ins linke Eck stellen: Wer mit den Altkommunisten einen Pakt schließe, sei kein Sozialdemokrat, sondern auch Kommunist. Stellt sich allerdings die Frage, wie jemand einzuschätzen ist, der mit den (Post-)Faschisten einen Pakt schließt. Die Niederlage war deutlich, Occhetto nahm den Hut und mußte Massimo D´Alema Platz machen.

Bei den Kommunalwahlen im Mai 1995 konnten die Mitte-Links-Bündnisse aber wieder Erfolge feiern; ein klares Indiz dafür, daß die italienische Politik immer wieder von Neuorientierungen geprägt ist, wenn ein einmal eingeschlagener Kurs nicht bereits kurzfristige

Verbesserungen erbringt. 1996 erfolgte schließlich mit der Regierungsbeteiligung der Durchbruch.

Movimento Sociale Italiano (MSI) / Alleanza Nazionale (AN)[11]

Nur dem Namen nach neu ist die Alleanza Nazionale (AN). Sie resultiert aus dem neofaschistischen MSI (Movimento Sociale Italiano) und hatte seit den ersten Wahlen einen Anteil um die sechs Prozent. Die Neofaschisten hatten aber immer ein negatives Image, erst der neue Parteivorsitzende Gianfranco Fini war in der Lage, dieses rasch zu verbessern. Bei den römischen Kommunalwahlen 1993 unterlag Fini in der Stichwahl noch dem Grünen Rutelli, aber man konnte bereits erkennen, daß Fini einen neuen Stil der politischen Rechten vertrat. Durch sein durchgestyltes Auftreten und mit gemäßigteren Formulierungen als frühere MSI-Parteichefs (z.B. die Todesstrafe nicht mehr zu thematisieren) hoffte man neue Wählergruppen anzusprechen. Von den Neonazis und Skinheads distanzierte man sich offiziell, auch wenn sich diese nicht von der Partei trennen wollten und bei den Wahlveranstaltungen mit der ausgestreckten Rechten und eindeutigen Schlachtrufen immer wieder für Aufmerksamkeit sorgten. Mit der Duce-Enkelin Alessandra Mussolini wurde der Name des „großen Staatsmannes" (Fini über Mussolini)[12] auch auf der Kandidatenliste „geehrt". Bei den Wahlen 1994 erreichte die Partei 13,5 Prozent und wurde, dies ist besonders markant, regierungs- und ministerfähig, indem sie von Berlusconi mit wichtigen Ministerämtern bedacht wurde. Zwei Jahre später konnte der Stimmenanteil weiter ausgebaut werden.

Lega Nord[13]

Die Lega wurde am 12. April 1984 gegründet. Der große Aufstieg begann erst Ende der achtziger Jahre. Sie war eine typische Protestpartei mit kämpferischen und teilweise rassistischen Parolen. Feinde waren neben den *„marocchini"*, den Einwanderen aus Afrika, die *„terroni"*, die Erdfresser, südlich des Po, die angeblich auf Kosten der „arbeitsamen Lombarden" leben. Umberto Bossi ist der unbestrittene Führer dieser Bewegung. Mit seiner derb-vulgären Art spricht er die versteckten Egoismen der Norditaliener an. Das föderalistische Bild der Lega kommt nur dem Norden zugute, und deshalb ist das Wählerpotential beschränkt. Bei den Wahlen im April 1992 erreichte die Lega im Norden 19, landesweit immerhin 8,7 Prozent. Experten sprachen vor der Gründung von Forza Italia der Lega gewaltige Expansionschancen zu. Für Mitte der neunziger Jahre prophezeite man gar einen Ministerpräsidenten Bossi. Die Politiker hingegen unterschätzten die Lega, wie später auch Forza Italia. Aber: Bossi säte, was später Berlusconi ernten sollte. Mit der Gründung von Forza Italia kam der - vorübergehende - Abstieg der Lega. Nur 8,4 Prozent bei den Parlamentswahlen im April 1994 und gar nur 6,7 Prozent bei den Europawahlen zwei Monate später. Die Koalition mit Berlusconi war ein taktischer Fehler gewesen: Der frustrierte

Norditaliener und der Yuppie, der mit seiner Stimme gegen den Zustand des Landes protestieren wollte, wählte Berlusconi, der sympathischer, telegener, weniger vulgär und zudem hoffnungsfroher war. Der ideologisch motivierte Lega-Anhänger fühlte sich verraten, weil er in der Koalition mit Berlusconi die Fortsetzung des alten Staates sah, gegen den man jahrelang gekämpft hatte. Während Experten bereits das Ende der Bewegung voraussagten, blieb Bossi auf seiner kämpferischen Linie und verschärfte sogar die Tonart. 1996 schloß er sich keinem Wahlbündnis an, was ihn zum eigentlichen Sieger der Parlamentswahlen machte. Der Erfolg spornte ihn an und er machte mit seiner Forderung nach der Spaltung Italiens ernst. Am 15. September 1996 rief die Lega - wenn auch nur symbolisch - die Republik Padanien aus.

Kleinparteien

Italien hatte, begünstigt durch das alte Wahlgesetz, eine große Tradition an Kleinparteien. Es waren meist laizistische Parteien, die eine Alternative zur katholischen DC darstellten. Die *Republikaner* mit ihrem Führer Giovanni Spadolini sind wohl die bekannteste dieser Kleinparteien. Zwischen Juni 1981 und November 1982 war Spadolini sogar Ministerpräsident. Neben Liberalen und Radikalen gab es auch diverse Linksbewegungen, die man nur schwerlich auseinanderhalten konnte. Bis 1968 kandidierten sogar noch die Monarchisten. Kleinparteien der neuen Generation sind: *La Rete* (= das Netz) des Ex-DC-Mannes und Ex-Bürgermeisters von Palermo, Leoluca Orlando. Ihr Programm ist der Kampf gegen die Mafia. Sie war lange Zeit die Protestpartei des Südens, bei den Bürgermeisterwahlen im Herbst 1993 gewann Orlando noch mit 75 (!) Prozent der Stimmen. Fünf Monate später nahm ihm Berlusconi allerdings die Wähler weg - 1,9 Prozent bei den Parlamentswahlen 1994. Mario Segni versuchte, mit der Wahlbewegung *Patto Segni* an den Erfolg des Referendums anzuschließen. Vor Berlusconi galt er als aussichtsreichster Kandidat für den Posten des Ministerpräsidenten. Der Versuch scheiterte allerdings kläglich, nur 4,6 Prozent, nicht einmal die Hälfte der Stimmen, die der PPI erringen konnte. Segni hatte im Wahlkampf taktische Schwächen gezeigt und zu oft den Koalitionspartner gewechselt. Michael Braun nennt ihn in seinem Buch *Italiens politische Zukunft* einen General „der auf der Suche nach einem Heer durch die in Bewegung geratene Parteienlandschaft irrte“.[14] Die *Grünen* zählen zu den wenigen Kleinparteien die den Übergang zur Zweiten Republik und zum neuen Wahlsystem unbeschadet überlebt haben. Sie gehörten zu Beginn an dem Mitte-Links-Bündnis an.

Die Läuterung: *Mani pulite* - Saubere Hände

Bestechung und Korruption sind so alt wie die nationale Einigung Italiens. Schon in der Zeit des *Trasformismo* gehörten sie zum politischen Alltag. Für einen gewöhnlichen Amtsweg nahm man in der Zeit vor den Ermittlungen durch Staatsanwalt Antonio Di Pietro und *Mani pulite* meist ein Kuvert mit, um den Stempel oder die Bescheinigung auch wirklich zeitgerecht zu bekommen. Jeder wußte, daß überall bestochen wurde. Bereits 1983 meinte ein DC-Abgeordneter, daß es seiner Meinung nach keinen Verwaltungsakt ohne Bestechung mehr gebe.[15] Das Parteienfinanzierungsgesetz wurde nicht grundlos siebenmal revidiert. Wieso dauerte es dann bis 1992, bis diese Bestechungskultur beendet wurde?* Die Gründe sind einfach: Seit jeher wurden Bestechungsskandale aufgedeckt. Der Geldbote war aber in der Regel loyal zu seinem Auftraggeber und schwieg. Wurde er vom Gericht verurteilt, so bemühte sich der Geldgeber als Gegenleistung für das Schweigen um eine Aufhebung des Urteils. Der Bote behielt auch seinen Job. Das Gericht von Rom war für die Aufhebung von Gerichtsurteilen bekannt und hieß deshalb in der Bevölkerung „der Nebelhafen". Die Politiker, die „Geschäftspolitiker"[16], waren hingegen durch ihre Immunität geschützt, die ihnen in der Regel nie entzogen wurde, und fühlten sich unberührbar.

Am 17. Februar 1992 brach dieses System allerdings zusammen. Ein Mailänder Staatsanwalt namens Antonio Di Pietro überführte Mario Chiesa, den Geschäftsführer einer kommunalen Altersstiftung, in flagranti beim Kassieren von sieben Millionen Lire (damals etwa 70.000,- Schilling).[17] Eine verhältnismäßig kleine *tangente* (Schmiergeldzahlung), wenn man bedenkt, daß wegen dieser Affäre in der Folge *jährliche* Schmiergeldzahlungen allein für öffentliche Bauaufträge in der Höhe von 40.000 Mrd. Lire (damals etwa 400 Mrd. Schilling) aufgedeckt wurden.[18] Der Sozialist Chiesa fühlte sich von seinen Genossen im Stich gelassen und packte aus, erzählte, was er so wußte. Auch dies war noch nichts Besonderes, noch keine *super-tangente*, wie sie später ans Tageslicht kommen sollten. Weil die Staatsanwälte bei Zusammenarbeit Strafminderung versprachen, fühlten sich die Verratenen allerdings auch nicht mehr ans Schweigegelöbnis gebunden und plauderten ebenfalls aus... So kam ein Schneeball ins Rollen, der schließlich zur größten Verhaftungslawine in der Geschichte der westlichen Politik werden sollte. Der zweite Grund für den Zusammenbruch der Bestechungskultur lag in der Wirtschaftskrise. Die Industrie konnte sich die Bestechungsgelder oft nicht mehr leisten![19] Das Spektrum der Korruption reichte vom „Blinden", der sich als Schulbusfahrer etwas zu seiner Invalidenpension dazuverdiente, bis zur „Mutter aller *tangenti*" in der Höhe von 150 Mrd. (!) Lire (damals etwa 1,5 Mrd. Schilling), die Raul Gardini im Zuge der ENIMONT-Geschäfte an die Parteien gezahlt haben soll.[20] Es wurde aber nicht nur mit Geld, sondern auch mit Wählerstimmen bestochen, die man in Paketen angeboten bekam.

Die Staatsanwälte Antonio Di Pietro, Gherardo Colombo und ihre Kollegen von der Ermittlertruppe *Mani pulite* haben die Klasse der Politiker und Großindustriellen gestürzt. Gesamte Regional- und Stadtregierungen wanderten geschlossen ins Gefängnis. Etwa 3.000 Politi-

---

* Da das Thema tangentopoli („die Bestechungsstadt") in den Medien nach wie vor stark präsent ist, und auch die deutschsprachige Literatur mittlerweile einen guten Einblick in die Materie bietet, sei hier nur das Wichtigste erwähnt.

ker und Beamte, ein Drittel der Abgeordneten, elf Minister und sogar fünf Regierungschefs wurden angeklagt. Di Pietro wurde von den Journalisten zum Nationalhelden erklärt, zum Racheengel, der das unterdrückte Volk von seinen Tyrannen befreit habe. Ihm gefiel diese Rolle sehr, vielleicht zu sehr. Seine - nicht sehr zahlreichen - Kritiker werfen ihm vor, das Gesetz oft in seinem eigenen Sinne interpretiert zu haben. Vor allem wegen der von ihm gerne praktizierten Beugehaft war er umstritten. Nun kann man sagen, wer der Bevölkerung diese unvorstellbar hohen Summen gestohlen hat, darf schon etwas härter angefaßt werden. Indro Montanelli bringt allerdings einen Vergleich, der die Tragweite der Ermittlungen besser erkennen läßt: „Der Zusammenbruch des Mussolini-Regimes brachte nur einen Selbstmord (und es war nur ein sehr kleiner Parteibonze, der Präsident der Nachrichtenagentur Stefani, Manlio Morgagni). *Tangentopoli* hat [ein gutes Dutzend] bewirkt.“[21] Dieses Faktum kann in zweierlei Weise interpretiert werden: Es zeigt zum einen das Verhältnis der Italiener zum Faschismus (Anm.: Außerdem ist die Selbstjustiz der Partisanen sicherlich oft dem Selbstmord zuvorgekommen.). Zum anderen zeigt es das Klima der Rache, das 1992/93 in Italien geherrscht hat.

Staatspräsident Scalfaro versuchte nach dem Selbstmord des Großindustriellen Gabriele Cagliari im Juli 1993 alle zur Besinnung zu rufen. Cagliari hatte in seinem Abschiedsbrief, den er in seiner Gefängniszelle hinterlassen hatte, schwere Vorwürfe gegen die Staatsanwälte erhoben: „Das Verhalten der Staatsanwälte hat als einziges Ziel, uns mit Groll und Schande zu überschütten. Das muß unbedingt aufhören.“[22] Der Aufruf des Staatspräsidenten verhallte ungehört. Starjournalist Indro Montanelli: „Die Öffentlichkeit hatte eine ganz andere Vorstellung davon. Sie störten die Selbstmorde, das Gefängnis und die Handschellen nur bis zu einem bestimmten Punkt. Sie wollte Rache.“[23] Drei Tage später beging der bekannte Montedison-Chef Raul Gardini Selbstmord. Diese Welle an Selbstmorden zeigte die Stimmung, die in der Bevölkerung geherrscht hat. Ein derart mächtiger Volkszorn ist in der Regel nur am Ende einer Tyrannei zu beobachten, und vielleicht war es gerade dies…

Fast hätte der Volkszorn auch die Mafia hinweggefegt, doch im Sommer 1992 wurden die berühmtesten Mafiajäger, Giovanni Falcone und Paolo Borsellino, und ihre Leibwächter durch Sprengstoffanschläge getötet. Es drohte ein Volksaufstand. Auch wenn die darauffolgenden Verhaftungen der größten Mafia-Bosse und sogar die des „Bosses der Bosse“, Totò Riina, den Eindruck erweckten, der Staat könne die Mafia besiegen, so waren die folgenden Sprengstoffanschläge von 1993 in Rom, Mailand und Florenz allzu deutliche Lebenszeichen einer nach wie vor schlagkräftigen, rachsüchtigen Mafia. Ein Anschlag galt auch dem Journalisten und Showmaster Maurizio Costanzo, der in seinen Sendungen immer wieder gegen die Mafia wetterte. Er blieb durch einen Zufall unverletzt. 1996 wurde Falcones Mörder, Giovanni Brusca, verhaftet, als dieser sich gerade mit seiner Familie im Fernsehen einen Spielfilm über das Attentat an Falcone ansah. Die Mafia konnte in den letzten Jahren zwar geschwächt, im Gegensatz zur korrupten Politikerkaste aber nicht zerschlagen werden.

Das Phänomen Berlusconi wäre in einer anderen westlichen Demokratie kaum denkbar. Ein instabiles politisches System kam Anfang der neunziger Jahre zu Fall. Italien befand sich in einer Phase politischer Orientierungs- und Führungslosigkeit. Der Sturz der alten Politik hatte ein Vakuum hinterlassen. Die Mafia nützte diesen Moment der Handlungsschwäche der Regierenden, um ihre Macht unter Beweis zu stellen.

Die italienische Geschichte kennt zahlreiche schwere Staatskrisen. Die Mafia, der P2-Skandal und die Enthüllungen rund um die geheime Bürgerkriegstruppe Gladio hatten der Bevölkerung immer wieder vor Augen geführt, welche Machtzentren tatsächlich das Land beherrschten. An die chronische Regierungskrise, in der Italien steckte und die in der ganzen Welt zum „*running gag*“ geworden war, hatte man sich gewöhnt. Ein Leben ohne Regierung war in Italien keine Katastrophe. Dennoch, *Mani pulite* stellte alles bisher dagewesene in den Schatten. Diesmal scheiterte eine Regierungsbildung nicht daran, daß sich die Regierungsparteien nicht einigen konnten, sondern daran, daß es die Regierungsparteien nicht mehr gab. Der Staatspräsident mußte als letzten Ausweg ein Expertenkabinett einsetzen.

Aus all diesen Gründen fühlte sich die Bevölkerung Anfang der Neunziger in hohem Maße verunsichert, wußte nicht mehr, wem sie vertrauen sollte. Die Parteien waren zum Feindbild geworden. Neben den Staatsanwälten übernahmen daher einzelne Journalisten oder Medien die fehlende „Orientierungsfunktion“. So wurde in zahllosen Fernsehsendungen - im wahrsten Sinne des Wortes - die Vergangenheit bewältigt. Die Journalisten, die seit jeher Teil der obskuren Machtstrukturen in Italien gewesen waren, schlugen sich auf die Seite des „neuen“ Machthabers: die des Volkes.

Anmerkungen:

1 BRAUN, Michael: Italiens politische Zukunft. Frankfurt a.M., 1994. S.147.
2 BRAUN, Michael: Italiens politische Zukunft. a.a.O. S.30.
3 TEODORI, Massimo: Ladri di democrazia. Dalla P2 a Tangentopoli, il malaffare politico che ha portato alla fine della Repubblica. Neapel, 1994.
4 Vgl.: BAGET BOZZO, Gianni: Cattolici e democristiani. Un' esperienza politica italiana. Mailand, 1994. S.89-98.
5 Vgl.: MONTANELLI, Indro / CERVI, Mario: L'Italia degli anni di fango (1978-1993). Mailand, ^{3}1994.
6 Vgl.: WARNER, Steven / GAMBETTA, Diego: La retorica della riforma. Fine del sistema proporzionale in Italia. Turin, 1994.
7 TEODORI, Massimo: Una nuova Repubblica? Il Voto e la riforma elettorale, il tramonto dei partiti, la questione del governo nella democrazia dell' alternanza. Mailand, 1994. S.117ff.
8 BAGET BOZZO, Gianni: Cattolici e democristiani. a.a.O. S.7.
9 Vgl.: FRANCO, Massimo: Tutti a casa. Il crepuscolo di mamma DC. Mailand, 1993. S.102-123.
10 BRAUN, Michael: Italiens politische Zukunft. a.a.O. S.67.
11 Vgl.: MIGGE, Thomas: Mini-Mussolini. Die Faschisten lassen lächelnd die Zähne blitzen statt der Messer. In: profil, 11.4.1994. S.66.
12 ROQUES, Valeska von: Die Stunde der Leoparden. Italien im Umbruch. Wien / München 1994. S.231.

13 Die vollständigste Abhandlung zu diesem Thema findet sich bei: VISENTINI, Toni: Die Lega. Italien in Scherben. Bozen, 1993. Einzelne, durchaus aufschlußreiche Kapitel zu Umberto Bossi und seiner Lega finden sich in praktisch allen neueren Fachbüchern über Italien. - Vgl. v.a.: ROQUES, Valeska von: Die Stunde der Leoparden. Italien im Umbruch. a.a.O. S.193-213. BRAUN, Michael: Italiens politische Zukunft. a.a.O. S.105-115. MONTANELLI, Indro / CERVI, Mario: L'Italia degli anni di fango (1978-1993). a.a.O. S.221-243.

14 BRAUN, Michael: Italiens politische Zukunft. a.a.O. S.156.

15 PANSA, Giampaolo: Lo sfascio. Politici politicanti portaborse e malfattori. Mailand, 1987. S.106. Zit.n.: BRAUN, Michael: Italiens politische Zukunft. a.a.O. S.118.

16 PIZZORNO, Alessandro / DELLA PORTA, Donatella: „Geschäftspolitiker" in Italien. Überlegungen im Anschluß an eine Studie über politische Korruption. In: Kölner Zeitschrift für Soziologie und Sozialpsychologie. 3/1993. S.439-464.

17 BRAUN, Michael: Italiens politische Zukunft. a.a.O. S.116.

18 ROQUES, Valeska von: Die Stunde der Leoparden. Italien im Umbruch. a.a.O. S.69.

19 RAITH, Werner: Der Korruptionsschock. a.a.O. S.156. Das wiedererwachte Gefühl für die Legalität. Oberstaatsanwalt Saverio Borelli über das neue Italien im Gespräch mit Gudrun HARRER. In: Der Standard. 11./12. 12. 1993. S.34.

20 ROQUES, Valeska von: Die Stunde der Leoparden. Italien im Umbruch. a.a.O. S.68.

21 MONTANELLI, Indro / CERVI, Mario: L'Italia degli anni di fango (1978-1993). a.a.O. S.315. Anm.: Zahl aktualisiert.

22 MONTANELLI, Indro / CERVI, Mario: L'Italia degli anni di fango (1978-1993). a.a.O. S.319.

23 MONTANELLI, Indro / CERVI, Mario: L'Italia degli anni di fango (1978-1993). a.a.O. S.320.

III. Medien und Macht in Italien

Wie in kaum einem anderen Land gelten in Italien die Medien traditionell als eines der geeignetsten Mittel zur Machterlangung und Machterhaltung. Die Geschichte zeigt zahllose Fälle der Instrumentalisierung der Medien für politische Ziele auf. Symptomatisch für die enge Verstrickung von Journalismus und Politik ist auch die hohe Zahl an Spitzenpolitikern mit journalistischer Vergangenheit. Waren laut einer Studie 1983 nur drei Prozent der amerikanischen Kongreßabgeordneten vor Beginn ihrer politischen Laufbahn Journalisten gewesen, so waren es in Italien immerhin sechs Prozent - 60 von 945 Parlamentariern.[1] Bemerkenswert sind vor allem die Namen dieser „vorbelasteten" Politiker: Giulio Andreotti (siebenmaliger DC-Ministerpräsident, Mitglied des CAF[2] und „personifizierte Macht" der Ersten Republik), Pietro Ingrao (ehemaliger Präsident des Abgeordnetenhauses, PCI), Ugo La Malfa (Langzeit-Parteiführer der Republikaner), Giovanni Spadolini (ehemals Herausgeber des *Corriere della Sera*, später Republikaner-Chef, Minister- und Senatspräsident), Giorgio Almirante (ehemaliger Führer des neofaschistischen MSI), Arnaldo Forlani (DC-Parteisekretär, Mitglied des CAF), Luigi Longo (Kommunisten-Chef der Nachkriegszeit) und Giuseppe Saragat (Staatspräsident in den sechziger Jahren). Zählt man zu diesen *professionisti* auch noch die freiberuflichen *pubblicisti* hinzu, verlängert sich die Liste um einen weiteren Staatspräsidenten, Giovanni Leone, und den legendären PCI-Chef, Enrico Berlinguer.[3]

Diese enge Verbindung von Journalismus und Politik hat in Italien bereits lange Tradition. So war Mussolini vor seiner politischen Laufbahn ebenfalls Journalist. Auch später schenkte der Diktator den Medien noch große Aufmerksamkeit und setzte sie professionell als Propagandainstrument ein. Die meisten relevanten Meldungen der regimetreuen Nachrichtenagentur Stefani diktierte er persönlich. Gab es zu Beginn des Zweiten Weltkrieges ganze zehn Kriegsberichterstatter, so waren es wenig später mehrere Hundert. Mussolini führte sie strategisch als „Dritte Armee".[4] Der „Duce" schaffte dabei die Meinungsfreiheit mit weitaus subtileren Methoden ab, als dies in Deutschland unter den Nationalsozialisten geschah. Mussolini meinte in diesem Zusammenhang 1928, die Presse müsse wie ein Orchester sein: Nicht alle sagen dasselbe, aber es müsse harmonisch klingen.[5] Die De-facto-Aufhebung der Pressefreiheit wurde mit dem „sehr hohen Verantwortungsgefühl" und dem „Vorherrschen der Freiheit des Staates über die Freiheit des Bürgers" begründet.[6]

Journalismus und Politik: Symbiose oder verbotene Liaison?

Durch Privilegien, wie z.B. die Einrichtung einer eigenen Sozialversicherung, und die Einführung des Ordine dei Giornalisti, einer Journalismuskammer mit Beitrittszwang, machte sich Mussolini die Journalisten gefügig und bewirkte so eine Selbstzensur. Dieses Berufsregister kam einer Berufszulassung gleich. Neben der journalistischen mußte man auch eine politische Eignung erbringen. Den Ordine dei Giornalisti und die Zwangsmitgliedschaft gibt es noch heute - ein Beispiel dafür, wie inkonsequent in Italien oft mit der faschistischen Vergangenheit umgegangen wird. Man stelle sich vor, es gäbe in Deutschland noch die Reichspressekammer, das Pendant zum Ordine! Die Alliierten standen dem Ordine anfangs sehr skeptisch gegenüber, beugten sich aber, als sie erkannten, daß ihn sowohl die Journalisten als auch die Politiker beibehalten wollten. Die Journalisten wollten ihre Privilegien und die eigene Sozialversicherungsanstalt nicht verlieren, die Politiker sahen im Ordine offiziell die beste Möglichkeit der „Entfaschistisierung" der Redaktionen, tatsächlich dürften sie aber die Kontrollfunktion des Berufsregisters schätzengelernt haben.

Befürworter des Ordine dei Giornalisti betonen zwar, daß die Idee einer Dachorganisation für Journalisten in das 19. Jahrhundert zurückreicht. Es muß auch gesagt werden, daß der Ordine heute über alle Zweifel erhaben ist. Die Eintragungskriterien legen keine politischen Maßstäbe an. Jeder, der die professionellen Voraussetzungen erbringt, wird aufgenommen. In Italien ist der Zugang zum Beruf des Journalisten dennoch stark reglementiert. Die Berufsbezeichnung „Journalist" ist den Mitgliedern des Ordine vorbehalten. Nicht nur diese Dachorganisation, sondern auch die Journalismusschulen[7] haben eine lange Tradition, denn eine spezifische Ausbildung ist eine weitere Hürde zum begehrten Berufstitel des „Journalisten".

Ein Politiker oder Industrieller bedarf heute nicht mehr des Ordine, um Einfluß auf Journalisten auszuüben. Wesentlich effizienter ist es, ein Medium aufzukaufen oder einen einflußreichen Journalisten zu „sponsern" und auf diese Weise die Meinungsbildung im Land zu lenken. Die meisten Journalisten entsprachen vor allem in der Ersten Republik dem traditionell gewordenen Rollenverständnis und erfüllten oft in vorauseilendem Gehorsam die Vorstellungen der Politik und Wirtschaft. Benahm sich fallweise ein Journalist „daneben", dann gaben die Richter den Klagen der Politiker oft recht. Aufsehen erregte z.B. eine Intervention des PSI-Chefs Bettino Craxi beim französischen Botschafter in Italien. Der Parteichef der Sozialisten war über einen Artikel in *Le Monde* verärgert und soll sogar die Abberufung des Korrespondenten Philippe Pons urgiert haben. 1979 wurde ein Journalist, Mino Pecorelli, gar ermordet. Ein Dokument der Staatsanwaltschaft in Rom forderte in diesem Zusammenhang die Aufhebung der Immunität Giulio Andreottis: „Er habe 1979 den Mord an dem Journalisten Mino Pecorelli in Auftrag gegeben, weil dieser im Begriff war, schreckliche Enthüllungen über den damaligen Regierungschef Andreotti zu veröffentlichen."[8] Inzwischen läuft der Prozeß gegen Andreotti.

Der Journalist Ettore Forcella kritisiert das falsche Rollenverständnis mancher seiner Kollegen, indem er ihnen vorwirft, in Wirklichkeit nur für 1.500 Personen zu schreiben, nämlich die wichtigsten Politiker und Industriellen des Landes. Die restlichen dreihunderttausend Leser der Zeitung hätten für diese Journalisten keine Bedeutung: „Das ganze System ist auf der Beziehung zwischen politischen Journalisten und dieser Gruppe der privilegierten Leser organisiert. Wenn man dieses Element außer acht läßt, verschließt man sich dem Verständnis des charakteristischen Aspektes unseres politischen Journalismus, vielleicht der ganzen italienischen Politik.“[9]

Die Parteipresse hatte, wie in der ganzen westlichen Welt, keine Überlebenschance. Deshalb versuchten die Politiker, Einfluß auf die „unabhängigen“ Medien zu gewinnen. Es war und ist die Zeit der Großindustriellen, die als Mäzene auftreten und sich auf diese Weise ihre Lobby kaufen. Der *editore puro*, der klassische „reine“ Verleger, tritt ab, der finanzstarke Industrielle tritt auf. Da in Italien bis vor wenigen Jahren in Ermangelung eines Kartell- bzw. Antitrust-Gesetzes die Besitzverhältnisse in der Wirtschaft nur oberflächlich dargelegt werden mußten, versuchten in der Vergangenheit undurchsichtige Gruppierungen stets, den Medienmarkt in ihre Kontrolle zu bekommen. Ein deklariertes Ziel der illegalen Freimaurerloge P2 war die Infiltration von Logenbrüdern in führende Positionen bei Zeitungen und Fernsehen. Dieses Vorhaben war nicht das Projekt einer Handvoll skurriler Verschwörer, sondern ist Beispiel dafür, daß in Italien die Medien oft im Dienst ihrer Herren stehen, wobei dieser Dienst als Machtmaximierung und nicht als Dienst an der Gesellschaft zu verstehen ist.

Machtlose Politik oder dunkle Machtpolitik?

Italiens Mediengeschichte steht für Oligopolisierung, eine schwache Gesetzgebung und die scheinbar machtlose Politik. Silvio Berlusconi konnte sich ein Medienimperium errichten, ohne jemals an ernstzunehmende Gesetzesgrenzen zu stoßen. Sogar das Mediengesetz von 1990, die *Legge Mammì* (benannt nach dem verantwortlichen Postminister Oscar Mammì), war de facto nur die Absegnung des Status quo. 1994 hielt Berlusconi als Minister- und faktisch als „Medien“-Präsident die Kontrollmacht über die sechs größten TV-Sender des Landes (drei RAI- und drei Fininvest-Sender) in seinen Händen. Für viele Demokraten bedeutete diese Machtkonzentration die Kapitulation der edlen Werte der Medien- und Meinungsvielfalt. Nach dem Sturz des Ministerpräsidenten wurden spät aber doch die Stimmen laut, die vom Gesetzgeber endlich einen tiefen Eingriff in die Medienlandschaft forderten, der aber auch diesmal nicht kam.

Die Geschichte der Printmedien, aber vor allem die der elektronischen Medien ist daher auch die Geschichte des Silvio Berlusconi und einiger weniger Großindustrieller. Ob diese Machtkonzentration von der Politik gewollt war, oder ob der „explodierende“ Medienmarkt in Italien ab einem bestimmten Zeitpunkt einfach außer Kontrolle geriet, soll nun analysiert werden. Die Medienlandschaft wird oft als „Visitenkarte" eines Landes bezeichnet. Die Entwicklung und der Ist-Zustand der italienischen Medienlandschaft geben daher Auskunft über ein Land, das - einzigartig in der Geschichte der Demokratie - einen Medientycoon als Ministerpräsidenten hatte...

Printmedien

Wenige Leser - hohe Qualität

Italien wird als „verspätete Nation" bezeichnet. Verspätet war aber nicht nur die Einigung des Landes, sondern auch die Entwicklung zu einer modernen Zeitungslandschaft. Bis lang nach dem Zweiten Weltkrieg gab es keine Zeitungslesekultur der Masse. Wegen der hohen Zahl an Analphabeten sprach die Presse nur eine kleine Kulturelite an. Vor ca. 100 Jahren konnten noch 17 der 22 Millionen Italiener weder lesen noch schreiben. Deshalb gab es keine Generalanzeiger und keine Massenpresse nach dem Vorbild der amerikanischen *penny-newspapers*. Der *Conciliatore* war mit einem Leserkreis von 200 Personen (!) Marktführer.[10] Die Auswirkungen dieser Entwicklung sind noch heute zu erkennen. Die Zeitung ist nach wie vor ein Elitemedium. Sie zeichnet sich durch einen ausgeprägten Kommentarjournalismus aus, wobei die Trennlinie zwischen Nachricht und Meinung traditionell unscharf ist. Die dabei verwendete Sprache ist meist literarisiert und kompliziert.

Heinz-Joachim Fischer, Rom-Korrespondent der *Frankfurter Allgemeinen Zeitung*, findet auf die Frage eines italienischen Journalisten nur Lob für die italienische Presse: „In Italien gibt es mehr gute Zeitungen als in Deutschland. Obwohl es bei euch schwierig ist, gute Zeitungen zu machen, weil eure Politik keinen rationalen Kriterien und Regeln folgt, und deshalb schwer vermittelbar ist."[11] Vielleicht begründet sich hierin der Erfolg der italienischen Sporttageszeitungen: Fußball ist in Italien, so scheint es, wesentlich rationaler als Politik.

Nur 45 Prozent der erwachsenen Bevölkerung lesen täglich eine Zeitung, acht Millionen Italiener verzichten gänzlich darauf.[12] Der durchschnittliche Zeitungsleser ist männlich, um die 45 Jahre alt, hat eine höhere oder zumindest eine mittlere Schulbildung und wohnt in urbanen Zentren.[13] Hausfrauen, Pensionisten und Italiener mit niedriger Schulbildung sind auch heute noch kaum über die Tageszeitungen zu erreichen. Sie gilt es, über das Fernsehen und die Illustrierten anzusprechen. Das traditionelle Nord/Süd-Gefälle ist auch heute noch in der Medienlandschaft markant, wenn auch nicht mehr so ausgeprägt wie vor zwanzig, dreißig Jahren. Dovifat führt in seiner Studie von 1970 für den Norden einen Index von 164 Zeitungsexemplaren auf 1.000 Einwohner, für den Süden hingegen nur 27 Exemplare für 1.000 Einwohner an.[14] War damals die Leserdichte im Norden noch sechsmal so hoch wie im Süden, so war sie 1989 nur noch doppelt so hoch. In den späten achtziger Jahren hatte die Zahl der Zeitungsleser in manchen Regionen um bis zu zehn Prozent zugenommen.[15]

Die eifrigsten Zeitungsleser sind übrigens die Sarden mit 63,8 Prozent.[16] Dennoch: Nur 117 von 1.000 Italienern kaufen täglich eine Zeitung, in Deutschland sind es dreimal und in Schweden sogar viermal mehr.[17]

Tageszeitungen

Die Auflagezahlen[18] sind - wie bereits ausgeführt - relativ klein. *Corriere della Sera* und *Repubblica* erreichen als Spitzenreiter gerade eine Auflage von 900.000 bzw. 830.000 Stück - dies in einem Land mit beinahe 58 Millionen Einwohnern! Die *Bild-Zeitung* hat dagegen in Deutschland eine Auflage von 5 Millionen Exemplaren.

Corriere della Sera und *Repubblica* sind die Marktführer. Die *Repubblica* ist aber im Gegensatz zum *Corriere*, der sein größtes Verbreitungsgebiet in der Lombardei hat, eine überregionale Zeitung, sie ist sogar das einzige wirklich überregionale Blatt Italiens. Der *Corriere* setzt in der Lombardei 59 Prozent, die *Stampa* im Piemont sogar 80 Prozent der Auflage ab. Die *Repubblica* verkauft im Latium hingegen nur 19 Prozent und verteilt sich homogen über das ganze Land.[19]

Das Fehlen von überregionalen Zeitungen ist auf die Geschichte des Landes zurückzuführen. Durch die föderalistische Geschichte und die späte nationale Einigung gibt es in Italien fast ausschließlich Städte mittlerer Größe, die aber die autonome Infrastruktur von Großstädten besitzen. Die meisten haben eigene Universitäten und Kulturzentren, Konzert- und Opernhäuser. Zur regionalen Autonomie gehört auch eine eigene Zeitung. Der Marktanteil der Lokalpresse beträgt 54 Prozent, die überregionale Presse kommt hingegen nur auf 23,6 Prozent.[20] Diese Lokalblätter haben zwar - im Vergleich mit Österreich etwa - oft relativ geringe Auflagezahlen, sind aber von durchwegs hoher journalistischer Qualität.

Die großen Zeitungen kommen hingegen fast ausschließlich aus Rom oder Mailand. Dieser Trend ist auch bei den Fernsehsendern zu beobachten. Mailand ist die Hauptstadt der Wirtschaft, Rom die der Politik. Bemerkenswert ist, daß die meisten Zeitungen die Wirtschafts- der Politik-Hauptstadt vorziehen. Der Grund liegt u.a. im hohen Werbepotential des reichen Wirtschaftszentrums des Nordens. Die großen Blätter des Südens, wie der *Mattino* aus Neapel, haben hingegen im Norden überhaupt keinen Absatzmarkt. Man spricht in diesem Zusammenhang deshalb gerne von der anhaltenden „Kolonialisierung" des Südens durch den Norden.

Gewinner der letzten Jahre sind die Fachzeitungen, vor allem die Tageszeitungen, die sich ausschließlich mit Sport beschäftigen. In keinem anderen Land der Welt erscheinen täglich vier Sportzeitungen: *Gazzetta dello Sport* (Mailand), *Corriere dello Sport* (Rom), *Stadio* (Rom), *Tuttosport* (Turin). Sporttageszeitungen haben in Italien eine lange Tradition, sind wirtschaftlich erfolgreich, seit Jahrzehnten professionell im Marketing und konnten in den achtziger Jahren ihre Position sogar noch weiter ausbauen. Sie halten einen Marktanteil von 14,7 Prozent.

Einen großen Zuwachs haben auch die Wirtschaftsblätter zu verzeichnen. Ihr Marktanteil beträgt immerhin 4,9 Prozent. *Il Sole 24 Ore*, das Organ der Confindustria (ital. Industriellenverband), konnte zwischen 1979 und 1986 seine Auflage verdoppeln und so auf 240.000 Exemplare erhöhen. Die Wirtschaftsblätter stellen für die anderen Tageszeitungen keine Gefahr dar, weil Fachzeitungen typische „Zweitzeitungen" sind: Man nimmt sie am Kiosk einfach zur gewohnten Tageszeitung dazu. *Corriere* und *Repubblica* versuchen allerdings seit Jahren, durch Beilagen wie *Affari e finanza* etc., ebenfalls Wirtschaftskompetenz zu beweisen.

Absoluter Verlierer unter den Tageszeitungen sind die *Parteiblätter*. Sie geben jedes Jahr Leser ab; eine Entwicklung, die in ganz Europa zu beobachten ist und auf allgemeine Politikverdrossenheit sowie schwindende Parteienbindung in der Bevölkerung zurückzuführen ist. Die Korruptionsermittlungen der Mailänder Staatsanwälte und die Wahlen im Frühjahr 1994 haben den Absturz der Parteizeitungen weiter beschleunigt. Die Dominanz der reformkommunistischen Zeitungen in diesem Sektor hat eine einfache Erklärung. Der historische Kampf zwischen Katholizismus und Kommunismus hat in Italien zu einer starken Polarisierung der Gesellschaft geführt. Die Kommunisten wurden in all den Jahrzehnten von Regierungs- und Verwaltungsämtern ferngehalten. Da sich die großen „unabhängigen" Zeitungen des Landes den Christdemokraten verpflichtet fühlten oder durch Bankkredite sogar verpflichtet waren, mußten sich die Kommunisten eine eigene Medienlandschaft aufbauen. Diese Zeitungen waren dann meist Parteizeitungen für die relativ kleine Gruppe der Mitglieder. Die „unabhängigen" Zeitungen konnten hingegen wesentlich größere Bevölkerungsgruppen ansprechen.

Zeitschriften

Rund 2.600 Monats-, 580 Wochenzeitschriften und 5.500 Zeitschriften sind in Italien auf dem Markt. *TV - Sorrisi e Canzoni* ist der unbestrittene Marktleader. Berlusconis Programmzeitschrift ist das auflagenstärkste Periodikum und dient ihm als Werbetrommel für seine TV-Sender. *Famiglia Cristiana* ist hingegen die Kirchenzeitung des Landes, wobei man sie nicht mit den Kirchenzeitungen in Österreich und Deutschland vergleichen kann. Sie ist vielmehr eine „katholische Illustrierte". Die Einnahmen der Werbeeinschaltungen ermöglichen es, oft interessante Gimmicks wie die Werke Dostojewskys in Billigdruck beizulegen. Nach der sonntägigen Messe liegt die Zeitschrift am Kirchenportal, aber natürlich auch am Kiosk auf. Der Kirchplatz bietet dann meist ein pittoreskes Bild: Frauen und Kinder blättern schon in der *Famiglia Cristiana*, die Männer informieren sich in der rosafarbenen *Gazzetta dello Sport* über die Fußballbegegnungen des Tages. *Gente* und *Oggi* sind typische Illustrierte, *Telesette* ist hingegen eine Programmzeitschrift.

Panorama und *L'Espresso* sind Nachrichtenmagazine, die dem österreichischen *News* und dem deutschen *Focus* ähneln. *Panorama* und *L'Espresso* sind sich in Layout und inhaltlicher Gestaltung (d.h. immer boulevardesker, immer weniger Politik) zum Verwechseln ähnlich und erbitterte Feinde. Berlusconi wollte neben *Panorama* auch *L'Espresso* erwerben. Nur mit größter Mühe gelang es dem damaligen Olivetti-Chef Carlo De Benedetti, *L'Espresso* aufzukaufen. Beide Magazine in einer Hand hätten unweigerlich zum Tod des kritischeren *L'Espresso* geführt. Der Kampf um dieses Nachrichtenmagazin war Teil des Krieges um den berühmten Mondadori-Verlag, der noch beleuchtet wird.

Marktführer bei den Monatsmagazinen ist die Autozeitschrift *Quattroruote* mit rund einer Million Exemplaren, gefolgt von *Gente Motori* und *Selezione*. Obwohl sie weder eine wirtschaftliche noch eine politische Relevanz besitzen, seien kurz die italienischen Kultur- und Kunstzeitschriften erwähnt. Mit einem Höchstmaß an Ästhetik und technischem Aufwand sind sie eines der deutlichsten Lebenszeichen des italienischen Designs der Gegenwart. Manche Periodika sind eher Kunstwerk als Zeitschrift. Auch wenn diese Magazine kaum rentabel sind und nur eine kleine Fangemeinde ansprechen, so sind sie doch ein weiteres Symptom für die qualitative Bewußtseinsspaltung der italienischen Medien: Auf der einen Seite zeugt der hervorragende Printjournalismus von den Qualitäten mancher Journalisten, auf der anderen Seite werden diese durch banale Illustrierte und das Fernsehen weitgehend verdrängt.

Zeitungsgründungen

Italiens Medienmarkt hinkt im Europavergleich in vielen Wirtschaftsdaten nach, dennoch dominiert in Italien die Elitepresse die Zeitungslandschaft, und es gab und gibt keine relevante Boulevardpresse wie etwa in Deutschland oder Österreich. Alle Versuche, mit Tabloids den Markt zu erobern, scheiterten.

Die Zeitungslandschaft befand sich im Absterben, als sie Mitte der siebziger Jahre durch ein massives staatliches Subventionsprogramm wiederbelebt wurde. Damals kamen nur vier von 74 Tageszeitungen ohne Finanzhilfen aus. 1946 erschienen noch 136 Titel, die Zahl nahm aber stetig ab, bis 1979 nur noch 75 Zeitungen auf dem Markt waren. Zu dieser Zeit begannen aber die Finanzhilfen bereits zu greifen und in den achtziger Jahren stieg die Zahl wieder auf über 100 Titel. Die mittlere Auflagenzahl kletterte 1981 erstmals über 5 Millionen. Der Aufschwung hielt an, und 1988 waren es bereits 7,5 Millionen, dies bedeutet gegenüber 1979 eine Steigerung um ca. 80 Prozent.[21]

Während die Tagespresse erst in den Siebzigern aus einem beinahe hundertjährigen Schlaf erwachte und jetzt die versäumten Erneuerungen nachholen muß, hat die Zeitschriftenpresse ihren Höhepunkt bereits überschritten. Seit der Nachkriegszeit war sie das innovativste und erfolgreichste Produkt des Printjournalismus gewesen. Mit dem Erfolg des Fernsehens und den endlich „leserfreundlicheren" Tageszeitungen hat aber ihr Abstieg begonnen. In den achtziger Jahren hat sich das Werbevolumen und die Seitenzahl vor allem bei Tratsch- und Familienblättern stark verringert. Nur die berühmten Nachrichtenmagazine *L'Espresso* und *Panorama* und die generell erfolgreiche Fachpresse konnten ihre Positionen ausbauen.

Epochale Ereignisse beleben in Italien traditionell den Markt. So hat sich die Auflage der Sporttageszeitung *Gazzetta dello Sport* in den drei Jahren nach dem Sieg Italiens bei der Fußballweltmeisterschaft 1982 verdoppelt. Nicht nur der Fußball, auch die für die sportbegeisterten Italiener „profane" Politik wurde zur „belebenden Brise im Blätterwald". Wie 1948 zu den ersten freien Wahlen nach dem Krieg gab es in entscheidenden Phasen der italienischen Geschichte immer wieder Neugründungen, denen meist allerdings nur ein kurzes Leben beschieden war. In der turbulenten Endphase der Ersten Republik wurde z.B. *L'Indipendente* gegründet. Die erste Nummer erschien am 15. November 1991. Dem gelungenen Titel und dem eleganten Layout widersprach die Blattlinie: Sie unterstützte einseitig und offen die Lega. Trotz des Wahlerfolges von 1996 mußte das Blatt wenige Wochen später eingestellt werden. 1994, im letzten Jahr der Ersten Republik, erblickten mehrere neue Zeitungen das Licht der Welt. In Palermo wurde *Il cittadino* als erste wirklich unabhängige Zeitung Siziliens gegründet. In Rom duellierten sich weltanschaulich das Opus Dei und die Rifondazione Comunista, der harte Kern der Kommunisten, mit zwei neuen Publika.[22] Rechtzeitig zu den Wahlen 1996 erschien *Il Foglio* (das Blatt). Herausgeber dieser Zeitung, die tatsächlich nur aus einem Blatt besteht, ist Giuliano Ferrara, Berlusconis ehemaliger PR-Minister. Auf den vier Seiten finden sich hauptsächlich Kommentare zum Tagesgeschehen. Die Artikel sind nicht gezeichnet.

Die wohl berühmteste Neugründung dieser Zeit war *la Voce* von Indro Montanelli, der *Il Giornale* wegen der versuchten Einflußnahme seines Besitzers, der Familie Berlusconi, verlassen hatte. Montanelli hatte 1974 *Il Giornale* gegründet, weil ihm der *Corriere della Sera*, für den er als Starkolumnist geschrieben hatte, zu sehr nach links gedriftet war. Der nunmehr über 87-jährige Montanelli ist neben dem *Repubblica*-Chef Eugenio Scalferi *die* Leitfigur des italienischen Journalismus. Scalferi gründete 1976 *la Repubblica*. Die Erfolgsgeschichte dieser Zeitung ist auch die Geschichte der italienischen Medien...

Aushängeschilder des italienischen Journalismus

la Repubblica[23] - Eugenio Scalferi hatte 1955 gemeinsam mit Arrigo Benedetti das Nachrichtenmagazin *L'Espresso* gegründet und fungierte dann als Herausgeber. Wochenzeitschriften waren im Gegensatz zu den Tageszeitungen bereits damals sehr erfolgreich, und Scalferi wollte das Konzept auch auf eine neue Tageszeitung anwenden. So hieß auch der Werbeslogan im Gründungsjahr: „Die Wochenzeitschrift, die täglich erscheint."[24] Für das Zeitungsgründungsprojekt fanden sich trotz Wirtschaftskrise und Zeitungssterben rasch die richtigen Partner. Carlo Caracciolo, ein Schwager des Großindustriellen Agnelli, bot die finanziellen Sicherheiten. Der *Espresso* sollte Mitherausgeber sein, und als Verlag bot sich Mondadori an, dessen Leiter Giorgio Mondadori und Mario Formenton enge Freunde Scalferis und Caracciolos waren.

Scalferi sah die anderen Zeitungen als „Omnibus", er wollte hingegen mit seiner Zeitung nur für eine „bestimmte Schicht" schreiben.[25] Basierend auf fundierten Marktanalysen erstellte er das Modell einer neuen Zeitung, die am 14. Jänner 1976 erstmals erschien. Das Blatt sollte „unabhängig, aber nicht neutral" sein, wie es Scalferi in seinem ersten Leitartikel nannte. Man bekannte sich von Beginn an öffentlich zur politischen Linken. Scalferi hatte die neue Rolle der Tageszeitungen in der Fernseh-Gesellschaft rechtzeitig erkannt und seine Zeitung als Orientierungs- und nicht so sehr als Informationsmedium konzipiert. Der Linie der Wochenblätter folgend setzte man in der Berichterstattung vermehrt auf Themenschwerpunkte. Als Erscheinungsort wurde bewußt Rom gewählt, um sich vom Mailänder *Corriere* auch geographisch zu distanzieren. Sogar die Adresse, Piazza Indipendenza, sollte der Blattlinie entsprechen. Die *Repubblica* faßte aber in Rom nicht richtig Fuß, sondern verkaufte sich seltsamerweise als einzige Zeitung gleichmäßig in allen Provinzen des Landes. Auf diese Entwicklung reagierte man mit einem verstärkten Ausbau der Lokalredaktionen in allen wichtigen Städten des Landes. Rom und Mailand bekamen eigene Farbbeilagen, *TrovaRoma* und *TuttoMilano*.[26] Bemerkenswert ist auch die Zielgruppe der *Repubblica*: Ein höherer A- und B-Schicht-Leseranteil als der *Corriere* und vor allem jüngere Leser; die Zeitung mit dem größten Anteil an weiblichen Lesern; und der Blattlinie entsprechend definieren sich über 55 Prozent der Leser als „laizistisch" bzw. „links".[27]

Die Schwerpunkte der *Repubblica* waren stets Innen- und Außenpolitik, Wirtschaft und Kultur. Die Kultur fand sich in den italienischen Tageszeitungen immer auf Seite 3, der *terza pagina*. Die *Repubblica* brach mit dieser Tradition und plazierte die Kultur im herausnehmbaren Mittelteil der Zeitung. Die Wahl des kleineren Tabloid-Formates (32x47cm) kam einer Revolution gleich. Auch hier schrieb die Tradition unabdingbar das große Zeitungsformat (40x55cm) vor. Das kleine Format war nur den erfolglosen Boulevardblättern vorbehalten. Das Layout wirkte elegant. Das Titelblatt wurde als *pagina vetrina*, als Schaufenster-Seite, konzipiert. Auf ihr wurden die wichtigsten Artikel „angerissen", um im Blattinneren fortgeführt zu werden. Der Kommentar wanderte auf die erste linke Innenseite. Jedem Redakteur wurde ein Graphiker zur Seite gestellt. Auf diese Weise wurde ein sehr flexibles und dadurch interessantes Layout möglich. Bahnbrechend war auch der Einsatz neuester Technik in Redaktion und Druckerei. Viele Konkurrenten stellten erst Mitte der achtziger Jahre ihre Redaktionen auf EDV um.

Man begann mit einem kleinen Budget und der Hälfte an Seiten und Redakteuren vergleichbarer Zeitungen. Die *Repubblica* verzichtete in Folge auch auf eine Montagsausgabe. Dies brachte große Einsparungen, da auf diese Weise die teuren Überstunden der Journalisten und vor allem die kostenintensive Sportberichterstattung des Wochenendes wegfiel. Den Platzmangel machte man durch den weitgehenden Verzicht auf Fotos wett. Das finanzielle Handikap wurde durch Artikel renommierter Journalisten und Intellektueller wettgemacht, die mit großem Einsatz für das neue Blatt schrieben. Für die *Repubblica* schrieben „Edelfedern“ wie Italo Calvino und Umberto Eco, aber auch Experten wie der Wirtschaftswissenschaftler Enzo Tarantelli, der später von den Roten Brigaden ermordet wurde. Interviews mit den von den bürgerlichen Blättern gemiedenen Führern der Linken wie Berlinguer und dem Gewerkschafter Luciano Lama erregten großes Aufsehen. Im Zuge des P2-Skandals verließen mehrere Redakteure den *Corriere*. Die *Repubblica* gewann auf diese Weise die Starjournalisten Enzo Biagi, Alberto Ronchey und Gianni Brera, *den* Sportberichterstatter.[28] Die zumeist verletzend zynischen Karikaturen Giorgio Forattinis sind mittlerweile auch im Ausland berühmt. Man schaltete in dieser Phase auch fast keine Inserate. Mit dem zunehmenden Erfolg und den dadurch verlockend hohen Werbeeinnahmen wandte man sich aber bald von diesem Prinzip ab. Durch ein gelungenes Marketing war die Zeitung in kürzester Zeit sehr erfolgreich. Mit dem Erfolg wuchs auch die Zeitung. Die Seitenzahl wurde mittlerweile mehr als verdoppelt, und verschiedene Beilagen wurden eingeführt.

Die Zeitung stellte sich als kritisches und von den Regierungsparteien unbeeinflußbares Blatt dar. Auf journalistischer Ebene gelang dies durch aufsehenerregende Sozialreportagen und - für Italien ungewöhnlich - investigativen Journalismus. Das Marketing unterstrich diese Linie. Typisch für diesen Stil war ein Inserat, das einen schläfrigen Ministerpräsidenten Craxi zeigte, als Text stand: „*Repubblica* sveglia l´ Italia“ (Die *Repubblica* weckt Italien auf).[29] Unaufhaltsam war der Erfolg der Zeitung, die in der Auflagenliste einen Platz nach dem anderen gewann und 1987 nach hundert Jahren Vorherrschaft den *Corriere della Sera* vorrübergehend vom ersten Platz verdrängte. Neben den journalistischen Qualitäten waren allerdings auch „externe“ Faktoren ausschlaggebend: Die politischen Unruhen der siebziger Jahre und der Imageverlust des *Corriere* durch den P2-Skandal steigerten im Gegenzug die Auflagezahlen der *Repubblica*.

Scalferi gehört zu den angesehensten aber zugleich umstrittensten Journalisten des Landes. Seine journalistischen Qualitäten werden allseits anerkannt. Staatspräsident Sandro Pertini nannte ihn einmal den „besten Journalisten Italiens“.[30] Andere, wie Giancarlo Perna, der Verfasser einer Scalferi-Biographie, nennen ihn hingegen machthungrig und opportunistisch: „1942 war er Faschist, 1943 Antifaschist, 1945 Anhänger der Aktionspartei [...], 1952 Liberaler, 1955 Mitglied der Radikalen Partei, 1963 Sozialist, 1976 Sympathisant der Kommunisten, 1983 bis 1989 Anhänger De Mitas.“[31] Scalferi hat die *Repubblica* niemals als Parteiblatt der Linken gesehen, und so sind auch die stetigen Kursänderungen in der Blattlinie als Reaktion auf den gesellschaftspolitischen Wandel in Italien zu verstehen. Kritiker werfen ihm hingegen vor, mit der *Repubblica* eine eigene Partei anzuführen. Vor und nach den Wahlen von 1994 blieb das Blatt seiner Linie allerdings treu und äußerte sich dezidiert gegen Berlusconi und eine Regierungsbeteiligung der Faschisten. Das Verhältnis von Berlusconi und *Repubblica* kann am besten mit dem von Jörg Haider und *profil* verglichen werden.

1981 hatte der Mythos Scalferi einiges von seinem Glanz verloren. Im Zuge der Ermittlungen gegen die geheime Freimaurerloge P2 kam ein Geheimvertrag zwischen Scalferi/Caracciolo und Rizzoli/Tassan Din ans Tageslicht. In diesem Vertrag einigten sich die *Repubblica* und der *Corriere della Sera* auf einen Nichtangriffspakt bzw. ein Stillhalteabkommen. Für viele Leser, die in der *Repubblica* eine wirklich unabhängige und unbeeinflußbare Institution gesehen hatten, bewirkten diese Enthüllungen einen großen Vertrauensverlust. Nachdem der Pakt publik geworden war, begann auch der offene Kampf der beiden Blätter um den Lesermarkt. Man konkurrierte mit neuen Beilagen, Gimmicks und Gewinnspielen. Vom Konkurrenzkampf profitierten die Leser, die sich über die gestiegene Qualität und die CD´s und Videokassetten freuten. Der „dogmatische" *Repubblica*-Leser dürfte von der Zeitung, wie sie sich nun schon seit mehreren Jahren präsentiert, enttäuscht sein. Sie ist ein Massenblatt geworden und ist nicht mehr das Nischenblatt der laizistischen, linken Elite. 1996 gab Scalferi die Leitung des Blattes ab, dem er allerdings als Kommentator erhalten blieb.

Corriere della Sera - Der *Corriere* wurde 1876 in Mailand gegründet. Sein Hauptabsatzgebiet war schon damals der industrialisierte Norden. Er sprach vor allem das Kleinbürgertum, aber auch die Industriellen an. In Italien ist diese Grenze nämlich durch die Fülle an lukrativen Kleinbetrieben fließend. Bis in die sechziger Jahre war das Blatt in den Händen der Familie Crespi. Nach dem kurzen Intermezzo einer Beteiligung durch FIAT übernahm der Rizzoli-Verlag die Zeitung zur Gänze. Der P2-Skandal und das folgende finanzielle Desaster machten aber einen Verkauf unumgänglich. Die Finanzgesellschaft Gemina übernahm den krisengeschüttelten Verlag samt *Corriere della Sera*. Bald stellte sich allerdings heraus, daß der *Corriere* unwissentlich zu seinem alten Herrn, dem FIAT-Konzern, zurückgekehrt war: Gemina gehörte nämlich der Firma Sadip, und Sadip gehörte zu 100 Prozent FIAT. Dies wäre ein glatter Gesetzesbruch gewesen, ein lückenhaftes Kartellgesetz machte rechtliche Schritte aber unmöglich.[32]

Die Blattlinie des *Corriere* war immer konservativ und unterstützte den Industriellenverband. Unter dem Chefredakteur Piero Ottone wurde das Blatt in den Sechzigern „linkslastig", was viele Leser, aber vor allem den Star-Kolumnisten Indro Montanelli irritierte. Montanelli kündigte, um einen „Anti-Corriere", *Il Giornale*, zu gründen. Bereits 1977 besann sich aber der *Corriere* unter der Führung des neuen Chefredakteurs Franco Di Bella seines alten Kurses und wurde in seiner Blattlinie wieder konservativer. Di Bella und der *Corriere* sorgten aber, wie gesagt, bald für Negativschlagzeilen. Die P2-Affäre hat dem *Corriere* ca. 100.000 Leser gekostet,[33] eine große Zahl für ein Land mit sehr kleinen Auflagen.

Die Veröffentlichung des Geheimvertrages mit der *Repubblica* eröffnete wieder den Kampf zwischen den zwei Zeitungen. Die daraus resultierende Qualitätssteigerung wurde 1990 mit der Verleihung des Newspaper Industry Award als „beste europäische Zeitung des Jahres" prämiert. Dem *Corriere* wurde der Preis, der als „Oscar des Verlagswesens" gilt, wegen der Qualität des editorialen Inhalts, seiner Verständlichkeit und Präsentation sowie seiner Bilder verliehen. Der *Corriere* „repräsentiert auf höchstem Niveau das beste, das die europäische Presse an Qualität zu bieten hat.“[34]

Der *Corriere* ist noch immer *die* Tageszeitung des Landes. Eine Nachricht im Mailänder Blatt hat mehr Gewicht als in jeder anderen Zeitung. So wie der *Spiegel* in Deutschland am Montag die Themen für die Woche vorgibt, setzt der *Corriere* die Schwerpunkte in der innenpolitischen Diskussion. Die *Repubblica* hat das Image der kritischeren Zeitung, der *Corriere* ist aber das alte „Familienoberhaupt“, dessen Meinung noch immer zählt. Unter *Tangentopoli* erwies sich das Blatt als besonders gut informiert. Wenn Informationen aus dem Mailänder Justizpalast sickerten, dann fand man sie zuerst im *Corriere*. Der Grund ist einfach: Der *Corriere della Sera* ist eine Mailänder Zeitung, die Ermittlungen wurden von Mailand aus geführt. Warum hätten die Staatsanwälte die *scoops* der römischen *Repubblica*, auch wenn diese für ihren investigativen Journalismus bekannt ist, zuspielen sollen? Zehn Jahre nach der P2-Affäre hatte sich der *Corriere* endgültig von der Last des skandalumwitterten Organs einer Gruppe von Verschwörern befreit und wurde zu einer der wichtigsten Plattformen der politischen Erneuerung.

Mediengesetzgebung und Medienwirtschaft

Einzigartig in Europa ist nicht nur Italiens Zeitungslandschaft in ihrer besonderen Ausprägung, einzigartig sind auch die sie bestimmenden wirtschaftlichen und legistischen Rahmenbedingungen: Die Meinungs- und Pressefreiheit ist in Artikel 21 der italienischen Verfassung festgeschrieben. Betrachtet man den Wildwuchs der Medienlandschaft, dann könnte man glauben, dies sei der einzige Gesetzestext, der sich mit den Medien auseinandersetze. Tatsächlich hat sich die Politik jahrzehntelang mehr um eine positive Berichterstattung als um ein funktionierendes Mediensystem bemüht. Es fehlten reglementierende Gesetze, die das Überleben der wirtschaftlich schwachen Zeitungen sicherten: Mitte der Siebziger schien der italienische Tageszeitungsmarkt todgeweiht. Seit Jahrzehnten hatte es nur vereinzelt nennenswerte Neugründungen gegeben. *Corriere* und *Stampa* waren die Aushängeschilder für das Ausland. Die Bevölkerung informierte sich, wenn überhaupt, aus Lokalzeitungen, die keinesfalls das Niveau überregionaler Blätter haben konnten.

Die Zeitungen waren deshalb trotz staatlicher Subventionen ein Finanzloch. Das Papier war zu teuer, die Werbeeinnahmen blieben wegen der Wirtschaftskrise und der neuen Konkurrenz des Fernsehens aus, es gab keine Abonnenten, und die Einnahmen vom Verkauf waren lächerlich gering. Man konnte mit einer Zeitung einfach nicht genug Gewinne erzielen. 1975 wurde schließlich das erste Subventionsprogramm gestartet.[35] Bereits damals hätten die Verlage ihr am besten gehütetes Geheimnis, die Bilanzen, darlegen müssen. Simple Kontrollen, wie der Vergleich zwischen Papiereinkauf und Auflagenhöhe, zeigten aber, daß einige Zeitungen, laut ihren Angaben, mehr Zeitungen verkauften als druckten. Am 5. August 1981 wurde vom Parlament das Pressegesetz Nr. 416 verabschiedet, das den Zeitungen massive staatliche Subventionen für Modernisierungsprojekte zusprach. Waren diese Förderungen für manchen Verlag tatsächlich eine Überlebenschance, so wurde diese dadurch minimiert, daß die italienische Bürokratie oft mehr als vier Jahre benötigte, um diese Gelder auszubezahlen.[36] Ein weiterer Nachteil der staatlichen Subventionen war, daß die bestehende Abhängigkeit der Medien von der Politik noch verstärkt wurde. Diese Subventionen waren auch an Kartellbestimmungen gebunden. Der *Garante dell´ editoria*, ein ehemaliger Verfassungsrichter, kontrollierte mit Hilfe des *Servizio dell´ editoria* diese Regelung. Die Sanktionsmöglichkeiten bei Verstößen hielten sich aber in Grenzen. Zwar mußte man die Besitzverhältnisse und Bilanzen darlegen, der langwierige Weg durch alle Instanzen machte Strafen aber oft hinfällig. Das führte dazu, daß praktisch alle großen Medienunternehmen auch tatsächlich gegen die Kartellbestimmungen verstießen.

Durch die Aufhebung der staatlichen Preisbindung 1988 wurden die Zeitungen erstmals zu gewinnbringenden Unternehmen. Es folgten Jahre erfolgloser Bemühungen der Regierungen, die Konzentrationstendenzen aufzuhalten. 1989 plädierte DC-Politiker Ciriaco De Mita sogar für eine „Nulloption", die den gleichzeitigen Besitz einer Rundfunkanstalt und einer Zeitung kategorisch verbieten sollte. Die „Nulloption" wurde allerdings vom Verfassungsgerichtshof für verfassungswidrig erklärt.[37]

Am 5. August 1990 wurde schließlich das neue Antitrustgesetz, die *Legge Mammì*, verabschiedet. Es wurde an der Subventionspolitik festgehalten. Durch einen Papierkostenzuschuß und zinsenlose Kredite sollte vor allem den kleineren Zeitungen das Überleben gesichert werden. Das Gesetz schreibt genau die Besitzverhältnisse von TV-Stationen und Zeitungen vor. Die *Legge Mammì* stellte aber keinen markanten Wandel in der Medienlandschaft dar. Berlusconi mußte sich beispielsweise bloß - symbolisch - vom *Giornale* trennen. Die Zeitung ging lediglich in den Besitz seines Bruders Paolo über. Daß er dennoch seinen Einfluß in dieser Zeitung geltend machen konnte, zeigt der Umstand, daß Indro Montanelli bekanntermaßen den *Giornale* verließ, um von Berlusconis Forza Italia unabhängig zu sein.

Der Konzentrationsprozeß, der in der Medienlandschaft zu beobachten ist, ist typisch für die gesamte italienische Wirtschaft. So gehören 75 Prozent der an der Börse gehandelten Aktien nur fünf (!) Unternehmen. Der Staat steht diesen Tendenzen oft machtlos gegenüber. Die Gesetzestexte weisen - beabsichtigt oder unbeabsichtigt - große Lücken auf. So war schon das alte Mediengesetz in vier Jahren viermal novelliert worden. Das überaus liberale Mediengesetz hat im Grunde das Gegenteil bewirkt: Statt einer vielfältigen Medienlandschaft, entstand eine „Monokultur" einiger weniger großer Medienunternehmen. Bereits 1966 hatte der *Economist* geschrieben: „Es gibt in Italien eine absolute Pressefreiheit; aber wo bleibt die freie Presse?"[38] Der „Fall Mondadori" ist ein typisches Beispiel für angewandte Medienpolitik in Italien. Die Schlacht um das Verlagshaus war ein Höhepunkt im Krieg um die Vorherrschaft in der Medienlandschaft.

Der „Fall Mondadori"

Das Verlagshaus Mondadori war das Ergebnis der Expansionsbestrebungen von Andrea Rizzoli. Bis in die siebziger Jahre war Rizzoli nur auf dem Buch- und Zeitschriftenmarkt tätig, mit dem neugegründeten Mondadori Verlag wollte er auch auf dem Tageszeitungsmarkt Fuß fassen. Dies gelang ihm auch: 1979 hatte er bereits 20 Prozent der Tagespresse in seiner Hand.[39]

Für Aufregung sorgten Ende der achtziger, Anfang der neunziger Jahre die Machtverschiebungen im Mondadori-Verlag. Im April 1989 gewann Mondadori die Kontrolle über den Zeitschriftenverlag *Espresso* und dadurch auch über die Tageszeitung *Repubblica*. Mondadori und *Espresso* waren bis zu diesem Zeitpunkt jeweils zu 50 Prozent an der *Repubblica* beteiligt. Scalferi, der an dieser Machtverschiebung mitgewirkt hatte, wurden schwere Vorwürfe gemacht, weil er das Ideal der Unabhängigkeit seiner Zeitung durch diesen Konzentrationsprozeß aufgegeben habe. Scalferi verteidigte sich in einem Leitartikel: „Wir waren in 35 Jahren Verlagsaktivität zu groß geworden, um in denselben Formen weiterzuwirtschaften, aber zu klein, um wirklich auf einem Markt konkurrenzfähig zu sein, der immer mehr in internationale Dimensionen geht."[40] Der harte Wettbewerb mit dem *Corriere* habe es notwendig gemacht, sich der „schützenden Protektion einer großen Gruppe zu versichern."[41] Mondadori war auf diese Weise zum größten Medienunternehmen des Landes geworden: größer als die RAI und größer als Berlusconis Fininvest. Mit einem Jahresumsatz von umgerechnet beinahe 24 Milliarden Schilling kontrollierte der Verlag 13 Prozent der Tageszeitungen, 33 Prozent der Wochenzeitungen und besaß eine eigene Werbeagentur. Neben der *Repubblica* waren noch 12 Lokalzeitungen in Verlagsbesitz, die Nachrichtenmagazine *Panorama* und *Espresso* waren erstmals in einer Hand.[42]

Olivetti-Chef Carlo De Benedetti bestimmte den Kurs des Verlages. Zu dieser Zeit bemühte sich aber bereits Berlusconi, der damals schon die Tageszeitung *Il Giornale* und 60 Prozent des Fernsehmarktes kontrollierte, um eine Verdrängung De Benedettis aus der Verlagsführung. Durch einen Pakt mit den Mondadori-Erben, den Familien Formenton und Mondadori, gelang es Berlusconi, im Jänner 1990 zum Präsidenten des Verlagshauses gewählt zu werden. Unter Berlusconis Führung, der, wie hinlänglich bekannt, ein enger Freund Craxis war, fürchteten vor allem die kritischen Blätter[43] *Repubblica* und *Espresso* um ihre Unabhängigkeit. Berlusconi hatte bei erster Gelegenheit bereits den Chefredakteur des *Panorama* gefeuert. Es folgte ein langer, komplizierter und aufsehenerregender Rechtsstreit zwischen De Benedetti und Berlusconi.[44] Die Fronten schienen festgefahren, bis Giuseppe Ciarrapico, Besitzer der berühmten Fiuggi-Mineralwasserquellen, Andreotti-Freund und mittlerweile wegen angeblicher Korruption vorübergehend im Gefängnis, eine „salomonische Lösung" vorschlug: *Repubblica*, *Espresso* und die Lokalblätter gehen an De Benedetti, der Mondadori Buch- und Zeitschriftenverlag, d.h. unter anderem das Nachrichtenmagazin *Panorama*, an Berlusconi.[45] Man willigte ein, und der Verlag wurde zerschlagen.

So bedauernswert die brutale Aufteilung des letzten großen, reinen Verlagshauses zwischen zwei Großindustriellen auch war, so war sie doch die Lösung, die die Blattlinie der betroffenen Blätter am wenigsten beeinflußte. Sowohl der Tod als auch die Konzentration all dieser Printmedien in einer Hand hätten die Vielfalt der Zeitungslandschaft noch stärker eingeschränkt.

Der Tod des editore puro

In Italien wird oft mit großer Wehmut des klassischen, reinen Zeitungsverlegers, des *editore puro*, gedacht. Er war die „Personifikation" seiner Zeitungen und führte den Verlag mit oft eigenwilligen Methoden. Der *editore puro* weigerte sich oft, Marktanalysen erstellen zu lassen und verließ sich vielmehr auf seine verlegerische Intuition. So mythenumwoben dieses Verhalten jetzt rückblickend dargestellt wird, so tödlich war es oft für das Bestehen der Zeitung. Mancher *editore* wollte die Zeichen der Zeit nicht erkennen und führte das Unternehmen erhobenen Hauptes in den Ruin.

In den sechziger und siebziger Jahre begann das Geld die Medienlandschaft zu regieren. Auch der beste Verleger konnte ohne Millionen und Milliarden nicht mehr erfolgreich sein. Es war die Epoche, in der die staatlichen und halbstaatlichen Unternehmen wie Montedison den Zeitungsmarkt aufkauften. Attilio Monti begann als erster, sein Geld, das er im Erdölgeschäft machte, in Massenmedien zu investieren. Es ging ihm nicht um Gewinne, vielmehr wollte er vor allem politisch gegen die Mitte-Links-Koalition ankämpfen. Für dieses Ziel wurden sogar die Chefredakteure ausgetauscht.[46] Vielen Unternehmern ging es nie darum, Gewinne aus dem Mediengeschäft zu holen, noch weniger fühlten sie sich berufen, die Zeitungen als Kulturgüter zu fördern. In den allermeisten Fällen standen konkrete politische Intentionen mit wirtschaftlichen Gewinnperspektiven hinter den kostenintensiven Zeitungsprojekten der Industriellen. Bereits 1978 besaß die Industrie 57 Prozent des Zeitungsmarktes. Die großen Namen der Wirtschaft übernahmen sukzessive die Aufgaben des *editore*. Vor allem bei den Namen Berlusconi und De Benedetti vergißt man leicht, daß sie ihr Geld ursprünglich in branchenfremden Unternehmen gemacht hatten.

Vier Großunternehmer teilen sich seit den achtziger Jahren in Italien den Medienmarkt auf und halten gemeinsam 80 Prozent der Printmedien:

Silvio Berlusconi - Er beherrscht den Äther, als Ministerpräsident kontrollierte er in der einen oder anderen Form etwa 90 Prozent des Fernsehmarktes, als Fininvest-Chef sind es auch noch je nach Marktanalyse - zwischen 45 und 60 Prozent. Seine Firma umfaßt eine Werbeagentur, eine Werbeakquisitionsagentur, ein Markt- und Meinungsforschungsinstitut etc. Berlusconi ist aber auch auf dem Sektor der Printmedien aktiv. *TV - Sorrisi e Canzoni* ist die auflagenstärkste Wochenzeitung des Landes, *Ciak* eine erfolgreiche Filmzeitschrift.

Seine Tageszeitung *Il Giornale* mußte er aufgrund des neuen Mediengesetzes, der *Legge Mammì*, seinem Bruder verkaufen.

Carlo De Benedetti - Er wollte mit der Präsidentschaft im Mondadori Verlagskonzern der mächtigste Medienunternehmer des Landes werden, dieses Projekt wurde durch Berlusconi verhindert. Der Olivetti-Chef konnte bei der Verlagsaufteilung allerdings die prestigeträchtigeren Blätter (*Repubblica* und *Espresso*) behalten. Eine eigene Werbeagentur und Papierfabrik machen den Verlag autonom. 1996 gab er wegen einer schweren Krise die Leitung von Olivetti ab.

Giovanni Agnelli - Der ehemalige FIAT-Chef präsentiert sich gerne als „Medientycoon-wider-Willen". 1984 kaufte er, angeblich lustlos, den bankrotten und skandalgeschüttelten Rizzoli-Verlag. In seiner scheinbar aufopfernden Art hat er immerhin den *Corriere della Sera*, die *Gazzetta dello Sport*, den *Messaggero*, die *Stampa* und *Stampa Sera*, neun Wochenzeitschriften (z.B. *Amica*, *Europeo*, *Il Mondo* und *Oggi*), zehn Monatszeitschriften (z.B. *AutoCapital*, *Capital*, *Casa Amica*) und die Verlage Adelphi, Fabbri und Bompiani zumindest teilweise erworben. Damit liegt Agnelli über den zulässigen 20 Prozent der gesamten Tagesauflage der überregionalen und auch über den zulässigen 50 Prozent der regionalen Presse.[47] Rechtliche Schritte sind, wie im Fall Mondadori, aber unwahrscheinlich. Seine Minoritätsbeteiligung am TV-Sender *Telemontecarlo* bedeutet eine nicht zu unterschätzende Position am Fernsehmarkt.[48] Außerdem hat ihm ein Aktientausch mit dem französischen Hachette-Konzern auch ein Standbein in Frankreich geschaffen. Diese „karitativen" Aktionen haben selbstverständlich nicht nur Nachteile. Agnelli kann auf eine starke Lobby zählen. Als man vor einigen Jahren das Tempolimit auf Italiens Autobahnen von 140 auf 110 km/h reduziert hatte, liefen die Agnelli-Blätter, vor allem der *Corriere*, Sturm. Das Gesetz wurde teilweise zurückgenommen, und Agnelli mußte nicht mehr um den Absatz seiner Sportwagen-Marken Ferrari, Lancia und Alfa Romeo fürchten.

Raul Gardini - Er hat in die Ferruzzi-Familie, eine der reichsten Familien Italiens, eingeheiratet, deshalb spricht man oft auch vom Medienunternehmen Ferruzzi und nicht Gardini. Raul Gardini hielt, wie auch Agnelli, Anteile des Rizzoli-Verlags und von *Telemontecarlo*. Auch die Wirtschaftszeitung *Italia Oggi* stand unter seinem Einfluß. Auf den Montedison-Chef traf die Bezeichnung des Mäzens am ehesten zu. So investierte er Unsummen nicht nur in die Medien, sondern auch in die wohl prestigeträchtigste Sporttrophäe unserer Zeit, den Americas Cup, ein Bewerb für Segeljachten. Der Moro di Venezia verlor 1991 diesen begehrten Pokal nur knapp. Der Selbstmord des Großindustriellen im Sommer 1993 schokkierte ganz Italien, da Gardini von den Italienern immer mit anderen Augen als die anderen Großindustriellen gesehen worden war.

Die neuen Herren: Pro und Contra

Die Meinungen über branchenfremdes Kapital am Zeitungsmarkt sind geteilt. Die einen sehen darin die einzige Möglichkeit, die großen Blätter am Leben zu erhalten, für die anderen ist es das Ende des unabhängigen Journalismus. Die Besitzer bestreiten natürlich heftig jede Einflußnahme auf die Blattlinie. So meinte Carlo De Benedetti: „Mich interessiert vor allem das Geschäft." Allerdings: „Information ist ein grundlegender Baustein für die Errichtung eines neuen Gesellschaftsmodells. Stärker als andere Produkte beeinflussen Medienprodukte direkt das Verhalten des gesamten ökonomisch-sozialen Systems."[49] Demnach meint er vielleicht mit „Geschäft" seine ganze Firma und nicht nur die Zeitung, dann könnte er die Zeitung in den Dienst seines „Geschäftes" stellen.

Als De Benedetti 1989 die *Repubblica* und den *Espresso* übernahm, traten die Journalisten dieser Blätter in Streik. De Benedetti zeigte vordergründig Verständnis für die Befürchtung der Redakteure um ihre Unabhängigkeit und wollte ebendiese garantieren. Im gleichen Atemzug betonte er aber auch, daß allein den Managern die Unternehmensführung obliege.[50] Immer, wenn den Medientycoons Einflußnahme auf die Blattlinie ihrer Zeitungen vorgeworfen wird, reagieren sie wie Carlo De Benedetti: „Ich bin weder Politiker noch Ideologe, sondern ein auf die Rendite seiner Investitionen bedachter Industrieller."[51] Sie behaupten, daß die Zeitungen unter dem Besitz der Grußunternehmer unabhängiger geworden sind. Die neuen Herren sind angeblich nur an profitablen Zeitungen interessiert und greifen daher kaum in die Blattlinie ein. Sie verlangen demnach von den Journalisten weniger politischen Konformismus und dafür mehr Qualität, denn eine gute Zeitung sei für sie ein Prestigeobjekt, so sagen sie.

Die Gegner bezweifeln dies. In ihren Augen kauft sich ein Unternehmer mit einer Zeitung ein Verlautbarungsorgan. Franco Bassanini, Abgeordneter und später Minister unter Prodi, formulierte es so: „Die großen Industrie- und Finanzunternehmen, die heute den Großteil der Medien in Italien kontrollieren, benützen diese Medien sozusagen als Tauschware gegenüber den politischen Kräften. Das heißt, sie stellen den politischen Kräften und Parteien ihre Informationsträger zur Verfügung und verlangen als Gegenleistung ein entsprechendes Wirtschafts- oder Steuersystem oder andere Vergünstigungen."[52] Auch der Medienhistoriker Paolo Muraldi sieht im *editore puro* den idealen Verleger, weil er verlagsfremde Interessen von der Zeitung fernhält. Muraldi gesteht aber ein, daß heute auch ein *editore puro* profitorientiert arbeiten müßte.

Giuseppe Turani sieht eine Lösung dieses Problems in ausländischen Investoren. Ein ausländisches Unternehmen wäre nicht in die italienischen Machtspiele involviert. Die meisten Journalisten sind aber mit ihren Geldgebern zufrieden. Wer hätte das gedacht?! Für Paolo Mieli, Chefredakteur des *Corriere della Sera*, haben sich die Arbeitsbedingungen im Vergleich zu früher gebessert: „Ich habe die Epoche der *editori puri* erlebt. Es könnte verwundern, aber ich behaupte, daß die Industriellen besser als die *editori puri* sind. Die *puri* zwangen der Zeitung ihre Vorlieben und Launen auf. Dies hat schlußendlich die Presse dazu geführt, aufgrund zahlreicher Fehler den Besitzer zu wechseln. Natürlich, die Industriellen stellen Grenzen in dem Sinn auf, daß, wenn sich die Zeitung mit Dingen beschäftigt, die in Verbindung zu den Aktivitäten des Besitzers stehen, sie offensichtlich konditioniert ist. Die Zeitung des Carlo De Benedetti wird nie schlecht über Schreibmaschinen sprechen, und die Zeitung der FIAT wird ihre Autos nicht kritisieren können. Ich bevorzuge aber, diese speziellen Verpflichtungen zu ertragen, die jedoch eine moderne und funktionellere Verwaltung des Verlages erlauben, weil die Unternehmer angewandte Managerfähigkeiten für die Zeitungen besitzen, die den heutigen Bedürfnissen besser entsprechen. Mit den Industriellen als Besitzer hat die Presse Riesenschritte gemacht. *Stampa* und *Corriere della Sera* sind heute mit ihren Verkaufszahlen auf einem historischen Maximum."[53]

Mieli behauptet sogar, daß er, dank der Werbung, ein freier Mann sei: „Ich kann den Besitzern, den Industriellen sagen: Das machen wir so, *basta*."[54] Die Werbung als Garant der Unabhängigkeit? Sicherlich hat es auch früher keine wirklich unabhängige Presse gegeben. Jeder Verleger hatte zumindest politische Vorlieben, die er in seiner Zeitung vertreten sehen wollte. Zu den politischen kamen jetzt wirtschaftliche Vorlieben hinzu. Es ist deshalb eine logische Tatsache, daß sich alle Zeitungen, die im Besitz von Großunternehmern stehen, durch eine wirtschaftsorientierte Berichterstattung auszeichnen. In der Regel ist es die oft zitierte „Schere im Kopf", die die Journalisten freundlich über ihren Geldgeber schreiben läßt. Die Korruptionsermittlungen der Mailänder Richter haben aber auch variantenreiche Bestechungsfälle aufgedeckt und gezeigt, daß so manche Edelfeder doch keine *penna pulita*, keine „saubere Feder" war.

Massenmedien wurden in Italien seit jeher als Machtinstrumente angesehen. Als die Zeitungen noch in den Händen der *editori puri* waren, bemühten sich Politiker und Industrielle um ein gutes Verhältnis zu den Herausgebern. Als die Verlage am kostenintensiven Wettbewerb nicht mehr teilnehmen konnten, bot sich eine gute Gelegenheit, die *editori* durch Kredite und staatliche Zuschüsse in ein Abhängigkeitsverhältnis zu bringen. Der Einfluß der Zeitungen auf die öffentliche Meinung dürfte allerdings von den Politikern und Unternehmern überschätzt worden sein. Italienische Tageszeitungen haben in Relation zu anderen Ländern eine sehr niedrige Auflage. Dennoch investierten Großindustrielle wie Gardini, Olivetti und Agnelli große Summen in diesen Markt, der sich außerdem meist in der Verlustzone bewegte. Es gibt allerdings nur wenige einflußreiche Meinungsblätter, die auch „gerecht" unter den politischen Parteien und unter der Industrie aufgeteilt sind.

Der Tod der Parteipresse verkleinerte den Zeitungsmarkt, und die Parteien mußten sich nach neuen Sprachrohren umsehen. Anstatt sich aber dem neuen Leitmedium, dem Fernsehen, zuzuwenden, vergrößerte die Politik ihren Einfluß auf den Printmediensektor. Es erscheint paradox, daß der Fernsehmarkt beinahe kampflos Silvio Berlusconi überlassen wurde. Nicht einmal seine Konkurrenten aus der Wirtschaft konnten oder wollten sich ihm entgegenstellen. Man könnte fast glauben, man habe sich geeinigt, den Markt der Fininvest zu überlassen...

Der italienische Printjournalismus unterscheidet sich in wesentlichen Punkten vom Fernsehjournalismus. Erscheinen die meisten Tageszeitungen nach wie vor für eine kleine „Kulturelite", so ist das Fernsehen das Medium der Masse. Wie in keinem anderen europäischen Land trat der kommerzielle Rundfunk in Italien in den siebziger Jahren zu seinem unaufhaltsamen Siegeszug an.

Die Geschichte des Fernsehens ist die Geschichte des Silvio Berlusconi. Nach Einschätzung zahlreicher Beobachter begann seine politische Erfolgsstory bereits mit der Gründung seines Medienimperiums und mit der Schaffung des Duopols von RAI und Fininvest.

Rundfunk - Vom Monopol zum Duopol

Italien nimmt eine Vorreiterrolle bei der Entstehung des privaten Rundfunks in Europa ein. Binnen kürzester Zeit entstanden ohne rechtliche Rahmenbedingungen hunderte Fernseh- und tausende Radiostationen. Die Bevölkerung, die sich von den Printmedien aber auch von der öffentlich-rechtlichen RAI nicht angesprochen fühlte, nahm das neue Medium willig an: Unterhaltung statt Information, Filme statt Dokumentationen. Der Fernseh- und infolgedessen der Werbemarkt verzeichneten rasante Zuwachsraten. Es war die Zeit der Großverleger und Großindustriellen, es war aber vor allem die Zeit des Silvio Berlusconi. Er schuf sich am freien Markt des Fernsehens ein Unterhaltungsmonopol. Seine Gegenspieler stiegen, einer nach dem anderen, wieder aus dem TV-Geschäft aus und widmeten sich wieder ihren alten Aufgaben: den Zeitungen, den Büchern und der Industrie. Sogar die staatliche RAI konnte nur mit großem Aufwand eine ernstzunehmende Konkurrenz für den Fininvest-Chef darstellen. Veraltete Strukturen, Beschränkungen bei den Werbeeinnahmen, ständige Einflußnahme der Politik und das Festhalten am klassischen Qualitätsjournalismus behinderten die RAI im Wettkampf gegen Berlusconi. Die RAI wurde zum Milliarden-Loch für Subventionen, während die Fininvest Gewinne in Milliardenhöhe zu verzeichnen hatte.

Als die Vielfalt am Fernsehmarkt endgültig dem Duopol RAI vs. Fininvest gewichen war, beschränkte sich die Reaktion der Politik auf die Absegnung des Status quo. Die *Legge Mammì* wurde zur *Lex Berlusconi* - zum Gesetz für Berlusconi. Weil aber die Garanten dieser Medienpolitik, die Politiker der alten Garde, von den Schauplätzen der Macht vertrieben wurden, sah Berlusconi - so die Meinung vieler Beobachter - die einzige Möglichkeit, sein Medienimperium zu erhalten, in seiner Kandidatur bei den Wahlen im Frühjahr 1994. Nur ein Ministerpräsident Berlusconi konnte ihm das Sorgerecht für „seine Kinder", wie er seine TV-Sender liebevoll nennt, garantieren. Also setzte er alle verfügbaren Köpfe seiner Firma ein, um sich vom Volk zum Regierungschef wählen zu lassen.

Gab es 1994 tatsächlich schon die Voraussetzungen für eine Telekratie? Erlagen die Italiener wirklich der faszinierenden Macht des Fernsehens? Die italienische Medienlandschaft ist sicherlich einzigartig in ihrer Beschaffenheit. Die Italiener lieben ihr Fernsehen wie kaum ein anderes Volk in Europa. Die Italiener sind die „Amerikaner" unter den Europäern. Dennoch sollte man (Vor-)Urteilen, wie dem der Ausrufung der Telekratie, mit größter Vorsicht begegnen. Es soll deshalb der tatsächliche Stellenwert des Fernsehens in der italienischen Gesellschaft analysiert werden. Ein Überblick über die Entwicklung des Rundfunks in Italien kann bereits Antworten auf die oben gestellten Fragen geben.

Das Ende des Monopols

Die Geschichte des italienischen Rundfunks ist von der Machtlosigkeit der Gesetzgeber gekennzeichnet, von der Kluft zwischen *paese legale* und *paese reale*,[55] zwischen dem Land, wie es vom Gesetz skizziert wird, und dem, wie es in Wirklichkeit ist: 1976 wurden die Privatsender legalisiert, weil die Zahl der Piratensender und freien Radios zu groß geworden war. 1984 wurden die Networks erlaubt, weil sie sich bereits am Markt etabliert hatten. 1990 wurde ein liberales Kartellgesetz verabschiedet, weil sich ohnehin niemand an die Beschränkungen gehalten hätte: „In der Regel bestimmen in der Medienpolitik Pilotprojekte, Verordnungen und Gesetze die Entwicklung eines Rundfunksystems - wie etwa in der Schweiz. Für Italien trifft das Gegenteil zu. Gesetzliche Bestimmungen werden im 'nacheilenden Gehorsam' meist nachgereicht. Die meisten Medienbetreiber nahmen sich im voraus große Freiheiten. Damit konnten sie ihren Einfluß am Medienmarkt zementieren und von dieser gestärkten Basis aus neue Wege beschreiten."[56]

Das Rundfunkgesetz vom 26.1.1952 garantierte noch die Monopolstellung der RAI. Die USA, mit denen Italien auf der Ebene der Medienkultur gerne verglichen wird, öffneten hingegen von Anfang an den Markt auch für private Anbieter. In Italien bestätigte der Verfassungsgerichtshof dagegen noch 1960 und später die Rechtmäßigkeit des Rundfunkmonopols.[57]

Piraten fordern den Gesetzgeber heraus

Das Hörfunkmonopol für die RAI wurde im Grunde aber nie eingehalten, denn bereits Mitte der fünfziger Jahre traten die ersten freien Radios auf. Im Mai 1972 wurde das Fernsehmonopol erstmals gebrochen. Damals begann *Tele Biella* ihr Programm über Kabel zu verbreiteten. Erstmals machte ein TV-Sender der RAI ihre Monopolstellung streitig. Der Kabel-TV-Sender versorgte allerdings nur ungefähr hundert Haushalte und verstand sich als Informationsmedium auf lokaler Ebene. Die Klage gegen *Tele Biella* wies der lokale Amtsrichter mit der Begründung zurück, daß der Sender die in Artikel 21 der italienischen Verfassung gewährte Möglichkeit zu informieren wahrnehme, und die RAI diese lokale Informationsfunktion nicht erfüllen könne. In Italien wird der Rundfunk als *servizio pubblico* verstanden, als öffentlicher Dienst. Da die RAI keine Lokalberichterstattung bieten konnte, und der Bürger Anrecht auf Information hat, wurden die lokalen Kabelsender ebenfalls als *servizio pubblico* definiert und so auch legalisiert.

Im Mai 1973 schlossen sich 18 Kabelsender zur *A-21-TV* zusammen. A-21 stand für Artikel 21. Ein Jahr später erklärte auch der Verfassungsgerichtshof das lokale Kabelfernsehen für zulässig. Das Parlament zog am 14. April 1975 mit dem Gesetz 103 nach, das die Existenz dieser Sender nun endgültig legalisierte. Die lokalen Kabelsender hatten die Handlungsschwäche des Gesetzgebers genützt und ihn zum Handeln gezwungen. Ähnlich verhielt es sich mit der terrestrischen Ausstrahlung. Der 10. August 1974 gilt als Geburtstag des terrestrischen Privat-Rundfunks. An diesem Tag strahlte erstmals *Telelibera Firenze* ihr Programm aus und brach somit Artikel 43 des italienischen Grundgesetzes, das der RAI noch immer die Monopolstellung für die Ausstrahlung via Äther einräumte.[58] In den Ballungsräumen wie Mailand, Turin, Bologna und Rom hatten sich die Piraten aber bald etabliert. Beschlagnahmung und Schließung der Sender konnten diese Entwicklung nicht stoppen. Wurde ein Sender geschlossen, strahlte bereits am nächsten Tag ein anderer auf dieser Frequenz. Die Richter sahen sich bei der Urteilsverkündung zu diesen Vergehen überfordert und gaben das Problem an den Verfassungsgerichtshof weiter, der 1976 den Piraten recht gab.[59] Ein Grund für diesen Entschluß mag darin liegen, daß nach einem definitiven Verbot die Sender höchstwahrscheinlich als Piratensender weiter existiert hätten. Scheinbar wollte und konnte man dies nicht durchsetzen und bevorzugte eine Legalisierung.

In den ersten Jahren herrschten Dilettantismus und Improvisationskunst in den kleinen Rundfunkstationen. Es war die Zeit der Alternativ- und Parteisender. Auch die Parteien, vor allem die der politischen Linken, stiegen in das neue Mediengeschäft ein. Rasch erkannten aber die Großverleger und Unternehmer die Chancen dieses neuen Marktes und verdrängten die kleinen Sender vom Markt. „Betrachtete man die Institution des privaten Rundfunks in der Anfangszeit noch vorwiegend idealistisch, so prägte ihn ab 1978 eine überaus starke Kommerzialisierungstendenz, die vor allem in der Konzentration und Verflechtung der Eigentumsverhältnisse sichtbar wurde. Die nach wie vor große Anzahl von Zeitungen und Sender darf nicht darüber hinwegtäuschen, daß Italiens Medienmarkt ein ausgeprägtes Oligopol darstellt.“[60]

Siegeszug des Fernsehens

1980 sendeten bereits 600 private TV- und zwischen 2.000 und 3.000 private Radio-Stationen.[61] Dominierten in den ersten Jahren die alternativen Sender, so setzten sich 1980 bereits die großen Medienunternehmer durch. Gemeinsam mit den größten *concessionarie di pubblicità*, den Werbevermittlungsfirmen, die im neuen Medium eine Chance erblickten, den stagnierenden Werbemarkt endlich zu beleben, schafften sie die Voraussetzungen für einen professionellen Betrieb. Manche Fernsehbetreiber, wie z.B. der Mondadori-Verlag, versechsfachten den Umsatz in nur einem Jahr.

Der Markt expandierte rasant. Die Nielsen-Bilanz wies 1977 für die RAI noch einen Zuschaueranteil von 89,1 Prozent, für die Auslandssender 6,7 und für die Privaten 4,2 Prozent aus. 1979 hielten die Privatsender bereits bei 17,5 Prozent, während die RAI auf 76,7 Prozent zurückgegangen war. 1980 hatten die Privaten bereits einen Zuschaueranteil von 27,9 Prozent. Zwei Drittel der Italiener konnten zu diesem Zeitpunkt bereits kommerzielles Fernsehen empfangen.[62] Den privaten Rundfunkbetreibern wurden aber die legistischen Grenzen, die ihnen nur eine Ausstrahlung auf lokaler Ebene gestatteten, zu eng, sie forderten eine Neuregelung oder setzten sich über dieses Gesetz einfach hinweg. So kamen ihre Simultanschaltungen per Videokassette den verbotenen Networks gleich. Das Verbot der Live-Schaltungen umging man, indem man die Übertragung nur um wenige Minuten verzögerte. 1981 gab es bereits 150 Senderringe, sogenannte *circuiti*. Die Werbevermittlungsfirmen begannen sich auf diese lukrativen Fernsehstationen zu konzentrieren und paßten das Programm den Bedürfnissen ihrer Kunden an. Das Programm wurde zum Rahmen der Werbung. Die TV-Sender mit lokaler Reichweite verloren immer mehr an Bedeutung und an Werbeeinnahmen.

In zwei Punkten gab der Verfassungsgerichtshof dem Drängen der Privaten *nicht* nach: Zum einem gab er 1978 der Klage der RAI recht und bestätigte ihre Monopolstellung für landesweite Ausstrahlung; zum anderen wurde 1981 das Verbot für die privaten Anbieter, Sendungen - z.B. Nachrichten - live und landesweit auszustrahlen, ebenfalls bestätigt. Der Rizzoli-Sender *PIN* mußte daraufhin seine einstündige Nachrichtensendung einstellen, die unter der Leitung Maurizio Costanzos mit dem Know-how des *Corriere della Sera* sehr erfolgreich gewesen war. Die Politik, die dem privaten Rundfunk ansonsten wohlgesonnen war, wollte die politische Berichterstattung lieber der RAI überlassen. Ein Grund mag darin liegen, daß von den RAI-Journalisten keine größeren Überraschungen zu erwarten waren.

Berlusconi hatte bereits Unsummen für die Software, beliebte Serien und Spielfilme, ausgegeben und schuf 1981 die nötige Hardware. Er schloß *Canale 10*, der bereits Mittel- und Süditalien abdeckte, an *Canale 5* an, der den Norden des Landes versorgte, und erhielt damit ein landesweites Network. Rizzoli verfügte mit der *Prima Rete Indipendente* (Erstes unabhängiges Sendernetz) ebenfalls über ein nationales Network. Die RAI klagte und bekam vor Gericht recht. Berlusconi konterte mit einer scharfen Attacke: „Wir stellen uns mit Entschiedenheit gegen die Arroganz des staatlichen Fernsehens, das mit seinem ideologischen Terror ein Netz von privaten Sendern zerstören will, das von fünfundzwanzig Millionen Fernsehzuschauern eingeschaltet wird. [...] Der Postminister hat erklärt, daß er bald 'ein gutes Gesetz' vorlegen werde. Was mich betrifft, so bin ich davon überzeugt, daß wir kein Gesetz nötig haben, denn der Markt trägt hier, wie auf jedem anderen Gebiet, alle notwendigen Antikörper in sich, um eine Selbstregulierung zu bewirken."[63]

Für Berlusconi herrscht(e) nur das Gesetz des freien Marktes: Es sollte bestimmen, ob ein Sender sein Programm ausstrahlen konnte, und es sollte bestimmen, welche Sender überleben konnten. Daß die „Antikörper" vor allem die großen, kommerziellen Sender stärkten und die kleinen, autonomen Sender vernichteten, verschwieg Berlusconi.

Anfang der Achtziger war der Betrieb eines konkurrenzfähigen TV-Senders bereits unerschwinglich teuer geworden. Ein Lokalsender nach dem anderen mußte zusperren oder als Relaisstation für ein Network dienen. Es setzten sich die drei großen Sender *Italia 1*, *Rete 4* und *Canale 5* durch. Aber auch die Großverleger stiegen wieder aus dem TV-Geschäft aus. Rusconi verkaufte 1982 *Italia 1* an Berlusconi. Als 1984 auch Mondadori *Rete 4* an Berlusconi verkaufte, hatte der Mailänder Bauunternehmer den Medienmarkt nun unter seiner Kontrolle. Jeder Versuch, einen *terzo polo*, einen dritten Pol, zu etablieren, scheiterte.

Die Zulassung der Privatsender Mitte der siebziger Jahre sollte den Meinungspluralismus fördern. Man berief sich damals auf die niedrigen Betriebskosten einer lokalen Rundfunkanstalt. Eine Vielzahl an Stationen würde die Bildung eines Oligopols verhindern, so die Verfassungsrichter.[64] Nach nicht einmal zehn Jahren war praktisch das ganze Privatfernsehen bereits in der Hand eines Mannes, und das Oligopol etabliert. Aus der Vielfalt war die „vielfältige Einfalt" geworden. Eine Einfalt, die gefiel, denn im Herbst 1983 verlor die RAI erstmals ihre Marktführerposition. Vorübergehend konnte *Canale 5* höhere Einschaltquoten erzielen.[65]

Am 16. Oktober 1984 wurden in einer der wenigen konkreten Aktionen der Gesetzgebung im medienpolitischen Chaos Italiens die drei Berlusconi-Networks sowie *Euro TV* und *TV-Port* auf Beschluß der Amtsrichter von Rom, Turin und Pescara abgeschaltet. „Die drei Networks benutzten - dies aber bereits seit Jahren und in ganz Italien - Hochfrequenzbrükken von den in der Stadt befindlichen Sendestudios zu den auf naheliegenden Bergen plazierten Fernsehtürmen. Die drei Amtsrichter haben die Benutzung dieser Hochfrequenzbrücken als ein Verlassen der lokalen Ebene und 2. vor allem als einen Angriff auf ein Staatsmonopol (nämlich das der Hochfrequenzbrücke) verstanden [...]."[66] Die Vordergründigkeit dieses Entscheids ist offensichtlich. Die Fernsehanstalten hätten ihre Studios zu den Sendern auf den Berggipfel verlegen müssen, um wieder senden zu können. Berlusconi zwang seit Beginn seiner Mediengeschäfte den Gesetzgeber immer zum Nachziehen. Diesmal wollten allerdings die Richter die legistischen Grenzen einmahnen. Die Vorgehensweise der drei Amtsrichter war zum Scheitern verurteilt:

Die Begründung für die Abschaltung der Sender war unglaubwürdig. Wären die Hochfrequenzleitungen tatsächlich der Grund für diese Aktion gewesen, so hätten die Richter diese bereits Jahre zuvor setzen müssen. Der Bevölkerung war die abendliche Unterhaltung wichtiger als die Einhaltung eines unverständlichen Gesetzes. Berlusconi erkannte rasch, daß das Publikum auf seiner Seite war und leitete eine Umfrage ein. Nur 0,3 Prozent der 1.205 befragten Personen waren mit dem von den Amtsrichtern eingeleiteten Verfahren „völlig einverstanden". 3,4 waren „zum Teil einverstanden", 11,0 standen all dem gleichgültig gegenüber. 85,3 (!) Prozent der Befragten waren allerdings dagegen - 65,1 Prozent waren sogar „sehr verärgert".[67] Auch die meisten Journalisten standen hinter Berlusconi, weil die Fininvest ein Berufsziel vieler Journalisten war, und sich niemand ins Out stellen wollte. In Anbetracht dieser Zahlen war es nicht verwunderlich, daß die verantwortlichen Politiker die pflichtbewußten Richter im Stich ließen und in der Rekordzeit von nur vier Tagen eine Verordnung verabschiedeten, die den Sendebetrieb wieder ermöglichte. Man sprach davon, die 5.000 Arbeitsplätze, die jetzt auf dem Spiel stünden, retten zu müssen.[68] Aber nicht nur dies, die Verordnung legalisierte erstmals auch die Networks. Das Dekret wurde am 20. Oktober, einem Samstag, erlassen, damit die Samstagabend-Show am Berlusconi-Sender ungehindert über die Bühne gehen konnte. Daß diese Verordnung unter der Regierung Craxi zustande kam, verwundert kaum noch.

Der *decreto Berlusconi*, wie die Verordnung bald getauft wurde, mußte allerdings binnen 60 Tagen vom Parlament als Gesetz verabschiedet werden. Es entsprach Craxis Stil, mit Verordnungen zu regieren. Man benötigte dafür keine Absprachen, Verhandlungen und Kompromisse. Unter Zugzwang folgte das Parlament dann meist dem Regierungschef. Diesmal fiel die Verordnung im Parlament allerdings durch, und die Amtsrichter schritten wieder gegen die Networks ein. Craxi antwortete mit einer weiteren Verordnung. Dem Parlament machte er einige Zugeständnisse, aber auch diesmal deutete alles darauf hin, daß die Verordnung abgelehnt werden würde. Nun entschloß sich Craxi zu einem einzigartigen Schritt: Er stellte die Vertrauensfrage! Am 4. Februar kurz vor Mitternacht - d.h. wenige Minuten vor dem Verfall - nahm der Senat die Verordnung an.[69]

Das befristete Gesetz bedeutete eine „Generalamnestie" für die Privatsender. Kleine Auflagen wie die Begrenzung der Werbezeit und eine Mindestquote für europäische Produktionen waren nötig gewesen, um die Zustimmung des Parlaments zu erringen. „Mit der klaren Befristung der gesetzlichen Regelung auf eine Geltungsdauer von sechs Monaten wollte man für grundsätzliche Fragen, wie die Festlegung eines Frequenzplanes, Schutzvorschriften gegen die Bildung von Rundfunkoligopolen, Transparenz der Eigentumsverhältnisse [...] oder Vorschriften zur Sicherung programmlicher Vielfalt eine Beratungszeit einräumen. Je nach Interpretation kann die Befristung aber auch als Versuch gewertet werden, eben diesen Fragen auszuweichen."[70]

Craxi hatte sich für Berlusconi wieder einmal als treuer Freund bewährt. Der Sozialisten-Chef hielt, obwohl seine Partei elektoral sehr schwach war, viel Macht in Händen. Bis zum Sturz des „alten Systems" prägte Craxi die italienische Politik mit. Der *decreto Berlusconi* war, wie auch 1990 die *Legge Mammì*, maßgeschneidert für die Bedürfnisse der Fininvest. Beobachter nennen diese zwei Entschlüsse als Beweise für die Symbiose zwischen Politik und Medien. Als Craxi allerdings seine politischen Ämter zurücklegen mußte, fand Berlusconi keinen neuen Vertrauensmann und entschloß sich aus diesem Grund, selbst in die Politik zu gehen - so eine weitverbreitete Meinung, die Berlusconi selbst dementiert. Für Berlusconi war es eine Fügung, daß Craxi Ministerpräsident war, als die Amtsrichter 1984 einschritten. Kein anderer Politiker hätte ihm mit befristeten Gesetzen das Überleben gesichert. Als das Gesetz ablief, wurde es um weitere sechs Monate verlängert. Aber auch diese Frist verstrich, ohne daß ein Mediengesetz vom Parlament verabschiedet worden wäre. Mit dem 1. Jänner 1986 herrschte eine unklare rechtliche Situation. Niemand wußte so recht, ob die Networks und die überregionale Ausstrahlung nun wieder illegal waren oder nicht.

Das legislative Zwischenspiel der Jahre 1984/85 hatte die Situation noch komplizierter gemacht. Der Gesetzgeber wußte, daß er im Grunde nur den Status quo endgültig legalisieren konnte. Dafür fehlte allerdings die Mehrheit im Parlament. Die Opposition wollte den *decreto Berlusconi* nicht zur *legge Berlusconi* erheben. Berlusconi bekam dann doch sein eigenes Mediengesetz, allerdings unter einem anderen Namen...

Legge Mammì

„Die Anomalie wäre damit allerdings auf einen zu einfachen Nenner, hier aggressives Unternehmertum, dort schwacher Staat, gebracht. In Wirklichkeit sind die Bezüge zwischen Unternehmern und politischen Entscheidungszentren komplexer, weil der italienische Staat den Wirtschaftskräften nicht nur als Regulator gegenübersteht, sondern selbst auch Unternehmer ist und damit nicht immer nur dem sogenannten Gemeinwohl verpflichtete Interessen vertritt. Diesem Spiel der verflochtenen Interessen fern steht eigentlich nur der Verfassungsgerichtshof, weshalb ihm auch in der Medienentwicklung eine besondere Rolle zukommt.“[71] Die Rolle der Verfassungsrichter darf allerdings auch nicht überschätzt werden, denn immerhin dauerte es mehr als 14 Jahre, bis der Gesetzgeber auf die Erklärung der Verfassungsrichter reagierte. Die Verfassungsrichter hatten damals das RAI-Monopol für alle Äthersendungen für verfassungswidrig erklärt.

Die Handlungsunfähigkeit des Parlaments begründet sich auch aus der Kurzlebigkeit der Regierungen. 15 Regierungen wechselten sich zwischen der Erklärung des Verfassungsgerichtshofes im Juli 1976 und der Verabschiedung des Mediengesetzes im Sommer 1990 ab. 14 Jahre agierte der private Rundfunk deshalb in einem relativ rechtslosen Raum. Anfang der Neunziger wurde ein Mediengesetz allerdings unumgänglich.

Das Medienimperium Silvio Berlusconis war zu mächtig geworden. Die Opposition forderte lautstark Anti-Trust-Bestimmungen. Die berlusconi-freundlichen Politiker mußten daher das Firmenkonglomerat der Fininvest legalisieren, um nicht Gefahr zu laufen, daß sich die Verfassungsrichter wieder zu Wort meldeten, oder daß es unter einer eventuellen Regierung der Linksparteien zerschlagen würde. Der Umfang der Werbung hatte unerträgliche Ausmaße angenommen. Die Selbstbeschränkung der Privaten erfolgte nur halbherzig und wurde bei großen Medienereignissen völlig außer acht gelassen. In diesem Punkt forderte sogar die Bevölkerung eine Reglementierung. Ansonsten stand sie einem neuen Mediengesetz eher gleichgültig gegenüber. Dumpingpreise auf dem Werbemarkt hatten die Werbewirtschaft in Bedrängnis gebracht. So kostete ein Werbespot bei einem lokalen Radiosender umgerechnet nicht mehr als 15 Schilling!

Letzter wesentlicher Punkt war das Chaos bei der Besetzung der Frequenzen. Privatsender hatten die Frequenzen oft beliebig und eigenmächtig belegt. Drei Viertel der TV-Sender und 90 Prozent der Radiosender benützten sogar die für zivile Zwecke gesperrten Frequenzen. Die großen Medienunternehmen hatten auch zahlreiche Frequenzen aufgekauft und diese dann ungenutzt gelassen, nur um Konkurrenz zu meiden. Ein staatlicher Frequenzplan war unabdingbar geworden.

Nach schwierigen Verhandlungen und nachdem die Regierung die Vertrauensfrage gestellt hatte, trat schließlich am 23. August 1990 die *Legge Mammì* in Kraft. Das Gesetz Nr. 223 mit dem Namen „Regelung des öffentlichen und privaten Rundfunk- und Fernsehsystems" wurde von den Journalisten nach dem verantwortlichen Post- und Telekommunikations-Minister, Oscar Mammì, benannt. Der linke DC-Flügel unter der Führung De Mitas verweigerte seine Zustimmung für dieses Gesetz. Fünf Minister, unter ihnen der spätere Parteichef Mino Martinazzoli, traten sogar aus Protest gegen die *Legge Mammì* zurück. Regierungschef Andreotti mußte kurzerhand sein Kabinett umbilden, dann wurde das Gesetz vom Parlament mit 335 gegen 230 Stimmen verabschiedet. In Absatz 2 werden Pluralismus, Objektivität sowie die Vollständigkeit und Unparteilichkeit der Information festgeschrieben.[72]

Das Gesetz regelte die Vergabe der Frequenzen, die Werbelimits und - der wesentlichste Punkt - die Kartellbestimmungen:

- „Niemand darf mehr als drei nationale Fernsehsender besitzen.
- Wer weniger als acht Prozent der nationalen Tageszeitungsauflage kontrolliert, darf über maximal zwei nationale Fernsehsender verfügen.
- Wer mehr als acht Prozent der Tageszeitungsauflage kontrolliert, darf nur einen nationalen Fernsehsender besitzen.
- Wer schließlich mehr als 16 Prozent der Tageszeitungsauflage kontrolliert, muß ganz auf den Besitz nationaler Fernsehsender verzichten." [73]

Das Gesetz besagt außerdem, daß ein Konzern nicht mehr als 20 Prozent seines Umsatzes im Sektor der Massenmedien tätigen darf. Für Konzerne, die zwei Drittel ihrer Einkünfte aus den Medien beziehen, steigt die Grenze auf 25 Prozent.[74] Da in Italien die Massenmedien traditionell in Besitz der Industrie stehen, hat dieser Passus nur eine geringe Bedeutung. Sogar Berlusconi besitzt mit seinen Immobilien, Bauunternehmen, Versicherungen und Warenhausketten genügend branchenfremdes Kapital.

Auch im Bereich der Werbewirtschaft wurden Veränderungen vorgenommen. Das umstrittene Werbedach für die RAI blieb bestehen. Die Werbevermittlungsfirmen dürfen für maximal drei Networks Werbung akquirieren. Für diese Kartellbestimmungen wurde den Unternehmen eine Übergangszeit von ein bis zweieinhalb Jahren eingeräumt. Sofort wurde Kritik laut, weil dieses Gesetz das Medienimperium der Fininvest legalisiere. Die Auflagen seien leicht zu umgehen. Da die Fininvest damals zu hundert Prozent in Besitz Silvio Berlusconis stand, konnte dieser Teile seines Imperiums nach seinem Gutdünken Freunden und

Verwandten überschreiben. So geschah es denn auch mit dem *Giornale*, von dem er sich laut Gesetz trennen mußte, er überschrieb die Zeitung einfach an seinen Bruder Paolo.[75]

Paolo sollte sich auch später als nützlich erweisen. Als Berlusconi erkannte, daß er am normalen Fernsehmarkt nicht mehr expandieren konnte, stieg er in den Hoffungsmarkt der Pay-TV-Kanäle ein. Binnen kürzester Zeit hatte er drei Kanäle geschaffen, *Tele+*, *Tele+ 2* und *Tele+ 3*.[76] Es war aber offensichtlich, daß der Gesetzgeber diese Rechtsbeugung nicht akzeptieren konnte. So traten Paolo Berlusconi, Leonardo Mondadori und Luca Formenton in Aktion. Eine kluge Entscheidung, wie sich später herausstellen sollte. Als die Finanzpolizei Unregelmäßigkeiten bei den Pay-TV-Kanälen aufdeckte, mußte Paolo die Konsequenzen ertragen. Er wurde unter Hausarrest gestellt. Silvio, damals gerade Ministerpräsident, wusch seine Hände in Unschuld. Die einzige nennenswerte Einbuße für Berlusconi war der Verlust der indirekten Kontrolle über die Sender *Capodistria*, *Italia 7* und *Junior TV*, die die *Publitalia* mit Werbung beliefert hatte.

Die Werbung wurde bei der RAI mit 12 Prozent, bei den Privaten mit 18 Prozent pro Stunde reglementiert. Unterbrecherwerbung ist bei Zeichentrickfilmen und künstlerisch wertvollen Filmen verboten. Bei 45-Minuten-Filmen ist nur eine, bei Filmen über 110 Minuten sind maximal vier Unterbrechungen gestattet. Auch dieser Passus bedeutet keine wirkliche Einschränkung. 18 Prozent bedeutet für viele Sender eine Traumzeit. Die Zahl der Werbeunterbrechungen entspricht sowieso der Schmerzgrenze des Publikums. Große Zustimmung fanden hingegen die Bestimmungen zum Jugendschutz. Filme mit Jugendverbot dürfen nicht gesendet werden, Filme für Jugendliche ab 14 Jahren nur in den Nachtstunden.

In die *Legge Mammì* wurden weiters die EU-Richtlinien übernommen, die eine 40-Prozent-Quote der jährlichen Sendezeit für europäische Filme vorschreiben. Mittlerweile wurde die Quote auf 50 Prozent angehoben, von diesen muß wiederum die Hälfte aus italienischen Filmen bestehen.[77] Damit will man die italienische Filmindustrie wieder in Schwung bringen. Diese Bestimmung schmerzt vor allem Berlusconi, der ein großes Archiv mit amerikanischen Filmen besitzt, das er jetzt nur langsam verwenden kann.

Als „Trost" wurde den privaten Rundfunkanbietern nun endlich das Recht der Live-Übertragungen eingeräumt. Diese Liberalisierung löste einen kostenintensiven Wettkampf zwischen der RAI und der Fininvest um die begehrtesten Sport-Events aus. Dieses Recht ist an die Verpflichtung, eine tägliche Nachrichtensendung einzurichten, gebunden.

Berlusconi hatte gegen diese Regelung nichts einzuwenden, denn endlich konnte er in allen Bereichen mit der RAI konkurrieren. Wie schon bei den Showmastern versuchte er die beliebtesten Nachrichtenmoderatoren von der RAI abzuwerben. Die Journalisten profitierten vom erweiterten Arbeitsmarkt, die Qualität der Berichterstattung profitierte davon hingegen weniger. Bei der Fininvest experimentierte man vor allem in der ersten Zeit mit Infotainment. Das Publikum goutierte auf Dauer diese Nachrichtenform nicht, und die Fininvest-Sender fanden zu einer Form, die am besten mit der von RTL in Deutschland verglichen werden kann. Zur Einhaltung all dieser Bestimmungen wurde ein *garante per la radiodiffusione e l' editoria* eingesetzt. Während des Wahlkampfes im Frühjahr 1994 rückte der damalige *garante*, Giuseppe Santinello, in den Mittelpunkt der öffentlichen Aufmerksamkeit. Er mußte über alle Formen der versteckten Wahlwerbung in Shows und Nachrichtensendungen befinden.

Offiziell war niemand mit dem neuen Gesetz zufrieden. Die politische Opposition protestierte, weil ihr das Gesetz zu berlusconi-freundlich war. Es mag ein Zufall sein, daß der im Postministerium für das Gesetz zuständige Referent kurz nach dessen Verabschiedung einen mit 500 Millionen Lire dotierten Beratervertrag bei der Fininvest erhalten hat.[78] Berlusconi protestierte, weil seine Publitalia Kunden abtreten und er seine Tageszeitung an seinen Bruder überschreiben mußte. Laut eigenen Angaben setze er wegen der *Legge Mammì* 471,5 Mrd. Lire im Jahr weniger um.[79] Die kleinen Medienunternehmen protestierten, weil die Kautionen und Beschränkungen für den Lokalsektor die Großunternehmer förderten, die genügend branchenfremdes Kapital besaßen, um nicht unter die zulässige Prozentklausel zu fallen.

Eines steht fest: Die von den Verfassungsrichtern geforderte Garantie für den Informations- und Meinungspluralismus wurde durch die *Legge Mammì* nicht erfüllt, im Gegenteil. Dem Duopol RAI und Fininvest, der ca. 90-95 Prozent des Fernsehmarktes kontrolliert, wurde die Existenzgarantie zugesprochen. Ein Grund für die Machtlosigkeit der Gegner dieses Gesetztes liegt im mangelnden Konsens. Gewerkschafter, Großindustrielle, Zeitungsverleger und Betreiber freier Radios haben unterschiedliche Interessen und sind schwer für eine gemeinsame Vorgehensweise zu gewinnen.

In Anbetracht der medialen Infrastruktur erscheint Italien tatsächlich als medienpolitischer Sonderfall. In keiner anderen westlichen Demokratie, nicht einmal in den USA, kontrollieren zwei Unternehmen beinahe den ganzen Fernsehmarkt und zwei, drei Großindustrielle den Zeitungsmarkt. Der Gesetzgeber konnte keine Gegenmaßnahmen setzen, sondern gab dem Duopol RAI und Fininvest schließlich sogar den Segen.

Problematisch wird die Medienkonzentration dann, wenn diese Unternehmer mit ihren Medien neben kommerziellen auch politische Ziele verfolgen. Die Symbiose zwischen Politik, Wirtschaft und Medien ist in Italien besonders stark ausgeprägt. Vor allem die P2-Affäre und die Korruptionsermittlungen der Mailänder Staatsanwälte legten diese Symbiose offen und entlarvten die Medien als Werkzeuge der Macht...

Medien als Werkzeug der Macht?

Der Einfluß der Medien auf die moderne Gesellschaft ist unbestritten. Allerdings agieren die Medien oft nicht autonom, sondern unterstehen ihrerseits wieder dem Einfluß der Politik, der Wirtschaft oder gar obskurer Organisationen. In kaum einem anderen Land der westlichen Welt sind die Eingriffe der Mächtigen auf die Medien so offensichtlich wie in Italien. Früher bediente sich die Politik der Parteipresse und der regierungstreuen Presse, um in der Bevölkerung die Zustimmung für gewisse politische Entscheidungen zu erreichen. Mit dem Tod der Parteipresse und der Emanzipation der unabhängigen Presse mußten sich die Mächtigen des Landes nach neuen Möglichkeiten der Einflußnahme umsehen.

Keine Regierung, kein „reiner Verleger" hat heute das Kapital, um eine große Tageszeitung oder gar einen Fernsehsender am Leben zu erhalten. Es sind die Großindustriellen und die Banken, die den alten Besitzern ihren Platz nun streitig machen. Diese Entwicklung ist sicherlich nicht unumstritten, ein Vorteil ist aber, daß die Besitzverhältnisse meist klarer sind, und man sich ein Bild über die Machtverhältnisse im Verlag machen kann. Neben einer weltanschaulichen, einer politischen Ausrichtung, muß man sich heute bei einer Zeitung auch mit einer wirtschaftlichen Parteinahme abfinden. Dies ist schließlich nicht so neu.

Demokratiepolitisch besorgniserregend sind hingegen die versteckten Einflußnahmen, wie sie in Italien immer wieder vorkommen. Die Politik hat in Italien seit jeher Blätter, die zu kritisch waren, entweder vernichtet, indem man ihnen Kredite verwehrte, oder sie kurz vor dem Bankrott aufkaufte. Der Fall Rizzoli zeigt auf, daß sich auch undurchsichtige Geheimorganisationen dieser Technik bedienten. Die geheime Freimaurerloge P2 war in ihrem Vorhaben, Einfluß auf das Meinungsklima im Land zu gewinnen, schon sehr weit gekommen, als die Staatsanwälte die Organisation aufdeckten.

In Italien heißt die „Wissenschaft" bzw. der Journalismus, der sich mit diesen Verschwörungstheorien auseinandersetzt, *dietrologia* (dietro = hinten bzw. dahinter, d.h., hinter jeder Aktion einen suspekten Sachverhalt vermutend). Die *dietrologia* setzt sich auch immer wieder mit der Person Silvio Berlusconi auseinander. Seit seinem Einstieg in die Politik haben die Theorien über die tatsächlichen Hintergründe seines Agierens an Aufmerksamkeit gewonnen.

Die Ermittlungen der Staatsanwälte haben auch die „klassischen" Methoden der Informationslenkung aufgedeckt. Die Kaste der Journalisten blieb in den Jahren der Korruption und Vetternwirtschaft nicht rein, sondern beteiligte sich an diesem „Volkssport". Dennoch haben die Journalisten den Übergang von der ersten zur zweiten Republik gut überstanden. Sie haben, um mit einer Metapher zu sprechen, das sinkende Schiff rechtzeitig verlassen und haben Land gewonnen, indem sie sich auf die Seite der Bevölkerung geschlagen haben.

P2 - Die mediale Machtergreifung

Im historischen Abschnitt dieses Buches wurde bereits die politische Rolle der Geheimloge P2 beleuchtet. Große Aktivitäten zeigte sie aber auch auf dem Medienmarkt. Der Skandal um den *Corriere della Sera* und das Verlagshaus Rizzoli hat Anfang der achtziger Jahre daher großes Aufsehen erregt. Die Staatsanwälte Gherardo Colombo und Giuliano Turone hatten 1981 in der Villa des Industriellen Licio Gelli die Mitgliederliste der P2 beschlagnahmt. Unter den 965 Namen waren auch zahlreiche aus der Medienbranche zu finden. Der Chefredakteur des *Corriere della Sera*, Franco Di Bella, der Chefredakteur der RAI-Hörfunknachrichtenredaktion *GR2*, Gustavo Selva,[80] und etliche Journalisten, Redakteure und Korrespondenten schienen in der Liste auf. Die Verleger Angelo Rizzoli, Bruno Tassan Din, Giovanni Fabbri gehörten ihr ebenso an wie Silvio Berlusconi und der Talkmaster und Starjournalist Maurizio Costanzo.[81]

Die Infiltration von Vertrauensmännern in die Spitzenpositionen des Staates war deklariertes Ziel der Loge, das im Dokument *Plan der demokratischen Wiedergeburt* festgeschrieben wurde. Die Medien gehörten zu diesen Machtzentren, deren Kontrolle errungen werden mußte. Langfristig arbeitete man sogar auf eine Privatisierung der RAI hin.[82] Der private Rundfunk mußte selbstverständlich auch von P2-Männern geführt werden. Im *Plan der demokratischen Wiedergeburt* wurde dies folgendermaßen formuliert: „Gegenüber der Presse, oder besser, den Journalisten ist der Einsatz finanzieller Mittel in dieser Phase nicht ratsam. Vielmehr sollte man in jeder Tageszeitung oder Zeitschrift wenigstens zwei oder drei Personen anwerben, aber so, daß keiner etwas von den anderen weiß. Die Aktion muß sich wie ein Ölteppich ausbreiten, und sie soll von nicht mehr als drei oder vier Personen, die das jeweilige Umfeld kennen, getragen werden... Den angeworbenen Journalisten sollte man die Aufgabe anvertrauen, mit ausgewählten Politikern zusammenzuarbeiten; sobald Korruption und Infiltration zu greifen beginnen, sollten in einem zweiten Schritt ein paar 'Kampfblätter' erworben und die gesamte Provinz- und Lokalpresse durch eine zentrale Agentur koordiniert werden. Die RAI darf auch nicht vergessen werden. [...] Um die 'Freiheit' des Fernsehens zu erreichen, muß die RAI aufgelöst, ihr Monopol abgeschafft und statt dessen schnellstens das Kabelfernsehen eingerichtet werden, damit die öffentliche Meinung im Lande unter Kontrolle gebracht werde."[83]

Die P2 verwirklichte viele ihrer Ziele während der Wirtschaftskrise der siebziger Jahre. Die meisten Zeitungen schrieben rote Zahlen und benötigten dringend Geld. Gelli war ein einflußreicher Mann und für seine guten Kontakte zum Banco Ambrosiano bekannt. Sogar Indro Montanelli soll bei ihm angeklopft haben, um dem *Giornale* einen Kredit zu verschaffen.[84] Entgegen Gellis Beteuerungen, nichts mit dem Machtwechsel beim *Corriere* zu schaffen zu haben, sieht der Journalist Massimo Teodori die Verbindung als bewiesen. Der Aufkauf des Rizzoli-Verlages gilt als Beispiel für die Machtpolitik der P2. Der „Fall Rizzoli" und die Affäre um den *Corriere della Sera* schrieben Mediengeschichte und belegen die Einflußnahmen der Mächtigen auf die Medien in Italien.

Der „Fall Rizzoli" / Corriere della Sera

Wer in Italien große Kredite braucht, muß sich die Gunst der Politiker erwerben und bewahren. So verhielt es sich mit der „Machtübernahme" des *Corriere della Sera* durch die P2. Rizzoli hatte 1974 Agnelli, Crespi und Moratti deren Anteile am *Corriere* abgekauft, aber dabei die finanziellen Möglichkeiten seines Verlages überschätzt. Der Verlag hatte einen Jahresumsatz von 60 Milliarden Lire. Der *Corriere* alleine bilanzierte aber ebenfalls mit 60 Milliarden pro Jahr. Das bedeutete, daß Rizzoli den Umsatz seines Unternehmens mit einem Schlag verdoppelt hatte.[85] Der Verleger hatte dafür einen Kredit mit kurzer Laufzeit aufgenommen, weil er - wie ihm Eugenio Cefis beim Kauf versichert hatte - mit raschen Gewinnen aus dem Anzeigengeschäft der Zeitung rechnen konnte. Diese Einnahmen blieben aber aus, und Rizzoli suchte bereits 1976 dringend neue Geldgeber. Cefis empfahl ihm den Banco Ambrosiano, Rizzoli versuchte es allerdings auch bei anderen Banken - vergebens. Der Verleger hatte keine andere Wahl, als sich in Abhängigkeit Calvis zu begeben. Die P2 hatte die Kontrolle über die mächtigste und bedeutendste Zeitung des Landes gewonnen! In einem Interview erläuterte Angelo Rizzoli diese Aktion: „Es hatte bereits die Aktion begonnen, der Cefis angehörte, der Calvi angehörte, der Gelli angehörte, und der, durch diese, die römische Politwelt angehörte, um uns den *Corriere* aus der Hand zu reißen, oder um uns so zu schwächen, daß sie uns mit Leichtigkeit beeinflussen konnten."[86]

Montedison-Präsident Cefis verstand es, Zeitungen als politisches Kapital einzusetzen. So kaufte er 1974 den *Messaggero*, da er der DC zu liberal war. Cefis gab dies in einem Interview 1976 unumwunden zu: „Ich habe den *Messaggero* gekauft, um Fanfani und De Martino [Anm.: zwei DC-Politiker] einen Gefallen zu machen."[87] Diesmal ging es aber um die größte Zeitung des Landes. Bei einem Treffen zwischen Calvi und Rizzoli sicherte der Bankier die nötigen Kredite zu, die Besitzverhältnisse müßten aber verschoben werden.[88] Rizzoli bemühte sich noch immer um andere Finanzierungsmöglichkeiten, er fragte sogar um einen staatlichen Kredit an, bekam aber immer die gleiche Antwort: Nein. Dies scheint kein Zufall gewesen zu sein. Rizzoli schilderte die Zusammenhänge: „Ich kam an Gelli und Ortolani nicht vorbei. Den Politikern paßte es sehr gut, daß der Rizzoli-Verlag unter der Bevormundung von Gelli und Ortolani stehen würde..."[89]

Nun hatte sich diese Geldquelle aufgetan, und Rizzoli kaufte praktisch jede Zeitung auf, die sich anbot: *Corriere della Sera* (Mailand), *Mattino* (Neapel), *Il Piccolo* (Triest), *Gazzetta dello Sport*, *Alto Adige* (Bozen), *Eco di Padova*, *Lavoro* (Genua). Auf diese Weise erwarb er beinahe 25 Prozent der Gesamtauflage der Tagespresse in Italien.[90] Diese Käufe tätigte er meist direkt für die Parteien. Verlegerische Überlegungen spielten bei diesen Geschäften keine Rolle mehr, man häufte Zeitungen an, die man den Parteien zur Verfügung stellte, um von diesen Unterstützung in anderen Belangen zu erhalten. Den Parteien war das „Zahlungsmittel Zeitung" sehr recht. Teodori: „Die DC, den PSI und den PCI interessierte die Pressefreiheit nicht, hingegen die Kontrolle der Presse durch den Proporz der Zeitungstitel und der Einflüsse."[91]

Die *Repubblica* gewann in jenen Tagen zunehmend an Bedeutung und stellte daher für den Rizzoli-Verlag und seine Hintermänner einen Unsicherheitsfaktor dar. Man schloß in der Folge den Geheimvertrag - einen Nichtangriffspakt - ab, dessen Veröffentlichung später großes Aufsehen erregen sollte. Das wichtigste Instrument blieb aber weiterhin der *Corriere,* der „als Tauschware mit den Politikern“ eingesetzt wurde. Man bezahlte Politiker mit dem *Corriere*.[92] Die Berichterstattung der Zeitung folgte mittlerweile der neuen Verlegerlinie und dessen Interessen. Die Zeitungen des Rizzoli-Verlages waren zum Verlautbarungsorgan einer politischen Strömung degeneriert, die eine Annäherung der Regierung an den PCI um jeden Preis verhindern wollte. Die Symbiose zwischen Politik, Verlag und Banco Ambrosiano wurde in jenen Tagen vollkommen. Kaum eine Partei, kaum ein Verlag hatte keine Kredite bei Calvis Bank laufen. Rizzoli stand praktisch unter seiner Kontrolle. Die P2 war auf ihrem Weg zur Macht schon sehr weit gekommen, wurde aber durch die beginnenden Ermittlungen, den Tod Calvis und den Zusammenbruch des Banco Ambrosiano gestoppt. Ohne Banco Ambrosiano war der Rizzoli-Verlag wirtschaftlich nicht mehr überlebensfähig. Deshalb wurde der Verlag zwischen 1981 und 1984 durch eine staatliche Verwaltung saniert. Rizzoli war der große Verlierer und fühlte sich im Stich gelassen: „Die politische Klasse hat uns viele Versprechungen gemacht und hat keine gehalten, aber sie hatte nur eine Sache im Sinn: Uns den *Corriere* wegzunehmen. Und dies ist das einzige Versprechen, das sie eingehalten hat.“[93]

Die Ermittlungen gegen die P2 sorgten für große Aufregung im Land. Das Urteil gegen Gelli wurde aber erst am 16. April 1994 gefällt. Er wurde in den wesentlichen Punkten (Verschwörung gegen den Staat) freigesprochen und nur für mindere Vergehen zu 17 Jahren Gefängnis verurteilt. Gelli mußte aber nicht einmal diese Strafe absitzen, denn er wurde von seinem „Exil“ in Paraguay nur unter der Bedingung ausgeliefert, daß eine etwaige Strafe an ihm nicht vollzogen würde.[94]

Berlusconi und die P2

Auf der Mitgliederliste der P2 fand sich auch der Name von Silvio Berlusconi: Ausweis Nummer 1816, Code E.19.78, Gruppe 17, Heft 0625, Beitrittsdatum 26.1.1978.[95] 1981 verteidigte sich Silvio Berlusconi vor dem Untersuchungsrichter. Er erklärte, daß er nur auf Roberto Gervasos beharrliches Drängen der P2 beigetreten sei. Man habe ihm versichert, daß seine Mitgliedschaft in der Vereinigung wichtig sei, „und eigentlich wirkte sie tatsächlich wie ein ganz normaler Club, wie der Rotary oder Lions Club“. Die Journalisten Ruggeri und Guarino sehen hingegen Berlusconis Karriere in engem Zusammenhang mit Licio Gelli. In den Jahren 1975 und 1976 wurde das Programm der Loge ausgearbeitet, das auch Passagen zu den Massenmedien beinhaltete. So wurde die Errichtung des Kabelfernsehens gefordert, das sich „wie ein feinmaschiges Netz auf das Land legen und die öffentliche Meinung kontrollieren soll“.[96] Diese Aufgabe sei, so die zwei Journalisten, Berlusconi zugefallen. Daß im *Plan zur demokratischen Wiedergeburt* ausdrücklich Maßnahmen zur Förderung des Baus von Satellitenstädten gefordert wurden, sehen sie als ein „kleines Dankeschön an die Adresse des Logenbruders Berlusconi, Bauherr der Satellitenstadt Milano 2".[97]

Noch Jahre später war der Ex-Logenchef Gelli dem Medienunternehmer wohlgesonnen. Als sich 1989/90 Berlusconi und De Benedetti um den Mondadori-Verlag stritten, meldete sich Gelli in einem Interview in *Panorama* zu Wort und stellte klar, daß er in diesem Kampf zum Fininvest-Chef hielt.[98] In welchem Ausmaß seine Mitgliedschaft ihm für seine Karriere dienlich war, läßt sich nicht mit Genauigkeit sagen. Seine Freundschaft zu Bettino Craxi und einige glückliche „Zufälle" dürften diesen kometenhaften Aufstieg ermöglicht haben.

Die Enthüllungen rund um die Freimaurerloge P2 haben die Mißstände im demokratischen System Italiens aufgezeigt. Die Medien und die Journalisten waren zu Werkzeugen einer kleinen Gruppe machthungriger Männer geworden. Das Verbot und die Auflösung der P2 darf aber nicht darüber hinwegtäuschen, daß die Medienlandschaft auch weiterhin unter Einfluß diverser Gruppen steht. Etwa zehn Jahre nach der Beschlagnahme der Mitgliederliste in Gellis Villa war es wieder Staatsanwalt Colombo, der gemeinsam mit Di Pietro und anderen Kollegen das System der Korruption zu Fall brachte. Die neuen Enthüllungen brachten zwar keine neuen verschwörerischen Aktivitäten geheimer Organisationen ans Tageslicht, zeigten aber sehr bald, daß viele Journalisten auf den „Gehaltslisten" von Industrie und Parteien standen. In Italien bestand seit jeher die Symbiose zwischen Politik bzw. Wirtschaft und den Medien. Die Teilung der Staatsgewalten, zu denen die Medien gerne als „Vierte Gewalt" gezählt werden, wollte nie so recht funktionieren. Die Ermittlungen der Mailänder Richter Anfang der neunziger Jahre haben daher den „unabhängigen Journalismus" endgültig in das Reich der Mythen verbannt.

Penne pulite / Saubere Federn? - oder das Versagen der „Vierten Gewalt"

Als die Ermittlungen der Staatsanwälte 1992 die ersten spektakulären Erfolge erbrachten, wurden sogleich Vorwürfe gegen den Stand der Staatsanwälte und Richter erhoben: Warum wurden diese skandalösen Zustände erst nach Jahrzehnten der Bestechung und Vetternwirtschaft aufgedeckt? Waren die Staatsanwälte und Richter Teil dieses Systems?

Die italienische Justizgeschichte zeigt, daß es schon vorher Anklagen und Verurteilungen wegen Korruption gegeben hatte. Diese Urteile wurden aber oft durch politische Interventionen im Instanzenweg wieder aufgehoben. Wenn die Staatsanwälte und Richter der Aufhebung der von ihnen verhängten Urteile nur machtlos zusehen konnten, warum hat die andere Kontrollinstanz, die angebliche „Vierte Gewalt" des Staates, nicht reagiert? Wo war in all den Jahren der vielbeschworene investigative Journalismus? Hat der Journalismus in einer seiner elementarsten Gesellschaftsfunktionen versagt? Der angesehene Journalist Giorgio Bocca gab später zu, lieber Leitartikel geschrieben als recherchiert zu haben. Der investigative Journalismus sei von der Politik blockiert worden, die der Industrie, die die Zeitungen besaß, Geld abknöpfte, aber auch Gefälligkeiten machte.

Die Anti-Korruptionsermittlungen ergeben nun, daß der Journalismus seit jeher der Kaste der Mächtigen gedient hat. Schneller als die Politik und die Wirtschaft reagierte aber der Journalismus auf den Stimmungswandel in der Gesellschaft und verleugnete bald seine alten Herren. Stellte man aber die gefallenen Politiker in den Zeitungen und TV-Sendungen auf den Pranger, so ging man mit den Unternehmern etwas vorsichtiger um. Die einst mächtigen Politiker waren bereits aller politischen Ämter enthoben und meist sogar von der eigenen Partei bereits fallengelassen worden, die Industriellen saßen aber noch immer in den Vorständen ihrer Firmen und besaßen noch immer die Zeitungen, die sie einst gekauft hatten. Man kann sich deshalb des Eindrucks nicht erwehren, die wirkliche Macht im Staat sei die Wirtschaft gewesen. Vor allem die Wirtschaftsjournalisten schrieben, was den Großindustriellen nützlich war.

1993 begannen die Zeitungen, sich gegenseitig der Korruption zu bezichtigen. Vor allem das *Panorama* von Silvio Berlusconi beschuldigte die traditionell Berlusconi-feindliche Presse, wie z.B. die *Repubblica*, Geld für wohlwollende Artikel über Industrielle und Politiker bezogen zu haben. In einer Artikelserie unter dem Titel *Penne pulite* (= saubere Federn, in Anlehnung an das Schlagwort der Ermittlungswelle *Mani pulite*, saubere Hände) wurden Schmiergeldzahlungen der Montedison-Gruppe an namhafte Journalisten aufgedeckt.[99] So geht nach Angaben des *Panorama* aus einem Tagebuch von Carlo Sama, eines führenden Mitgliedes der Ferruzzi-Familie, hervor, daß Giuseppe Turani, ein bekannter *Repubblica*-Kolumnist, 500 Millionen Lire, Osvaldo De Paolini, Chefredakteur der Wirtschaftszeitung *Sole 24 Ore*, 300 Millionen und Ugo Bertone, Chef der Mailänder Redaktion der *Stampa*, 100 Millionen Lire erhalten haben sollen. Als Gegenleistung soll das Großunternehmen eine positive Presse bekommen haben. Die Justiz konnte allerdings in den wenigsten Fällen strafbare Handlungen nachweisen. Der Ordine dei giornalisti hat hingegen namhafte Journalisten aus dem Berufsverzeichnis gestrichen oder suspendiert.[100]

Die Formen der Bestechung waren vielfältig. Die einfachste Form waren überhöhte Spesenrechnungen, wie man sie auch in den Redaktionen der RAI gefunden hat.[101] Kostenintensiver war das - angeblich nie verwirklichte - Projekt des Ferruzzi-Konzerns, 1,1 Milliarden Lire für Journalisten, „die die Blattlinie stark beeinflussen können“, bereitzustellen.[102] Meistens kamen Journalisten aber durch Insider-Geschäfte an der Börse zum großen Geld. Der vollendetste, weil legale Weg, die Blattlinie zu bestimmen, war immer noch der Erwerb einer Zeitung. So kaufte Raul Gardini die Wirtschaftszeitung *Italia Oggi*, obwohl die Zeitung eine finanzielle Belastung darstellte. Für den Journalisten Giorgio Bocca gab und gibt es in Italien den Wirtschaftsjournalismus nicht, weil alle Zeitungen im Besitz der Industrie standen (und noch immer stehen).[103]

Bemerkenswert ist, daß der Korruptionsgrad unter den Wirtschaftsjournalisten wesentlich höher war als unter den politischen Journalisten. Die Versuchung, sich zu bedienen und Informationen, die Millionen wert waren, für sich zu nützen, war auf der Börse anscheinend besonders hoch. Journalisten konnten in diesem Ambiente oft nicht immun bleiben. Giampiero Mughini sieht die Journalisten als einfache, fehlerhafte Menschen: „Die Kategorie der Journalisten ist keine Kategorie von Helden, Heiligen und Seefahrern. [...] Wir machen einen Beruf, in dem man leichter Fehler begeht, als ins Schwarze trifft."[104]

Journalismus und Mani pulite

Die italienischen Zeitungen begannen sich bereits 1990 von der Hofberichterstattung abzuwenden. Die Regionalwahlen hatten einen durchschlagenden Erfolg der Lega gebracht, in der Lombardei erreichte sie 18,9 Prozent. Die Stimmung in der Bevölkerung begann sich zu ändern, und die Zeitungen reagierten auf diesen Trend. Bereits vor den ersten Verhaftungen von 1992 stand keines der großen Blätter mehr hinter der Regierung. Der bekannte Journalist Antonio Padellaro sah es als „Nationalsport", die Politik zu beschimpfen. Die Staatsräson verlangte es längst nicht mehr, den Entschlüssen des Parlaments blind zu folgen. Der Kommunismus stellte keine Gefahr mehr dar. Nach Jahrzehnten des Stillschweigens begannen die Medien, die politischen Mißstände aufzudecken. Als dann die erste Verhaftungswelle die ersten prominenten Politiker und Industriellen hinter Gitter brachte, brach der Volkszorn aus. Das *Panorama* schrieb: „Diesmal handelt es sich um ein Gefühl, das ohne jede Scham von echten Demokraten herausgeschrien, ja regelrecht zur Schau gestellt wird, als Ausweis der Liebe zu einer wirklichen Demokratie gegen alle Versuche, sie zu deformieren und mit Füßen zu treten. Ein Gefühl, das zum ersten Male imstande ist, den berühmten Mann von der Straße mit bedeutendsten Kommentatoren, die konservativen mit den fortschrittlichen Zeitungen, die Lega-Anhänger und -Gegner zu einen. Kurz gesagt, eine unaufhaltsame Flut."[105]

Binnen kürzester Zeit wandelte sich der italienische Journalismus vom Untergebenen der Politik zum Vorkämpfer einer Revolution. Plötzlich publizierte man die horrenden Spesenrechnungen mancher Parteifunktionäre, als ob man früher von diesen Dingen nichts gewußt hätte. Werner Raith relativiert deshalb auch den Einfluß der Medien auf die „sanfte Revolution" von 1992-94: „Selbst die Rücktritte nach den seit 1992 lawinenartig anschwellenden Ermittlungsverfahren und Verurteilungen von Politikern waren überwiegend nicht Medienkampagnen und auch nicht dem Volkszorn, sondern allenfalls Hausintrigen der Parteifürsten oder neuer Aufsteiger zu danken."[106]

Giuseppe Turani vertritt ebenfalls die Meinung, daß die Verhaftungswelle nur durch Staatsanwälte ausgelöst werden konnte, dem Journalismus hätten die Mittel gefehlt. Der Journalist kann nur an Informationen kommen, wenn Risse im politischen Umfeld entstehen. Paolo Muraldi geht mit dem Journalismus härter zu Gericht: „Die Presse vor *Tangentopoli* beurteile ich sehr streng: Man kannte das perverse System, aber man hatte sich daran gewöhnt."[107] Nur die Parteizeitungen blieben ihren Herren treu und verteidigten diese sogar noch, als so manchem Spitzenpolitiker bereits das Wasser bis zum Halse stand.

In den Tagen des Herbstes 1992, als die Verhaftungswelle einen Höhepunkt erreichte, arbeitete der italienische Journalismus wie an einer Kriegsfront. Die meisten Zeitungen bildeten einen Pool, da es für eine Zeitung alleine unmöglich war, ununterbrochen Journalisten an allen strategischen Punkten Mailands zu haben. So belagerte ein Rudel Reporter das Zimmer von Staatsanwalt Di Pietro in der Hoffnung, rechtzeitig über neue Verhaftungen informiert zu werden. Eine weitere Gruppe wartete vor dem Gefängnis der Stadt auf prominente Neuzugänge.

Die Blätter versuchten, dem Durst der Bevölkerung nach noch mehr Verhaftungen auf ihre Weise gerecht zu werden. Jeden Tag prangten neue Namen von den Schlagzeilen der Zeitungen. Für den aufmerksamen Leser wurde aber bald klar, daß die Redaktionen die zahlreichen Sonderseiten in den Zeitungen nur mit Mühe füllen konnten. Es gab zu wenig Informationen und zu viele Vermutungen und Gerüchte. Die Untersuchungsbescheide wurden wie Bestseller-Listen gehandelt. Der Journalismus zeigte in diesen Tagen große Schwächen. Nachdem sich der Volkszorn entladen hatte, rief Gabriele Canè von der Zeitung *Nazione* wieder zur Besonnenheit auf. Man habe dem Kochtopf, der unter Druck gestanden war, den Deckel abgenommen, aber jetzt „übertreiben wir alle ein wenig". Ein Untersuchungsbescheid müsse mit Diskretion behandelt werden, aber mittlerweile entspräche er einem Gerichtsurteil. Auch der Präsident des *Ordine dei Giornalisti*, Gianni Faustini, vertrat die Meinung, daß man bei der Berichterstattung über *Mani pulite* wieder zwischen Privatpersonen und denen des öffentlichen Interesses unterscheiden solle. Die Veröffentlichung von Untersuchungsbescheiden müsse nach diesen Kriterien erfolgen. Für einen normalen Staatsbürger dürfe er nicht einer Vorverurteilung gleichkommen.

Umberto Brunetti, Chefredakteur der *Prima Comunicazione,* wirft dem Journalismus Opportunismus vor: „Heute folgt die Presse der Staatsanwaltschaft, wie ein Radfahrer seinem Schrittmacher. Vorher war sie der Speichellecker der Parteien, jetzt, wo die Parteien am Ende sind, ist sie der Speichellecker der Staatsanwaltschaft und selbstverständlich der Besitzer. Ein guter Beobachter muß bemerken, daß es in unseren Zeitungen wenig Informationsfreiheit gibt. Informationsfreiheit bedeutet nicht nur, zu berichten, was im Parlament und auf der *Piazza* passiert. Die echte Informationsfreiheit bedeutet, über die wirtschaftlichen Entwicklungen zu berichten. Hingegen hat bei der Presse mal Olivetti, mal FIAT die Hände im Spiel. Die Besitzer und die Staatsanwaltschaft sind jetzt, wo die politische Macht verfallen ist, die zwei großen Mächte, und mit ihnen muß man vorsichtig umgehen. Dann, wenn die Politik wieder an die Oberfläche kommen wird, fürchte ich, daß sich die Presse wieder anstandslos in Reih und Glied stellen wird."[108]

Als den Verhaftungen die ersten Prozesse folgten, kam die Stunde des Fernsehens. Zwar hatte es schon während der Ermittlungsphase die meisten *Scoops*, Erstmeldungen; die Live-Übertragungen aus dem Gerichtsaal wurden aber zu wahren Straßenfegern. Die Italiener konnten sehen, wie Großunternehmer und Spitzenpolitiker vom „Helden der Nation", Antonio Di Pietro, fertiggemacht wurden. Es konnte schon vorkommen, daß Di Pietro ausfallend wurde, den Angeklagten duzte oder gar beschimpfte. Das Volk jubelte, die besonnenen Gemüter begannen daran zu zweifeln, ob Di Pietro tatsächlich so unfehlbar sei. So gewinnend seine etwas theatralische Art sein kann, so bedenklich kann diese für einen Staatsanwalt sein, der live im Fernsehen vor Millionen Zuschauern agiert.

Durch *Tangentopoli* und die Folgen hat sich, so Muraldi, die Presse aus den Fängen der Politik gelöst: „Wir werden sehen, ob die Presse die errungene Freiheit festigen kann. Es könnte eine große Wende für den italienischen Journalismus sein, vorausgesetzt, daß man sich bewußt ist, daß der Journalismus eine *soziale* und keine *politische* Funktion haben soll, er muß von der Politik losgelöst sein: sich mit Politik beschäftigen, aber nicht die Spiele der Politik mitmachen. Nach einer langen Periode der Nachgiebigkeit muß unser Journalismus jetzt die unvorhergesehen errungene Freiheit bewahren."[109]

Der italienische Journalismus ist jetzt redlich darum bemüht, das Image des Lakaien von Wirtschaft und Politik loszuwerden. Als sich das Ende der alten Herrschaftsklasse abzeichnete, lief man zur Seite des Volkes über. Dieser Seitenwechsel kann aber nicht darüber hinwegtäuschen, daß der italienische Journalismus sich bereits vor Jahrzehnten von seinen alten Werten verabschiedet hatte. Die Sensibilität, die die anglo-amerikanische Presse in bezug auf Bestechung und Korruption hat, wird man in Europa und vor allem in Italien nie antreffen. Redakteure der *New York Times* dürfen sich nicht einmal Rezensionsexemplare behalten, sondern müssen sie in die Redaktions-Bibliothek stellen. Im Ehrenkodex der *Business Week* steht, daß sogar Sekretärinnen ihre Geldanlagen der Direktion offenlegen müssen und daß jede Form von Geschenken, sogar „die Flasche Whisky zu Weihnachten", verboten ist. Als ein Redakteur des *Wall Street Journal* Insider-Geschäfte tätigte, wurde er fristlos entlassen.[110] *Insider trading* hat sich hingegen als typischer „Nebenerwerb" italienischer Wirtschaftsjournalisten erwiesen.

Es wurde versucht, einen Überblick der italienischen Mediengeschichte zu geben. Vor allem die Entwicklung des privaten Rundfunks steht in direktem Zusammenhang mit Berlusconis politischen Plänen. Forza Italia wird oft als Fininvest-Partei bezeichnet, weil sich Berlusconis Partei und Firma in Personal und Struktur zu Verwechseln ähnlich sind. Der Neopolitiker konnte außer die Ressourcen seiner Firma auch die Berichterstattung seiner drei Networks nutzen. Es scheint, als habe Berlusconi tatsächlich bereits 1994 die Basis für die Telekratie besessen. Dennoch muß diese Hypothese relativiert werden. Es gab eine mächtige intellektuelle Opposition zu Berlusconi. Das Gros der Printmedien stand ihm kritisch gegenüber, und sogar der öffentlich-rechtlichen RAI konnte keine besondere Sympathie für den Forza Italia-Chef nachgesagt werden. Vor allem die Wahlniederlage von 1996 relativiert die ganze Diskussion über die Macht der Telekratie. Was geschah aber 1994 tatsächlich?

Anmerkungen:

1 PORTER, William E.: The italian journalist. Michigan, 1983. S.49. Zit.n.: PELIKAN, Veronika: Der „Ordine dei giornalisti italiani". Journalismus als Beruf in Italien. Dissertation. Wien, 1989. S.52.
2 CAF steht für Craxi - Andreotti - Forlani. Der PSI-Chef, der Ministerpräsident und der Neo-Parteisekretär der DC teilten sich Ende der achtziger Jahre die Macht im Land auf. CAF wurde zum Synonym für die Endphase der Ersten Republik. Braun nennt das CAF „Höhepunkt und Selbstzerstörung der christlich-sozialistischen Herrschaft" (Vgl.: BRAUN, Michael: Italiens politische Zukunft. a.a.O., S.87-105).
3 Vgl.: PORTER, William E.: The italian journalist. a.a.O. S.52f.
4 POLACZEK, Dietmar: Der Preis der Meinung. Pressefreiheit in Italien. Der Fall Cavallari und die Tradition. In: Frankfurter Allgemeine Zeitung. 21.2.1984. S.21.
5 Zit.n.: POLACZEK, Dietmar: Der Preis der Meinung. a.a.O.
6 PELIKAN, Veronika: Der „Ordine dei giornalisti italiani". a.a.O. S.40.
7 Vgl.: STECHER, Sabine: Journalismusausbildung in Italien. Diplomarbeit. Wien, 1991.
8 ROQUES, Valeska: Die Stunde der Leoparden. a.a.O. S.152.
9 Zit.n.: PELIKAN, Veronika: Der „Ordine dei giornalisti italiani". a.a.O. S.35.
10 RAUEN, Birgit: Pressekonzentration in Italien. In: Media Perspektiven. 9/1979. S.614.
11 Zit.n.: LISTRI, Pier Francesco: I segreti dell' informazione. Stampa e TV nelle parole dei protagonisti. Mailand, 1994. S.17.
12 MÜLLER, Karin: Die Österreich-Berichterstattung in den italienischen Medien. Eine Inhaltsuntersuchung der Auslandskorrespondenz über Österreich am Beispiel des Corriere della Sera. Diplomarbeit. Wien, 1993. S.29.
13 BERGMEISTER, Helga: Das Image des Österreichers in der italienischen Presse. Eine inhaltsanalytische Untersuchung am Beispiel der italienischen Tageszeitung „La Repubblica". Diplomarbeit. Wien, 1989. S.12.
14 Vgl.: DOVIFAT, Emil: Handbuch der Weltpresse. Bd. 1. Pressesysteme der Welt. Hg. v. Institut für Publizistik der Universität Münster. Köln, 1970. S.262.
15 BUOVOLO, Marisa: Kämpfe mit Beilagen. In: Medium. 1/1989. S.61.
16 Vgl.: GIGLER, Hubert: Entstehungs- und Erfolgsgründe liberaler Tageszeitungen am Beispiel von La Repubblica und El Pais. Dissertation. Wien, 1989. S.227.
17 NAMUTH, Michaela: Benettons Stimme. Italien: Vor den Wahlen hat eine Revolution im Zeitungswesen begonnen. In: Die Zeit. 11.3.1994. S.36.
18 Genaue, aber vor allem aktuelle Auflagezahlen sind in Italien kaum zu recherchieren, von Österreich aus ist dies ein Ding der Unmöglichkeit. Kommt man an Zahlen, muß man erst wieder die Quelle recherchieren. Es gibt in Italien zwei Institute, die die Auflagezahlen erheben: das Accertamento Diffusione Stampa (ADS) und das ISPIPRESS. Da das eine von den Verlagen und das andere von den Werbeagenturen bezahlt wird, unterscheiden sich die Zahlen meist erheblich. Deshalb soll man die genannten Zahlen nur als Trends sehen. Vgl.: MÜLLER, Karin: Die Österreich-Berichterstattung in den italienischen Medien. a.a.O. S.26.
19 MATHEUS, Annette: Fünfzehn Jahre „la Repubblica": Die Karriere einer italienischen Tageszeitung. In: Publizistik. 2/1991. S.241.
20 TURI, Gianandrea: Guerra di quotidiani. In: Avvenimenti. 27.7.1994. S.53.
21 vgl. RAUEN, Birgit: Italienische Presse 1978 bis 1988. a.a.O. S.703.
22 NAMUTH, Michaela: Benettons Stimme. a.a.O.
23 Vgl. auch: GIGLER, Hubert: Entstehungs- und Erfolgsgründe liberaler Tageszeitungen am Beispiel von La Repubblica und El Pais. a.a.O. S.60-91.
24 BUOVOLO, Marisa: Kämpfe mit Beilagen. a.a.O. S.62.
25 BERGMEISTER, Helga: Das Image des Österreichers in der italienischen Presse. a.a.O.
26 Vgl.: BUOVOLO, Marisa: Kämpfe mit Beilagen. a.a.O.
27 Vgl.: BERGMEISTER, Helga: Das Image des Österreichers in der italienischen Presse. a.a.O. S.24.
MÜLLER, Karin: Die Österreich-Berichterstattung in den italienischen Medien. a.a.O. S.37f.
28 MATHEUS, Annette: Fünfzehn Jahre „la Repubblica". a.a.O. S.234.
29 Zit.n.: MATHEUS, Annette: Fünfzehn Jahre „la Repubblica". a.a.O. S.234.

30 Zit.n.: MATHEUS, Annette: Fünfzehn Jahre „la Repubblica". a.a.O. S.232.
31 PERNA, Giancarlo: Scalferi. Una vita per il potere. Mailand, 1989. S.162. Zit.n.: MATHEUS, Annette: Fünfzehn Jahre „la Repubblica". a.a.O.
32 MÜLLER, Karin: Die Österreich-Berichterstattung in den italienischen Medien. a.a.O. S.34.
33 GIGLER, Hubert: Entstehungs- und Erfolgsgründe liberaler Tageszeitungen am Beispiel von La Repubblica und El Pais. a.a.O. S.84.
34 Zit.n.: MÜLLER, Karin: Die Österreich-Berichterstattung in den italienischen Medien. a.a.O. S.36f.
35 RAUEN, Birgit: Pressekonzentration in Italien. a.a.O. S.613.
36 Vgl.: POLACZEK, Dietmar: Der Preis der Meinung. a.a.O.
37 RAUEN, Birgit: Italien: Kartellbildung von Medien und Industrie. In: Media Perspektiven. 3/1990. S.165f.
38 Zit.n.: RAUEN, Birgit: Pressekonzentration in Italien. a.a.O. S.615.
39 RAUEN, Birgit: Pressekonzentration in Italien. a.a.O. S.616.
40 Zit.n.: RAUEN, Birgit: Italien: Kartellbildung von Medien und Industrie. a.a.O. S.167.
41 Zit.n.: RAUEN, Birgit: Italien: Kartellbildung von Medien und Industrie. a.a.O.
42 MATHEUS, Annette: Fünfzehn Jahre „la Repubblica". a.a.O. S.227.
43 Vgl. auch: GIGLER, Hubert: Entstehungs- und Erfolgsgründe liberaler Tageszeitungen am Beispiel von La Repubblica und El Pais. a.a.O. S.28f.
44 Vgl.: RAUEN, Birgit: Italien: Kartellbildung von Medien und Industrie. a.a.O. S.168f.
45 MATHEUS, Annette: Fünfzehn Jahre „la Repubblica". a.a.O. S.228.
46 RAUEN, Birgit: Pressekonzentration in Italien. a.a.O. S.616.
47 MATHEUS, Annette: Fünfzehn Jahre „la Repubblica". a.a.O. S.240.
48 MÜLLER, Karin: Die Österreich-Berichterstattung in den italienischen Medien. a.a.O. S.24.
49 RAUEN, Birgit: Italienische Presse 1978 bis 1988. a.a.O. S.692.
50 N.N.: Wiedereinstieg Mondadoris in Italiens TV-Geschäft? Ehrgeizige Expansionspläne der Verlagsgruppe. In: Neue Zürcher Zeitung. 21.4.1989. S.19.
51 N.N.: Wiedereinstieg Mondadoris in Italiens TV-Geschäft? a.a.O.
52 Zit.n.: RAUEN, Birgit: Italien: Kartellbildung von Medien und Industrie. a.a.O. S.169.
53 Zit.n.: LISTRI, Pier Francesco: I segreti dell' informazione. a.a.O. S.72f.
54 Zit.n.: LISTRI, Pier Francesco: I segreti dell' informazione. a.a.O. S.77.
55 MEINEL, Wulf: Die Rundfunkstruktur in Italien. Ein zur Ruhe gekommener freier Markt? In: Media Perspektiven. 6/1985. S.401-411, hier S.410.
56 WALLISCH, Gianluca / WALLISCH, Stefan: Der Versuch einer „regressiven" Medienpolitik - Italien als ein ermutigendes Beispiel? In: PELINKA, Peter / DUCHKOWITSCH, Wolfgang / HAUSJELL, Fritz: Zeitungs-Los. Essays zu Pressepolitik und Pressekonzentration in Österreich. Salzburg, 1992. S.86-102, hier S.87.
57 GRIZZAFFI, Giuseppe: Sechs Jahre Privatfernsehen in Italien. In: Media Perspektiven. 11/1982. S.711-717, hier: 711f.
58 Vgl.: MARTINI, Paolo: Die Umstrukturierung des italienischen Fernsehsystems. In: Rundfunk und Fernsehen. 3-4/1985. S.501-512. hier: S.501.
59 Vgl.: MEINEL, Wulf: Die Rundfunkstruktur in Italien. a.a.O. S.401.
60 WALLISCH, Gianluca / WALLISCH, Stefan: Der Versuch einer „regressiven" Medienpolitik - Italien als ein ermutigendes Beispiel? a.a.O. S.86.
61 N.N.: Rundfunkchaos in Italien dauert an. In: Media Perspektiven. 1/1980. S.73.
62 RAUEN, Birgit: Italienischer Rundfunk: Vom Wellensalat zum wohlgeordneten Geschäft. In: Media Perspektiven. 6/1980. S.385-394, hier: S.386f.
63 Zit.n.: IGEL, Renate: Berlusconi. Eine italienische Karriere. Rastatt, 1990. S.106f.
64 MEINEL, Wulf: Die Rundfunkstruktur in Italien. a.a.O. S.402.
65 RAUEN, Birgit: Platz für zwei Networks: Medienkonzentration in Italien. In: Media Perspektiven. 3/1984. S.161-172, hier: S.162.
66 GRIZZAFFI, Giuseppe: Fernsehen in Italien: Der Weg zum Duopol. In: Media Perspektiven. 11/1984. S.854-861, hier S.860.

67 Zit.n.: GRIZZAFFI, Giuseppe: Fernsehen in Italien. a.a.O. S.860f.
68 Vgl.: RUGGERI, Giovanni / GUARINO, Mario: Berlusconi. a.a.O. S.145.
69 RAUEN, Birgit: Vorläufige Genehmigung für Privatsender. In: Media Perspektiven. 4/1985. S.301-304, hier S.301.
70 MEINEL, Wulf: Italien: Die Stabilisierung eines Patts zwischen Unterhaltungsnetworks und der RAI. In: Media Perspektiven. 9/1986. S.582-586, hier S.583.
71 RAUEN, Birgit: Italien: Kartellbildung von Medien und Industrie. a.a.O. S.156.
72 GATNAR, Anton F.: Neues Radio- und Fernsehgesetz in Italien. In: Medien und Recht. 5/1990. S.177f., 207f., hier S.177.
73 SAUER, Ulrike: Auswirkungen des neuen Mediengesetzes in Italien. In: Media Perspektiven. 3/1991. S.161-169, hier S.161.
74 GATNAR, Anton F.: Neues Radio- und Fernsehgesetz in Italien. a.a.O. S.178.
75 IGEL, Renate: Lex Berlusconi. Nach 15 Jahren Privatfunk hat Italien ein Mediengesetz. In: Medium. 3/1991. S.101-103, hier S.103. - RUGGERI, Giovanni / GUARINO, Mario: Berlusconi. a.a.O. S.190.
76 Ähnlich dem deutschen Premiere-Kanal sendet Tele+ (sprich „Telepiu") Spielfime. Tele+ 2 strahlt Sportsendungen aus und zwingt viele sportbegeisterte Italiener, einen Decoder zu kaufen. Tele+ 3 gibt hingegen vor, ein Kultursender zu sein.
77 SAUER, Ulrike: Auswirkungen des neuen Mediengesetzes in Italien. a.a.O. S.164.
78 BRAUN, Michael: Italiens politische Zukunft. a.a.O. S.165.
79 SAUER, Ulrike: Auswirkungen des neuen Mediengesetzes in Italien. a.a.O. S.166f.
80 ROQUES, Valeska von: Die Stunde der Leoparden. a.a.O. S.111.
81 RAUEN, Birgit: Italienische Presse 1978 bis 1988. a.a.O. S.704.
82 ROQUES, Valeska von: Die Stunde der Leoparden. a.a.O. S.114.
83 Zit.n.: RUGGERI, Giovanni / GUARINO, Mario: Berlusconi. Showmaster der Macht. Die Biographie. Berlin, 1994. S.79.
84 Zit.n.: RUGGERI, Giovanni / GUARINO, Mario: Berlusconi. a.a.O. S.66.
85 TEODORI, Massimo: Ladri di democrazia. Dalla P2 a Tangentopoli, il malaffare politico che ha portato alla fine della Repubblica. Neapel, 1994. S.202.
86 Zit.n.: TEODORI, Massimo: Ladri di democrazia. a.a.O. S.202.
87 Zit.n.: TEODORI, Massimo: Ladri di democrazia. a.a.O. S.196.
88 TEODORI, Massimo: Ladri di democrazia. a.a.O. S.204.
89 Zit.n.: TEODORI, Massimo: Ladri di democrazia. a.a.O. S.205.
90 RAUEN, Birgit: Pressekonzentration in Italien. a.a.O. S.618.
91 TEODORI, Massimo: Ladri di democrazia. a.a.O. S.207.
92 TEODORI, Massimo: Ladri di democrazia. a.a.O. S.229.
93 Zit.n.: TEODORI, Massimo: Ladri di democrazia. a.a.O. S.232.
94 ROQUES, Valeska von: Die Stunde der Leoparden. a.a.O. S.115.
95 RUGGERI, Giovanni / GUARINO, Mario: Berlusconi. a.a.O. S.78.
96 Zit.n.: RUGGERI, Giovanni / GUARINO, Mario: Berlusconi. a.a.O. S.59.
97 RUGGERI, Giovanni / GUARINO, Mario: Berlusconi. a.a.O. S.79.
98 FRACASSI, Claudio / GAMBINO, Michele: Berlusconi. Una biographia non autorizzata. La vita, le amicizie, gli affari. Sonderbeilage zu: Avvenimenti. 7/1994.
99 Vgl.: VACCARI, Lanfranco: C'è da fidarsi dei giornalisti? a.a.O. - MUGHINI, Giampiero: Chi di accetta ferisce... In: Panorama. 19.9.1993. S.38. - N.N.: Senza Ordine né legge. In: Panorama. 19.9.1993. S.39. - COLLI, Laura delli: Nel mirino della Rai. In: Panorama. 19.9.1993. S.40. - PERGOLINI, Angelo: Messaggero benedetto. In: Panorama. 19.9.1993. S.41-42. - N.N.: „Sono influenti? Paghiamoli". In: Panorama. 19.9.1993. S.42. - VACCARI, Lanfranco: Quante ombre in prima pagina. In: Panorama. 3.4.1994. S.52-54. - OLDANI, Tino: Turani uno, due, tre... In: Panorama: 3.4.1994. S.53.
100 vgl. VACCARI, Lanfranco: Quante ombre in prima pagina. a.a.O. S.52f.
101 Vgl.: COLLI, Laura delli: Nel mirino della Rai. a.a.O.
102 N.N.: „Sono influenti? Paghiamoli". a.a.O.

103 VACCARI, Lanfranco: C'è da fidarsi dei giornalisti? a.a.O. S.39.
104 MUGHINI, Giampiero: Chi di accetta ferisce... a.a.O.
105 Zit.n.: BRAUN, Michael: Italiens politische Zukunft. a.a.O., S.103.
106 RAITH, Werner: Der Korruptionsschock. a.a.O. S.51.
107 Vgl. im folgenden: LISTRI, Pier Francesco: I segreti dell' informazione. a.a.O. S.46ff.
108 LISTRI, Pier Francesco: I segreti dell' informazione. a.a.O. S.45.
109 LISTRI, Pier Francesco: I segreti dell' informazione. a.a.O. S.46.
110 N.N.: Senza Ordine né legge. a.a.O.

IV. Berlusconi und Forza Italia

Biographie

Berlusconis Biographie, wie sie von seinen Freunden und Verwandten geschildert wird, ist voller Mythen und Anekdoten. Sie zeichnen das Bild eines Mannes, der schon als Kind wußte, daß er eines Tages mächtig und reich sein würde. Sie zeichnen das Bild eines Mannes, der als Jugendlicher aus dem Geld, das er bei Ferialjobs verdient hatte, binnen kürzester Zeit Millionen machte. Sie erzählen die typische Geschichte des Tellerwäschers (sprich: Staubsaugervertreters), der zum Millionär (sprich: Milliardär) wird. Berlusconis Biographie, wie sie von seinen Kritikern geschildert wird, ist hingegen voller Fragezeichen und Anschuldigungen. Sie zeichnen das Bild eines Mannes, dessen Machthunger keine Grenzen kennt. Sie zeichnen das Bild eines Mannes, der von Anbeginn über versteckte Geldquellen verfügte. Einige Beobachter begründen Berlusconis Einstieg in die Politik mit ganz persönlichen Motiven wie Machthunger und Machterhaltung. Ein Blick auf den Werdegang dieses Mannes soll diese These behandeln.

Silvio Berlusconi wurde am 29. September 1936 geboren. Sein Vater, Luigi, war Prokurist einer Privatbank. Obwohl die Familie aus kleinbürgerlichen Verhältnissen stammte, wurde Silvio in ein angesehenes Internat der Salesianer geschickt. Sein zwölf Jahre jüngerer Bruder Paolo, sollte später dieselbe Schule besuchen. Über seine Schulzeit existieren zahlreiche Anekdoten, die seine Willensstärke und sein Führungstalent belegen sollen.

1961 schloß Berlusconi sein Jus-Studium mit Auszeichnung ab. Mit seiner Dissertation über die juristischen Probleme der Werbung gewann er sogar einen Preis, der von der großen Werbeagentur Manzoni ausgeschrieben worden war. Der Preis war mit zwei Millionen Lire dotiert. Wichtiger als das Geld war die dadurch entstandene Bekanntschaft zu Manzoni. Obwohl er seine ersten Millionen im Baugewerbe machte, war das Thema seiner Dissertation richtungweisend für seine Karriere. Den Wehrdienst mußte Berlusconi aufgrund einer günstigen Fügung nicht absolvieren. Noch im gleichen Jahr machte sich der Fünfundzwanzigjährige bereits selbständig und gründete die Bauholding Cantieri Riuniti Milanesi. Bereits während des Studiums hatte er für eine Baufirma gearbeitet, aber er strebte schließlich nach Höherem und schlug auch ein Angebot der Bank, in der sein Vater arbeitete, aus. Woher Berlusconi sein Startkapital genommen hat, ist bis heute nicht ganz klar. Die Legende will, daß es seine Ersparnisse von den Ferialjobs als Staubsaugervertreter und als Entertainer auf Kreuzfahrten waren. Andere Stimmen sagen, daß ihm sein Vater geholfen habe[1], wieder andere sprechen von einer obskuren Geldquelle in der Schweiz, der Luganer Finanzierungsgesellschaft für Residenzen. *L'Espresso* schrieb 1984: „Plötzlich wachen sie auf und beschließen überdimensionale Erhöhungen ihres Kapitals, z.B. von 20 Millionen auf 2 Milliarden. Die Sache stinkt. Wenn dann die Erhöhung mit Geld vollzogen wird, das in der schweizerischen Eidgenossenschaft lagert, besteht fast Gewißheit, daß es sich um Gelder der Mafia handelt, die vor allem aus dem Drogenhandel stammen."[2]

In der Zeit, als der halbe Süden Italiens nach Mailand zog, um vom Wirtschaftswunder zu profitieren und Arbeit zu finden, machte Silvio Berlusconi mit dem Bau von Satellitenstädten das große Geld. 1966 errichtete er Brugherio, 1969 folgte Milano 2, 1976 Milano 3. „Milano 2 ist auch ein Statussymbol, mit dem sich seine Bewohner gerne schmücken: 10.000 Bewohner in 2.500 Appartements, 40 Quadratmeter Grünfläche pro Einwohner gegen dreieinhalb in Mailand, 5.000 Bäume und ein künstlicher See, der die Illusion erzeugt, man habe ein kleines Eckchen Schweiz vor der Haustür. Ist Milano 2 eine Modellstadt oder ein Luxusgetto?"[3] Wie auch bei der Errichtung der Einkaufszentren Girasole und Lachiarella hatte Berlusconi die nötige Portion „Glück". So bekam er die Baugenehmigung für Milano 3 zwei Tage bevor eine neue Regelung wirksam wurde, die sein Projekt untersagt hätte.[4]

Der Medien- und Werbetycoon[5]

Seine Satellitenstädte waren auch Ausgangspunkt für Berlusconis Einstieg in das Mediengeschäft. Da Milano 2 etwas außerhalb der Stadt lag, wollte Berlusconi den Bewohnern mit einem kleinen Kabelsender eine Alternative zum entfernten Kino bieten. Bereits 1974 richtete er im Keller des Hotels von Milano 2 ein kleines Fernsehstudio ein. Wieder kann die Legende Berlusconis Weitblick belegen. Fedele Confalonieri ist hier der Zeitzeuge. Er war ein Klassenkamerad Berlusconis, begleitete in der Studienzeit den singenden Silvio auf den Kreuzfahrten und am Klavier und wurde schließlich die Nummer zwei der Fininvest. Confalonieri erinnert sich an 1977, als sie noch mit dilettantischen Mitteln Fernsehen für ein paar hundert Haushalte machten. Berlusconi soll eines Tages gesagt haben: „Warum müssen wir eigentlich alle Programme einkaufen? Warum machen wir nicht selbst Programme, die wir dann auch verkaufen können? Und warum machen wir nicht unsere eigene Werbung, anstatt die Publiepi damit zu beauftragen? [...] Und wer weiß, vielleicht schlagen wir ja auch die RAI."[6] Welch Pioniergeist!

Ob wahr oder gut erfunden, in dieser Überlegung lag der große Erfolg des Silvio Berlusconi. Bereits in seiner Dissertation hatte der spätere Fernseh- und Werbetycoon auf die hervorragenden Möglichkeiten des Werbemediums Fernsehen hingewiesen. Das wirkliche Geschäft war schließlich nicht das Fernsehen - es war mit enormen Spesen verbunden, -, sondern das Werbegeschäft. Solange man die Vermittlung von Werbung einem Dritten überließ, gab man eine große Gewinnspanne freiwillig ab. Wer auf eine eigene Werbevermittlungsfirma zählen konnte, machte das große Geld. Die meisten Fernsehprojekte jener Zeit scheiterten bereits nach kurzer Zeit, weil die Betreiber, so z.B. Rusconi, dies nicht erkannt hatten. Berlusconi wußte auch, daß der große Bauboom vorbei war und konzentrierte sich ganz auf sein neues Betätigungsfeld, die Massenmedien.

Bereits 1976 war Berlusconi mit zwölf Prozent beim *Giornale* von Indro Montanelli eingestiegen, später stockte er auf 37,5 Prozent auf. Als man damals den Mann, der mit seinen Satellitenstädten reich und berühmt geworden war, fragte, warum er ins Mediengeschäft eingestiegen sei, antwortete er wie alle Großunternehmer, ihn interessiere nur der Wirtschaftsfaktor „Medien". Später offenbarte er seine wirklichen Beweggründe: „Das Abenteuer *Giornale* ging ich ein, weil ich mir Sorgen darüber machte, in Italien eine Linke im Vormarsch zu sehen, die noch nicht vollständig auf dem Weg der Demokratie war. Es war für mich etwas Neues, für eine Bastion zu streiten, die eine sich formierende gefährliche Tendenz aufhalten könnte."[7] Als er Anfang 1994 in die Politik einstieg, führte er diese Begründung neuerlich für sein Engagement an.

Ende der Siebziger eroberte Berlusconi die Medienwelt: 1977 wurde er neben den Großindustriellen Agnelli und Pirelli zum „Ritter der Arbeit" geschlagen. Ein Jahr später gründete er die Holding Fininvest (Finanziaria d'Investimento). 1979 folgte Rete Italia, eine Gesellschaft für den An- und Verkauf von Programmen. Von der Titanus kaufte er 300 italienische Spielfilme auf. Die RAI bot kaum Spielfilme und hatte bereits um 23 Uhr Sendeschluß. Berlusconi erkannte diese Marktlücke und kaufte - nach eigenen Angaben - alleine 1979 in den USA Filme im Wert von sechs Millionen Dollar ein. Die RAI gab hingegen nur 650.000 Dollar für amerikanische Programme aus.[8]

Berlusconi waren die ihm gesetzlich auferlegten Grenzen der lokalen Ausstrahlung zu eng und er begann die Zusammenarbeit mit anderen Sendern. Er belieferte sie mit den fertigen Videobändern, auf denen sogar die Werbung schon eingefügt war. 1979 waren es bereits 40 Sender, die zu einer Kette zusammengeschlossen waren. Die TV-Sender degenerierten zu reinen Relais-Stationen, das Geschäft machte Berlusconi. 1980 legte er mit *Canale 5* und *Canale 10* den Grundstein für seine Networks.

Seine Konkurrenten schätzten die Situation falsch ein und wollten abwarten. Als von einem Mediengesetz die Rede war, das einem Network nur fünf Sendestationen erlauben sollte, zögerte Mondadori mit seinen Expansionsbestrebungen. Berlusconi kaufte hingegen jeden Sender auf, der sich anbot, denn er vermutete (oder wußte), daß dieses Gesetz nicht verabschiedet werden würde. Die Journalisten Ruggeri und Guarino glauben, Berlusconis Erfolgsrezept zu kennen: „In dieser chaotischen Branche, in der Improvisationstalent alles ist, gewinnt der tatkräftige Berlusconi dank seiner Skrupellosigkeit und aufgrund der außerordentlichen Geldmenge, über die er verfügt, schnell Oberhand."[9]

1980 konnte er einen weiteren Punkt seiner Vision verwirklichen, er gründete seine eigene Werbefirma, die Publitalia, deren Leiter Marcello Dell'Utri wurde. Heute gilt sie mit 300 Mitarbeitern, die eine professionelle Weiterbildung erfahren, als die größte Agentur Europas. Sie ist das Herzstück der Fininvest und bringt die größten Gewinne. Die Publitalia faßte am expandierenden Markt schnell Fuß. Die RAI hatte damals etwa 300 Werbekunden. Berlusconi überzeugte bei 160 Arbeitsessen in den ersten Monaten potentielle Kunden von den Vorteilen der Fernsehwerbung. Er dürfte sehr überzeugend gewesen sein, denn er warb der RAI nicht nur praktisch alle Kunden, sondern auch viele Mitarbeiter ab. Bereits 1984 hatte die Publitalia einen Umsatz von 1,5 Milliarden zu verzeichnen.

Mit dem Slogan „Wir verkaufen Verkauf" und Dumpingpreisen eroberte die Publitalia den Markt. So mußten z.B. Kunden erst für ihre Werbung bezahlen, wenn sie eine Verkaufssteigerung ihres Produktes feststellen konnten. Man konnte auch - wie im Supermarkt - drei Spots zum Preis von zwei kaufen. In Italien brach ein Werbefieber aus, dem sogar Star-Regisseure wie Franco Zefirelli und die Brüder Taviani erlagen, die in die Niederungen des Kommerz herabstiegen und Werbespots produzierten. Die Werbeeinschaltungen nahmen unerträgliche Ausmaße an. Eine Studie belegt, daß man auch heute noch beim täglichen Medienkonsum auf etwa drei- bis sechshundert Werbemitteilungen stößt. Der Fernsehkonsument äußerte seinen Unmut über die Unterbrechungen der Spielfilme, und so mußte man nach neuen Werbeformen suchen und fand sie im Sponsoring. In keinem Land der Welt gibt es so viel Sponsoring wie in Italien. Für die Modellvorstellung des Alfa Romeo 164 übertrug die RAI einen ganzen Gala-Abend.

Amüsant ist eine Anekdote über den RAI-Moderator Renzo Arbore. Er warb in seiner Sendung für *Cacao Meravigliao*. In den darauffolgenden Tagen konnten sich die Supermärkte und Kaffeehäuser vor Anfragen nach diesem Kakao nicht erwehren. Alle mußten achselzukkend erklären, daß sie diese Markte nicht führten. Wie denn auch, sie war erfunden! Dennoch beklagte sich niemand, denn der Kakaoumsatz stieg auch ohne *Cacao Meravigliao* um 30 Prozent. (*Cacao Meravigliao* wurde später sogar produziert.) Dieser „Feldversuch" eines pfiffigen Showmasters ist bis heute mehr als nur eine Anekdote. Während des Telewahlkampfes von 1994 verglich Umberto Eco das „Produkt" Berlusconi mit dem legendären *Cacao Meravigliao*. Berlusconi habe sich durch eine einzige Fernsehsendung (Anm.: die „Rede an die Nation") zum „Befreier Italiens" erhoben.[10]

Der Vergleich ist überaus treffend, aber auch beunruhigend. Wir können zwar mit einem *Cacao Meravigliao* leben, dessen Existenz wir einem Moderator zu „verdanken" haben. Können wir aber auch mit einem Ministerpräsidenten leben, dessen Existenz wir dem Fernsehen zu verdanken haben? Eco wollte mit diesem Vergleich sicherlich auch betonen, daß Berlusconi aus einer Stimmung und nicht aufgrund einer rationalen Entscheidungen zum Regierungschef gewählt wurde. Italien hatte Lust nach etwas Neuem, so wie man vor dem Fernseher sitzend plötzlich Lust auf eine Tasse Kakao bekommt. Ob der neue Kakao nun besser oder schlechter als der ist, der bereits zu Hause im Küchenregal steht, entscheidet sich aber erst nach dem Kauf. Es stellt sich allerdings die Frage, ob man ihn nach enttäuschendem Test ein zweites Mal kaufen würde. Das Gleiche galt für den Politiker Berlusconi...

Ein Deal, den er schon seit Jahren vorbereitet hatte, gelang Berlusconi schließlich 1982. Er konnte den beliebtesten Showmaster Italiens, Mike Buongiorno, von der RAI loseisen. Buongiorno macht seit 1954 bis zum heutigen Tag Fernsehshows, er ist schlichtweg eine Institution. Als Berlusconi während der Verhandlungen mit dem Showmaster merkte, daß dieser für, aber seine Frau gegen einen Wechsel zur Fininvest war, bot er der Modedesignerin einfach auch eine eigene Sendung an. Sie willigte ein, und die Familie Buongiorno trat in seine Dienste. Mike erwies sich als wahre Goldgrube. Keiner verstand es wie er, das lukrative Sponsoring in der Show unterzubringen, ohne Zuschauer zu vertreiben. 15 Millionen Schilling brachte Mikes Verkaufstalent seinem Herrn pro Sendung ein.[11]

1984 hatte Berlusconi durch den Kauf von *Rete 4* seine Vormachtstellung auf dem Markt ausgebaut. Er selbst erklärte dazu: „Ein privater Monopolist tritt nunmehr wirksam dem öffentlichen Monopol entgegen."[12] In seinen Augen bestanden durch diese Konzentrationsbestrebungen keine Gefahren für die Demokratie. Er verwies darauf, daß er keine überregionalen Nachrichtensendungen, keine Informationssendungen, sondern nur Unterhaltung anbiete. Mittlerweile bringt Berlusconi auch Nachrichten- und Informationssendungen. Die Frage sollte ihm daher neu gestellt werden. Oder war vielleicht sein Wahlerfolg bereits Antwort genug? Berlusconi war sogar davon überzeugt, daß seine Sender die Demokratie fördern würden: „Schließlich steigt auch der Grad der Demokratie. Während der Wahlkampagnen erscheinen in den öffentlichen Fernsehanstalten nur einige wenige herausragende Politiker. In Italien sind jedoch bei den letzten Wahlen mehr als tausend Kandidaten auf den Bildschirmen präsent gewesen."[13]

Nur Roberto Marinho ist es in Brasilien gelungen, eine ähnliche Vormachtstellung aufzubauen.[14] Nun blieb nur noch die RAI als Alternative zu den Fininvest-Sendern. Berlusconi mußte allerdings Ministerpräsident werden, um (vorübergehend und unter verfassungsrechtlichen Beschränkungen) das absolute Fernsehmonopol in Italien zu besitzen. „Wie für jeden anderen Wirtschaftszweig gilt auch hier: Gewinnmaximierung durch Monopolisierung. Der Unterschied liegt aber auf einem anderen Niveau: Massenmedien spielen in einer demokratischen Gesellschaft eine große politische, kulturelle und letztlich auch soziale Rolle. Die Medienvielfalt, die in allen Demokratien als eines der demokratischen Grundmittel gilt, wird ad absurdum geführt."[15]

Beobachter waren nicht so sehr über die Monopolbestrebungen der Fininvest verwundert, als vielmehr über die Geldquellen, die nie versiegten und es ihr erlaubten, alles zu kaufen, was sie interessierte. Man sprach wieder von „mysteriösen Finanzierungen", auf die er zurückgreifen konnte, wie z.B. beim Ankauf von *Rete 4*. Mondadori sagte später: „Wir haben den Fehler gemacht, nicht zu begreifen, daß es unmöglich war, Berlusconi auf wirtschaftlichem Gebiet Konkurrenz zu machen: Seine finanziellen Möglichkeiten sind unbegrenzt. Alles lief übers Ausland, fast als verfügte er über einen Teil des Vermögens der P2."[16] Als er 1984 dann den Kampf um die Marktführerposition gegen die RAI aufnahm, kostete ihn dies täglich umgerechnet etwa sieben Millionen Schilling.[17] „Auch und vor allem dank seiner mysteriösen wie immensen finanziellen Mittel kann Berlusconi gegen den Koloß RAI antreten und ihn schließlich bezwingen."[18]

Berlusconi strukturierte die drei Sender, um mit jedem eine bestimmte Zielgruppe anzusprechen. Neben der Bindung der Zuschauer an einen Sender war auch die Möglichkeit der zielgruppenorientierten Werbung von Nutzen. *Italia 1* war für die Jugend bestimmt, *Rete 4* zielte auf die Hausfrauen ab, und *Canale 5* war der Spielfilm- und Show-Sender. Man wollte dadurch eine Senderbindung aufbauen. Jeden Morgen landeten auf dem Tisch der Fininvest-Manager die Reichweitendaten des Vortages. Wie sich im Wahlkampf 1994 bestätigen sollte, liebt Berlusconi täglich neue Umfragen. Er legte auf das sogenannte Stimmungsbarometer immer großen Wert. Die drei Networks boten nur Unterhaltung und praktisch keine Informations- und Kultursendungen. Auf dem Gebiet der Unterhaltung war man allerdings äußerst professionell. Man nutzte die neuen Möglichkeiten der Computer-Graphiken und Spezialeffekte gekonnt aus und bot damit dem Zuschauer ein im Layout sehr abwechslungsreiches Fernsehprogramm. Die RAI wollte und konnte anfangs auf dem Sektor der Innovationen nicht mitziehen.

1986 kaufte *Rete Italia* 49 Prozent des Filmkonzerns Medusa für 25 Millionen Dollar. Noch im gleichen Jahr gründete Berlusconi gemeinsam mit Robert Maxwell, der französischen Seydoux-Gruppe und der Betafilm Leo Kirchs das Consortium pour la Télévision Commerciale. Berlusconis Rete Italia investierte allein 1986 120 Mrd. in Fernsehproduktionen.[19]

Die Fininvest ist ein typisches Beispiel für ein Medienkonglomerat. Unter einem Dach finden sich: Fernsehsender, Zeitungen, Werbevermittlungs- und Filmproduktionsfirmen sowie Musik-, Film- und Print-Verlage. Hunderte Kinos und zahlreiche Theater sind ebenfalls im Besitz der Fininvest. Bereits 1977 hatte er sogar das berühmte Teatro Manzoni in Mailand gekauft.[20]

Symbiose Medien und Politik

Um all dies aufbauen zu können, mußte er über ausgezeichnete Bankkontakte, aber auch über Kontakte zur politischen Spitze verfügen. Montanelli: „Denn Berlusconi ging ins Fernsehen und gewann die Schlacht. Wie er das geschafft hat? Und das ist der Punkt. Berlusconi hatte einen politischen Ziehvater."[21] Sogar der Berlusconi-Intimus Fedele Confalonieri bestätigte: „Berlusconi und sein Privatfernsehen entstehen fast parallel zum Aufstieg Craxis innerhalb der Sozialistischen Partei."[22] Ein Mitarbeiter erklärte gegenüber den Journalisten Ruggeri und Guarino: „Dank Craxi öffneten sich Berlusconi viele Türen. Es gab eine Zeit, da hatte Berlusconi Schwierigkeiten, seinen finanziellen Verpflichtungen nachzukommen: Durch die Unterstützung des sozialistischen Parteisekretärs, der beste Kontakte zu den Banken hatte, wurde für ihn alles viel einfacher."[23] Der Ministerpräsident half seinem Freund sogar, Journalisten von anderen Medien abzuwerben. So lud er Giampaolo Pansa in den Regierungspalast Palazzo Chigi, nur um ihm mitzuteilen, daß ihn Berlusconi gerne bei einem Sender oder beim *Giornale* anstellen würde.[24]

Craxi hat Berlusconi mehrmals aus schwierigen Situationen geholfen. Wie bereits erwähnt, legalisierte er bei der Verdunkelung der TV-Sender 1984 Berlusconis Medienimperium. Laut Walter Veltroni bestimmte Berlusconi die Mediengesetzgebung: „Das Gesetz wurde bisher nicht gemacht, weil Berlusconi es nicht wollte. Nach der Verdunkelung seiner Sender im Herbst 1984 hat man eines gemacht, weil er es wollte.“[25] Berlusconi bedankte sich mit zahlreichen Spots im Wahlkampf, 1992 gab er sogar noch eine Wahlempfehlung für Craxi ab. Als Craxi das Wasser bereits bis zum Hals stand und er sich in einem römischen Hotel vor der aufgebrachten Volksmenge verbarrikadiert hatte, besuchte ihn Berlusconi noch.[26]

Bei der *Legge Mammì* zwei Jahre zuvor konnte sich Berlusconi noch auf seine Freunde in der Politik verlassen. Der Gesetzesentwurf sprach davon, Werbeunterbrechungen in Spielfilmen zu untersagen. Die Manager der Werbevermittlungsfirma Publitalia waren beunruhigt, nicht aber Berlusconi: „Ihr braucht euch keine Sorgen zu machen. Der Passus, der die Spots im Film verbietet, wird gestrichen, denn die Regierung wird hier die Vertrauensfrage stellen.“[27] Berlusconi war aber nicht nur über die Entscheidungen in der Regierung informiert, er hatte direkten Einfluß auf sie. So hatte er z.B. bei der Erstellung der Frequenzpläne „seinen“ Mann im Ministerium, Davide Giacalone. Nach Verabschiedung des Gesetzes ging er mit einem hoch dotierten Beratervertrag (460 Millionen Lire pro Jahr) zur Fininvest, mittlerweile sitzt er aber im Gefängnis. Die Tangentopoli-Ermittlungen haben auch ihn erfaßt.[28]

Jens Renner schildert in seinem Buch, wie sich die Fininvest die besten Frequenzen sicherte. Die „Besetzung des Äthers“ erfolgte demnach mit „Wildwestmethoden“.[29] Angeblich hatte der Fininvest-Mitarbeiter Mezzetti sogar die Schlüssel zum Büro im Ministerium, in dem der Frequenzplan ausgearbeitet wurde![30] Der Journalist Gigi Moncalvo untersuchte die skurrile Vorgehensweise bei der Erstellung des Frequenzplanes: „In einem richtigen Land ist es der Minister für Post- und Fernmeldewesen, der zusammen mit seinem Technikerstab die Situation der Frequenzbereiche untersucht. Hier in Italien aber sucht er sich ein kleines Unternehmen aus, das bis zu diesem Zeitpunkt nur Elektrogeräte verkauft hat. Und was passiert? Dieses kleine Unternehmen [...] verfügt nicht über genügend Arbeitskräfte und Mittel, um eine solche Analyse durchzuführen, und vergibt deshalb den öffentlichen Auftrag an Subunternehmer. Die einzigen Unternehmen, die über die entsprechenden Mittel und Kapazitäten verfügen, sind die RAI und die Elettronica Industriale, eine von der Fininvest kontrollierte Gesellschaft. Letztere führt schließlich die Untersuchung durch und stellt die Daten bereit.“[31] Obwohl ein deutsches Gutachten, das vom nächsten Minister in Auftrag gegeben wurde, die Absurdität des Frequenzplanes bestätigte, blieb dieser gültig.

Craxi und Berlusconi

Craxi und Berlusconi waren enge Freunde. Der Sozialisten-Chef war sogar Taufpate der ersten Tochter aus der zweiten Ehe Berlusconis. Gerüchte sprechen sogar davon, daß Craxi ein geheimer Aktionär der Fininvest sei.[32] Neben Craxi konnte er auch auf den rechten Flügel der DC zählen. PDS und DC behandelten die RAI stiefmütterlich und unterstützten Berlusconis TV-Sender. Ihre Unterstützung stellten sie unter das Banner des Verfassungsgebotes der „freien Meinungsäußerung" und der „Entscheidungsfreiheit der Bürger".[33] Es scheint, als hielten die mächtigen Politiker die Fininvest besser unter Kontrolle als Teile der RAI.

Der Postminister verschaffte ihm schließlich einen Satellitenkanal und machte ihn so im Wettkampf gegen die RAI noch stärker. Das Magazin *Europeo* wunderte sich noch vor dem Wahlsieg von Forza Italia über die starke Lobby, die Berlusconi schon damals im Parlament vertrat: „Der Fernsehmagnat hat die Arbeit der Parlamentarier unter Kontrolle: In den 21 Monaten der elften Legislaturperiode haben 956 Parlamentarier insgesamt knapp 31.000 kleine und große Anfragen und Mißtrauensanträge gestellt. Aber nur 69 Mal hat jemand den Mut gehabt, Erklärungen über die Belange Silvio Berlusconis und der Fininvest zu fordern."[34] Diese Gefälligkeiten führten allerdings zur Abhängigkeit. Giampaolo Pansa schrieb in einem Kommentar für das *Panorama*: „Berlusconi ist stark, weil die politische Oligarchen ihn stark haben wollen. Also ist er schwach, weil er tun muß, was sie wollen."[35] Ein weiterer Nachteil bestand darin, daß er vom politischen Erfolg seiner „Verbündeten" abhängig war. Verloren sie die Macht, wie es mit Craxi Anfang der Neunziger geschehen ist, dann mußte der Unternehmer um die Existenz seiner Firma fürchten.

Die versuchte Kolonialisierung Europas

Berlusconi wurde auch im Ausland aktiv. So gründete er 1986 *La Cinq*, Frankreichs erstes landesweites Network.[36] Hatte er mit Hilfe des Sozialisten Mitterrand noch den Kanal zugesprochen bekommen, so gab es gleich heftige Kritik. Man fürchtete, daß *La Cinq* ein Ableger des italienischen *Canale 5* würde und keine Rücksicht auf französische Zuschauerwünsche nehmen würde. Sogar die *Libération* und *L´Evénement du jeudi*, die zum französischen Medienimperium gehörten, das am Sender beteiligt war, kritisierten das Programmschema und das Management.[37] Berlusconi ging bei *La Cinq* nach dem gleichen Schema vor, mit dem er in Italien erfolgreich war. Er suchte sich Prominente für seine Shows, die restliche Zeit sollten Spielfilme für hohe Zuschauerquoten sorgen. Alain Delon, Jean-Paul Belmondo und Brigitte Bardot bekamen ihre eigenen Sendungen. Da man Berlusconi in Frankreich keine Studios zur Verfügung stellen wollte, mußte man anfangs Show plus Publikum nach Mailand karren, dort die Sendung drehen und alles wieder nach Frankreich bringen.[38]

Der Traum vom großen Erfolg in Frankreich war aber nach kurzer Zeit ausgeträumt. Noch im gleichen Jahr siegten die Neogaullisten unter Jacques Chirac und die Rechten bei den Wahlen, und bereits im Oktober wurde Berlusconi die Übertragung von Spielfilmen verboten. *La Cinq* konnte praktisch nur noch Zeichentrickfilme senden. Berlusconi suchte nun, um sein Projekt zu retten, die Nähe der Bürgerlichen. Er ließ den Verleger Robert Hersant mit 25 Prozent beim Sender einsteigen. Dem Verleger wurde ein Naheverhältnis zu Chirac nachgesagt. Berlusconi konnte aber nicht ahnen, daß bei den nächsten Wahlen wieder die Sozialisten das Ruder übernehmen würden. Hersant war aber nun schon beteiligt, und die Linken waren *La Cinq* nun nicht mehr so wohlgesonnen. Das Mediengesetz wurde zwar wieder liberalisiert, Berlusconi und dem Sender nützte dies aber nichts mehr. Sein Projekt, in Frankreich das Fininvest-Kunststück zu wiederholen, war mißlungen. Darüber können auch die vier Prozent Beteiligung am privatisierten *TF 1* nicht hinwegtäuschen.

Auch die Gründung von *Tele 5* in Deutschland 1988 brachte nicht den gewünschten Erfolg. Erst die Neukonzeption des Senders als *Deutsches Sport Fernsehen (DSF)*, die er gemeinsam mit Leo Kirch vornahm, brachte wieder einige Erfolge. Mit *Tele Cinco* in Spanien funktionierte es hingegen etwas besser, wahrscheinlich, weil ihm der sozialistische Regierungschef Felipe Gonzales keine Steine in den Weg legte; wahrscheinlich aber auch, weil die Fininvest in Spanien bereits über die nötige Infrastruktur wie Filmproduktionsfirmen und Werbeagenturen verfügte. Berlusconi stieg auch in den kanadischen Medienmarkt und mit kleineren Projekten auch in Polen und Ungarn ein.[39] Als er Ende der Achtziger einen Exklusiv-Vertrag für Industriewerbung in der Sowjetunion an Land zog, glaubten alle an den großen Coup. Man hoffte, damit den Markt von 280 Millionen Verbrauchern erobern zu können. Das ehemals kommunistische Land besaß aber noch nicht die nötige Kaufkraft, und der erhoffte Erfolg blieb aus.

Alles in allem waren seine internationalen Aktivitäten nicht sonderlich erfolgreich. Diese Tatsache ist von besonderer Bedeutung. Berlusconi ist ein begnadeter Unternehmer, das ist unbestritten. Daß er aber in Italien in kürzester Zeit den Markt erobert hat und es ihm im Ausland nicht in diesem Maße gelungen ist, deutet daraufhin, daß er in Italien immer eine starke Lobby hinter sich hatte. Es wurde bereits erwähnt, daß die Fininvest heute nicht so stark wäre, wenn Craxi 1984, als die Richter die Sender abstellten, nicht Regierungschef gewesen wäre. Nur er konnte und wollte Berlusconi helfen. Da ihm das „italienische Wunder“ im Ausland nicht gelungen war, begann er vor einigen Jahren das Hauptgewicht seiner internationalen Aktivitäten auf den Filmverleih zu legen, und zählt mittlerweile zu Europas größten Filmproduzenten und -verleihern. Sechs Filmstudios und zweitausend Kinosäle, die in seinem Besitz sind, sichern ihm den Absatz.[40]

AC Milan - Ein Mythos für 420 Millionen

1986 erwarb Berlusconi mit dem AC Milan einen der erfolgreichsten Fußballklubs Europas. Bei der Übernahme war der Klub in einer äußerst kritischen Finanzlage und auch der Erfolg auf dem Spielfeld war schon lange ausgeblieben. Zur Präsidentschaft des AC Milan muß gesagt werden, daß sie für die Italiener in der Hierarchie mit dem Staatsoberhaupt oder Regierungschef fast gleichzustellen ist. Allerdings ist praktisch keiner der Vorgänger Berlusconis unter „normalen" Umständen von diesem Amt zurückgetreten. Entweder kamen sie in die Fänge der Justiz oder konnten sich noch rechtzeitig ins Ausland absetzen. Vor der Übernahme ließ Berlusconi den Klub wie einen Wirtschaftsbetrieb durchleuchten, erkannte sofort die Schwachstellen und konnte so auf den Preis drücken. Gianni Rivera, Mitglied des Verwaltungsrates und eine lebende Legende für die Milan-Fans, kritisierte diese Geschäftsmethoden: „Auf jede nur erdenkliche Art und Weise haben sie versucht, die Milan-Gesellschaft herunterzuputzen, um sie dann für ein paar Groschen kaufen zu können."[41] Für einen echten *Milanista* ist dies ein Sakrileg. Für etwa 420 Millionen Schilling kaufte sich Berlusconi schließlich den Mythos AC Milan, der ihm sicherlich auch 1994 im Wahlkampf von Nutzen war. Wie auch später bei der Übernahme der Kaufhauskette Standa und bei der Gründung von Forza Italia, gelang es Berlusconi, alle Beteiligten neu zu motivieren. Jeder Spieler, jeder Anhänger fühlte, daß der Klub wieder siegen würde. Seinen Spielern versprach Berlusconi Jobs in der Fininvest, sollten sie sich einmal vom Sport zurückziehen. Mit einem neuen, professionellen Management und enormen Geldmitteln brachte er den AC Milan wieder an die Spitze der Liga. Er kaufte sich für unvorstellbare Summen die weltbesten Spieler ein. 65.000 Anhänger sicherten sich durch ein Abonnement ihren Platz auf der Tribüne. 1989 war es dann soweit, der AC Milan gewann den Europacup und wurde damit die unangefochtene Nummer eins in Europa. Berlusconi war auf den Geschmack des Sport-Sponsoring gekommen, und begann auch Volleyball-, Rugby-, Eishockey- und Baseball-Klubs zu unterstützen. Alle trugen das Fininvest-Logo auf ihren Trikots, die Sender gaben den Mannschaften die nötige Publicity.

Ein erfolgreicher Sportmäzen genießt im sportbesessenen Italien, dem Land in dem Sporttageszeitungen in Millionenauflage erscheinen, die Verehrung eines großen Sektenführers. Politiker sind mächtig, werden aber von der Bevölkerung mit Mißtrauen betrachtet. Daß viele von ihnen korrupt waren und sind, wußte man schließlich seit jeher. Der Präsident des AC Milan meint es hingegen nur gut, er ist ein Wohltäter, er schenkt den Fans einen wunderschönen Sonntag Nachmittag, er gibt ihnen Erfolgserlebnisse, er läßt sie träumen,... „Wenn Berlusconi in seiner selbstaufopfernden Art den AC Milan wieder an die Spitze gebracht hat, warum sollte es ihm als Ministerpräsident mit dem heruntergewirtschafteten Italien nicht auch gelingen?", diese Frage stellten sich im Frühjahr 1994 viele Italiener.

Supermarktkette für Synergie-Effekte

Für umgerechnet beinahe 10 Milliarden Schilling kaufte Berlusconi 1988 Raul Gardini die 270 Filialen umfassende Warenhauskette *La Standa* ab.[42] Der laut US-Magazin *Fortune* reichste Mann Italiens hatte erkannt, daß der Fernsehmarkt mittlerweile gesättigt war, und er suchte sich neue Tätigkeitsfelder. Nun war es kein Zufall, daß er gerade in Supermärkte investierte. Als er die Standa aufkaufte, ließ er wissen, daß in Zukunft jene Warenlieferanten bevorzugt würden, die ihre Werbekampagnen bei der Publitalia für die Fininvest-Sender kaufen würden.[43] Supermärkte hatten in Italien noch große Expansionschancen, weil der „Greisler" dort seine Marktposition bis dato noch halten konnte. Berlusconi glaubte, mit neuem Management und PR große Zuwachsraten verzeichnen zu können. Dies gelang ihm in einigen Punkten auch sehr rasch. Wie schon beim AC Milan steckte er seine Mitarbeiter mit dem Virus des Erfolgshungers an. Nach einem Treffen mit den Filialleitern waren diese vom nahenden Erfolg so überzeugt, daß sie in den nächsten Tagen 20 Prozent mehr Waren bestellten. Berlusconi hatte auf der Rednerbühne sogar ein Lied gesungen. (Auch das werden wir beim Gründungskongreß von Forza Italia wieder erleben.) Allen Standa-Angestellten und deren Ehefrauen schickte er in den Tagen darauf Rosen.[44] Die Umbauten in den alten und in den hundert neuen Filialen wurden selbstverständlich von Berlusconis Baufirma vorgenommen. Für das neue Image war die Publitalia verantwortlich. Zahllose Spots hämmerten im Herbst und Winter 1988 den Italienern die Vorteile der neuen Standa ein. Berlusconi verzeichnete rasche Verkaufszuwächse, der Markt wurde belebt. Andere Supermarktketten mußten nachziehen und ihre Filialen renovieren.

Anfang der Neunziger wurde Berlusconis Privatvermögen auf umgerechnet 28 Milliarden Schilling geschätzt. Die Fininvest umfaßte damals ca. 30.000 Angestellte, 170 Gesellschaften, die in 22 Holdings und acht Gruppen aufgegliedert waren. Der Umsatz wurde von der Fininvest mit umgerechnet 77 Milliarden Schilling angegeben. Die Schulden wurden von der *Repubblica* auf 49 Milliarden geschätzt, andere Schätzungen gehen bis 60 Milliarden[45]. Nach Angaben der *Repubblica* kommen auf eine Lira Kapital 4,3 Lire Schulden. Da Berlusconi den Großteil der Schulden bei staatlichen Banken aufgenommen hat, besagt eine Theorie, daß er 1994 in die Politik eingestiegen ist, um sich gute Konditionen zu sichern.[46] Trotz des Erfolges durfte die Fininvest die Schulden nicht aus dem Auge verlieren. Ein radikales Sanierungsprogramm und der Börsengang der Subholding Mediaset 1996 sicherten die wirtschaftlichen Erfolge.

Als *Mani pulite* losbrach, war zu erwarten, daß ein Großunternehmen wie die Fininvest von den Korruptionsermittlungen der Mailänder Staatsanwälte nicht verschont bleiben würde. Paolo Berlusconi mußte sich bereits im Mai 1993 wegen Schmiergeldzahlungen in der Höhe von 150 Millionen Lire verantworten. Sein Verteidiger stellte diese Summe als „Beitrag zum Wahlkampf" dar. Weiters wurde der Fininvest vorgeworfen, für eine AIDS-Kampagne 300 Millionen an den Minister Francesco De Lorenzo gezahlt zu haben.[47] Auch die Affäre rund um den Frequenzplan wurde neu aufgerollt. Zahlreiche Verhaftungen aus den Reihen der Ministerialbeamten waren die Folge. Im Juni 1993 wurde der Fininvest-Funktionär Aldo Brancher verhaftet. Der Vorwurf: Parteienfinanzierung. Im Dezember 1993 wurden Gianni Letta, der stellvertretende Präsident der Fininvest, und der Berater Davide Giacolone unter Hausarrest gestellt,[48] später sogar Paolo Berlusconi. Sein Bruder gab an, von all diesen Transaktionen nichts gewußt zu haben.

Als Silvio Berlusconi im Dezember 1994 von Staatsanwalt Di Pietro zur Einvernahme vorgeladen wurde, war der Skandal perfekt. Das erste Mal in der Geschichte Italiens mußte ein amtierender Ministerpräsident vor dem Staatsanwalt erscheinen. Das „Gespräch" dauerte bis in die Abendstunden und führte schließlich zum Rücktritt des Regierungschefs. Die Ermittlungen der *Mani pulite*-Truppe bestätigten zahlreiche Vermutungen über das Zusammenspiel von Politik und Wirtschaft. Die Symbiose zwischen Medien und Politik wurde durch die Aussage des DC-Funktionärs Gianstefano Frigerio gegenüber Staatsanwalt Di Pietro offensichtlich: „Die Fininvest hat die DC schon immer sowohl auf nationaler als auch auf lokaler Ebene mit Beiträgen in 'Naturalien' unterstützt, das heißt mit Fernsehsendungen. Bei jedem Wahlkampf stellt die Fininvest der DC sowohl im Landkreis Mailand als auch in der Region Lombardei ein Fernsehkontingent und Werbeflächen in anderen Massenmedien für die Parteiwerbung zur Verfügung. Außerdem überläßt die Fininvest einer Reihe von Kandidaten, die ihr besonders nahestehen, kostenlose Sendezeit im Fernsehen und Werbeflächen in der Presse, das heißt, sie schafft sich eine echte Lobby. Sie sucht die Kandidaten aus, die politisch besonders anpassungsfähig sind und überläßt ihnen Sendezeiten auf ihren Privatsendern. Wirtschaftlich gesehen ist das ein äußerst kräftiger Beitrag, der im Gebiet von Mailand und der Lombardei einem Wert von nicht weniger als einer halben Milliarde Lire pro Wahlkampf entspricht. Diese kräftige Hilfestellung hat in der DC eine gewisse Disponibilität gegenüber den Initiativen der Fininvest im industriellen Bereich heranreifen lassen."[49]

Das Medienimperium der Fininvest mußte in letzter Zeit wieder stärker um seine Marktführerposition kämpfen. Die RAI konnte schließlich ihre Stellung behaupten, nur die anderen Großverleger dürften ein für alle Mal aus dem Rennen sein.

Exkurs: RAI - Radio Televisione Italiana

Die Reichweite der RAI lag 1952 noch bei 34 Prozent, stieg 1954 auf 48,3 Prozent und erreichte 1957 bereits 90 Prozent der Bevölkerung.[50] Das Fernsehen wurde von den Italienern willig in ihre Familien aufgenommen.

Im föderalistischen Italien bedeutete ein staatlicher, landesweiter Rundfunk eine große Integrationskraft. „Von Anfang an werden Bereiche der italienischen Kultur durch das Fernsehen stark geprägt. So hat das Medium zum Beispiel die Hochsprache über das Land verbreitet, da bis nach dem Zweiten Weltkrieg die Mehrheit der Bevölkerung nur die regionalen Dialekte sprechen konnte."[51] Am 4. November 1961 nahm *RAI 2* den Sendebetrieb auf. *RAI 2* war als autonomer Sender konzipiert, der dem Meinungspluralismus dienen sollte, aber bereits nach zwei Jahren wurde dieser Sonderstatus aufgehoben.

Der entstehende private Rundfunk stellte für die RAI eine ernstzunehmende Konkurrenz dar. Die 1975 beschlossene Reform sah einen Wechsel der Kontrollfunktion von der Regierung auf das Parlament vor und sollte bessere Voraussetzungen im Wettkampf auf dem freien Markt bieten. Die Reform bedeutete allerdings auch die endgültige politische Aufteilung der Anstalt. *RAI 1* blieb unter der Kontrolle der Christdemokraten,[52] *RAI 2* wurde den Sozialisten zugesprochen. Erst 1979 wurde *RAI 3* gegründet und dem Einfluß der Kommunisten unterstellt. *RAI 3* konzentrierte sich auf Lokalberichterstattung und setzte damit ein Zeichen gegen die Privaten, die diesen Markt bis dahin alleine abgedeckt hatten. Die Struktur des neuen Kanals sah eine Demokratisierung des Mediums vor. In den lokalen Rundfunkstationen sollte lokalen Gruppen und kulturellen Minderheiten die Möglichkeit gegeben werden, Fernsehen zu machen. Das Modell funktionierte nicht. Die Privatanstalten mit ihrem kommerziellen Programm, aber auch die beiden anderen RAI-Kanäle ließen *RAI 3* keine Chance.[53] In den letzten Jahren konnte *RAI 3* allerdings seine Marktposition verbessern. Der Sender versteht sich als Anwalt der Nation und ist damit - in den Grenzen des Möglichen - erfolgreich.

Die RAI schien in all den Jahren Innovationen nur sehr zögernd anzunehmen. So wurde erst Ende 1984 mit der Ausstrahlung des Teletextes begonnen, der bei der RAI unter dem Titel Televideo läuft. Der ORF hatte damit bereits 1980 begonnen. Mit dem Vormittagsprogramm startete man auf *RAI 1* sogar erst zur Jahreswende 1986/87. Man hatte bis dahin diesen lukrativen Markt den Privaten allein überlassen.

Die RAI ist Teil einer Staatsholding, die u.a. *Il Giorno* herausgibt und die besagte Beteiligung an *Telemontecarlo* hält.[54] Die Organe der RAI sind die Assemblea dei soci (Generalversammlung) und der Consiglio di amministrazione (Verwaltungsrat).[55] Die tatsächliche Macht liegt beim Verwaltungsrat. Er entscheidet über Programm und Budget. Die Bestellung des Verwaltungsrates aber auch die des Präsidenten und des Generaldirektors waren seit jeher politische Entscheidungen. Jeder politische Machtwechsel im Parlament brachte auch einen Wechsel der RAI-Spitze mit sich. Sogar als De Mita als Ministerpräsident durch seinen Parteikollegen Andreotti abgelöst wurde, wechselte man das Management der RAI. Zwischen Juni 1986 und Oktober 1988 war die RAI hingegen gänzlich ohne Verwaltungsrat, weil keine Einigung über die Besetzung möglich war.

Berlusconis Umbesetzung der RAI-Führung erscheint aufgrund der politischen Tradition Italiens unter einem anderen Licht. Er widmete eine seiner ersten Aktionen als Ministerpräsident der Institution RAI. Wie alle seine Vorgänger wollte er Einfluß auf die drei Staatssender gewinnen und tauschte die Geschäftsführung aus. Sicherlich hatte er nicht mit derart lauten Protesten gerechnet, aber schließlich war er der Medientycoon des Landes, und die RAI seit jeher sein Konkurrent.

Nicht nur die Manager, auch die Journalisten waren es gewohnt, sich den jeweiligen Machtstrukturen unterzuordnen. So wurde das Referendum im Frühjahr 1991 von der RAI (wie auch von den Fininvest-Sendern) totgeschwiegen. Der sozialistische RAI-Generaldirektor Enrico Manca verwies darauf, daß das Komitee der Referendumsbetreiber um Mario Segni keine öffentliche Institution sei, und die RAI deshalb auch keiner Informationspflicht unterliege.[56]

Die RAI hatte in all den Jahren das Image eines Verlautbarungsorganes der Regierung und eines „Staatsfunks". Als die Italiener Anfang der neunziger Jahre mit der alten politischen Klasse abrechneten, schlugen sich die RAI-Journalisten, wie auch ihre Kollegen von den großen Zeitungen, rasch auf die Seite der Bürger, die sich betrogen fühlten. Unter der Regierung Berlusconi nahm die RAI dann die für einen öffentlich-rechtlichen Sender sonderbare Rolle eines Oppositionsmediums an. Der vom Gesetz vorgeschriebene Aufgabenbereich ist mit dem der anderen öffentlich-rechtlichen Anstalten in Europa vergleichbar. Die RAI-Rundfunkanstalt bietet insgesamt respektable 62,5 Prozent an Kultur- und 26,4 Prozent an Informationsprogrammen.[57]

Die bei den Printmedien festgestellte „qualitative Bewußtseinsspaltung" fand in den elektronischen Medien ihre Fortsetzung. Waren die Tageszeitungen seit jeher einer gewählten Sprache und hoher journalistischer Qualität verpflichtet, boten die Wochenzeitungen das nötige Quantum an (seichter) Unterhaltung. Der staatlichen RAI war durch Gesetz der Bildungsauftrag auferlegt. In den „goldenen Jahren" der Monopolstellung erfüllte die RAI diesen Auftrag, ohne Gefahr zu laufen, vom Markt verdrängt zu werden. Als dann die privaten Fernsehsender ihren Betrieb aufnahmen, fürchtete man um das Niveau der RAI-Programme.

In Italien konnte man zur Pionierzeit des privaten Rundfunks eine ausgeprägte Kommerzialisierung des Sendeangebotes feststellen. Dieses Phänomen sollte Mitte der achtziger Jahre auch in Deutschland zu beobachten sein.[58] Mit zwei- und eindeutigen Programmen versuchten die Kommerzsender die Einschaltquoten in die Höhe zu treiben. Dies gelang in der ersten Phase auch, die RAI bekam ernste Existenzsorgen und begann über die zukünftige Gangart zu diskutieren. Diesmal erwiesen sich aber die Reformunwilligkeit der RAI und die Regeln des freien Marktes als Segen. Den ersten Erfolgen mit schlüpfrigen Programmen folgte das große Gähnen, und dies nicht nur, weil sie zu später Stunde ausgestrahlt wurden: Das Publikum war gelangweilt. Auch die Werbevermittlungsfirmen erkannten, daß ein seriöses Image für einen Sender wichtig war. Das neue Zauberwort, das später auch die deutschen Privatsender RTL und SAT1 entdecken sollten, war: familiengerecht.

Aber auch Familien wollen am Abend nach der Arbeit unterhalten werden. Berlusconi wußte dies und warb der RAI einen Talkmaster und einen Star-Journalisten nach dem anderen ab. 1984 versuchte er, die Star-Talkmasterin Raffaella Carrà zum Überlaufen zu gewinnen. Die RAI konnte sie allerdings mit einem Dreijahresvertrag über 3,5 Milliarden Lire zum Bleiben bewegen. Als diese Zahl publik wurde, mußte der verantwortliche RAI-Manager gehen.

Diese kostspielige Form des Managements war beispielhaft für die Verwaltung des öffentlich-rechtlichen Senders. Die RAI war und ist eines der größten Finanzlöcher des Landes. Die Personal- und Finanzpolitik müßte dringend reformiert werden. Die RAI hatte z.B. 1993 etwa 13.300 Angestellte, die ganze 40 Prozent (!) des RAI-Budgets verschlangen. Ein Weißbuch der Finanzprüfer führt konkrete Beispiele der Mißwirtschaft an: Zwischen 1990 und 1992 stieg die Zahl der Redakteure von 1.377 auf 1.640. Nur ein Drittel sind aber als normale Redakteure angestellt, der Rest hat Verträge als Ressortleiter, stellvertretende Ressortleiter, Chefredakteure, stellvertretende Chefredakteure,... Auf einen Journalisten kommen demnach zwei Vorgesetzte! Als der Chefredakteursposten in der lombardischen Lokalredaktion nachbesetzt werden mußte, wurde nicht ein Chefredakteur, sondern es wurden gleich sieben (!) angestellt. Sieben Redaktionsleiter waren für täglich 75 Minuten Fernseh- und Radionachrichten zuständig. Weiters hat die RAI eine Unzahl an freien Mitarbeitern unter Vertrag. Die Schätzungen gehen von 17.000 bis sogar 50.000.[59]

Man wollte um jeden Preis im Kampf gegen die Fininvest siegreich bleiben und investierte Unsummen in diesen Pyrrhussieg, der auch nur in einigen, wenigen Punkten gelang. So katastrophal die Finanzlage der RAI auch ist, am Informationssektor ist sie noch immer die Nummer eins. Die Nachrichtensendung *Telegiornale 1 (TG 1)* auf *RAI 1* gehört fix zur Abendgestaltung der Italiener. Die Nachrichtensendungen der Berlusconi-Sender sind vielleicht moderner und spektakulärer gemacht, können aber niemals das Ansehen von *TG 1* erlangen.

In der ersten Phase der Korruptionsermittlungen sorgte eine Sendung auf *RAI 3* für Aufsehen. Gad Lerner moderierte die Talkshow *Milano, Italia. Tangentopoli* war das fixe Thema der Show, die zum Straßenfeger wurde. Vor Publikum kamen Lega-Anhänger, Skinheads, Vertreter der Chaoten-Szene und Mailands Durchschnittsbürger zu Wort, oder besser: machten sich Luft. In der Sendung wurde polemisiert und diffamiert, die Bevölkerung brauchte dieses „Ventil“. Daß eine derartige Talkshow auf einem öffentlich-rechtlichen Sender laufen konnte, bleibt verwunderlich. Möglicherweise war die politische Kaste bereits so geschwächt, daß sie nicht mehr intervenieren konnte. Gad Lerner, ein deklarierter „Linker“[60] und heute stellvertretender Chefredakteur der *Stampa*, der drittgrößten Tageszeitung des Landes, gelang es in seiner Show, die Anliegen der Lega-Anhänger und die seiner Gesinnungsgenossen auf einen Nenner zu bringen, ohne sich von der Lega vereinnahmen zu lassen. Sein Fininvest-Gegenspieler war Gianfranco Funari mit einer ähnlichen Talkshow. Funaris Sendung war nie so aggressiv, verbrauchte sich aber auch nicht so schnell.

Berlusconis Gang in die Politik

Die Monopolstellung der Fininvest am privaten Fernsehmarkt und der Wahlerfolg von Forza Italia bei ihrem ersten Antreten sind auf eine Person zurückzuführen: Silvio Berlusconi. Sowohl in seiner Firma als auch in seiner Partei hat immer er alle Entscheidungen getroffen. Man kann ihn objektiv als Führungspersönlichkeit bezeichnen. Eine weitere Eigenschaft ist, daß sein Machthunger nicht zu stillen ist, er sucht sich immer neue Ziele. Als die Bauwirtschaft stagnierte, stieg er in das Mediengeschäft ein. Als dieses an seine Grenzen stieß, widmete er sich der Politik. Einige Beobachter begründen deshalb Berlusconis Einstieg in die Politik ausschließlich mit persönlichen Motiven.

Berlusconi hatte ein Medienimperium aufgebaut, das die italienische Kultur bestimmte. Die Fininvest gab den Wertekatalog für die moderne Fernsehgesellschaft vor: Unterhaltung, Wohlstand und Ästhetik. Die jahrtausendealte italienische Kultur wurde von der Werbekunst abgelöst. Die schnell geschnittenen, kurzen, stimmungsgeladenen Spots wurden zum Spiegelbild der italienischen Seele. In der Scheinwelt des Fernsehens, der Welt der *soap operas* und Werbespots, fühlen sich die Zuschauer wohler als in der Realität. Mit dieser Technik stieg Forza Italia in den Wahlkampf ein: Alles wurde in der Sprache des Fernsehens formuliert, und die Italiener glaubten plötzlich, die Politik zu verstehen, weil ihnen alles so vertraut erschien. Tatsächlich ähnelten die Wahlspots den Millionen Werbespots, die ununterbrochen über die Bildschirme flimmerten, und die Wahlveranstaltungen den zahllosen Unterhaltungsshows der Fininvest.

Berlusconis kometenhafte politische Laufbahn erscheint auf den ersten Blick wie die amerikanische Erfolgsgeschichte aus einem Hollywood-Film. Die nüchterne Betrachtung der Fakten lassen das Jahr 1994 - nun auch mit der nötigen zeitlichen Distanz - unter einem anderen Licht erscheinen. Begonnen hat alles im Herbst 1993, oder vielleicht doch sehr viel früher...

Rückblickend lassen sich in Berlusconis Karriere Aussagen finden, die auf seine spätere politische Laufbahn hinweisen könnten. Berlusconis erste dokumentierte politische Stellungnahme ist mit 1977 datiert. Der junge Aufsteiger fürchtete bereits damals eine Regierungsbeteiligung der Kommunisten: „Die Kommunistische Partei muß in Opposition bleiben, denn um Regierungspartei zu werden genügt es nicht, Treuebekundungen gegenüber der Demokratie zu äußern. Die Basis der Kommunistischen Partei ist immer noch vom sowjetischen Modell fasziniert und träumt von Brot und Zwiebeln für alle.“[61] Berlusconi fürchtete, daß der PCI seine eigenen wirtschaftlichen Expansionsbestrebungen bremsen könnte. Das Wirtschaftswunder „Berlusconi“ war nur in einer (rechts)freien Marktwirtschaft ohne Kartellgesetze möglich gewesen. Daß er noch nicht alle seine Pläne erfüllt hatte, vermuteten viele, so auch sein P2-Logenbruder Roberto Gervaso 1980: „Wo er noch hin will, das weiß Gott allein. Nur Gott und er, Silvio Berlusconi.“[62]

Bereits 1979 interessierte er sich für eine politische Karriere. Er wollte für die Christdemokraten ins Europaparlament einziehen: „Um mich entscheiden zu können, bin ich nach Straßburg gefahren. Ich habe mir das politische Leben dort ein wenig angeschaut und habe kapiert, daß ein ernsthafter Parlamentarier mindestens siebzehn Tage des Monats der Politik widmen muß. Um dies jedoch tun zu können, müßte ich meine Unternehmen aufgeben und wäre schließlich doch nur ein Dilettant in der Politik. Ich müßte mich also zwei oder drei Jahre völlig für die Politik freimachen, um dort jemand mit Einfluß zu werden. Ich habe also beschlossen, es nicht zu tun."[63]

Ohne selbst politisch aktiv zu werden, unterstützte Berlusconi immer jenes politische Lager, das ihm gerade nützlich sein konnte. Mitte der siebziger Jahre überwies er große Spenden an die *Comunione e Liberazione*, eine katholische Bewegung, die gegen Scheidung und Abtreibung auftrat. Wenige Jahre später machte Berlusconi dann allerdings selbst von der Möglichkeit der Scheidung Gebrauch. Der christdemokratischen Phase folgte die sozialistische. Seine Freundschaft zu Craxi sollte ihm bei seiner Karriere sehr dienlich sein. Aber weiterhin hielt sich Berlusconi, abgesehen von harmlosen Wahlempfehlungen für Craxi, politisch im Hintergrund. Warum sollte er sich den Kämpfen in der Politik aussetzen, wenn er auch so alles bekam, was er brauchte?

Die Gesetze wurden auf ihn zugeschnitten, und er konnte sich als unabhängiger, fähiger Wirtschaftsmagnat „verkaufen". Kritische Beobachter wußten allerdings seit jeher um die tatsächliche Macht des Silvio Berlusconi. Scalferi schrieb bereits 1988, als Berlusconi die Standa übernahm: „Man wird sich daran gewöhnen müssen, Silvio Berlusconi in Zukunft anders zu behandeln. In den vergangenen Jahren ist er je nach den Umständen als volkstümlich-populäre Persönlichkeit, genialer Geschäftsmann, aufsteigender Finanzier, ausgezeichneter Showman, sympathische Kanaille oder als Fürsprecher Bettino Craxis angesehen worden. Definitionen, die zwar zutreffen, aber doch nicht ausreichen, um den unaufhaltsamen Aufstieg des Königs des Privatfernsehens zu beschreiben. Jetzt mischen sich neue Töne in die Musik. Silvio Berlusconi kann nun mit Recht als eine zu fürchtende Macht bezeichnet werden."[64]

Der Ankauf der Warenhauskette hatte den Medientycoon endgültig zum führenden Wirtschaftsfaktor gemacht. Eine Position, die er mit der Übernahme des Mondadori-Verlages noch ausbauen konnte. De Benedetti fand während des Kampfes um den Verlag keine guten Worte für seinen Kontrahenten: „Was die Lage betrifft, die sich nun ergibt, so sehe ich nur noch in Brasilien eine derartige Situation, wo eine einzige Gruppe das Privatfernsehen und die Presse dominiert. Und es ist bekannt, daß in diesem Land ohne die Zustimmung des Medienunternehmers Roberto Marinho kein Präsident gewählt wird. Es ist abzusehen, daß hier die gleiche Situation entsteht."[65] Da die Kritik an Berlusconi immer von seinen Konkurrenten oder von der politischen Linken kam, wurde diese nicht ernst- bzw. wahrgenommen. Dem Großteil der Bevölkerung gefiel er, da er „es geschafft" hatte. Das *Wie* war nebensächlich.

Bis Anfang der Neunziger konnte Berlusconi die Politik aus dem Hintergrund „beobachten". Mit der Abenddämmerung der Ersten Republik wurde in ihm allerdings der Politiker der ersten Reihe wach. 1992 schrieb Berlusconi ein Vorwort zu einer Neuauflage der Werke Machiavellis. Hierin zitierte er ihn mit einem leidenschaftlichen Appell, „daß Italien nach so langer Zeit nicht mehr lange auf seinen Retter warten möge."[66] Wen sah Silvio Berlusconi als „Retter der Nation"? Im Wahlkampf konnte man beobachten, daß ihm die Rolle des Redemptors sehr gut gefiel. Schon 1990 hatte er von sich gesagt: „Man kann nicht gleichzeitig das Kreuz tragen und auch noch singen wollen. Ich bin dabei, das Kreuz zu tragen."[67] Die Vermutung liegt deshalb nahe, daß Berlusconi sich bereits 1992, als er das Machiavelli-Vorwort schrieb, in der Funktion des aufopfernden Erlösers sah. Vielleicht hätte man ihn schon damals mit einem weiteren Machiavelli-Zitat von seiner Idee abbringen können: „Es ist unwahrscheinlich, daß jemand, der immer in privaten Verhältnissen gelebt hat, zu regieren versteht. Dazu kommt noch der Wankelmut der Menge; es ist leicht, sie zu einer Sache zu überreden, aber schwer, sie bei der Stange zu halten."[68]

Die politischen Pläne wurden immer offensichtlicher. Berlusconi begann sich in die Politik einzumischen. Als im April Carlo Azeglio Ciampi vom Notenbank- zum Regierungschef avancierte, ließ Berlusconi in den Nachrichtensendungen seiner Kanäle ein minutenlanges Statement verlesen, in dem er seine Meinung dazu kundtat.[69] Zu diesem Zeitpunkt war Berlusconi allerdings noch kein Politiker, und seine Meinung deshalb nebensächlich. Ebenso hätte man eine Stellungnahme eines anderen Großindustriellen wie De Benedetti oder Agnelli verlesen können. Wie man aber während Berlusconis politischer Laufbahn leicht erkennen konnte, gefiel ihm die Rolle des Staatsmannes, der via Fernsehen zu seinem Volk spricht, sehr gut. Keine wichtige politische Entscheidung kam ohne „Rede an die Nation" oder zumindest Verlesung einer Stellungnahme auf seinen TV-Sendern aus.

Nach wie vor wird nach den tatsächlichen Beweggründen Berlusconis für den Einstieg in die Politik gefragt. Dabei lassen sich die Kommentare in zwei „Denkschulen" zusammenfassen. Die eine sieht die Gründung von Forza Italia als letztmöglichen Versuch Berlusconis, sein Wirtschaftsimperium zu retten. Wolfgang Achtner, *CNN*- und *ABC*-Korrespondent, bezeichnete es als „lächerlich", daß Berlusconi vorgab, wegen des Wohles des Landes in die Politik gegangen zu sein. Für Achtner waren es rein persönliche Wirtschaftsinteressen, die ihn zu diesem Schritt veranlaßten.[70] Die anderen führten hingegen individuelle Charaktereigenschaften Berlusconis für diese Entscheidung an. Sie vertraten die Meinung, daß Berlusconi, nachdem er Geld gemacht hatte, Geschichte schreiben wollte.[71] Außerdem gefalle es Berlusconi, Firmen aus dem Nichts zu gründen. Die Gründung einer Partei sei eine Herausforderung für ihn gewesen. Confalonieri war davon überzeugt, daß sich Berlusconi „von der Gunst der Stunde faszinieren" hatte lassen und „sich einfach für besser als die vorhandenen Akteure" hielt. Indro Montanelli war hingegen weniger schmeichelhaft: „Er hält sich für eine Kreuzung aus Churchill und De Gaulle, und er glaubt das wirklich."[72]

Glaubt man der Legende, so hatten ihm alle von seinem Vorhaben abgeraten. Er dürfte aber um seine Bestimmung gewußt haben, und „betrat das Spielfeld", wie er es später selber ausdrücken würde. Dies mag auch ein Grund gewesen sein, wahrscheinlicher ist aber die Theorie, die auch Jens Renner unterstützte: „Seit Herbst 1993 drängten die Banken auf eine übersichtlichere Strukturierung der Fininvest. Daß Berlusconi insbesondere den staatlichen Geldunternehmen, bei denen er verschuldet ist, nun mit der Autorität des Regierungschefs gegenübertreten kann, dürfte ihm einiges leichter machen. Zumindest wird für äußerste Diskretion gesorgt sein.“[73] Eine Aufgabe, die früher Craxi für ihn wahrgenommen hatte. Ohne Vertrauensmänner in der Regierung fürchtete er um sein Fininvest-Imperium. Eine Mitte-Links-Regierung wäre mit größter Wahrscheinlichkeit für strengere Anti-Trust-Gesetze und eine Senkung des Werbelimits eingetreten. Weiters hätte man auf den Verkauf mindestens eines Sender gedrängt (so wie es 1996 dann auch tatsächlich unter der Regierung Prodi geschah). Der Rechtsphilosoph Paolo De Lalla Millul war davon überzeugt, daß Berlusconi einen geeigneten Nachfolger „mit einem Seufzer der Erleichterung“ akzeptiert hätte. Diesen gab es aber nicht. Gegenüber Indro Montanelli soll er es klar ausgesprochen haben: „Ich bin nun eine Waise, ich habe jetzt keinen Bezugspunkt mehr in der Politik. Sie werden mich in Stücke reißen, um sich meine Frequenzen anzueignen.“[74]

Unpolitische Großunternehmer hat es in Italien nie gegeben - so ist z.B. Gianni Agnelli Senator auf Lebenszeit. Sie beschränkten sich allerdings darauf, ihren Einfluß auf die Politik entweder im Geheimen oder aber durch die Medien, die in ihrem Besitz standen, auszuüben. Dies war aber durch den Sturz der politischen Kaste nicht mehr möglich. Vielleicht hatte Berlusconi wirklich keine Alternativen, Paolo De Lalla Millul war aber überzeugt: „Er hätte keinen besseren Moment wählen können.“[75]

Der Wahlkampf

Berlusconis politischer Erfolg ist größtenteils auf den Wahlkampf zurückzuführen. Er konnte weder mit einem „Kanzlerbonus“ rechnen noch mit den Erfahrungen eines gestandenen Oppositionspolitikers punkten, denn er war politisch im Grunde ein unbeschriebenes Blatt. Innerhalb weniger Wochen mußte er sich den Wählern als potentieller Regierungschef präsentieren. Nur mit Hilfe seines Medienimperiums konnte es ihm in so kurzer Zeit gelingen, genügend Menschen anzusprechen und nach den Wahlen auch tatsächlich als alleiniger Sieger dazustehen. In den Augen der Kritiker führte Berlusconi einen „audiovisuellen Staatsstreich“ durch, indem er die Telekratie ausrief. Obwohl die deutschsprachigen Medien den Wahlen in Italien große Aufmerksamkeit schenkten, blieb die Berichterstattung meist bei oberflächlichen und plakativen Darstellungen der politischen Situation.

Der politische Werdegang von Forza Italia

Berlusconis politische Karriere muß in zwei Phasen geteilt werden: in die *inoffizielle* und die *offizielle*. Mittlerweile gibt es immer mehr Anhaltspunkte dafür, daß Berlusconi seinen Einstieg in die Politik mindestens ein halbes Jahr vor seinen ersten Statements zur Gründung einer neuen Partei (November 1993) beschlossen hatte. Mit Hilfe von Meinungsumfragen und langer Gespräche mit Vertrauten analysierte er bereits im Sommer seine realen Chancen in der Welt der Politik. Berlusconi vertraute sich Ende September angeblich sogar dem FIAT-Chef Gianni Agnelli an, der sich für die Idee nicht begeistern konnte. Monate später sagte er: „Wenn Berlusconi gewinnt, gewinnen die Unternehmer. Wenn er verliert, verliert er alleine.“[76]

Im Herbst 1993 dürfte Berlusconi tatsächlich noch bereit gewesen sein, sein politisches Konzept den Mitte- und Rechtsparteien zur Verfügung zu stellen. Es ging ihm in erster Linie darum, einen durch das neue Wahlrecht praktisch sicheren Sieg der Linken bei den Parlamentswahlen im Frühjahr 1994 zu verhindern. Sie hätten ihm mit großer Sicherheit sein Medienimperium beschnitten. Als er sah, daß sich das Zentrum und die Rechte nicht einigen konnten, trat er selbst in den Ring. Obwohl Berlusconi den Medienkoffer und die Merchandising-Artikel (Fahnen, Sticker, Plakate etc.) im Sommer - um kein Aufsehen zu erregen - in Spanien produzieren ließ, gab es in den Medien seit dem Spätsommer immer wieder Gerüchte um Berlusconis Einstieg in die Politik. Wenn die Gerüchte zu laut wurden, verwendete er seine Illustrierte *Epoca* als Verlautbarungsorgan, um diese zu widerlegen. So am 10. Oktober 1993: „Eine neue Partei gründen? Ich habe immer das Gegenteil behauptet, und diesmal wird es das zwanzigste Mal sein, daß ich dies wiederhole. Aber auch diesmal wird jemand vorgeben, nicht verstanden zu haben.“[77] Für eben diese wiederholte er am 23. Oktober: „Eine Partei Silvio Berlusconi hat nie existiert und wird nie existieren.“[78] Bereits im Juni soll sich Berlusconi aber nach einer passenden Parteizentrale umgesehen haben. Er ließ den leerstehenden Bürokomplex seines jüngeren Bruders Paolo im Viale Isonzo 25 bei der Südumfahrung Mailands adaptieren. Vier Stockwerke, 6.000 Quadratmeter, waren ein guter Anfang. Im neuen Gebäude fand sich auch ein Stockwerk für das Meinungsforschungsinstitut Diakron, so war es nicht nur logistisch, sondern auch „geographisch“ Teil von Forza Italia. Sogar die Spitzenmanager von Publitalia übersiedelten in das neue Haus.

Die offizielle Phase seiner politischen Laufbahn begann mit einem „unbedachten“ politischen Statement bei der Eröffnung eines seiner Hypermärkte am 23. November 1993. Eine *ANSA*-Journalistin fragte Berlusconi, wen er bei den bevorstehenden Bürgermeisterwahlen in Rom am 5. Dezember wohl wählen würde, wäre er dort wahlberechtigt. Zur Stichwahl waren der Grüne, von den Linksparteien unterstützte, Francesco Rutelli und der Chef der neofaschistischen Alleanza Nazionale, Gianfranco Fini, angetreten. Berlusconi antwortete im perfekten Headline-Satz ohne Umschweife: „Ich habe keine Zweifel. Ich würde Fini wählen.“[79] Seine Aussage hätte keine derart hohen Wellen geschlagen, wäre wenige Tage zuvor nicht in *Epoca* ein Artikel erschienen, worin Berlusconi über die Gründung einer Partei philosophierte und dadurch seine politischen Statements an Gewicht gewannen. Die

Thesen, die er in diesem Interview formulierte, waren leicht verständlich wie Werbeslogans. Sie würden bis zu den Wahlen noch so oft wiederholt werden, daß sie den Italienern ins Unterbewußtsein eindringen würden: Das Land muß wie ein Wirtschaftsbetrieb geführt werden, in dem sich jeder in einer Weise einsetzt, als ginge es um seine privaten Finanzen oder um das Wohl seiner Familie. Politik soll in Zukunft von Männern und Frauen mit folgendem Persönlichkeitsprofil gemacht werden: anständig, mit gesundem Menschenverstand, fähig, und sie sollen in den Firmen, im Beruf, auf der Universität ihre Fähigkeiten bereits unter Beweis gestellt haben. Dies alles, um der sozialistischen (sprich: kommunistischen) Ideologie in Kultur und Wirtschaft entgegenzutreten.[80]

Er sprach damit die Träume und Hoffnungen auf eine bessere Zukunft an und die Angst vor einer nicht genauer definierten Gefahr von links an. Für die Erfüllung von Träumen und Hoffnungen und die Abwendung von Gefahren brauchte man einen „starken Mann". Dies waren unverkennbar Elemente des Populismus.

Einen Tag nach dem „Unfall" im Hypermarkt sinnierte Berlusconi wieder über die Möglichkeit einer Parteigründung, diesmal allerdings, um das Gewicht der Aussage zu erhöhen, in der Tageszeitung *La Stampa*, die ihm *nicht* gehört. Die mediale Aufmerksamkeit stieg!

„Zufällig" erschien am nächsten Tag am Kiosk eine kleine Zeitschrift mit dem Titel *Auf der Suche nach dem Buongoverno - Aufruf zur Gründung eines erfolgreichen Italiens*[81], gezeichnet vom Mailänder Politologen Giuliano Urbani und einer Gruppe Intellektueller. Diese Zeitschrift gilt als das erste Lebenszeichen von Forza Italia. Im Februar sollte dieser Zeitschrift noch ein Buch folgen.[82] Es beinhaltete keinerlei Extrem-Standpunkte, sondern eine durchaus vernünftige Politik. Mit einer unverfänglichen Rhetorik trug man allerdings den Antifaschismus zu Grabe: „Vorsicht: ich sage nicht, daß die ideellen Gründe des Antifaschismus verschwunden wären; ich sage nur, daß die politischen Motivationen kleiner geworden sind: Die Leute nehmen den Faschismus nicht mehr als Gefahr für die Demokratie wahr. Auf der anderen Seite beweisen die gegenwärtigen Erfolge des MSI, daß der starre Antifaschismus der Gründungsväter vom Land nicht mehr geteilt wird."[83]

Die Redaktion des *Panorama* trat aus Protest gegen die politischen Aussagen und Gehversuche ihres Besitzers sogar für kurze Zeit in Streik und verhinderte so sogar das Erscheinen einer Ausgabe.[84] Giuliano Ferrara, Fernsehjournalist und später Minister unter Berlusconi, sah darin einen Angriff auf die Pressefreiheit: „In den Streik zu treten, um dem eigenen Verleger zu verbieten, seinen Beruf auszuüben, ist ein Attentat auf die Pressefreiheit und eine flagrante Verletzung der Berufsregeln."[85]

Als sich am „Tag drei" nach dem Hypermarkt die Aufregung über das Berlusconi-Statement auf dem Höhepunkt befand, stellte er sich mit einem Eklat vor ausländischen Journalisten endgültig in den Mittelpunkt der Aufmerksamkeit: Im Sitz der Auslandspresse in Rom wurde Berlusconi ausfallend, rief dreimal „Schande!" und beschimpfte die Journalisten, die ihm Sympathien für den Faschismus nachgesagt hatten. Anstatt seine Aussagen abzuschwächen, griff Berlusconi an und gewann, denn praktisch alle europäischen Fernsehanstalten brachten an diesem Abend die Bilder des wütenden Medienzaren und die neuesten Gerüchte um seine Parteigründung. Publicity bleibt Publicity, auch wenn sie negativ ist. Gleichzeitig bewies er seinem zukünftigen Verbündeten, Gianfranco Fini, seine Loyalität.

Bei den Stichwahlen waren in allen Großstädten die linken Kandidaten erfolgreich. Dies dürfte für Berlusconi der Grund gewesen sein, sich wenige Tage später in einem Restaurant einer Schar Industrieller zu offenbaren: „Der bittere Kelch ist bereit."[86] Diese Erlöser-Metapher würde er noch mehrmals verwenden, wie er sich selbst auch gerne bewußt als aufopfernder Redemptor darstellten würde. So sprach er einmal vom „Licht der Hoffnung", das nun wieder entzündet sei.[87]

Das politische Umfeld

Es folgten Tage, in denen Berlusconi große Unruhe in die italienische Politik brachte. Am 18. Dezember versicherte er Mino Martinazzoli, dem Chef der Christdemokraten, daß er noch bereit sei, sich zurückzuziehen. Drei Tage später versicherte er dann Fini: „Ich trete an!" Auch öffentlich mischte er sich immer öfter in die Tagespolitik ein. So griff er den parteilosen Ministerpräsidenten Carlo Azeglio Ciampi an, weil dieser eine Subvention über 500 Milliarden Lire für die RAI genehmigt hatte. Ciampi führte eine „Regierung der Professoren" an, um ein Budget und unumgängliche Reformen im Parlament durchzubringen. Nach Erfüllung dieser Punkte wollte Ciampi zurücktreten. Die RAI-Subvention war für die Privatsender natürlich ein Nachteil. Berlusconi mischte sich allerdings auch in andere politische Diskussionen ein. So warf er dem Staatspräsidenten Oscar Luigi Scalfaro vor, die Linke zu unterschätzen, diese sei eine Gefahr.

Anfang Jänner kam es dann zu einem Geheimtreffen zwischen Berlusconi und dem Lega-Chef Umberto Bossi. In diesen Tagen brach auch der Konflikt zwischen dem Star-Journalisten Indro Montanelli und Berlusconi aus. Montanelli war Chefredakteur des *Giornale*, der Tageszeitung, die offiziell Paolo Berlusconi gehört. Montanelli unterstützte in seinen Kommentaren den Reformpolitiker und ehemaligen Christdemokraten Mario Segni und nicht „seinen Chef". Silvio Berlusconi unterlief ein folgenschwerer Fehler, als er in der Folge den *Giornale* auf Kurs bringen wollte. Emilio Fede, Nachrichtenmoderator von *Rete 4* und rechte Hand Berlusconis, forderte öffentlich Montanellis Rücktritt. Berlusconi versuchte sogar persönlich die Redakteure der Zeitung durch bessere Finanzaussichten auf seine Linie zu bringen.[88] Montanelli und zahlreiche Redakteure verließen deshalb am 11. Jänner den *Giornale*. Mit Montanelli verlor Berlusconi den wohl angesehensten konservativen Journalisten des Landes, der dann noch vor den Wahlen mit der Gründung einer neuen Zeitung namens *la Voce* eine konservative Opposition zu Berlusconi begründete. Berlusconi holte sich nach Montanellis Abgang Vittorio Feltri von der Lega-freundlichen Tageszeitung *l'Indipendente* als neuen Chefredakteur zum *Giornale*.

Mitte Jänner wurde der Wahlkampf offiziell eröffnet. Ministerpräsident Ciampi trat zurück, weil er sein letztes politisches Ziel, das Budget für 1994, im Parlament durchgebracht hatte. Als Wahltag legte Staatspräsident Scalfaro den 27. März fest. Am 18. Jänner zog Martinazzoli einen Schlußstrich unter die schwarze Vergangenheit der DC, löste sie auf und gründete den Partito Popolare Italiano (PPI). Eine Gruppe von DC-Politkern spaltete sich allerdings ab und gründete den Centro Cristiano Democratico (CCD). Sie gingen später eine Koalition mit Forza Italia ein. Bereits einen Tag später stellte Berlusconi Martinazzoli und Segni ein Ultimatum. „Entweder ihr verbündet euch, oder ich trete an." Martinazzoli lehnte zutiefst verärgert das Ultimatum ab. Berlusconi hatte damit auch nicht gerechnet, weil Martinazzoli wegen der *Legge Mammì* als Minister der Regierung Andreotti zurückgetreten war. Wenn er damals gegen die kulturelle Machtkonzentration Berlusconis aufgetreten war, warum sollte er ihn jetzt unterstützen, auch noch die politische Macht zu erlangen. Martinazzoli hatte auch eine ganz andere Auffassung von Politik: „Politik macht man nicht mit dem Rechenschieber, sondern mit Ideen, Werten und Projekten."[89] Seine Abscheu gegenüber dem Medium Fernsehen mußte Berlusconi als Sakrileg erschienen sein. In Martinazzolis Augen hatten die TV-Shows „das Land in ein großes Opiumhaus verwandelt". Er verzichtete sogar auf den finalen Wahlaufruf: „Mir gefällt das Fernsehen nicht, ich habe anderes zu tun, ich geh´ nicht hin."

Berlusconi hatte das entgegengesetzte Weltbild, für ihn konnte Politik ohne Fernsehen nicht mehr existieren. Die Zuseher gaben ihm recht, rasch „zappten" sie mit ihren Fernbedienungen Martinazzoli und seine Predigten gegen die Telekratie weg. Wer Teil der Telekratie ist, möchte nicht daran erinnert werden. Deshalb kam Berlusconi das Bündnis mit dem CCD gerade recht. Ein katholisches Aushängeschild konnte nicht schaden, noch dazu, wenn es Martinazzoli Stimmen wegnahm. Wenn die Parteispaltung bei den Christdemokraten ein Zufall gewesen war und Berlusconi keine Verantwortung dafür trug, dann war es ein sehr glücklicher Zufall.

Segnis Pakt mit der Lega hielt einen ganzen Tag. Der Weg war frei für Silvio Berlusconi und Forza Italia. Die meisten Parteiführer unterschätzten ihn aber noch. Segni: „Kann sein, daß er ähnlich denkt wie ich, ich kenne seine Ideen aber nicht, weil sie mich nicht interessieren." Massimo D´Alema, inoffiziell bereits designierter Chef des PDS: „Es ist besser, wenn er bleibt, wo er ist, er würde sowieso wenig Stimmen bekommen. Wir sind ja nicht in Brasilien."[90]

Am 26. Jänner wurden an alle führenden TV-Anstalten die berühmten Videobänder mit Berlusconis „Rede an die Nation" verschickt. Fast alle Sender brachten in unterschiedlicher Länge die Rede. *Rete 4* sendete sie mehrmals in voller Länge.

Drei Tage später legte Berlusconi alle offiziellen Funktionen im Fininvest-Konzern zurück. Berlusconis Problem war aber, daß er keine Manager hatte, denen er die Leitung der Fininvest ruhigen Gewissens anvertrauen konnte. Fedele Confalonieri wurde zwar die Nummer eins, er war allerdings immer nur die ausführende, rechte Hand seines Herrn gewesen. Er behielt nur die Präsidentschaft des Fußballklubs AC Milan, für viele Italiener geradezu ein wichtigstes „Staatsamt".

Auf der politischen Bühne wuchs die Aufregung. Das neue Wahlrecht zwang die Parteien zu Wahlbündnissen. Fini von der Alleanza Nazionale deutete seine Bereitschaft zu einem Pakt mit Berlusconi und Bossi an. Umberto Bossi versicherte hingegen lauthals seinen Anhängern: „Ich mache kein Abkommen mit jemanden, der ein Abkommen mit den Faschisten macht. N-i-e-m-a-l-s!" Nur vier Tage später schlug er seinem Kongreß ein Bündnis mit Berlusconi vor. Nur zehn Tage später wurde das Bündnis unterzeichnet. Anfang März rief Bossi zur Abwechslung abermals: „Kein Mann der P2 wird Premier sein. N-i-e-m-a-l-s!" Das dritte „N-i-e-m-a-l-s" kam nach den Wahlen. Der Pol der Freiheit hatte die Wahlen überlegen gewonnen, aber Bossi versicherte ein drittes Mal: „Berlusconi wird nicht Ministerpräsident werden. N-i-e-m-a-l-s!"

Bossi wußte von Beginn an, daß Berlusconi „der bessere Bossi" war und er nur verlieren konnte. Berlusconi war in der Wirtschaft erfolgreich, sein Aussehen war gewinnender und seine Sprache nicht so vulgär. Er sprach eine breitere Masse an. Bereits drei Jahre zuvor hatte sich Berlusconi dem *Repubblica*-Chef Eugenio Scalferi anvertraut: „Ich bin der wahre Leader der Lega, nicht dieser Dummkopf von Bossi. Aber, wie mache ich das? Ich habe Geschäfte, um die ich mich kümmern muß."[91] Als Berlusconi dann tatsächlich in die Politik einstieg, wurde Bossi nervös. Er mußte mit ansehen, wie kurz vor dem Ziel (einer Regierungsbeteiligung) jemand aus dem Nichts auftauchte, ihm seine Ideen und die Früchte seiner jahrelangen Vorarbeit stahl und erfolgreicher war. Plötzlich war es gleichgültig, ob die Lega im oder außerhalb des Berlusconi-Bündnisses stand, beides bedeutete den Abstieg. Große Teile der Lega waren aber machthungrig und wollten endlich regieren. Sie unterschätzten Berlusconi, glaubten, er sei auf sie angewiesen. Die Lega war immer eine Anti-Medien-Partei gewesen. Die meisten Zeitungen und Rundfunkanstalten hatten jahrelang die Berichterstattung über die Lega boykottiert. Sie war ohne die Hilfe der Massenmedien groß geworden. Mit Berlusconi kam natürlich auch die wohlwollende Berichterstattung seiner drei Networks, für die Lega scheinbar der Himmel auf Erden.

Ähnliches galt für die Alleanza Nazionale. Ihr jugendlich wirkender Führer, Gianfranco Fini, hatte den Yuppie-Populismus eingeführt und so ebenfalls Vorarbeit für Berlusconi geleistet. In ihrem Auftreten waren Berlusconi und Fini sehr ähnlich. Da Finis Partei in all den Jahrzehnten nicht einmal in Rufnähe von Regierungsverantwortung gekommen war, konnte sie zwangsläufig auch nicht von den lukrativen Nebeneinkünften (sprich: Korruption), die den Regierenden sicher waren, profitieren. Aus einem „Nachteil" wurde ein Vorteil, Fini konnte sich nun mit bestem Wissen und Gewissen als Saubermann verkaufen. Ein Image, das auf Berlusconi nicht zu hundert Prozent zutraf. Berlusconi brauchte deshalb Fini. Das belastende Erbe des Faschismus, das Fini tragen mußte, war für Berlusconi eine Garantie, daß dieser nicht zu unverschämt würde. Fini mußte ihm ewig dankbar sein, daß er sich mit ihm abgab. Aber auch in dieser Frage sollte sich die Volksmeinung rasch ändern. Im Wahlkampf 1996 wurde Fini kaum noch auf das geschichtliche Erbe angesprochen.

Der TV-Wahlkampf

Am 3. Februar präsentierte sich das Wahlbündnis der Progressisten bestehend aus Partito Democratico della Sinistra, Rifondazione Comunista, Partito Socialista Italiano, Verdi (=Grüne), Alleanza Democratica und Rete.

Nach der „Rede an die Nation" kam es am 6. Februar zum nächsten großen TV-Auftritt Berlusconis. Der erste Parteikongreß von Forza Italia ähnelte vielmehr einer Samstag-Abend-Show als einer Parteiveranstaltung. Berlusconi rief dabei indirekt zu den Waffen gegen die Linke auf.[92]

Berlusconi schrie „Komplott!", als am 12. Februar sein Bruder Paolo wegen Korruptionsverdacht unter Hausarrest gestellt wurde. Craxi, der seinerseits mit zahlreichen Korruptionsverfahren zu kämpfen hatte, sah in Berlusconi „eine absolute politische Neuheit" und sprach ihn so vom schwierigen Erbe ihrer Freundschaft frei.

Ein weiterer politischer Paukenschlag Berlusconis war die Präsentation des Programmes von Forza Italia am 28. Februar. Die 45 Punkte standen für eine Mainstream-Politik wirtschaftsliberaler Prägung und waren tatsächlich von Demoskopen mitgestaltet worden. Berlusconi versprach eine Million Arbeitsplätze, welcher Arbeitslose hätte eine andere Partei gewählt, die solches nicht versprach?

In den ersten Märztagen gaben die Staatsanwälte Untersuchungsverfahren gegen wichtige Publitalia-Manager bekannt. Zwei folgenschwere Fehler seitens der Staatsanwaltschaft wendeten allerdings das Blatt und Berlusconi stand vor dem ganzen Land als Opfer von Intrigen da. Der Präsident der Antimafia-Kommission, Luciano Violante, heute Parlamentspräsident, behauptete in einem Interview mit der Zeitung *La Stampa*, daß die Staatsanwaltschaft der Provinz Catania Untersuchungen gegen Marcello Dell'Utri, Topmanager von Publitalia, eingeleitet habe. Violante mußte die Aussage widerrufen und - nach Intervention Berlusconis bei Scalfaro und den Präsidenten der beiden Parlamentskammern - schließlich sogar zurücktreten. Noch wesentlich schwerwiegender war der Fehler der stellvertretenden Staatsanwältin von Palmi, Maria Grazia Omboni. Sie ordnete für den Tag der großen TV-Konfrontation zwischen Berlusconi und Occhetto eine Hausdurchsuchung in der Zentrale von Forza Italia in Rom an, um die Liste der Klubpräsidenten und Kandidaten von Forza Italia zu bekommen. Diese Liste war aber bereits am Beginn des Wahlkampfes im Innenministerium hinterlegt worden. Dies war unbestreitbar ein direkter Eingriff der Justiz auf die Politik. Das bis dato einwandfreie Image der Staatsanwälte war beschädigt.

Berlusconi hatte einen Etappensieg gegen die Staatsanwälte errungen, dennoch blieb das hartnäckige Gerücht, das den Brüdern Dell'Utri ein Naheverhältnis zur Mafia nachsagte. Marcello Dell'Utri war nicht nur Präsident der Publitalia, sondern betreute auch die Wahlkampagne der Berlusconi-Partei. Dell'Utri war bereits 1992 einmal in Bedrängnis geraten, als die Polizei ein Telefonat mit Vittorio Mangano abhörte, bei dem er über „Reitpferde" und „Hemden" sprach. Der Mafia-Jäger Paolo Borsellino sorgte für großes Aufsehen, als er behauptete, Mangano gehöre der Mafia an. A propos: Mangano war zwischen 1975 und 1980 Berlusconis Leibwächter und Stallmeister. Der Bevölkerung dürften diese Beschuldigungen allerdings gleichgültig gewesen sein. Sie wollte Berlusconi. Alle Umfragedaten prognostizierten einen großen Sieg von Forza Italia.

Der Sieg 1994

Alle rechneten zwar mit einem Erfolg von Forza Italia, das Wahlergebnis war dann doch eine Überraschung. Das Links-Bündnis hatte mit wesentlich mehr Stimmen gerechnet. Die folgende Tabelle zeigt das Wahlergebnis und die Wählerströme seit den letzten Wahlen.

Umfragedaten und Wahlergebnisse[93] *Tabelle*

	Wahl 4/92	**Umfrage 4/93**	**Umfrage 11/93**	**Wahl 3/94**
Forza Italia	---	---	---	21,0
Lega Nord	8,7	15,5	17,7	8,4
MSI / AN	5,4	5,5	5,9	13,5
Pol der Freiheit	**---**	**---**	**---**	**42,9**
DC / PPI	29,7	18,2	21	11,1
Segni	---	---	6,0	4,6
Zentrum	**---**	**---**	**---**	**15,7**
PDS	16,1	20,0	17,5	20,4
Rifond. Comuni.	5,6	5,3	4,8	6,0
PSI	13,6	5,1	3,4	2,2
Verdi	2,8	5,5	3,5	2,7
Alleanza Democ.	---	---	1,8	1,2
La Rete	1,9	5,4	3,9	1,9
Progressisten	**---**	**---**	**---**	**34,6**

Forza Italia schaffte beim ersten Antreten gleich 21 Prozent der Stimmen. Diese kamen großteils vom Koalitionspartner Lega. Sie hatte im November 1993 noch 17,7 Prozent bei

Umfragen erreicht, dann folgte der jähe Absturz. Die Post-Faschisten konnten hingegen stetig zulegen.

Das Zentrum wurde zerrieben. An den angeführten Daten kann man den Absturz der DC bzw. des PPI nachvollziehen. Bemerkenswert ist vor allem die Umfrage des Novembers 1993. Damals hatte die DC - trotz Korruptionsvorwürfe - wieder leicht zugelegt. Sie war damals einfach die einzige bürgerlich-konservative Partei. Sobald sich aber die Alternative „Berlusconi" anbot, liefen ihr in nur vier Monaten zehn Prozent der Wähler davon. Auch Segni enttäuschte. Sein politischer Slalomkurs hatte ihn ein besseres Ergebnis gekostet.

Das Lager der Progressisten konnte die Erfolge der Kommunalwahlen des Herbstes nicht umsetzen. Der PDS legte zwar zu, allerdings viel zu wenig, um den Ministerpräsidenten stellen zu können. Auf die sechs Prozent der Alt-Kommunisten, Rifondazione Comunista, hätte das Bündnis lieber verzichten sollen. Ihre Beteiligung kostete nämlich weit mehr als sechs Prozent. Berlusconis Standardsatz im Wahlkampf war schließlich: Wer mit den Alt-Kommunisten eine Koalition bildet, ist in Wirklichkeit auch ein Kommunist. Man hätte auch auf den PSI verzichten können, er hatte den höchsten „Korruptionsgrad", das schlechteste Image aller Parteien und wurde praktisch nur noch von der Familie Craxi gewählt - 2,2 Prozent im Vergleich zu den 16,1 bei den letzten Wahlen bedürfen keines Kommentars. Die Grünen (Verdi), die Alleanza Democratica und die Anti-Mafia-Bewegung La Rete waren zwar engagierte Kleinparteien, konnten das Gesamtergebnis aber faktisch nicht anheben.

Nach den Wahlen im März 1994 gab es demnach zwei Gewinner, Forza Italia und Alleanza Nazionale, sonst nur Verlierer.

Der Tag, an dem Berlusconi auch im Senat seine erste Vertrauensabstimmung mit knapper Mehrheit gewann, wird in die Geschichte eingehen. Kurz vor der Abstimmung schlug ein Blitz im Parlament ein und sorgte für einen längeren Stromausfall. So mancher sah im Blitz ein Zeichen, andere eine göttliche Warnung. Berlusconi war aber auch auf einer anderen Front erfolgreich: Sein Fußballklub, der AC Milan, gewann das Europapokalfinale gegen den FC Barcelona. Mit 4:0 deklassierte man die Spanier. Es war der Tag des Silvio Berlusconi. Die italienischen Medien hatten einen „Aufhänger" für die Schlagzeilen. Berlusconi versprach, Italien so erfolgreich wie den AC Milan zu machen.

Die „Medienpartei"

Populismus ist zum Scheitern verurteilt, wenn ihm die Plattform zur Selbstdarstellung fehlt. Silvio Berlusconi konnte auf eine landesweite mediale Infrastruktur zurückgreifen, und hierin lag sein Erfolgsrezept. Das Autorenteam von *1994 - Colpo Grosso* hatte keine Zweifel: „Wenn Forza Italia und die Fininvest zwei getrennte Dinge (gewesen) wären, dann wäre das Wunder der hundert Tage nicht passiert. Alles hätte gefehlt: Das Geld, die Menschen, die Organisation, die Büros, die Kompetenz, der Teamgeist, das Programm, die technischen Hilfsmittel, die Meinungsumfragen, die Sekretärinnen, die Kommunikationsmittel, die Transportmittel, das Marketing und die Werbung.“[94]

Im Grunde habe Berlusconi den Verwaltungsrat seiner Firma lediglich in eine Partei umgewandelt und sich zum Parteivorsitzenden gemacht. Er konnte eine „Do-it-Yourself-Informationspolitik“[95] verfolgen, er war im ganzen Wahlkampf auf niemanden angewiesen. Er, d.h. die Fininvest, war Kommunikator und Transmitter in einem. Da das Kommunikationssystem als „das Nervensystem eines modernen Landes“[96] gilt, könnte man mit Orwell´scher Phantasie sagen: Wenn die Fininvest das „Nervensystem“ des Landes war, dann war Berlusconi ihr Kopf. Würde diese Theorie stimmen, dann hätte 1994 - und nicht 1984, wie bei Orwell - der *Big Brother* die Macht errungen. Dem war aber offensichtlich nicht so. Dennoch konnte man einen medialen Wahlkampf mitverfolgen, der für europäische Verhältnisse revolutionär war. Die USA kennt eine ähnliche, mediatisierte Form der Wahlkampfführung bereits seit Jahrzehnten. Dennoch war Forza Italia ein Unikum. In keinem demokratischen Land der Welt gehörte die ganze mediale Infrastruktur der Kampagne einer Person, geschweige denn dem Spitzenkandidaten.

Berlusconi hat vier große Sektoren seines Wirtschaftsimperiums in den Dienst seiner politischen Ambitionen gestellt: Demoskopie, Medien, Werbung und PR und seine Vertreter:

Demoskopie

„Die Manuskripte für die Redebeiträge der Kandidaten sind, nach Vorgabe unendlich detaillierter Umfragen, maßgeschneidert auf die Besorgnisse und Erwartungen der Wähler, die Formulierungen in *Focus*-Gruppen durchgetestet und auf höchstmögliche Wirkung hin ausgefeilt.“[97] Dieses *Spiegel*-Zitat stammt nicht aus dem italienischen Wahlkampf 1994, sondern vom amerikanischen Präsidentschaftswahlkampf 1988. Bereits Reagan, Bush und Clinton hatten mit dieser Technik gearbeitet.

Weitere Zitate veranschaulichen die Parallelen zwischen dem amerikanische Präsidenten und Berlusconi, dem Ministerpräsidenten neuen Typs, auf noch deutlichere Weise. Jens Renner strich die entsprechenden Passagen hervor: „Reagan war für seine Zeit sicherlich der Idealtyp des Fernsehzeitalters: Er agierte kinogerecht und getreu der Erkenntnis, daß die Politik im Zeitalter der Massenmedien nicht das Denken, sondern die Emotionen der Millionen Fernsehzuschauer ansprechen muß. [...] ‘Wir wollten die weitestgehende Kontrolle über das, was die Leute sahen’, bekannte PR-Manager David Gergen, ‘wir hatten ein Drehbuch, in dem im voraus alles genauestens festgelegt war. Das wichtigste am Parteitag war unserer Meinung nach die Show.’“[98]

Auch bei Forza Italia hatten die Meinungsforscher eine zentrale Bedeutung. Sie bestimmten die Parteilinie, brachten die Partei damit zum Erfolg und wurden dafür mit Sitzen im Parlament belohnt. Noch bevor Berlusconi seinen Einstieg in die Politik bekanntgab, ließ er Parteiname, Parteisymbol und die politische Ausrichtung von seinem Meinungsforschungsinstitut Diakron testen. Demnach genossen im Sommer 1993 drei Männer besonders hohes Ansehen in der Bevölkerung: der Korruptionsjäger Di Pietro, der Reform-Politker Segni und der Erfolgsmensch Berlusconi. Ein unglaubwürdiges, aber amüsantes Gerücht sprach sogar davon, daß eine Meinungsumfrage die Akzeptanz eines Königs (!) Berlusconi in der Bevölkerung getestet haben soll. Kolportiertes Ergebnis: 14,7 Prozent wollten Berlusconi als König von Italien! Anmerkung des Journalisten: „Wenn die Savoia Urheberrechte einklagen, kein Problem: Imperator. Wie Napoleon."[99]

Hauseigene Demoskopen unter der Führung von Gianni Pilo analysierten bereits Monate vor Berlusconis Einstieg in die Politik durch *focus groups* auch die Sehnsüchte der Italiener. In acht repräsentativen *focus groups* unter der Leitung eines Psychologen wurde, ohne den Grund der Untersuchung bekannt zu geben, die „Volksmeinung" erhoben. Wie nicht anders zu erwarten, wünschte sich die Bevölkerung vom neuen Ministerpräsidenten mehr Arbeitsplätze, weniger Steuern und einen effizienteren Kampf gegen die Kriminalität. Das 100-seitige Parteiprogramm war lediglich das Ergebnis dieser Umfragen. Im Wahlkampf lieferten die Experten Berlusconi dann täglich neue Umfragedaten. So konnte er auf kleinste Meinungstrends rasch reagieren. Die Bevölkerung fühlte sich plötzlich „verstanden". Jens Renner: „Das von Pilo und anderen Strategen angewandte Verfahren zur Wählerbeeinflussung könnte man für Scharlatanerie oder groben Unfug halten - wenn es nicht so auffallend gut funktioniert hätte."[100]

Die Umfragen brachten allerdings noch weitere interessante Ergebnisse. So stellte sich heraus, daß Berlusconis angebliches Naheverhältnis zu Craxi, der P2 und seine Kontrolle über den Medienmarkt die italienische Bevölkerung nicht interessierten. Die Intellektuellen konnten noch so laut schreien, die Wähler sahen darin keinen Grund, Berlusconi nicht zu wählen. Sogar die gelegentlichen Wutausbrüche vor kritischen Journalisten empfand man als legitim. Vertreter der neuen Demoskopie-Politik, also jener Politik, die sich an Meinungsumfragen orientiert, glaubten, die Politik des nächsten Jahrtausends etabliert zu haben. Angelo Codignoni, einer der Forza Italia-Manager (und ehemals Bankrott-Manager von *La Cinq* in Frankreich), war davon überzeugt, der Demokratie einen großen Dienst zu erweisen.[101] So auch Gianni Pilo, Berlusconis Meinungsforscher, Berater und Parlamentarier, der den klassischen Massenparteien den Tod voraussagte: „Sie meinen, alles besser zu wissen und breiten ihr Programm über den Köpfen der Wähler aus. Wir befragen die Leute nach ihren Wünschen und machen dann unsere Politik. [...] Die alten Parteien sind meilenweit von den Bürgern entfernt. Wenn sie wieder Erfolg haben wollen, sollten sie sich uns zum Vorbild nehmen. Sie reden, wir hören zu. Sie sind abstrakt, wir konkret."[102] In seinen Augen gab es auch einen Grund, warum die alten Parteien auf den neuen Trend nicht reagierten: „Die großen amerikanischen Eisenbahngesellschaften haben nur in den Grenzen der

Eisenbahn gedacht, als das Automobil geboren wurde, haben sie es nicht verstanden. Keiner der alten Kinoproduzenten hat die Möglichkeiten des Fernsehens verstanden. Ich will damit sagen, daß, wer in einem Markt drinnen steht, die echte Innovation, die radikale, nicht sehen kann. Die Politiker in Italien können ihren Geisteszustand nicht verändern. Sie sehen uns an, als wären wir Marsmenschen, weil wir Marsmenschen sind, wir kommen von einer anderen Welt, von den Schlachtgräben der Arbeit. Nach den Wahlen werden sie erst verstehen, wer wir sind, wenn es für sie zu spät ist."[103] Diese Kampfansage mag etwas pathetisch wirken, aber sogar berlusconi-kritische Experten, wie z.B. der Politikwissenschaftler Angelo Panebianco, sahen in Forza Italia das „Parteimodell der Zukunft".[104] Für Gianni Pilo ist Forza Italia einfach eine „Welt-Partei".[105] Man fühlt sich an den Welt-Begriff Marshall McLuhans erinnert: Im *Global Village* der Kommunikationsgesellschaft muß es konsequenterweise auch eine *Global Party*, die Welt-Partei, geben.

Demoskopie statt Demokratie, oder *ist* Demoskopie Demokratie? Die einen sehen darin die modernere Demokratie, andere hingegen den perfektionierten Populismus. Unpopuläre, aber dringende Maßnahmen würden auf diese Weise unmöglich gemacht. Berlusconi richtete auch während seiner Amtszeit sein Handeln auf die Umfragedaten aus. Als man ihm wieder einmal den „Gewissenskonflikt" *Fininvest-Chef und Ministerpräsident* vorhielt, entgegnete er, eine Umfrage hätte ergeben, daß nur ein Prozent der Bevölkerung dies als Problem empfinde. Deshalb sei es nicht dringend, sich darum zu kümmern.[106] Man fühlt sich hier an einen berühmten Satz des amerikanischen Präsidenten Lyndon B. Johnson erinnert: „If it didn´t happen on the evening news, it didn´t happen."[107]

L´Espresso kritisierte, daß die Entscheidungen auf diese Weise in Wirklichkeit von Gianni Pilo gefällt würden, da er die Umfragen machte, und von der Art der Umfrage ihr Ausgang abhänge.[108] Das „elektronische Orakel" konnte allerdings auch versagen. Für die Wahlen prophezeihte Pilo 37 Prozent der Stimmen für Forza Italia, es waren dann doch nur 21 Prozent.[109]

Medien

Alle politischen Scoops, d.h. Erstmeldungen, erschienen in Berlusconis eigenen Medien. Die Idee zur Parteigründung formulierte er, wie gesagt, in *Epoca*. Nach Montanellis Abgang wurde *Il Giornale* zum Sprachrohr des Medienzaren. Seine „Rede an die Nation" und wichtige Interviews strahlten seine Networks oft exklusiv aus. Die drei Fininvest-Sender wurden während seiner Amtszeit endgültig zum wahren „Staats"-Fernsehen, da sie die Regierungsarbeit in einem positiven Licht darstellten. Die RAI wurde als Strafe für ihre kritische Berichterstattung über Forza Italia einfach boykottiert. So erzwang Berlusconi, daß die TV-Konfrontation vor den Wahlen auf einem seiner Sender ausgestrahlt wurde.

Berlusconi konnte allerdings den Vorwurf, seine Sender würden ihn unterstützen, nicht verstehen: „Meine eigenen Fernsehsender haben mich im Wahlkampf nicht besser behandelt als andere Politiker. Zwischen den Wählern und dem Gewählten muß in der Demokratie eine direkte Verbindung hergestellt werden. Die Massenmedien haben eine Mauer zwischen Politikern und Bürgern erreichtet, welche die Wahrnehmung der Wirklichkeit verzerrt. Ich versuche, diese Mauer abzutragen und unmittelbar zu den Menschen zu sprechen."[110] Die Antwort ist befremdend. Erstens wurde er von seinen Sendern eindeutig favorisiert. Zweitens ist unklar, was er nun als Wirklichkeit und direkten Kontakt zu den Bürgern versteht. Sollte Wirklichkeit bereits unverzerrt sein, wenn er sich direkt ohne Zeitlimit und kritische Zwischenfragen via Fernsehen an seine Wähler wenden konnte?

Eine ideale Plattform für diese Form der Kommunikation bieten die hauseigenen Nachrichtensendungen. Allerdings unterstützen nicht alle Fininvest-Nachrichtensprecher Berlusconi ohne wenn und aber. Die Nachrichtensendung von *Canale 5* steht z.B. in etwas größerer Distanz zu Berlusconi. Mentana, der Chefredakteur dieser Sendung, ein deklarierter Linker und Nicht-Berlusconi-Wähler, ließ seinen Geldgeber im Wahlkampf sogar weniger zu Wort kommen als dessen politische Gegner. Mentana erntete für diese Linie der Berichterstattung Lob und Tadel zugleich. Die einen begrüßten sein Selbstbewußtsein, die anderen meinten hingegen, er ließe sich als „Feigenblatt" für Berlusconis angeblichen Pluralismus und Liberalismus auf seinen Sendern mißbrauchen.

Tatsächlich verwies der Forza Italia-Chef oft auf den „unabhängigen" Journalismus von *Canale 5*, wenn sein Informationsmonopol kritisiert wurde. Keine Zweifel ließ Mentanas Kollege, Emilio Fede von *Rete 4*, offen. Er war Berlusconis Sprachrohr und hielt auch in größter Not eisern zu seinem Herrn. Als sich z.B. Montanelli nicht der neuen Blattlinie des *Giornale* unterordnen wollte, forderte Fede in seiner Nachrichtensendung öffentlich den Rücktritt Montanellis, der schließlich auch erfolgte. Fede wurde in den Monaten der Amtszeit Berlusconis zum Objekt des Gespötts. Er versuchte auch gar nicht, sein Naheverhältnis zu Berlusconi zu verbergen. Interviewte er den neuen Ministerpräsidenten live im Fernsehen, dann duzte man sich. Keiner ließ ihn ausführlicher zu Wort kommen als Fede. Gab Fede einmal seine Meinung kund, machte ein akustisches und optisches Signal darauf aufmerksam, daß nun „die Meinung des Chefredakteurs" folgte.[111]

Eine Regelung sah für den Wahlkampf vor, daß alle Parteien auf allen Sendern den gleichen Raum eingeräumt bekamen. Bereits am zweiten Tag der Regelung fand die Fininvest ein Schlupfloch. War Berlusconi nicht Präsident des AC Milan? Es kam zu einer Inflation der Interviews mit dem „Präsidenten des AC Milan". Keine Sportsendung konnte darauf verzichten. Die Grenze zwischen Sport und Politik war fließend:

> *„F: Herr Präsident, der Milan hat sechs Punkte Vorsprung, Forza Italia hat 36 Prozent. Wem hätten sie im November weniger zugetraut?*
>
> B: Dem Milan mit den sechs Punkten Vorsprung.

F: Wenn sie die Kandidaten von Forza Italia in Konfrontation mit den Gegnern sehen, oder wenn sie vielleicht Massaro (ein Stürmer des AC Milan) *im Kampf gegen einen Libero und Verteidiger sehen, für wen zittert ihr Herz mehr?*

B: Für Massaro, weil er vom Milan und von Forza Italia ist.

F: Natürlich, für Massaro, sicherlich. Hören sie, was ist anstrengender, eine Anwerbekampagne für Forza Italia oder für den Milan?

B: Naja, für Forza Italia gab es keine Anwerbekampagne. Wir sind gegangen und haben den Arbeitsplätzen, den Berufen, eine bestimmte Zahl von Personen, eine wichtige Zahl, abgenommen. Wir hatten Umfragen in allen Provinzen von Italien gemacht und es ist uns gelungen, von 2.000 Personen ausgehend, 450 mögliche Kandidaten herauszufinden. Dann sind 270 übriggeblieben, weil wir den Weg der Allianz gegangen sind, und daher gibt es 270 Freiwillige, die sich entschlossen haben, sich der Politik zu widmen, zum ersten Mal, zumindest auf nationaler Ebene. Daher sind alle Personen im Senat und in der Kammer absolut neu. Wir hoffen, gut gewählt zu haben... Ich bin sicher, gut gewählt zu haben."[112]

Die Politik ist ein Fußballspiel, wie konnten wir das übersehen!

Werbung und PR

Merchandising-Produkte sollten einen „Coca Cola-Effekt" in der Bevölkerung erzielen. Man wollte, daß ein „Super-Image" mit Forza Italia assoziiert würde. Das Logo, die wehende Italien-Fahne mit dem Forza Italia-Schriftzug, ähnelte sogar optisch und nicht nur emotional dem von Coca Cola. Berlusconi wurde im Zusammenhang mit der PR-Kampagne eine Aussage in den Mund gelegt, die Auskunft über seine Einschätzung seiner Anhänger gibt: „Erinnern wir uns daran, daß unser Publikum nur die dritte Klasse Mittelschule geschafft hat und nicht einmal unter den Klassenbesten war."[113] Berlusconi dürfte darin das Erfolgsrezept für seine politische Laufbahn entdeckt haben. Ein *ABC*-Manager dürfte allerdings bereits früher wie Berlusconi gedacht haben. Die amerikanische Fernsehanstalt hatte überraschenderweise ihre Einschaltquoten erhöhen können. Man fragte den Manager nach dem Geheimnis des Erfolges, und der deutsche Journalist Klaus Harpprecht überliefert die Antwort: „Nein, keine der dramatischen Serien, keine der aufwendigen Dokumentationen, erst recht nicht die brandaktuellen Berichte von allen Kriegsschauplätzen und aus allen Hauptstädten der Welt seien für die Erfolge verantwortlich, sondern die simple Tatsache, daß der Intelligenzanspruch der Durchschnittsprogramme vom Niveau eines Elfjährigen auf das eines Neunjährigen gesenkt wurde."[114]

Klub-Gründungen durch die Vertreter

Mit der Gründung der Klubs von Forza Italia beauftragte Berlusconi die 3.000 Vertreter von Programma Italia, einer Fininvest-Firma. Es war ihr Job, durch ganz Italien zu reisen, jeder kannte daher sein „Revier" und wußte, wen man ansprechen müsse, um einen Klub zu gründen. Es kann schon vorgekommen sein, daß ein Klient von Programma Italia Berlusconi nicht kränken wollte und deshalb dem Klub beitrat. Die Vertreter wurden mit einem Medienkoffer ausgestattet. In einem logistischen Leitfaden für die Vertreter fanden sich praktische Tips. So benötigten die Klubs zwar keinen festen Sitz, es sollten vor allem aber Ärzte, Notare, Anwälte und Hotel- und Restaurantbesitzer angesprochen werden, denn diese konnten leicht die Räumlichkeiten, Telefon und Fax zur Verfügung stellen. Oft boten sich allerdings auch die Filialen seiner Warenhauskette Standa als Klub-Räume an, diese gab es in fast allen Ortschaften, hatten die nötige Infrastruktur und standen tagtäglich in Kontakt mit der Fininvest. Welchen Unterschied machte es, wenn neben den Bestellungen für Waren auch Bestellungen für Wahlkampf-Material über das Fax liefen? Die Arbeit in den Klubs war selbstverständlich ehrenamtlich, für den Vorsitz mußte man bezahlen. Eine der Hauptaufgaben der Mitglieder sollte u.a. sein, Leserbriefe an die Zeitungen zu verschicken, in denen die Notwendigkeit radikaler Veränderungen in der Politik ausgedrückt wurde.

Bis zu den Wahlen schossen auf diese Weise 14.000 Klubs mit 700.000 Wahlhelfern[115] aus dem Boden. Eine große Zahl, die allerdings relativiert werden muß. So hat die Ortschaft Sambucca in Sizilien 7.000 Einwohner, ein beachtlicher Teil davon sind allerdings Kinder und (Post-)Kommunisten, dennoch hatte das Städtchen zwölf Klubs.[116] Laut Statut genügten fünf Fans, um einen Klub zu gründen. Die Klub-Präsidenten wurden von oben bestimmt und mußten sich gegen eine Gebühr von umgerechnet etwa 3.500 Schilling einschreiben lassen. Es wurde nichts verschenkt. Jeder Mitarbeiter mußte für Aufkleber, Wimpel und Anstecknadeln im voraus bezahlen.[117] Es war schließlich die Partei eines Unternehmers. Die 26 Regionalchefs waren ausschließlich Fininvest-Manager.[118] Schulungen erfolgten via Videokassette. Die großen, wichtigen Klubs standen ganz im Zeichen des Informationszeitalters. Sie waren mit einem Video-Telefon-System verbunden, und täglich wurde eine Botschaft von Berlusconi ausgestrahlt. Für Codignoni, den Klub-Manager, war Politik „die Massenübertragung der Gedanken von Silvio Berlusconi."[119]

Die Spitzenkandidaten mußten sich einem strengen Auswahlverfahren unterziehen: Bartträger waren unerwünscht, das Curriculum mußte stimmen (keine politischen und juristischen Altlasten). Wer in die engere Wahl kam, mußte sich im Fernsehstudio von Forza Italia einem Telegenitäts-Test unterziehen. D.h., es gab kaum demokratische Selektionskriterien, und die Mitbestimmungsmöglichkeiten der einzelnen Klubs bei der Kandidatenauswahl waren minimal. Die Gewinner wurden schließlich in Seminaren auf den Wahlkampf vorbereitet. In einem 25-tägigen Intensivkurs wurde ihnen das politische Agieren nähergebracht, sogar Talkshows wurden simuliert. Ihre Konkurrenten aus den anderen Parteien konnten von derartigen Vorbereitungen auf ihren Einsatz als Kandidaten nur träumen.

Konzept

Die „virtuelle Partei“

Der Name Forza Italia war nicht neu. Die Democrazia Cristiana hatte bereits 1983 - nach gewonnener Fußballweltmeisterschaft - diesen Schlachtruf als Wahlslogan verwendet. Ihr hatte er aber keinen Erfolg gebracht: Sie verlor bei den Wahlen 5 Prozent der Stimmen.[120]

Trotz der zahlreichen Klubs war Forza Italia eine „virtuelle Partei“, die nur über das Fernsehen wahrgenommen werden konnte. Die Partei hatte auch nur ein Gesicht, das des Silvio Berlusconi. Eine Partei, die keine Vergangenheit und keine Ideologie hat, ist auf ihr Image in der Öffentlichkeit angewiesen. Alle Bestrebungen in der Parteizentrale konzentrierten sich daher darauf, bis zu den Wahlen eine perfekte Show zu liefern. Neben der alltäglichen Medienpräsenz gab es Highlights wie die „Rede an die Nation“, den Parteitag und die TV-Konfrontation.

Berlusconi folgte allen Anweisungen seiner Experten, um ein passendes Image aufzubauen. Seinem Image ordnete er alles unter: Angeblich soll man ihm sogar empfohlen haben, sich in der Öffentlichkeit nur mit seinen kleinen Kindern zu zeigen. Die Präsenz seiner erwachsenen Kinder aus erster Ehe hätte seinem jugendlichen Auftreten geschadet. Die Redaktionen wurden mit Pressefotos von Silvio Berlusconi überhäuft. Der *Corriere della Sera* schrieb dazu: „Es ist nichts Neues, daß Persönlichkeiten der hohen Wirtschaftsspitze und der Finanzwelt dem Beispiel der Filmstars folgen und Fotoaufnahmen von sich herumschikken, auf denen sie jung und schön erscheinen und dichtes Haar haben. Aber Berlusconi schlägt alles bisher Dagewesene. Sein Dossier übertrifft sicherlich die großen Hollywoodstars. Man sieht Ihn mit dem Papst, mit Gorbatschow, mit Künstlern in offizieller, protokollarischer Pose. Ihn in der seriösen Haltung des Wirtschaftsbosses, Ihn im Stadion als bangenden Ersten Fußballfan von AC Milan während eines gefährlichen Angriffs, Ihn als lächelnden, glücklichen Ersten Fußballfan nach einem Tor des AC Milan, Ihn als zärtlichen Vater, der die beiden kleinsten Mädchen an der Hand führt, Ihn als *Great Communicator*, der ein Plädoyer für die Macht des Verkaufens hält, Ihn in mondäner Umgebung... und so weiter. Der Fotograf hat hervorragende Arbeit geleistet. Man hört, daß bei der Fininvest eine Person beschäftigt sei, die sich fast ausschließlich um die Fotos von Berlusconi kümmert.“[121]

Forza Italia präsentierte sich seit ihrer Gründung als Führerpartei. Zu den Europawahlen kandidierte Berlusconi in jedem Wahlkreis, obwohl er als Ministerpräsident kein Mandat in Straßburg hätte annehmen können. Tatsächlich saßen dann völlig unbekannte Mandatare im Europaparlament. Jens Renner erkannte in seinem Buch *Der Fall Berlusconi* bereits, daß das Erfolgsrezept von Forza Italia, die Person Silvio Berlusconi, auch zum Todesurteil dieser Bewegung werden könnte: „Auf Dauer könnte diese Orientierung zu einseitig sein. Wenn der Chef in Schwierigkeiten gerät, verliert auch seine Partei den Schwung.“[122] Als

Berlusconi im Sommer der erste und im Dezember der endgültige politische Fehltritt passierte, verlor die ganze Bewegung sogleich an Sympathie.

Zurück zum Wahlkampf: Politische Sensationen hob sich Berlusconi immer für Talkshows auf, bei denen ihm keine Konkurrenten die Show stehlen oder seine Aussage relativieren konnten. In der *Costanzo Show* ließ er z.B. den „Luftballon" steigen, daß er Di Pietro gerne als Minister hätte. Das Land war begeistert, bis auf eine Person: Di Pietro. Er hatte keinerlei Intentionen, für Berlusconi in die Politik zu gehen. Als Di Pietro dementierte, war das ganze Land enttäuscht, bis auf Berlusconi. Er hatte seinen Punkt schon gemacht. Er galt ab nun als der, der Di Pietro in die Regierung holen wollte. Die anderen Parteien konnten nichts dergleichen bieten. Ähnlich verhielt es sich mit der berühmten Versprechung, eine Million Arbeitsplätze zu schaffen. Berlusconi war in der Talkshow von Gianfranco Funari zu Gast. Funari hatte schon früher eine Talkshow bei der Fininvest gehabt, war aber zu kritisch gewesen und entlassen worden. Umfragedaten hatten aber für Funari gesprochen, und so hatte ihn sich Berlusconi nur einige Monate vor den Wahlen wieder zurückgeholt. Funari galt als ein Mann, der sich von niemandem beeindrucken ließ. Konnte er bei Interviews mit Politikern durchaus derb und aggressiv werden, war er an jenem Abend mit Berlusconi lammfromm. So fragte er: „Was ist es, was ihre Rhetorik so gewinnend und überzeugend macht: Ihr Inhalt? Ihre optimistische Persönlichkeit? Oder gar beides?"[123] Mit dieser Frage starb für viele der Mythos des „Anwalts der Nation", für den viele Italiener Funari hielten. Er war nunmehr ein „Yes-Man" unter vielen. In jener Show lancierte Berlusconi auch seine Million Arbeitsplätze. Er blieb an jenem Abend unwidersprochen. Alle späteren Versuche seiner Gegner, dieses Versprechen zu relativieren, scheiterten. Berlusconi hatte wieder gepunktet.

Parteiprogramm

Auch das Programm wurde von Berlusconis Hofphilosophen, Paolo Del Debbio, verfaßt. Es erinnert kaum an die anderen Parteiprogramme. Es ist keine theoretische Abhandlung bestimmter Ideologien, sondern ein leichtverständliches Problem/Antwort-Spiel. 45 Schlagworte werden zuerst in ihrem Problemzusammenhang dargestellt und mit konkreten Vorschlägen beantwortet. Die Schlagworte reichen von A, wie *Agricoltura* (= Landwirtschaft), bis V, wie *Volontariato* (= Freiwilligen-Dienst). Der Wähler kann sich auf diese Weise die Schlagworte heraussuchen, die ihn interessieren und die Lösungsvorschläge von Forza Italia analysieren. Weiters werden die 45 Antworten in fünf politischen Zielen zusammengefaßt: Freiheit der Bürger, Freiheit im Staat, effektive Solidarität, wirtschaftliche Entwicklung, Italien und Europa. Das Parteiprogramm ist sehr geschickt gemacht, es lädt zum Darin-Blättern ein, was andere Programme sicherlich nicht bewirken. Jeder findet das passende Kapitel: Beschäftigung, Frauen, Senioren,... Ob der politische Inhalt der Antworten realisierbar ist oder nur leere Versprechungen beinhaltet, ist eine andere Frage.

In der Einleitung betont Silvio Berlusconi, daß Forza Italia eine Bewegung und keine Partei sei. Dies war in der damaligen Phase der absoluten Politikverdrossenheit in der Bevölkerung eine geschickte Eigendefinition. Er spricht abermals vom *buongoverno*, der guten Regierung.[124] Auch dieser Neologismus ist klug gewählt. Berlusconi verspricht ein neues italienisches Wunder und greift damit den Titel des Parteiprogramms *Für ein neues italienisches Wunder* auf. Er kommt sogleich auch auf seine politischen Feinde, die Post-Kommunisten, zu sprechen. Er stellt sie als Überlebende des Schiffbruches des alten Systems dar: „Ihre einzige Kompetenz ist das taktische Manöver, das Palast-Leben und die Lenkung des Apparates. [...] Sie sind Bekehrte der letzten Stunde."[125] Indem er anderen diese Vorwürfe macht, spricht er sich gleichzeitig von diesen frei. Eine kluge Taktik, gerade weil er seinen Einstieg in die Politik taktisch vollführt hat, selbst in einem Palast wohnt und eine gewaltige Firma lenkt. Seine Bekehrung dürfte auch nicht sehr lange zurückliegen...

Es soll noch ein kurzer Blick auf den Inhalt dieses Programms geworfen werden. Es finden sich darin die absurden Versprechen für eine Senkung des Spitzensteuersatzes von 50 auf 30 Prozent und die „berühmte" Million Arbeitsplätze. Das Programm hat eine typische wirtschaftsliberale Prägung. Man tritt für größtmögliche Freiheit in Wirtschaft, Staat und Verwaltung ein. Das kollabierte Pensions- und Sozialsystem will man durch Privatisierung in den Griff bekommen. Sogar die Wohnungsnot will man auf diese Weise lösen. Eine neue und sogleich umstrittene Form der Teilzeitbeschäftigung soll vor allem Frauen zugute kommen. Auch das Bildungswesen steht unter dem Zeichen der Leistungs- und Wirtschaftsorientierung. Ein rigoroses Gebühren- und Stipendiensystem soll die Studenten bereits auf der Universität auf den Wettbewerb im Berufsleben vorbereiten. Zahm gibt man sich in der Einwanderungspolitik. Man sieht Italien als Land mit kontrollierter Einwanderung. Wen Italien brauchen kann, soll würdig empfangen und behandelt werden. Die Zuteilung einer Wohnung und die Ermöglichung einer Ausbildung sollen für eine rasche Integration in den Arbeitsbereich sorgen. Selbstverständlich spricht man sich gegen unkontrollierte Einwanderung und Ausländerkriminalität aus. Die Demagogie scheint man allerdings lieber dem neofaschistischen und dem legistischen Bündnispartner zu überlassen. In der Familienpolitik gibt man sich familienorientiert, da man in den Familien unentgeltliche Sozialarbeit erkennt.

Das Programm von Forza Italia beinhaltet keine besorgniserregenden Ideologien und Ideen, dennoch finden die Journalisten Ruggeri und Guarino nichts Positives daran: „Der Ministerpräsidentschaftskandidat Berlusconi zieht in den Wahlkampf für die Parlamentswahlen am 27. und 28. März `94, indem er die Wähler mit dem Schreckgespenst der 'Ex-Kommunisten an der Regierung' aufwiegelt und die Nationalflagge Italiens schwingt. Er verspricht weniger Steuern, weniger Arbeitslosigkeit und mehr Arbeit, weniger Umweltverschmutzung und mehr Umweltschutz, mehr Solidarität mit den sozial Schwachen, höhere Leistungsfähigkeit der staatlichen Ämter und Dienstleistungen, mehr Liebe für die Alten... Sein politisches Programm ist ein Kompendium, das wie ein Rezept mit gut 45 'Zutaten' aus widerlichster Demagogie und altbekanntem Populismus anmutet - ein unerträgliches Sammelsurium von Allgemeinplätzen in Form von Werbespots."[126]

Parteitag

Am 6. Februar 1994 lud Berlusconi zum ersten Parteikongreß nach Rom. Die Veranstaltung sollte neue Maßstäbe für politische Großveranstaltungen setzen. Berlusconi bewegte sich auf der Bühne locker wie ein Showmaster: die Hand in der Hosentasche, über die Bühne schlendernd und das Rednerpult meidend. Der hellblaue Hintergrund mit kleinen Wolken unterstrich die positive Atmosphäre. Der Designer-Anzug paßte ihm, wie immer, perfekt. Berlusconi repräsentierte den neuen Typus des Politikers. Für Dario Fo war er die „Verkörperung des Marketings“: „Er hat eine Umfrage machen lassen: Was wollen und brauchen die Italiener hier und heute? Also, die wollen einen Mann wie den bekannten Richter Di Pietro [...], aber etwas eleganter, der wohlgepflegte Hände hat, dessen Krawatte gut sitzt, der die Familie hinter sich weiß, der Sicherheit ausstrahlt, der wohl situiert ist und nach frischer Wäsche riecht, nach gutem Parfüm, der eben geduscht hat: eine Glücksvorstellung.“[127] Damit am nächsten Tag in den Zeitungen auch nur Fotos erschienen, die diesem Image entsprachen, wurde nur ein einziger Fotograf akkreditiert. An die Zeitungen wurden dann die schönsten Fotos verschickt, in Ermangelung von Alternativen wurden diese auch abgedruckt.

Während seiner Rede versuchte er, das Image des eiskalten Unternehmers abzulegen. Er bezeichnete sich selbst als „verrückt“, daß er in die Politik eingestiegen sei, und sprach von Visionen: „In diesem Moment fühlte ich eine Verpflichtung, der nicht auszuweichen war, und ich habe schon gesagt - und dabei vielleicht übertrieben -, daß ich mich fühlte wie jemand, der aufbrechen muß, um eine schöne Reise zu machen, schöne Ferien, einen angenehmen Besuch, und der sich unversehens neben jemandem findet, dem er Hilfe leisten müßte; also - trotz der Ferien, der Reise, des Besuches - wäre es nicht möglich gewesen, den Kopf abzuwenden, weil es dafür eine eindeutige Bezeichnung gibt - vielleicht übertreibe ich, wenn ich es sage: unterlassene Hilfeleistung. Und deshalb sind wir hier: weil wir alle uns aufgerufen fühlen, unseren Egoismus hinter uns zu lassen, um alles in unser Macht stehende für unser Land zu tun.“[128] Ein Heiliger! Seine PR-Strategen hatten wieder ganze Arbeit geleistet. Der Satz mit der „unterlassenen Hilfeleistung“ war genial. Er sprach christliche Werte an, stellte Berlusconi als Mensch voll Nächstenliebe dar und war leicht verständlich. Für seine Gegner war es schwierig, diesen „Sager“ zu entkräften. Berlusconi machte in seiner Rede einmal mehr auf unmittelbare Gefahren aufmerksam. Wenn das Land in Gefahr sei, würden die Bürger zu den Waffen gerufen. In Gefahr sah Berlusconi an jenem Abend die verschiedensten Formen der Freiheit: Gedanken-, Religions- und Koalitionsfreiheit - aber vor allem den freien Markt. Zum Abschluß seiner Rede sang er mit dem ganzen Publikum die Forza Italia-Hymne. Auf einer großen Leinwand lief - wie beim Karaoke - der Text, für jene, die das Lied noch nicht auswendig kannten.

Spots

Die Werbespots entsprachen dem *feeling-good*-Stil der ganzen Kampagne. Man wollte eine positive Stimmung erzeugen und vermied deshalb zu viel Anti-Kommunismus. Valeska von Rouques schildert die Stimmung dieser Spots: „Wie Balsam legten sich die berauschend schönen Bilder des Werbespots für Forza Italia, der seit Anfang Januar schier unablässig von Berlusconis Sendern ausgestrahlt wurde, auf die wunden Seelen. Die Kamera flog über italienische Herrlichkeiten wie den Dom von Mailand, den ovalen Marktplatz von Lucca, den Gipfel des Monte Bianco, über die weiten Reisfelder der Lombardei oder den Dom von Florenz. In breiter Reihe marschierten der Kamera optimistisch lachende Menschen entgegen, auch eine Familie wurde gezeigt, natürlich traut um den Fernseher versammelt. Schluchzende Violinen untermalten die Impressionen aus Bella Italia (die alle aus vielfach gesendeten Werbespots von Publitalia stammten); im Hintergrund erklang eine im Chorgesang vorgetragene Hymne, deren Worte der Medienfürst selbst verfaßt hatte:

„Vorwärts, erheben wir uns,
Die Zukunft ist uns offen - treten wir ein.
Deine Hände vereint mit den meinen,
Eine Energie, die uns hilft,
uns wieder größer zu fühlen."[129]

Auch hier brachen Berlusconis PR-Strategen mit alten Traditionen. Die Spots waren keine Belangsendungen, in denen politische Idee und Ziele dargestellt wurden. Sie dienten lediglich der Erzeugung einer bestimmten Stimmung. Während die anderen Parteien in ihren Spots die Trümmer der Ersten Republik beweinten und für die Zukunft nur Entbehrungen bieten konnten, öffnete der Forza Italia-Spot die Herzen. Der Spot gefiel auch jenen, die Berlusconi kritisch gegenüberstanden. Ähnlich verhielt es sich mit der Hymne.

Hymne

Die Hymne war wohl das erfolgreichste Element des Wahlkampfes. Sie war ein Ohrwurm, vor dem niemand immun war. Sogar PDS-Spitzenkandidaten sollen beim Summen der Forza Italia-Hymne erwischt worden sein. Die Elemente des Liedes sind banal: Eine nette Melodie, wie die Signations von Olympiaden oder Fußballweltmeisterschaften, und ein simpler Text. Dieser wurde angeblich von Berlusconi höchstpersönlich geschrieben, er umfaßt nicht mehr als dreißig Worte und wird von den Autoren von *Colpo Grosso* als „Meisterwerk der Post-Literatur" bezeichnet. Der Inhalt ist absolut nichtssagend, er vermittelt keinerlei politische Ideen, er weckt nur Emotionen. Und dennoch steckt mehr dahinter!

TV-Konfrontation[130]

Lange Zeit war eine TV-Konfrontation ungewiß, dann willigte Berlusconi in ein Duell mit dem PDS-Führer Occhetto ein. Er weigerte sich allerdings in einer großen Kandidatenrunde anzutreten. Voraussetzung für das TV-Duell war außerdem, daß es auf *Canale 5* ausgestrahlt werden mußte. TV-Konfrontationen waren bis dahin Domäne der RAI. Daß die Verantwortlichen dem Drängen Berlusconis nachgaben, wird als peinlicher Kniefall vor dem zukünftigen Ministerpräsidenten und dem zukünftigen „echten“ Staatssender, *Canale 5*, verstanden. Moderator war Enrico Mentana, Star-Anchorman von *Canale 5* und kritischer, aber treuer Jünger seines Herrn. Mentana moderierte so gut er konnte, die Schlagfertigkeit seines Chefs gefiel ihm aber ostentativ gut. So etwa als Occhetto die Diskussion gleich mit einer Offensive starten wollte. Der PDS-Chef beschuldigte Berlusconi, in den Zeitungen Gerüchte über ihn zu verbreiten. So solle er mit Mafiosi segeln gegangen sein. Berlusconi antwortet schlicht, daß er ihn beneide, weil er Zeit zum Segeln habe, er müsse leider arbeiten. Über Mentanas Lippen huschte ein Lächeln. Skurril wirkte, daß der Ex-Kommunist Segeljachten als Hobby hatte, der Milliardär Berlusconi hingegen nur vom Volkssport Fußball sprach. Berlusconi liebte es, alles in der Sprache des Fußballs auszudrücken. Wer war hier volksnäher? „Die wenig funkelnde Persönlichkeit Achille Occhettos trug dazu bei, daß er in einem Fernsehduell mit Silvio Berlusconi in der Tat aussah - so der linke Journalist Gianpaolo Pansa in einer TV-Debatte - ‘wie ein bulgarischer Parteisekretär’“.[131]

Reaktionen

Bei der Beurteilung des Wahlkampfes von Forza Italia muß man zwischen Inhalt und Art der politischen Darstellung unterscheiden. Der Wahlkampf von Forza Italia war ungleich professioneller als der der anderen Parteien, dies ist unbestritten, und wurde nach einem präzisen Plan ausgeführt. Es soll aber auch kurz auf die inhaltliche und politische Kritik an Berlusconi eingegangen werden.

Michael Braun bezeichnet die Wahl als den „Triumph der Egoismen“[132]. Dieses Urteil fällte er nicht aus parteipolitischen Präferenzen, sondern aufgrund der politischen Ziele, die die drei erfolgreichen Parteien des Pols der Freiheit verfolgten. Der *Corriere della Sera* schrieb: „Aus den Wahlurnen des 27. und 28. März hat etwas Gestalt angenommen, das einer Revolution ziemlich ähnlich ist“.[133] Hauptkritikpunkt der meisten Beobachter blieb die Doppelrolle des neuen Ministerpräsidenten. Er hatte zwar die Präsidentschaft der Fininvest zurückgelegt, hatte aber noch maßgeblichen Einfluß auf die Firma. Neben dem neuen Wahlrecht, das das Berlusconi-Bündnis begünstigte, sahen die Autoren von *Colpo Grosso* in der Infrastruktur der „Firma“ Forza Italia das Geheimnis des Erfolges: „Mit seiner Werbung-Bewegung hat er die drei entscheidenden Faktoren am besten genützt: das Fernsehen, die Umfragen und das Wahlrecht.“[134] Jens Renner: „Die naheliegende und vielfach dargebotene Erklärung, Berlusconis Erfolg beruhe auf der Täuschung und Manipulation der Öffentlichkeit, greift also eindeutig zu kurz. Die Redensart von der 'videocrazia', durch welche die jahrzehntelang bestimmende 'partitocrazia' abgelöst worden sei, verzerrt das Bild. Das 'Medium' hat nicht die 'Message' ersetzt, sondern nur optimal unter die Leute gebracht. Und Berlusconi hat seine Pläne nicht versteckt, sondern offen ausgesprochen. Das hat ihm zumindest nicht geschadet."[135]

Ex-Berlusconi-Mitarbeiter Carlo Freccero zeigte sich bereits vor der Wahl über die Entwicklung der politischen Kommunikation besorgt: „Das Fernsehen beginnt das Parlament zu ersetzen."[136] Der Frage, ob mit den Wahlen im Frühjahr 1994 tatsächlich die Telekratie ausgerufen wurde, hat aber nur rhetorische Bedeutung. Im Reigen der Reaktionen wurde oftmals die P2-Vergangenheit Berlusconis angesprochen.

Für Lob von der falschen Seite kann man bekanntlich nichts. Ein Mann freute sich allerdings besonders, als Berlusconi in die Politik einstieg: sein alter Logenmeister Licio Gelli. Hier eine Collage einiger seiner Stellungnahmen zur Gründung von Forza Italia: „Wer kreativ ist, schafft Wohlstand, und wer Wohlstand schafft, muß an der Spitze der gesamten Gemeinschaft stehen. Der Selfmademan Berlusconi hat sofort die Bedeutung des Bildschirmes für das politische Spiel erkannt [...]."[137] - „Es fehlt nur noch das letzte Stück: Die Präsidialrepublik."[138] - „Viele stimmen darin überein, daß verschiedene Inhalte des *Plans der Wiedergeburt* verwirklicht worden sind... Ich nenne beispielsweise die Verstärkung des Privatfernsehens. [...] [Berlusconi] hat ein sehr gutes Programm, auf dessen Grundlage man eine gute Partei aufbauen kann."[139]

Es war weiters nicht verwunderlich, daß Gelli das Programm von Forza Italia gefiel, denn es war seinem *Plan der demokratischen Wiedergeburt* zum Verwechseln ähnlich. Oftmals meldeten sich im Wahlkampf Kritiker zu Wort, die in Forza Italia die Umsetzung der alten Pläne der P2 sahen. Das Parteiprogramm war Ziel dieser Beschuldigungen. So schreiben die Journalisten Ruggeri und Guarino: „[Berlusconis] politische Identität, die sich unter dem Banner einer populistischen und modernistischen Rechten verbirgt, ist in Wahrheit eine aktualisierte Fassung des korrupten *Plans der demokratischen Wiedergeburt* der Geheimloge P2, der Mitte der siebziger Jahre entstanden war: gleiche Voraussetzungen, der gleiche Zuschnitt, analoge Ideen und Konzepte."[140]

Die beiden Journalisten führen diese Parallelen von P2 und Forza Italia an:

❑ Beide Organisationen setzten auf „mächtige und einflußreiche Männer".

❑ „[In] der Art einer religiösen Sekte" scharten sie ihre Anhänger um sich.

❑ Forza Italia diente lediglich der Machterhaltung der politisch-wirtschaftlichen Kreise rund um die Fininvest.

- Beide Organisationen agierten mit der Angst vor einer Machtübernahme durch die (Ex)-Kommunisten, diese konnten nämlich den wirtschaftlichen Interessen zuwiderlaufen."[141]

Sogar die Klub-Struktur findet sich in beiden Programmen: „Der Plan der P2 sah die Einrichtung von Klubs vor, 'in denen Wirtschaftsunternehmer, Freiberufler und Verwaltungsbeamte' und nur 'einige und ausgewählte Berufspolitiker' vertreten sein sollten. Die Partei Berlusconis organisiert sich ebenso auf der Basis von Klubs, in die 'Personen' aufgenommen werden sollen, 'die in Wirtschaft, in freien Berufen und an Universitäten gezeigt haben, was sie können' und nur wenige Berufspolitiker, wie zum Beispiel einige Überläufer vom rechten Flügel der DC. Im *Plan der Wiedergeburt* der P2 waren Klubs vorgesehen, 'die aus moralisch unangreifbaren, fähigen und rechtschaffenen Vertretern der Gesellschaft' zusammengesetzt sind; die Partei Berlusconis will in ihren Klubs 'ehrenhafte, mit gesundem Menschenverstand ausgestattete' Personen. Im Plan der P2 ist zu lesen, daß es nötig sei, 'pragmatische politische Handlungen auszuführen, ohne auf abgenutzte ideologische Muster zurückzugreifen', und in Berlusconis Programm steht: 'Es ist notwendig sich für den Pragmatismus zu entscheiden ... Bezeichnungen wie Rechte und Linke haben sich überlebt.'"[142] Auch Valeska von Roques glaubt an die Parallelen zwischen dem *Plan der demokratischen Wiedergeburt* und der politischen Linie von Forza Italia.[143] Die italienischen Journalisten gingen sogar einen Schritt weiter und behaupteten, die P2 hätte nie zu existieren aufgehört: „Obwohl die Geheimloge P2 1982 durch ein eigens für sie beschlossenes Gesetz aufgelöst wurde, hat sie unter der Führung ihres Meisters weiterhin ihre schmutzigen Geschäfte betrieben und ihr undurchsichtiges Netz noch ausgebaut."[144]

Diese Gerüchte lassen sich nicht bestätigen, die angeführten Parallelen zwischen P2 und Forza Italia sind aber unübersehbar. Kritiker fühlten sich durch die ersten politischen Handlungen Berlusconis in ihrer Meinung bestätigt. Berlusconi griff sogleich nach der RAI. Die Schwächung der RAI war auch ein deklariertes Ziel der P2 gewesen.

Die italienische Bevölkerung störten diese Gerüchte nicht. Sie hatte sich entschieden, sie hatte Berlusconi zum Ministerpräsidenten gewählt. Für Berlusconi begannen aber jetzt die Probleme. War es für ihn noch relativ einfach gewesen, die Wahlen zu gewinnen, so mußte er jetzt regieren und gegen eine mächtige Opposition ankämpfen. Er versuchte die mit den im Wahlkampf erprobten Mitteln - Demoskopie und Fernsehen - und scheiterte...

Ministerpräsident Berlusconi

Weil er im Wahlkampf erfolgreich damit gewesen war, seine Firma in eine Partei umzuwandeln, verfolgte Berlusconi bei der Regierungsbildung das gleiche Konzept. Firmenanwalt Previti wurde Verteidigungsminister, Gianni Letta Staatssekretär im Ministerpräsidentenamt, sein Chefökonom Antonio Martino Außenminister und sein Haus- und Hofjournalist, Giuliano Ferrara, Minister für die Beziehungen zum Parlament. De facto war Ferrara aber Pressesprecher der Regierung mit Würden eines Ministers.[145] Der ehemalige Maoist war unter Bettino Craxi Europaabgeordneter und schließlich politischer Kommentator auf den Fininvest-Kanälen gewesen. Auch ein anderer TV-Kommentator bekam ein politisches Amt zugeteilt: Vittorio Sgarbi. Er wurde Präsident der Parlamentskommission für kulturelle Fragen. Sgarbi ist für seine provokanten und oft geschmacklosen Statements im Fernsehen bekannt. Zusammen mit Emilio Fede gehört er zu den treuesten Gefolgsmännern Berlusconis.

Zu Berlusconis ersten politischen Aktionen zählte ein Gesetzesdekret, das die Strukturen der RAI grundlegend verändern sollte. Regieren mit Dekreten kannte man bereits von Craxi. Dekrete sind zwar befristet, bedürfen aber keiner zeitraubenden Kompromisse im Parlament. Die RAI-Führung wurde durch berlusconi-treue Manager ersetzt, die aber oft keinerlei Erfahrungen im Medienwesen hatten. Intendantin wurde Letizia Moratti, eine bekannte Versicherungsmanagerin. Das Dekret sah die Senkung der Werbeeinnahmen der RAI vor. Der Vorsitzende des RAI-Parlamentsausschusses, Marco Taradash, wollte sogar den öffentlich-rechtlichen Sendern jegliche Werbeeinnahmen absprechen und die RAI auf Pay-TV umstellen. Diese Maßnahmen hätten in erster Linie natürlich den Fininvest-Sendern geholfen.[146] Berlusconi bedurfte aber nicht des Dekretes, um die RAI-Führung auf seine Linie zu bringen. So wünschte sich Letizia Moratti, daß „die Einschaltquoten [...] immer weniger Gewicht" haben[147] und entsprach damit den Vorstellungen des Ministerpräsidenten. Er wollte bereits seit Jahren den kostenintensiven Quotenwettkampf zwischen RAI und Fininvest (zu seinen Gunsten) beendet sehen.

Der neue Verwaltungsrat entließ sogleich 600 RAI-Manager und besetzte die Posten mit neuen Kräften. Unter den Gekündigten fanden sich auch die Programmdirektoren der drei TV-Sender. Sie hatten von ihrer Kündigung aus dem Fernsehen oder via Fax erfahren. Berlusconi empfand sein Handeln als legitim. So meinte er, daß wohl in keinem anderen Land das Staatsfernsehen unter Mißachtung des mehrheitlichen Wählerwillens so vehement gegen die Regierung auftrete. Die Aufregung um die RAI heizte die Diskussion um Berlusconis Medienimperium wieder an. Bemerkenswert waren in diesem Zusammenhang die Stellungnahmen des Regierungssprechers Ferrara. Er meinte, dies alles sei „nicht so wichtig". Die Bevölkerung habe Berlusconi schließlich „mitsamt seinen Sendern gewählt".[148] Dies stimmte aber nur bedingt, denn Berlusconi hatte im Wahlkampf oftmals betont, sich von der Fininvest zu trennen. Zur Causa RAI meinte Ferrara hingegen schlicht, das öffentlich-rechtliche Fernsehen sei immer schon von der Regierung kontrolliert worden. Sollte dies aber nicht möglich sein, dann müsse man die RAI eben privatisieren. Der Pressesprecher der Alleanza Nazionale ging sogar noch einen Schritt weiter. Ihm genügte nicht der Wechsel im RAI-Management; eine „Wachablöse" in den Chefredaktionen der führenden Zeitungen sei angebracht, weil diese den Meinungswandel in der Gesellschaft nicht wahrhaben wollten. Ein neues Mediengesetz sei auch nötig, um die „Verbreitung von Unwahrheiten“ unter Strafe zu stellen. Nach Meinung von Beobachtern pflegte der AN-Mann aber bereits eine regierungskritische Berichterstattung als „Unwahrheit“ zu empfinden.[149]

Über eine Notverordnung (!) antizipierte Berlusconi die EU-Norm für das Urheberrecht. Erst in drei Jahren sollte der Schutz des Urheberrechtes von 70 auf 50 Jahre gesenkt werden. Großverlagen sollte dadurch der Zugriff auf literarische Kostbarkeiten, deren Urheberrechte oft noch bei Kleinverlagen lagen, ermöglicht werden. Daß Berlusconi als Eigentümer des Mondadori-Buchverlages persönliches Interesse an dieser Regelung haben konnte, war offensichtlich. Dies dürfte auch der Grund gewesen sein, warum die Verordnung dann aber im Senat scheiterte.[150]

U-Haft-Dekret

Berlusconi wollte scheinbar die gleichzeitig stattfindende Fußballweltmeisterschaft in den USA als Ablenkung für seine politischen Aktionen verwenden. Als ganz Italien nur den Fußball im Kopf hatte, erließ er ein Dekret, das die Untersuchungshaft bei Korruptionsfällen einschränken sollte. Vier Jahre zuvor hatte Berlusconi die Übernahme des Mondadori-Verlages am Tag des Staatsbesuches des damaligen sowjetischen Präsidenten Michail Gorbatschow bekanntgegeben. Auch damals dürfte er gehofft haben, daß das Großereignis eine generelle positive Stimmung in der Bevölkerung auslösen könnte, die seinen Wirtschaftsinteressen ebenfalls nutzen könnte. Werner Raith gab bereits 1994 dieser Form des Regierens wenig Überlebenschancen: „Auch Berlusconis Variante der ‘Mediendemokratie’, der als besonders aussichtsreich gepriesene Weg, an traditionellen Mittlern wie Parteien und Verbänden vorbei durch den angeblich ‘direkten’ Kontakt zwischen Regierenden und den Regierten Konsens über die elektronischen Medien herzustellen, ist bereits an ihre Grenzen gestoßen. [...] Zum Verhängnis wurde dem ‘großen Kommunikator’ ironischerweise seine eigene Machtquelle, das elektronische Medium und seine sekundenschnelle Nachrichtenübermittlung: Den ‘Effekt’ des Dekrets konnten die Italiener im Fernsehen live miterleben.“[151] Das Fernsehen zeigte die Bilder der korrupten Politiker und Industriellen, die mit einem zynischen Lächeln auf den Lippen die Gefängnisse verließen. Das Fernsehen zeigte auch einen verbitterten, unrasierten Antonio Di Pietro, der seine freiwillige Versetzung ankündigte. Di Pietro schlug Berlusconi mit dessen eigenen Waffen: Mit einem „starken Auftritt“ vor den Kameras. Berlusconi wollte in einer auf allen Fininvest-Sendern durchgeschalteten Rede mit einem Rundumschlag auf Staatsanwälte und Journalisten kontern. Bossi drohte allerdings mit dem Koalitionsbruch; der Ministerpräsident ließ von seiner TV-Rede ab.[152]

Der Widerstand in der Bevölkerung wuchs, je nach Umfrage standen zwischen 63 und 83 Prozent der Bevölkerung hinter Di Pietro. Die *Repubblica* taufte Forza Italia kurzerhand in *Forza Ladri*, „Vorwärts Gauner“, um.[153] Die Journalisten traten gegen das Dekret auf, weil dieses auch Einschränkungen in der Berichterstattung vorsah. Journalisten dürften künftig nicht mehr über die Voruntersuchungen berichten, hieß es in Artikel 8 des Dekretes. Die Journalisten sahen sich in ihren Freiheiten eingeschränkt und lehnten - bis auf wenige Ausnahmen - das Dekret vehement ab.[154] Der TV-Kommentator Sgarbi versuchte noch Stimmung für das Dekret zu machen. In seiner Sendung bezeichnete er die Staatsanwälte als „Mörder, die Leute sterben lassen".[155] Er sprach damit die zahlreichen Selbstmorde unter den wegen Korruptionsverdacht inhaftierten Politikern und Industriellen an. Es half aber nichts, das Dekret war gescheitert.

Schuld an diesem peinlichen Fehltritt trugen die Demoskopen. Hatten sie Berlusconi wenige Monate zuvor noch zum Sieg verholfen, so stürzten sie ihn im Sommer beinahe, wenn auch nicht beabsichtigt. Berlusconi war an diesem Dekret aus vielerlei Gründen interessiert gewesen und fragte seine Demoskopen, wie denn die Volksmeinung zu einem derartigen Schritt wäre. Seine Meinungsforscher gaben ihm grünes Licht, der Volkszorn habe sich gelegt, der Erlaß des U-Haft-Dekretes kein politisches Risiko. Eine folgenschwere Fehleinschätzung. Der langjährige Italien-Experte Werner Raith resümierte Berlusconis fehlgeschlagene Telekratie: „Das bedeutet: Direktbeziehung zwischen Regierenden und Regierten als Ersatz für traditionelle repräsentative Demokratie und die darin vorgesehenen Mittler sind, jedenfalls bis heute, in Massengesellschaften nicht denkbar. Meinungsumfragen, selbst wenn sie noch so umsichtig vorbereitet sind, können nur den Ist-Zustand, nicht aber Entwicklungen erkunden, und insofern läßt sich auf sie allein eine perspektivische Politik nicht gründen."[156] Das Dekret hätte auch akzeptiert werden können, wenn die Causa nicht eine unvorhersehbare Eigendynamik entwickelt hätte. Die Reaktion Di Pietros und einiger namhafter Journalisten ließ die Stimmung in der Bevölkerung binnen kürzester Zeit kippen. Plötzlich war die Meinungsumfrage nicht mehr das Papier wert, auf dem sie stand.

Die Causa Fininvest

Der versprochene Rückzug aus der Fininvest erfolgte nur zögernd. Im Sommer schlug Berlusconi z.B. eine *blind trust*-Lösung vor. Er wollte seine Firma einem von ihm ausgewählten Expertengremium überlassen und den Staatspräsidenten als eine Art Garant einsetzen. Bald stellte sich allerdings heraus, daß Scalfaro keinesfalls gewillt war, diese Funktion, die die Verfassung schließlich auch nicht vorsah, zu übernehmen. Was Scalfaro von Berlusconi hielt, wußte ganz Italien. Der unübersehbare Widerwille, mit dem der Staatspräsident die Regierung vereidigt hatte, war jedermann noch in Erinnerung. Als sich dann noch herausstellte, daß bei einer *blind trust*-Regelung der Besitzer nicht einmal wissen darf, wer seine Firma gerade leitet (deshalb das Wort *blind*), war der Vorschlag rasch wieder verschwunden.[157]

Ein weiterer Tiefschlag folgte im August, als Berlusconi die Regierungsarbeit in eigenen TV-Spots beweihräucherte. Der Garant für das Mediengesetz untersagte allerdings die Ausstrahlung der Spots. Der Ministerpräsident konterte, daß diese Spots nötig seien, weil seine Arbeit von den Medien falsch dargestellt würde. Der Garant blieb aber bei seiner Entscheidung.

Journalistische Opposition

Seit ihrer Vereidigung mußte die Regierung gegen eine starke Opposition kämpfen. Viele Medien des Landes standen dem neuen Ministerpräsidenten sehr skeptisch gegenüber. Berlusconi fühlte sich ständig bewußt falsch verstanden und startete mit Rundumschlägen gegen die Journalisten. Dies entspannte das Verhältnis allerdings nicht. Neben der journalistischen gab es aber noch eine politische und eine juristische Opposition:

Politische Opposition

Berlusconi stand ein großer Mitte-Links-Block gegenüber. Der PDS hatte sich von der Niederlage bei den Parlamentswahlen erholt, und der neue Parteichef näherte sich dem Zentrum an und fand darin einen potentiellen Koalitionspartner. Da Berlusconi im Senat die absolute Mehrheit fehlte, mußte er sich die Stimmen in der Oppositionsbank „suchen". Dies war in Italien keine Novität. Regierungen standen seit jeher auf schwachen Beinen, und ihr Überleben hing oft vom Glück und nicht von der Politik ab. Bemerkenswert war allerdings die heftige Kritik, die regelmäßig vom Koalitionspartner Lega kam. Zwar werden in Italien auch die Koalitionsabkommen nicht so ehrenhaft eingehalten wie z.B. in Österreich, Bossis Reden im Parlament warfen aber häufig die Frage auf, ob nun hier ein Regierungs- oder Oppositionspolitiker sprach. Bossi war die Opposition in der Regierung. Seine Vorstellung von Ehre und sein Selbstbewußtsein dürften dafür ausschlaggebend gewesen sein. Für Berlusconi war Bossi ein Unsicherheitsfaktor. Teile der Lega distanzierten sich von Bossi und sprachen Berlusconi die Loyalität aus. Als der Lega-Chef im Dezember 1994 schließlich den Ministerpräsidenten stürzte, drohte auch die Lega zu zerbrechen.

Juristische Opposition

Schwerwiegend war die Kritik, die Berlusconi von den „Helden der Nation", den Staatsanwälten, ertragen mußte. Es wurde bereits mehrfach erwähnt, daß bereits damals Antonio Di Pietro in der Gesellschaft eine durchaus politische Position einnahm. Seine Meinung zählte, seine energische Art des Formulierens war gefragt. Die neue Machtstellung der Mailänder Richter brachte aber ernstzunehmende Probleme mit sich. Werner Raith sieht die demokratische Gewaltenteilung gefährdet: „[In] Italien entscheiden seit einiger Zeit mehr die Staatsanwälte und weniger die Wähler, wer noch Politik machen kann und wer nicht."[158]

Eine Theorie, die durch die Ereignisse im Dezember 1994 untermauert wird. Di Pietro hat durch seinen aufsehenerregenden Rücktritt zum Sturz Berlusconis beigetragen. Es wird sich wohl niemals mit Klarheit sagen lassen, ob der Staatsanwalt damals seine Verfassungsgrenzen überschritten hat oder nicht. Auf der einen Seite muß es möglich sein, einen amtierenden Ministerpräsidenten vorladen zu dürfen, wenn ein dringender Verdacht auf Gesetzesbruch besteht. Andererseits kann man als Staatsanwalt dadurch unmittelbar auf das politische Geschick eines Landes eingreifen. Es soll hier nicht auf die Problematik dieses Sachverhaltes eingegangen werden. Er wurde angeführt, um die mächtige Opposition gegen Berlusconi zusammenzufassen.

Indro Montanelli und seine „Voce"

Seit rund sechzig Jahren prägt Indro Montanelli den italienischen Journalismus mit. Er war der erste Journalist, der 1939 Hitler zu seinen Einmarschplänen in Polen interviewte. Er schrieb Theaterstücke, eine 24bändige Geschichte Italiens und noch mit 86 Jahren täglich einen Zeitungskommentar - Montanelli versteht das Schreiben als „Mission".[159]

Seine Ideologie war die Opposition. Einmal sagte er: Würde die Polizei die Macht erlangen, würde er sich mit den Dieben solidarisieren, sollten hingegen die Diebe kommandieren, würde er zur Polizei halten.[160] Früh distanzierte er sich von Mussolini, die DC sah er immer als das kleinere politische Übel. Berühmt wurde sein Ausspruch, die DC „mit zugehaltener Nase" zu wählen. In den unruhigen siebziger Jahren, als sich ganz Italien nach links bewegte, setzte er mit der Gründung des *Giornale* ein konservatives Zeichen. Deshalb schossen ihm die Roten Brigaden 1977 auf offener Straße in die Beine. Montanelli hatte das „Dagegen-Sein" zur Lebensmaxime erhoben.

Dennoch war man verwundert, als Montanelli sich gegen Berlusconi stellte. Man hatte erwartet, daß der Rechtsruck in der Gesellschaft dem greisen Journalisten willkommen sein würde. Er erkannte in Berlusconi, Fini und Bossi allerdings nicht seine politische Heimat und unterstützte weiterhin das Zentrum und Mario Segni. Als es schließlich zum Bruch mit Berlusconi kam, zog Montanelli aus, um eine neue Zeitung zu gründen...

Montanelli über den Grund für seinen Abschied vom *Giornale* im Jänner 1994: „[Berlusconi] berief ohne mein Wissen zum erstenmal eine Redaktionsversammlung ein und erklärte den Journalisten: Ich weiß, daß ihr euch über eure niedrigen Gehälter beklagt, ihr könnt mehr verdienen, wenn ihr bereit seid, mir zu folgen und die Linie des Blattes zu ändern".[161] Als er davon erfuhr, kündigte er umgehend und nahm gleich 70 Redakteure mit. Montanelli hatte aber schon seit längerer Zeit die Idee einer neuen Zeitung. Der *Giornale* war tief in den roten Zahlen, und während der Verhandlungen mit dem Herausgeber dürfte es die ersten Konflikte gegeben haben. Bereits im Dezember 1993 sagte der Journalist zur

Rolle Berlusconis in seiner Zeitung: „Ich bin kein Chefredakteur, der von Berlusconi eingestellt worden ist, sondern Berlusconi ist von mir als Herausgeber eingestellt worden.“[162]

In jenen Tagen wurden auch Gerüchte laut, die von Verhandlungen Montanellis mit einer neuen Herausgebergruppe sprachen. Eine neue Zeitung sei im Entstehen, hieß es. Ausschlaggebend für den endgültigen Bruch im Jänner dürften Montanellis Vorstellungen von der Pressefreiheit gewesen sein: „Die Presse ist frei, nicht weil sie in Opposition steht, sondern weil sie nicht auf der Seite der Macht steht.“[163] Seinerzeit hatte Montanelli es sogar abgelehnt, vom Staatspräsidenten zum Senator auf Lebenszeit ernannt zu werden. Eine Ehre, die bis heute nur einer Handvoll Intellektueller, Industrieller und Politiker zuteil wurde. Als Senator wäre er aber auf der Seite der Macht gestanden.

Bei aller Kritik für den *Politiker* Berlusconi, für den *Herausgeber* Berlusconi hatte er immer freundliche Worte gefunden. Achtzehn Jahre hindurch hatte er in ihm den idealen Geschäftspartner gesehen. Berlusconis Art, die Fininvest zu leiten, legt die Vermutung nahe, daß er auch als Zeitungsherausgeber lieber alles selber entschied - und dies wahrscheinlich auch im redaktionellen Teil. Montanelli dürfte dies früher allerdings nicht aufgefallen sein, da die beiden ähnliche Ziele verfolgten. Erst als sich ihre Wege trennten, wurde Berlusconis Einflußnahme offensichtlich.

Bemerkenswert ist, mit welcher Konsequenz der eigentliche Herausgeber, Paolo Berlusconi, in dieser Diskussion ignoriert wurde. Seit Inkrafttreten der *Legge Mammì* verfügte Silvio nur noch über einen Minderheitsanteil am *Giornale*, dennoch dürfte er bis heute das Sagen im Verlag haben. Wahrscheinlich hat Berlusconi während seiner Regierungszeit auch die Fininvest nach dem gleichen Prinzip weitergeleitet. Confalonieri war zwar der neue Präsident, Berlusconi dürfte aber die Linie vorgegeben haben. So passierte es Berlusconi noch im Frühjahr 1995, daß er während einer TV-Diskussion über die Fininvest in erster Person Plural sprach. Auf den Lapsus hingewiesen, meinte er, er habe selbstverständlich von Forza Italia gesprochen.

Über den Politiker Berlusconi fand Montanelli kein gutes Wort. In einem *Spiegel*-Interview meinte er über seinen ehemaligen Chef: „Er ist ein großer Schauspieler, ein glänzender Verkäufer von Bildern und Schlagworten. Seine Intuition läßt ihn Wünsche und Erwartungen des Volkes erspüren. Das verleiht ihm die Ausstrahlung eines Gurus, der alle Krankheiten zu heilen verspricht.“[164] Zur neuen Generation der Nicht-Politiker meinte er: „Es sind Leute, die nichts über den Staat wissen, aber alles über die Kunst, Aufmerksamkeit zu erlangen.“[165]

Bald nahm das Konzept der neuen Zeitung Gestalt an. Der Name stand seit Beginn fest: *La Voce. Il Giornale di Indro Montanelli.* Wie der Name sagt, sollte es die Zeitung bzw. Stimme (= Voce) des Indro Montanelli werden, d.h. er würde die Blattlinie sein. Den Untertitel der Zeitung kann man auch anders lesen: Der „echte“ *Giornale* des Indro Montanelli. *Il Giornale* stand schließlich nicht mehr unter seiner Leitung. Die Konzentration der ganzen

Zeitung auf die Person Montanelli ist erwähnenswert, da sie später als Ursache für den mangelnden Erfolg gesehen wurde. Bis zum Erscheinen der ersten Nummer schrieb Montanelli Kommentare für den *Corriere della Sera*. Chefredakteur Paolo Miele hätte ihm sogar den Platz geräumt. Montanelli sollte eine Art Chefredakteur h.c. werden. Dieser lehnte aber ab: „Ich kann mir nicht vorstellen, in einer Nische den Heiligen zu mimen, und die Kollegen, die vorbeigehen, würden sich bekreuzigen und mir die Pantoffeln küssen. Nein, ich möchte mein eigenes Schiff, klein, wendig - ein Korsar wie ich.“[166]

Wenige Tage vor den Parlamentswahlen erschien die erste Nummer. Bereits in den Morgenstunden war sie in ganz Italien ausverkauft, für den Mailänder Raum wurde nachgedruckt. In dieser unruhigen Phase der Politik war die *Voce* überaus erfolgreich. Als die Italiener - und seit dem G7-Treffen in Neapel auch die restliche Welt - sich an den neuen Ministerpräsidenten gewöhnt hatten, verschwand rasch wieder die Nachfrage für ein Oppositionsblatt wie die *Voce*. Im Sommer setzte Berlusconi die ersten medienpolitischen Schritte, und die *Voce* rückte für kurze Zeit wieder in das Zentrum der Aufmerksamkeit. Sie konnte ihrer Rolle wieder gerecht werden und organisierte einen Journalistenkongreß, um über die Gefährdung der Informationsfreiheit in Italien zu diskutieren.

Im März 1994 sah Montanelli die Zukunft der *Voce* noch mit einer makabren Heiterkeit: „Ich habe 85 Jahre und eine eigene Zeitung, wenn es mir gelingt sie am Leben zu erhalten, solange ich die Augen offen habe, dann habe ich schon viel erreicht. Die Anderen, lieber Gott, die sollen es sich dann selber richten.“[167] Am 12. April 1995 erschien die letzte Nummer der *Voce*, eine Stimme verstummte. Damit endete der lange Konflikt mit der Druckerei, die sich geweigert hatte, ohne gesicherte Finanzierungen das Blatt zu drucken. In der letzten Nummer der *Voce* erschien das journalistische Vermächtnis des Indro Montanelli an seine Redakteure: „Verteidigt euch, verteidigt euch, verteidigt euch!“[168] Er betonte seinen Standpunkt, prinzipiell in der Opposition zu sein. Für dieses Prinzip habe er zwei „Gegen“-Zeitungen gründen müssen: Gegen die Linke, und dann gegen diese „aktuelle Parodie einer Rechten“.[169] Montanelli gestand allerdings auch Fehler ein. Die elitäre Zielgruppe, für die man geschrieben habe, sei zu klein gewesen: 50.000 bis 60.000 Leser.

Der damals 86jährige Montanelli gab in einem Interview (halbherzig) vor, nun endgültig in den Ruhestand zu treten, und schloß mit den Worten: „Während meiner ganzen Karriere war ich immer ein Fremder…“[170] Von Ruhestand kann aber keine Rede sein, Montanelli ist in der Zwischenzeit zu seiner ersten großen Liebe, dem *Corriere della Sera*, als Kommentator zurückgekehrt.

RAI

Die RAI war nie Garant des Meinungspluralismus und der Unabhängigkeit. Ihre Berichterstattung war immer tendenziös und je nach Kanal pro DC, PSI oder PCI. Ging ein Referendum nicht von den Regierungsparteien aus, so wurde es in den Nachrichtensendungen totgeschwiegen. Die RAI präsentierte sich in den Jahren der Ersten Republik tatsächlich als Regierungssender und nicht als öffentlich-rechtlicher Rundfunk. Als Anfang der Neunziger das politische System zusammenbrach, änderte sich dies grundsätzlich. Eine neue Generation von Journalisten wollte ihre Glaubwürdigkeit bewahren und trat für eine grundlegende politische Erneuerung ein. Besonders deutlich trat man gegen den Neo-Politiker Berlusconi auf. Kritiker meinen, diese neue Oppositionsrolle sei lediglich aus Furcht vor Veränderungen in der RAI entstanden.

Die Sprecherin der Hauptnachrichten auf *RAI 1*, Lilli Gruber, wurde zum Symbol des Widerstandes gegen die versuchten Einflußnahmen der neuen Regierung: „[Viele] in dieser Regierung wollen ein dem Parlament verantwortliches Fernsehen ersetzen durch ein von der Regierung gesteuertes. So etwas gibt es in keinem demokratischen Staat."[171] Wie auch schon bei der Causa Montanelli standen hingegen die Fininvest-Sender hinter der Regierung. So ließ man dort die Zuschauer abstimmen, ob sie der Meinung seien, daß Lilli Gruber in ihren Sendungen Propaganda für die Kommunisten mache. Gruber fürchtete während Berlusconis Amtszeit nicht so sehr die Entlassung als vielmehr eine langsame Isolation. Die alte Form des Faschismus würde es nicht mehr geben: „Den offenen Faschismus braucht es heute nicht mehr. Weder werden demnächst Panzer durch Rom rollen, noch werden, wie zu Mussolinis Zeiten, Schwarzhemden politische Gegner beseitigen. Die absolute Macht hat derjenige, der die Informations- und Kommunikationssysteme hinter sich bringt."[172]

Die Oppositionsrolle der RAI während der Regierung Berlusconi war aber tatsächlich einzigartig und wird in die Mediengeschichte eingehen. Das Verhalten der RAI-Journalisten relativierte etwas die Angst vor der Telekratie. Berlusconi konnte und wollte die Redaktionen nicht „säubern". Im Sinne der Objektivität muß gesagt werden, daß Berlusconi auch in seiner Firma den Meinungspluralismus bis zu einem bestimmten Punkt immer gebilligt hat. Der Erfolg der drei Sender wäre nicht so groß, wären es drei gleichgeschaltete Organe.

Italien nach Berlusconi

Berlusconis Ende als Regierungschef begann sich im November 1994 abzuzeichnen. Di Pietro hatte ihm einen Ermittlungsbescheid zugeschickt. Der Medientycoon war damit der erste amtierende Ministerpräsident, gegen den ein Ermittlungsbescheid ausgestellt wurde. Sogar Andreotti und Craxi ereilte dieses Schicksal erst nach ihrer Amtszeit. Die Mailänder Staatsanwälte ermittelten wegen Bestechung, Erpressung und Amtsmißbrauch.[173] Berlusconi gab sich entrüstet, er beschuldigte die Justiz der politischen Voreingenommenheit und erschien tagelang nicht zur Vorladung. Mitte Dezember wurde Berlusconi vorstellig, das „Gespräch" dauerte mehrere Stunden. Hunderte Polizisten mußten schließlich der Eskorte des Ministerpräsidenten den Weg bahnen, so groß war das Medieninteresse vor dem Justizgebäude. Berlusconi mied plötzlich die Öffentlichkeit. Lediglich auf seinen eigenen Sendern gab er eine Stellungnahme ab. Er beschuldigte erneut die Justiz und betonte, daß das Gespräch alles geklärt habe. Die Staatsanwälte widersprachen sogleich dieser Version: „Geklärt" sei gar nichts.[174] Das Kassationsgericht von Rom verlegte daraufhin die oberste Berufungsinstanz von Mailand nach Brescia. Diese klare Einflußnahme veranlaßte Di Pietro schließlich, live vor den Fernsehkameras zurückzutreten. Die Bevölkerung und die meisten Zeitungen rebellierten. Plötzlich ging es nur noch um Berlusconi versus Di Pietro. Die Lage spitzte sich weiter zu, als das Justizministerium Inspektoren für die Staatsanwälte nach Mailand entsandte.

Auf der „Medienfront" wurde hingegen die Polizei aktiv. Journalisten, die über die Causa berichteten, wurden verhaftet, verhört und ihre Wohnungen und Redaktionen durchsucht. Die Exekutive hatte sich eines Gesetzes besonnen, das die Veröffentlichung von Untersuchungsbescheiden untersagte. Ein Gesetz, das unter Mithilfe der Staatsanwälte tagtäglich gebrochen wurde, jetzt aber plötzlich geahndet wurde.[175]

Am 19. Dezember hielt Berlusconi eine Rede in Mailand, die wieder in Form von Videokassetten an die TV-Anstalten verschickt wurde. Er rief darin zu einem „Freiheitsmarsch" auf. Praktisch alle politischen Lager kritisierten die TV-Ansprache als Mißbrauch des Fernsehens. PDS und PPI sahen sogar die Demokratie in Gefahr.[176] Es sollte aber der letzte Auftritt des „Telekraten" sein. Aus dem Koalitionspartner Lega war mittlerweile der Erzfeind geworden. Trotz Dementis war Berlusconis Sturz besiegelt. Am 22. Dezember gab er schließlich seinen Rücktritt bekannt.

Regierung Dini

Abermals blieb Staatspräsident Scalfaro nur ein Experten-Kabinett als Ausweg aus der Regierungskrise. Unter der Führung Lamberto Dinis setzte sich die „Regierung der Technokraten" konkrete Ziele, die sie erreichen wollte, um dann Neuwahlen auszuschreiben und zurückzutreten. Wie schon das Experten-Kabinett unter Ministerpräsident Ciampi, konnte auch dieses rasche Erfolge, wie z.B. die Verabschiedung des Budgets, erzielen. Durch ein Referendum wollte man das Wahlrecht in ein reines Mehrheitswahlrecht umwandeln.

Bei den Kommunalwahlen im Frühjahr 1995 mußte Forza Italia die erste Niederlage hinnehmen. Der PDS konnte die meisten Bürgermeister stellen, und Berlusconi mußte erstmals einen Stimmenrückgang verzeichnen.

Große Aufmerksamkeit widmete die neue Regierung der Medienpolitik. Man wollte das Mediengesetz und die Richtlinien für die politische Berichterstattung noch vor den nächsten Parlamentswahlen reformieren, um einen imageschädigenden Wahlkampf wie den im Frühjahr 1994 zu vermeiden.

TV-Referendum

Am 11. Juni 1995 wurde das Referendum über die Zukunft der italienischen Rundfunklandschaft durchgeführt. Insgesamt wurden 12 Fragen gestellt, acht betrafen Regelungen der Ladenöffnungszeiten, der Gewerkschaft, des Kommunalwahlrechtes etc. Vier Fragen befaßten sich hingegen mit medienpolitischen Themen. Die Antragsteller wollten durchsetzen, daß Berlusconi zwei Sender verkaufen muß. Die Extremforderung des Verkaufes von gleich zwei Sendern erwies sich später als schwerer politischer Fehler. Sogar der PDS trat nur für den Verkauf je eines Senders bei der RAI und Fininvest ein. Fedele Confalonieri, der Fininvest-Präsident, meinte, daß man eine Firma, die Reichtum und Arbeitsplätze geschaffen habe, nicht zerschlagen könne. Er bestritt außerdem, daß Pluralismus im Besitz der TV-Sender automatisch auch mehr Meinungsfreiheit bedeute. Berlusconi stellte des Referendum als „Enteignungsversuch" dar. Mit einem einzigen Sender könne die Fininvest nicht überleben. Er wolle aber das Ergebnis des Referendums als „Gottesurteil" annehmen. Zu diesem Zeitpunkt dürften ihm die Meinungsumfragen bereits den für ihn positiven Ausgang des Referendums prophezeit haben.

Das Ergebnis übertraf allerdings alle Erwartungen: Bei einer Wahlbeteiligung von 58 Prozent stimmten 54,9 Prozent für eine Teilprivatisierung der RAI. Das Ergebnis bedeutet - wie in allen anderen Punkten des Referendums - allerdings nur die Empfehlung. 57,0 Prozent sprachen sich gegen den Zwangsverkauf von zwei Fininvest-Sendern aus.

Bei der Frage nach der Einschränkung von Werbeunterbrechungen hatten sich die Antragsteller besonders siegessicher gezeigt. Umfragen im April sprachen noch von 63 Prozent Zustimmung. Das tatsächliche Ergebnis von 55,7 Prozent Ablehnung war wohl die größte Überraschung des 11. Juni. Berlusconi hatte in den letzten Wochen vor dem Referendum angekündigt, bei einem Ja die beliebten Fernsehshows und die teuren Spielfilme nicht mehr finanzieren zu können. Die Italiener fürchteten um ihre liebste Freizeitbeschäftigung und waren deshalb bereit, die Werbeunterbrechungen auch in Zukunft hinzunehmen. Schließlich hatte man sich in den letzten zwanzig Jahren bereits daran gewöhnt. 56,4 Prozent sprachen sich schließlich auch gegen Einschränkungen bei den Werbevermittlungsfirmen aus.

Es kann deshalb davon ausgegangen werden, daß es kein Stimmen-Splitting gab und man Berlusconi entweder in allen oder in keinem Punkt unterstützte. Gerade bei der Frage zur RAI und der zu den Werbevermittlungsfirmen darf bezweifelt werden, ob diese auch wirklich „referendumstauglich" waren. Kann man den Aufgabenbereich eines öffentlich-rechtlichen Senders in einem emotional geführten Wahlkampf auch tatsächlich vermitteln? Interessiert den Durchschnittsbürger, wieviele Sender eine Werbevermittlungsfirma beliefert? Die Antragsteller glaubten aber, vom Parlament keine regulierenden Maßnahmen im Rundfunksektor mehr erwarten zu können und entschieden sich für den Weg über das Referendum. Statt das Fininvest-Imperium zu schwächen, hat dieses „Gottesurteil“ dessen Position allerdings vorübergehend gefestigt.

25 Prozent der Wahlberechtigten waren noch kurz vor dem Referendum unentschlossen. Dies spricht wiederum für eine emotionelle Entscheidung in der Schlußphase des Wahlkampfes, den Berlusconi mit seinen Werbespots beherrschte. Die siegessichere Haltung der Referendums-Initiatoren dürfte viele „Berlusconi-Gegner“ dazu veranlaßt haben, nicht zur Wahl zu gehen, weil man „sowieso gewinnt“. Die Freunde der *soap-operas* gingen hingegen geschlossen zur Wahl.

Es stellt sich eine zentrale Frage: Warum hat die italienische Bevölkerung trotz ähnlicher Wahlwerbung bei den Parlaments-, den Kommunalwahlen und beim Referendum so unterschiedlich abgestimmt? Wenn der Durchschnittsbürger mittlerweile tatsächlich das Instrument des Fernsehens ist, warum hat Forza Italia bei den Kommunalwahlen verloren? Der Telewahlkampf für die Kommunalwahlen stand dem der Parlamentswahlen um nichts nach. Berlusconi setzte seine Medienmaschinerie in gewohnter Weise ein und strahlte sogar Spots für nicht wahlberechtigte Jugendliche aus, da diese das Stimmungsklima in den Familien beeinflussen konnten. Die Fininvest „bombardierte“ wieder einmal den Zuschauer mit einer Unzahl von Spots. Berlusconi war zirka viermal so oft im Fernsehen präsent wie seine stärksten Konkurrenten Rocco Buttiglione und Romano Prodi.[177] Und dennoch: Forza Italia mußte einen Rückschlag hinnehmen. Keine zwei Monate später, dieselbe Wahlwerbetechnik: Berlusconi gewinnt auf allen Linien und kann seinen Konkurrenten, die RAI, sogar in die Defensive drängen.

Endgültige Verwirrung stiftete eine Meinungsumfrage, die zwei Tage nach dem Referendum veröffentlicht wurde. Aus ihr ging hervor, daß der PDS mit 23 Prozent als stärkste Partei aus den Parlamentswahlen hervorgehen würde. Forza Italia müßte im Vergleich zu den Kommunalwahlen des Frühjahres noch weitere 1,5 Prozent abgeben und würde nur noch 21 Prozent erreichen. Finis Nationale Allianz würde mit 16 Prozent der Stimmen hingegen ein Rekordergebnis erzielen.

Es scheint, als könne der Wähler durchaus noch eigenständige Entscheidungen treffen. Berlusconi hat (vorübergehend?) als Politiker sein Siegerimage verloren, als Medientycoon bleibt seine Position allerdings unangefochten. Die Italiener wollten weiterhin durch Berlusconi mit leichter Fernsehunterhaltung von den Sorgen und Problemen des Alltages abgelenkt werden. Ob sie auch einen Ministerpräsidenten Berlusconi wünschen, ist eine ganz andere Frage.

Anmerkungen:

1 Vgl.: RENNER, Jens: Der Fall Berlusconi. Rechte Politik und Mediendiktatur. Göttingen, 1994. S.86.

2 Zit.n.: RENNER, Jens: Der Fall Berlusconi. a.a.O. S.87f.
3 RUGGERI, Giovanni / GUARINO, Mario: Berlusconi. Showmaster der Macht. Berlin, 1994. S.41.
4 RENNER, Jens: Der Fall Berlusconi. a.a.O. S.89.
5 Vgl.u.a.: RUGGERI, Giovanni: Berlusconi. Gli affari del Presidente. Mailand, 1994. - FRACASSI, Claudio / GAMBINO, Michele: Berlusconi. Una biografia non autorizzata. La vita, le amicizie, gli affari. Beilage zu: Avvenimenti. 7/1994.
6 Zit.n.: IGEL, Renate: Berlusconi. a.a.O. S.53.
7 Zit.n.: IGEL, Renate: Berlusconi. a.a.O. S.67.
8 RAUEN, Birgit: Italienischer Rundfunk. a.a.O. S.392.
9 RUGGERI, Giovanni / GUARINO, Mario: Berlusconi. a.a.O. S.62.
10 Zit.n.: HARTMANN, Peter: Die Erste Republik Kakao. Wie Silvio Berlusconi nach dem Himmel auch den Stiefel erobern will. In: Die Weltwoche. 10.3.1994. S.1-2, hier S.1.
11 IGEL, Renate: Berlusconi. a.a.O. S.113.
12 Zit.n.: GRIZZAFFI, Giuseppe: Fernsehen in Italien. a.a.O. S.854.
13 Zit.n.: IGEL, Renate: Berlusconi. a.a.O. S.179.
14 Vgl.: POLIZZI, Daniela: Rischio Brasile. Lottizzazione. Parla Carlo Freccero. In: Il Mondo. 28.2.1994. S.43-44, hier S.43.
15 WALLISCH, Gianluca / WALLISCH, Stefan: Der Versuch einer „regressiven“ Medienpolitik - Italien als ein ermutigendes Beispiel? a.a.O. S.98.
16 Zit.n.: RUGGERI, Giovanni / GUARINO, Mario: Berlusconi. a.a.O. S.153.
17 IGEL, Renate: Berlusconi. a.a.O. S.98.
18 RUGGERI, Giovanni / GUARINO, Mario: Berlusconi. a.a.O. S.100.
19 BUOVOLO, Marisa: Fernsehlandschaft in Italien - Entwicklungen im dualen Modell. In: Media Perspektiven. 8/1987. S.528-534, hier: S.531.
20 Vgl.: RUGGERI, Giovanni / GUARINO, Mario: Berlusconi. a.a.O. S.68f.
21 Zit.n.: RENNER, Jens: Der Fall Berlusconi. a.a.O. S.91.
22 Zit.n.: RUGGERI, Giovanni / GUARINO, Mario: Berlusconi. a.a.O. S.60.
23 Zit.n.: RUGGERI, Giovanni / GUARINO, Mario: Berlusconi. a.a.O. S.75.
24 RUGGERI, Giovanni / GUARINO, Mario: Berlusconi. a.a.O. S.75.
25 Zit.n.: IGEL, Renate: Berlusconi. a.a.O. S.256.
26 Vgl.: RUGGERI, Giovanni / GUARINO, Mario: Berlusconi. a.a.O. S.76ff.
27 Zit.n.: IGEL, Renate: Berlusconi. a.a.O. S.260.
28 Vgl.: RUGGERI, Giovanni / GUARINO, Mario: Berlusconi. a.a.O. S.203.
29 Vgl.: RENNER, Jens: Der Fall Berlusconi. a.a.O. S.96.
30 RUGGERI, Giovanni / GUARINO, Mario: Berlusconi. a.a.O. S.190f.
31 Zit.n.: RUGGERI, Giovanni / GUARINO, Mario: Berlusconi. a.a.O. S.193f.
32 Vgl.: RUGGERI, Giovanni / GUARINO, Mario: Berlusconi. a.a.O. S.196.
33 Vgl.: RENNER, Jens: Der Fall Berlusconi. a.a.O. S.92.
34 Zit.n.: RUGGERI, Giovanni / GUARINO, Mario: Berlusconi. a.a.O. S.213.
35 Zit.n.: IGEL, Renate: Berlusconi. a.a.O. S.235.
36 Vgl.: IGEL, Renate: Berlusconi. a.a.O. S.163-172.
37 RUGGERI, Giovanni / GUARINO, Mario: Berlusconi. a.a.O. S.159f.
38 IGEL, Renate: Berlusconi. a.a.O. S.167f.
39 Vgl.: BUOVOLO, Marisa: Fernsehlandschaft in Italien - Entwicklungen im dualen Modell. a.a.O. S.531. - IGEL, Renate: Berlusconi. a.a.O. S.176f.
40 IGEL, Renate: Berlusconi. a.a.O. S.182.
41 RUGGERI, Giovanni / GUARINO, Mario: Berlusconi. a.a.O. S.168.
42 IGEL, Renate: Berlusconi. a.a.O. S.215ff.
43 RAUEN, Birgit: Italienische Presse 1978 bis 1988. In: Media Perspektiven. 11/1988. S.692-704, hier S.700.
44 IGEL, Renate: Berlusconi. a.a.O. S.219.

45 DAVID, Wolfgang: Sua Emittenza. In: profil. 6.12.1993. S.44f., hier S.44.
46 Zit.n.: RENNER, Jens: Der Fall Berlusconi. a.a.O. S.108f.
47 RUGGERI, Giovanni / GUARINO, Mario: Berlusconi. a.a.O. S.200ff.
48 RUGGERI, Giovanni / GUARINO, Mario: Berlusconi. a.a.O. S.204f.
49 Zit.n.: RUGGERI, Giovanni / GUARINO, Mario: Berlusconi. a.a.O. S.210.
50 BRUNNSTEINER, Eva: Das Kulturprogramm der RAI und der Berlusconi-Sender Canale 5 und Italia 1. Diplomarbeit. Wien, 1993. S.35.
51 BUOVOLO, Marisa: Fernsehlandschaft in Italien. a.a.O. S.528.
52 Zum Thema RAI 1 und die DC vgl.: FRANCO, Massimo: Tutti a casa. a.a.O. S.157ff.
53 BUOVOLO, Marisa: Fernsehlandschaft in Italien - Entwicklungen im dualen Modell. a.a.O. S.529.
54 RAITH, Werner: Der Korruptionsschock. a.a.O. S.145.
55 BRUNNSTEINER, Eva: Das Kulturprogramm der RAI und der Berlusconi-Sender Canale 5 und Italia 1. a.a.O. S.37.
56 BRAUN, Michael: Italiens politische Zukunft. a.a.O. S.153.
57 BRUNNSTEINER, Eva: Das Kulturprogramm der RAI und der Berlusconi-Sender Canale 5 und Italia 1. S.40.
58 Zur Programmgestaltung der Privat-Sender in ihrer Anfangsphase vgl.: DEUTSCH, Dorette: Die Freunde im Alltag. Beobachtungen aus der Fernsehumwelt Italiens. In: Medium. 7/1981. S.21-23. - RAUEN, Birgit: Lustig ist das Zuschauerleben... Was aus dem freien Senden in Italien geworden ist. In: Medium. 7/1984. S.24-28.
59 OLDANI, Tino: Mamma che RAI! Viaggio negli sprechi della tivu di stato. In: Panorama. 14.2.1993. S.36-39, hier S.38.
60 Vgl. das im Panorama veröffentlichte Interview von Umberto Brindani mit Gad Lerner: Teniamo la sinistra! L' altra faccia del pianeta RAI / Lerner e „Milano, Italia". In: Panorama. 14.2.1993. S.42-44.
61 Zit.n.: RUGGERI, Giovanni / GUARINO, Mario: Berlusconi. a.a.O. S.73.
62 Zit.n.: RUGGERI, Giovanni / GUARINO, Mario: Berlusconi. a.a.O. S.64.
63 Zit.n.: IGEL, Renate: Berlusconi. a.a.O. S.76.
64 Zit.n.: IGEL, Renate: Berlusconi. a.a.O. S.215.
65 Zit.n.: IGEL, Renate: Berlusconi. a.a.O. S.233.
66 Zit.n.: PETERSEN, Jens: Neuer Wind aus dem Süden. Mussolinis Faschismus, die Macht und Medienmagnat Berlusconi. In: Der Spiegel. 19/1994. S.152-158, hier S.158.
67 Zit.n.: IGEL, Renate: Berlusconi. a.a.O. S.265.
68 Zit.n.: BEHRENS, Bolke: „Im Notfall Böses tun." Staatsphilosoph Niccolò Machiavelli über den römischen Regierungschef Berlusconi. In: WirtschaftsWoche. 32/1994. S.18, 22, hier S.18.
69 DAVID, Wolfgang: Sua Emittenza. In: profil. 6.12.1993. S.44f., hier S.44.
70 Vgl.: RUGGERI, Giovanni / GUARINO, Mario: Berlusconi. a.a.O. S.236f.
71 Vgl.: CORRIAS, Pino / GRAMELLINI, Massimo / MALTESE, Curzio: 1994. Colpo grosso. a.a.O. S.127.
72 Zit.n.: RENNER, Jens: Der Fall Berlusconi. a.a.O. S.111, 135.
73 RENNER, Jens: Der Fall Berlusconi. a.a.O. S.109.
74 Zit.n.: RENNER, Jens: Der Fall Berlusconi. a.a.O. S.112.
75 Zit.n.: RENNER, Jens: Der Fall Berlusconi. a.a.O. S.113.
76 CORRIAS, Pino / GRAMELLINI, Massimo / MALTESE, Curzio: 1994. Colpo grosso. a.a.O. S.24.
77 CORRIAS, Pino / GRAMELLINI, Massimo / MALTESE, Curzio: 1994. Colpo grosso. a.a.O. S.48.
78 Zit.n.: RENNER, Jens: Der Fall Berlusconi. a.a.O. S.114.
79 CORRIAS, Pino / GRAMELLINI, Massimo / MALTESE, Curzio: 1994. Colpo grosso. a.a.O. S.27.
80 FRACASSI, Claudio / GAMBINO, Michele: Berlusconi. a.a.O. S.50.
81 CORRIAS, Pino / GRAMELLINI, Massimo / MALTESE, Curzio: 1994. Colpo grosso. a.a.O. S.221 (buono = gut, governo = Regierung).
82 Vgl.: URBANI, Giuliano: L' Italia del Buongoverno. Le Idee, i Valori, il programma per ricostruire il Paese e creare una autentica democrazia liberale. Mailand, 1994.
83 URBANI, Giuliano: L' Italia del Buongoverno. a.a.O. S.22.

84 RENNER, Jens: Der Fall Berlusconi. a.a.O. S.113.
85 Zit.n.: RENNER, Jens: Der Fall Berlusconi. a.a.O. S.132.
86 CORRIAS, Pino / GRAMELLINI, Massimo / MALTESE, Curzio: 1994. Colpo grosso. a.a.O. S.221.
87 Zit.n.: MALASPINA, Telesio: Sono nervile, non difficoltatemi. In: L'Espresso. 10/1994. S.54-56, hier S.55.
88 FRACASSI, Claudio / GAMBINO, Michele: Berlusconi. a.a.O. S.53.
89 Vgl. CORRIAS, Pino / GRAMELLINI, Massimo / MALTESE, Curzio: 1994. Colpo grosso. a.a.O. S.51ff.
90 CORRIAS, Pino / GRAMELLINI, Massimo / MALTESE, Curzio: 1994. Colpo grosso. a.a.O. S.32.
91 CORRIAS, Pino / GRAMELLINI, Massimo / MALTESE, Curzio: 1994. Colpo grosso. a.a.O. S.28.
92 CORRIAS, Pino / GRAMELLINI, Massimo / MALTESE, Curzio: 1994. Colpo grosso. a.a.O. S.223.
93 TEODORI, Massimo: Una nuova Repubblica? Milano, 1994. S.157f. - BRAUN, Michael: Italiens politische Zukunft. a.a.O. S.186.
94 CORRIAS, Pino / GRAMELLINI, Massimo / MALTESE, Curzio: 1994. Colpo grosso. a.a.O. S.66.
95 RINALDI, Claudio: Dieci buone ragioni per Non fidarsi di Berlusconi. In: L'Espresso. 10/1994. S.38-45, hier S.45.
96 CORRIAS, Pino / GRAMELLINI, Massimo / MALTESE, Curzio: 1994. Colpo grosso. a.a.O. S.217.
97 Zit.n.: RENNER, Jens: Der Fall Berlusconi. a.a.O. S.121.
98 RENNER, Jens: Der Fall Berlusconi. a.a.O. S.135.
99 CORRIAS, Pino / GRAMELLINI, Massimo / MALTESE, Curzio: 1994. Colpo Grosso. Mailand, 1994. S.16.
100 RENNER, Jens: Der Fall Berlusconi. a.a.O. S.121.
101 CORRIAS, Pino / GRAMELLINI, Massimo / MALTESE, Curzio: 1994. Colpo Grosso. a.a.O. S.60f.
102 SEISSELBERG, Jörg: Forza? Find ich gut... Mit Marketing wie für Konsumprodukte gewinnt Berlusconis Partei „Forza Italia" Wahlen: Sie setzt Demoskopie in Politik um. In: Die Woche. 7.10.1994. S.23.
103 CORRIAS, Pino / GRAMELLINI, Massimo / MALTESE, Curzio: 1994. Colpo Grosso. a.a.O. S.61.
104 SEISSELBERG, Jörg: Forza? Find ich gut... a.a.O.
105 CORRIAS, Pino / GRAMELLINI, Massimo / MALTESE, Curzio: 1994. Colpo Grosso. a.a.O. S.65.
106 RINALDI, Claudio: Dieci buone ragioni per Non fidarsi di Berlusconi. a.a.O. S.39.
107 Vgl.: WALLISCH, Stefan: Die Medien-Kriege. a.a.O.
108 Vgl.: RINALDI, Claudio: Dieci buone ragioni per Non fidarsi di Berlusconi. a.a.O. S.42.
109 ROQUES, Valeska von: Die Stunde der Leoparden. a.a.O. S.250f.
110 „Ich habe Nerven aus Stahl." Italiens Ministerpräsident Silvio Berlusconi über seine Regierung und die Kritik an seiner Machtfülle. Interview von: LEICK, Romain / ROQUES, Valeska von. In: Der Spiegel. 32/1994. S.114-118, hier S.116.
111 Vgl.: BRILL, Klaus: Bei Fede darf sich der Chef aussprechen. Wie der Politiker und Medienmogul Silvio Berlusconi in seinen Fernsehsendern mit dem Pluralismus umgeht. In: Süddeutsche Zeitung. 9.7.1994. S.30.
112 GALLUCCI, Carlo: Parlo pure in fuori Gioco. Le reti Fininvest e le elezioni. In: L´ Espresso. 10/1994. S.72-73, hier S.72.
113 CORRIAS, Pino / GRAMELLINI, Massimo / MALTESE, Curzio: 1994. Colpo grosso. a.a.O. S.17, vgl. u.a. S.76.
114 HARPPRECHT, Klaus: Kann die Demokratie das Fernsehen überleben? In: Bertelsmann Briefe. Dez. 1994. S.26-28, S.26.
115 RENNER, Jens: Der Fall Berlusconi. a.a.O. S.114.
116 CORRIAS, Pino / GRAMELLINI, Massimo / MALTESE, Curzio: 1994. Colpo grosso. a.a.O. S.62f.
117 RENNER, Jens: Der Fall Berlusconi. a.a.O. S.114.
118 ROQUES, Valeska von: Die Stunde der Leoparden. a.a.O. S.252.
119 CORRIAS, Pino / GRAMELLINI, Massimo / MALTESE, Curzio: 1994. Colpo grosso. Mailand, S.65.
120 Vgl.: RENNER, Jens: Der Fall Berlusconi. a.a.O. S.126.
121 Zit.n.: RUGGERI, Giovanni / GUARINO, Mario: Berlusconi. a.a.O. S.231f.
122 RENNER, Jens: Der Fall Berlusconi. a.a.O. S.156.

123 Zit.n.: RINALDI, Claudio: Dieci buone ragioni per Non fidarsi di Berlusconi. a.a.O. S.45.
124 Per un nuovo miracolo italiano. Il programma di Forza Italia. Beilage zu: Trend - Italia Viaggi. 8/1994. S.6.
125 Per un nuovo miracolo italiano. a.a.O. S.7.
126 RUGGERI, Giovanni / GUARINO, Mario: Berlusconi. a.a.O. S.234.
127 Zit.n.: RENNER, Jens: Der Fall Berlusconi. a.a.O. S.120.
128 Zit.n.: RENNER, Jens: Der Fall Berlusconi. a.a.O. S.123.
129 ROQUES, Valeska von: Die Stunde der Leoparden. a.a.O. S.255f.
130 Zur politischen Werbewirkung von TV-Konfrontationen vgl.: BURKART, Roland: Medienereignis „TV-Duell": Die Entlarvung eines Mythos. In: PLASSER, Fritz / ULRAM, Peter A. / WELAN, Manfried (Hg.): Demokratierituale. a.a.O. S.75-92.
131 ROQUES, Valeska von: Die Stunde der Leoparden. a.a.O. S.271.
132 BRAUN, Michael: Italiens politische Zukunft. a.a.O. S.171.
133 Zit.n.: RENNER, Jens: Der Fall Berlusconi. a.a.O. S.7.
134 CORRIAS, Pino / GRAMELLINI, Massimo / MALTESE, Curzio: 1994. Colpo grosso. a.a.O. S.188.
135 RENNER; Jens; Der Fall Berlusconi. a.a.O. S.126.
136 Zit.n.: POLIZZI, Daniela: Rischio Brasile. a.a.O. S.44.
137 Zit.n.: RUGGERI, Giovanni / GUARINO, Mario: Berlusconi. a.a.O. S.236.
138 Zit.n.: RENNER, Jens: Der Fall Berlusconi. a.a.O. S.102.
139 RUGGERI, Giovanni / GUARINO, Mario: Berlusconi. a.a.O. S.223.
140 RUGGERI, Giovanni / GUARINO, Mario: Berlusconi. a.a.O. S.222.
141 RUGGERI, Giovanni / GUARINO, Mario: Berlusconi. a.a.O. S.222.
142 RUGGERI, Giovanni / GUARINO, Mario: Berlusconi. a.a.O. S.223.
143 Vgl.: ROQUES, Valeska von: Die Stunde der Leoparden. a.a.O. S.114.
144 RUGGERI, Giovanni / GUARINO, Mario: Berlusconi. a.a.O. S:225.
145 RAITH, Werner: Der Korruptionsschock. a.a.O. S.173.
146 RUGGERI, Giovanni / GUARINO, Mario: Berlusconi. a.a.O. S.10.
147 Zit.n.: NAMUTH, Michaela: Augen schließen. Bilanz eines Niedergangs: Nur elf Wochen nach seinem Amtsantritt hat Silvio Berlusconi die Kontrolle über die Politik verloren und sein Land in eine neue Staatskrise gestürzt. In: WirtschaftsWoche. 32/1994. S.14-17, hier S.15.
148 Zit.n.: SCHARSACH, Hans-Henning: Medien-Krieg. Italiens Regierungschef feuert TV-Bosse. In: News. 40/1994. S.69-73, hier: S.70.
149 SCHARSACH, Hans-Henning: Medien-Krieg. a.a.O. S.72.
150 RUGGERI, Giovanni / GUARINO, Mario: Berlusconi. a.a.O. S.11.
151 RAITH, Werner: Der Korruptionsschock. a.a.O. S.211f.
152 RUGGERI, Giovanni / GUARINO, Mario: Berlusconi. a.a.O. S.13.
153 Vgl.: POLACZEK, Dietmar: Unsaubere Hände. Das Ende der Fernsehrepublik in Italien? In: Frankfurter Allgemeine Zeitung. 18.7.1994.
154 Vgl.: ROIDI, Vittorio: Duemila coscienza contro il bavaglio. In: Avvenimenti. 27.7.1994. S.14.
155 Zit.n.: POLACZEK, Dietmar: Unsaubere Hände. a.a.O.
156 RAITH, Werner: Der Korruptionsschock. a.a.O. S.212.
157 RUGGERI, Giovanni / GUARINO, Mario: Berlusconi. a.a.O. S.15.
158 RAITH, Werner: Der Korruptionsschock. a.a.O. S.41.
159 CIVICO, Aldo: „Ich fürchte die Italiener". Indro Montanelli, Publizist und ehemaliger Wegbegleiter Silvio Berlusconis, über das Versagen der italienischen Politik und die zerbrechliche Einheit seines Landes. In: Die Woche. 9.12.1994. S.27.
160 GRASSI, Manuela: C´ eravamo tanto odiati. Tipi controcorrente. Il caso Montanelli. In: Panorama. 16.7.1994. S.22-23, hier S.23.
161 „Berlusconi ist ein Lügner". a.a.O. S.150. - Vgl. auch: RENGER, Reinhard: Eine italienische Geschichte. Indro Montanelli und seine neue Zeitung la Voce. In: Süddeutsche Zeitung. 22.6.1994. S.9.
162 DI NICOLA, Primo: „In preda a un raptus". Montanelli su Berlusconi. Un´ antologia. In: L'Espresso. 21.1.1994. S.55.

163 GRASSI, Manuela: C´ eravamo tanto odiati. a.a.O. S.23.
164 „Berlusconi ist ein Lügner". Der Publizist Indro Montanelli über den Wahlsieg der italienischen Rechten und die neue Republik. In: Der Spiegel. 14/1994. S.148-151, hier S.150.
165 GRASSI, Manuela: C´ eravamo tanto odiati. a.a.O. S.22.
166 MANFELLOTTO, Bruno: Borghesia milanese, l´ ottusità infinita. a.a.O. S.28.
167 MANFELLOTTO, Bruno: Borghesia milanese, l´ ottusità infinita. a.a.O. S.28.
168 la Voce. 12.4.1995. S.1.
169 MONTANELLI, Indro: Uno straniero in Italia. In: la Voce. 12.4.1995. S.1.
170 MAZZUCA, Giancarlo: „Ma combatterò ancora con voi". Intervista a Montanelli „pensionato". In: la Voce. 12.4.1995. S.2.
171 „Eine autoritäre Demokratie". Interview mit Lilli Gruber über Macht und Zensur im Fernsehen. In: Der Spiegel. 24/1994. S.147-148, hier S.147.
172 „Eine autoritäre Demokratie". a.a.O. S.148.
173 SCHARSACH, Hans-Henning: Aufstieg & Fall. Silvio Berlusconi ist Aufsteiger und Absteiger des Jahres 1994 in einer Person. Die Staatsanwälte ermitteln gegen ihn. Seine Koalition ist am Ende. In: News. 51/1994. S.64-65, hier S.64.
174 SCHARSACH, Hans-Henning: Aufstieg & Fall. a.a.O. S.64.
175 SCHARSACH, Hans-Henning: Aufstieg & Fall. a.a.O. S.65.
176 Vgl.: VERDERAMI, Francesco: PDS e Popolari: democrazia in pericolo. In: Corriere della Sera. 20.12.1994. S.2.
177 GALLUCCI, Carlo: Ma Forza Italia era sempre in video! In: L´Espresso. 5.5.1995. S.62-64, hier S.62.

V. Italien 1996 - Rückkehr zur Normalität

Was in der Zwischenzeit geschah - Neuwahlen, die niemand wollte

Da die Technokraten-Regierung die ihr gestellten Aufgaben erfüllt hatte, bot Ministerpräsident Lamberto Dini am 30. Dezember 1995 seinen Rücktritt an, den Staatspräsident Oscar Luigi Scalfaro allerdings ablehnte. Im Jänner scheiterte ein Versuch, eine Allparteienregierung einzusetzen, und Dini wiederholte sein Rücktrittsangebot, das diesmal angenommen wurde. Dini hatte sich 359 Tage im Amt gehalten und entscheidende Reformmaßnahmen eingeleitet. Der 71jährige Verfassungsexperte Antonio Maccanico wurde daraufhin mit der Regierungsbildung beauftragt, nach rund zwei Wochen mußte aber auch er resignieren. Vor allem AN-Chef Fini hatte um jeden Preis Neuwahlen erzwingen wollen. Die AN schnitt in Meinungsumfragen sehr gut ab, und Neuwahlen konnten, wie es schien, die Partei nur stärken. Scalfaro löste am 16. Februar das Parlament auf, und Dini blieb im Palazzo Chigi, dem Regierungssitz, um das Land interimistisch bis zur Ernennung einer neuen Regierung zu führen. Im Wahlkampf gab Dini dann überraschend die Gründung einer eigenen Bewegung, *Rinnovamento italiano*, seinen Einstieg in den Wahlkampf und somit seinen Wandel vom Technokraten zum Politiker bekannt. Da er sich dem Mitte-Links-Bündnis anschloß, wurde er vom Polo, der ihn angeblich kurze Zeit zuvor noch selbst als Spitzenkandidaten haben wollte, heftig attackiert und zum Feindbild der Berlusconi-Medien. Der Medientycoon bezeichnete seinen ehemaligen Schatzminister als seine „schlechteste Erfindung“. Es wurde befürchtet, daß die Wähler in Scharen zum angesehenen Regierungschef überlaufen könnten, bald stellte sich allerdings heraus, daß auch Dini es nicht vermochte, der politischen Mitte wieder Kraft zu verleihen.

Die Regierungskrise warf einen Schatten auf die gerade stattfindende Übernahme der EU-Ratspräsidentschaft. Italien hatte allerdings bereits Routine in diesen Dingen. Bereits zum vierten Mal in Folge führte Italien während eines Wahlkampfes den Unionsvorsitz. Auch diesmal würde sich bestätigen, daß die verantwortlichen Diplomaten und Beamten ihre Arbeit trotz Krise erfolgreich fortführen würden.

Berlusconis Probleme mit der Justiz - Der Börsengang der Mediaset

Anfang 1996 begann der Prozeß gegen Silvio Berlusconi, in dem er sich wegen angeblicher Bestechung der Finanzpolizei in der Höhe von 330 Millionen Lire verantworten mußte. Gleichzeitig bahnte sich ein weiteres Verfahren wegen mutmaßlicher Bilanzfälschung und

Zahlungen der Fininvest an Craxi an.[1] Berlusconi sah sich einmal mehr als Opfer dunkler Machenschaften. Als die Neuwahlen ausgeschrieben wurden, drängte sein Anwalt für die Dauer des Wahlkampfes auf Unterbrechung des Verfahrens. Berlusconi bestand hingegen „im Interesse der öffentlichen Meinung“[2], und um möglichst rasch seine Unschuld beweisen zu können, auf einer Weiterführung, und so entschied auch der verantwortliche Richter in Mailand.

Äußerst erfolgreich verlief hingegen die Sanierung der Fininvest, an deren Höhepunkt der Börsengang der TV-Subholding Mediaset stand. Im Juli 1995 gab Berlusconi den Verkauf von Teilen seines Medienimperiums bekannt. Ein Konsortium, dem Leo Kirch, der saudische Prinz Al Waleed und die niederländische Nethold/Richemont-Gruppe angehören, sollten für umgerechnet etwa 11 Milliarden Schilling 20 Prozent der Mediaset übernehmen. Kirch und Berlusconi hatten bereits erfolgreich beim *deutschen Sportfernsehen (DSF)* und beim italienischen Pay-TV *Tele+* zusammengearbeitet.[3] Rupert Murdoch ging hingegen leer aus. Da aber Kirch mehr als nur ein Geschäftspartner ist, kann davon ausgegangen werden, daß Berlusconi weiterhin die Kontrolle über die Mediaset - und somit über die drei Networks - haben wird. Vincenzo Vita, Medienexperte des PDS, nannte den Verkauf einen „Bluff“, der Berlusconi Milliarden einbringe, ohne den Einfluß über seine Firma zu verlieren.[4]

Währenddessen schritt die Reorganisation der Fininvest voran. Silvio Berlusconi Editore und Silvio Berlusconi Holding wurden 1995 zusammengelegt und dadurch wichtige Synergie-Effekte erzielt. Weiters verkaufte Berlusconi einige seiner Anteile. Der Käufer: die Fininvest. Es blieb deshalb alles in der „Familie“. Die Strukturerneuerung der Fininvest brachte angeblich bereits 360 Milliarden Lire ein.[5] Bereits 1995 konnte der Reingewinn der Mediaset vervierfacht werden. Die Konzernholding Fininvest verzichtete durch den Börsengang der Mediaset auf die Kapitalmehrheit. Auf diese Weise sollte der Interessenkonflikt Berlusconis als Unternehmer und Politiker gelöst werden. In einer großangelegten Werbeaktion wurden auch die Kleinverdiener eingeladen, sich ihre Aktienpakete zu sichern. Dadurch würde „ihr“ Fernsehen noch mehr ihnen gehören. Die Fininvest baute ihre internationalen Geschäftskontakte weiter aus. Eine Kooperation mit der British Telecom wurde angestrebt, und im Mai übernahm die Münchner Kirch-Gruppe die Mehrheit an Tele+. Dadurch wurden die Schienen in das digitale Fernsehzeitalter gelegt.

Di Pietros Probleme mit der Justiz

Seit geraumer Zeit mußte der zurückgetretene Korruptionsjäger Antonio Di Pietro mit Vorwürfen des Amtsmißbrauchs kämpfen. In mehreren Voruntersuchungen wurden diese Anschuldigungen behandelt. Diese Untersuchungen, die dann alle mit deren Einstellung endeten, machten aber vorerst Di Pietros Einstieg in die Politik unmöglich. Es gab vermehrt Gerüchte um die Gründung einer eigenen politischen Bewegung. Der Held der Nation trug das Seine bei, um im Mittelpunkt der Gespräche zu stehen. Alles wartete darauf, daß die Voruntersuchungsrichter auch das letzte noch laufende Vorverfahren einstellten, um zu sehen, wie sich Di Pietro entscheiden würde und welchem politischen Lager er beitreten würde. Seine Weltanschauung war sicherlich nicht links, die existierende Rechte in Italien entsprach offensichtlich aber auch nicht seinen Vorstellungen. Alle Parteien umwarben Di Pietro, weil er nach wie vor als der beliebteste und angesehenste Mann im Land galt.

L´ Ulivo - Ein Mitte-Links-Bündnis im Zeichen des Friedens

Berlusconis Wahlkampf 1994 war der kürzeste in der Geschichte Italiens oder gar der westlichen Demokratie. 100 Tage vergingen zwischen seinem Einstieg in die Politik und seiner Wahl zum Ministerpräsidenten. Romano Prodis Wahlkampf wird hingegen als der längste in Erinnerung bleiben, den Italien erlebt hat. Fünfzehn Monate lang umwarb er die Wähler, wobei er nicht einmal wußte, wann diese das nächste Mal zu den Urnen gehen würden. Als im Jänner 1996 schließlich Neuwahlen ausgerufen wurden, meinte viele, der Universitätsprofessor aus Bologna habe seinen besten Moment bereits gehabt. Er wurde mit einem Läufer verglichen, der lange vor dem Startschuß losgerannt war und vielleicht nicht einmal die Startlinie sehen würde. Im Frühjahr 1996 war er bereits nicht mehr so neu, wie Berlusconi 1994. Sein Autobus, mit dem er durch Italien reiste, drohte lächerlich und zum Inhalt zahlloser Witze zu werden.

Der *Ulivo* war aus der Notwendigkeit entstanden, dem Mitte-Rechts-Block *Polo* einen moderaten und stabilen Mitte-Links-Block entgegenzustellen. Der Polo deckte mit den beiden christdemokratischen Parteien CDU-CCD, die gemeinsam wieder zu einer ernstzunehmenden Kraft wurden, mit der Aufsteiger- und Konsumpartei Forza Italia und mit Alleanza Nazionale, der Partei der „echten" Patrioten und Verfechter der italienischen Einheit, ein breites Wählerspektrum ab. Vor allem seit AN gemäßigtere Töne anschlug, war der Polo für die große Masse der Italiener mit einer christlich-säkularisierten Weltanschauung durchaus wählbar. Der Mitte-Links-Block war 1994 noch mit dem für Katholiken wenig anziehenden Namen „Progressisten" angetreten. Auch hatten einige Splittergruppen der alten DC damals versucht, dem *Bipolarismo*, der Zwei-Blöcke-Parteienlandschaft, durch die Wiedergründung des Zentrums ein drittes Lager entgegenzustellen. Die DC war 50 Jahre mit der Zentrumspolitik (mit einem linken und einem rechten Flügel, beinahe wie in einer Sammelpartei) erfolgreich gewesen. Das Zentrum war aber seit Tangentopoli tot. Jeder Versuch, zwischen Links und Rechts eine neue autonome Bewegung entstehen zu lassen, die weder mit der Nachfolgepartei der Faschisten noch mit jener der Kommunisten etwas zu tun haben wollte, war kläglich gescheitert. Der linke Flügel der DC und einige christlichsoziale Bewegungen der Ersten Republik zogen daraus die Konsequenz und machten sich daran, den *compromesso storico*, den historischen Kompromiß von Moro und Berlinguer, mit zwanzigjähriger Verspätung zu verwirklichen. Der damalige DC-Chef Aldo Moro hatte Ende der Siebziger versucht, die linken Kräfte des Landes, die bis dato von jeglichem Regierungsamt ausgeschlossen waren, in die Führung des Landes einzubinden. Moro war deshalb von den Roten Brigaden entführt und ermordet worden.

In den neunziger Jahren war die Situation völlig verändert. Der Kommunismus war mit der Berliner Mauer gefallen, Italiens Kommunisten hatten ihren Namen geändert und eine junge Politkergeneration vermittelte diesen Wandel auch glaubhaft. Von einem Austritt aus der NATO war keine Rede mehr. Die Zukunft sah der PDS in der sozialen Marktwirtschaft. Im Gegenzug erkannten die christlichsozialen Kräfte, daß sie alleine keine Überlebenschance hatten. Das Mitte-Links-Wahlbündnis wählte den treffenden Namen „Ulivo" (Olivenbaum). Vom Symbol des Friedens fühlten sich die Katholiken sicherlich mehr angesprochen als vom alten Bündnisnamen „Progressisten". Als der Ulivo langsam Konturen annahm, meldete sich ein unscheinbarer Wirtschaftsexperte oft zu Wort, an den in diesem politischen Schachspiel nun wirklich niemand gedacht hatte - Romano Prodi.

Romano Prodi - Mit dem Bus durch Italien

Prodi, Jahrgang ´39, entstammt einer großen, gutbürgerlichen Familie aus Reggio Emilia. Fast alle seiner sieben Geschwister schlugen, wie auch er, die Universitätslaufbahn ein. Er studierte in Bologna Wirtschaft bei Beniamino Andreatta, der 1996 Verteidigungsminister in seiner Regierung werden würde. Prodi spezialisierte sich in London und den USA. In Italien machte er sich als Wirtschaftsprofessor in Expertenkreisen rasch einen Namen. Völlig überraschend wurde er 1978 als Industrieminister in die Regierung Andreotti gerufen. Mit 39 Jahren war er der jüngste Minister auf der Regierungsbank. Sein Ausflug in die Politik währte allerdings nur wenige Monate, dann kehrte er auf seinen geliebten Lehrstuhl zurück. 1982 wurde er mit der Sanierung der schwer verschuldeten Staatsholding IRI, der größten Industriegruppe das Landes, betraut. Dem Professor gelang diese unmöglich scheinende Aufgabe, die er als sein persönliches Vietnam bezeichnete. Durch Entbürokratisierung, Abschaffung der Vetternwirtschaft und Beteiligungen von Privatunternehmern gesundete der Industriekoloß. Aus 3.000 Milliarden Lire Verlust wurden rasch mehr als 1.200 Milliarden Gewinn. 1989 verließ er die IRI, um sich wieder der Universität und seinem renommierten Nomisma-Institut zuzuwenden. 1993 rief ihn der damalige Ministerpräsident Ciampi wieder an das Ruder der IRI. Prodi leitete eine radikale Privatisierungsphase für die Holding ein. Nach dem Wahlsieg des Polo 1994 ging Prodi zum neuen Regierungschef Berlusconi und legte die Leitung der IRI zurück. Wieder gelang es ihm nicht, sich der Wissenschaft zu widmen. Der Ruf der Politik wurde laut. Mehrmals wurde der Katholik Prodi als möglicher Parteichef des PPI, der Volkspartei, gehandelt. Er blieb aber unabhängig, wurde zum Leader des neuen Wahlbündnisses Ulivo ernannt und begann seinen *Giro d´ Italia* mit seinem umgebauten Autobus.

Als er am 2. Februar 1995 seinen Einstieg in die Politik offiziell bekanntgab, nachdem er bereits seit August 1994 in der Politik mitgemischt hatte, wiederholte sich etwas, was bereits Berlusconi erlebt hatte: Seine Gegner maßen ihm keine Bedeutung bei. Sein Einstieg sei eine Entscheidung, die vielleicht keinerlei Einfluß auf das Schicksal des Landes haben werde, kommentierte an jenem Abend Emilio Fede, Berlusconis treuer Chefredakteur von Tg4.[6]

Prodis Entscheidung, seinen Wahlkampf im Autobus zu bestreiten und auf diese Weise 100 Städte zu besuchen, erwies sich als weitsichtig. Sein Bus wurde zu einem Mittel - oder vielleicht doch nur zu einem Symbol - der direkten Kommunikation. Wenige Tage vor der Wahl wertete der *Panorama*-Journalist Edmondo Berselli Prodis Bus noch als „kuriosen und naiven Versuch, die Politik zu rematerialisieren".[7] Berselli sollte sich irren. Wie Truman im US-Wahlkampf mit dem Zug durch Amerika fuhr und von der Plattform des letzten Waggons zur Menge sprach, nutzte Prodi den Autobus, um möglichst nahe an die Menschen heranzukommen. Seine Freunde berichten, daß ihm diese Bäder in der Menge wohltaten und Kraft gaben. Bei den zahllosen Wahlveranstaltungen in den Städten sah man hunderte Menschen, die mehr als nur Statisten waren. Seine *Comitati per l' Italia che Vogliamo* (= Komitees für das Italien, das wir wollen) unterschieden sich von den „virtuellen" Forza Italia Klubs, mit denen man praktisch nur via Fax in Kontakt treten konnte, erheblich. Hier gab es Menschen aus Fleisch und Blut. Prodi grub eine alte Wahlkampftechnik aus, die seit Jahren als verpönt galt, vielleicht weil sie zu zeitaufwendig ist: Fuhr er von Stadt zu Stadt, so schickte er seine Mitarbeiter von Haustür zu Haustür. Wie für ihn, gab es auch für seine aktiven Anhänger dabei zahllose Niederlagen. Dies machte die ganze Bewegung allerdings glaubwürdig. Man respektierte sie dafür, auch weil sie - wie es schien - nicht die geringsten Chancen auf einen Sieg hatte. Der Ulivo führte einen Wahlkampf des langsamen Aufbaus. Statt großer Meinungsumfragen dienten die Komitees als Stimmungsbarometer und das Von-Haustür-zu-Haustür-Gehen als *monitoring* der Stimmung in der Bevölkerung.

Prodi konnte sich aber nicht auf die Auftritte beschränken, er mußte auch „klassische" Politik betreiben und aus traditionell eigensinnigen Parteien eine Koalition zusammenschmieden. Dreizehn meist linke politische Gruppierungen mußte er, der Wirtschaftsfachmann, um sich versammeln. Er mußte ein Programm vertreten, das Katholiken, Unternehmer, Grüne und ehemalige Kommunisten gleichermaßen ansprach. Vor allem der Polo zweifelte an der Durchführbarkeit dieses Kompromisses und betonte dies bei jeder Gelegenheit, vielleicht auch, um über die eigenen Probleme hinwegzutäuschen.

Polo per la libertà - Über die Vergänglichkeit

Der Polo präsentierte sich praktisch unverändert zu den Wahlen 1996. Gab es im Ulivo nur wenige Parteichefs, die ihr Amt bereits 1994 innehatten, fand man im Polo kaum neue Gesichter. Im Wahlbündnis fehlte die Lega Nord des „fahnenflüchtigen" Bossi. Die Meinungsumfragen sagten große Veränderungen innerhalb des Wahlbündnisses voraus. Alleanza Nazionale legte stark zu und wurde manchmal sogar als die stärkste Partei im Polo gehandelt.

Deshalb erklärten Kritiker auch oft, daß der wahre Führer des Polo AN-Chef Fini und nicht Berlusconi sei. Im März wurde der *Polo della libertà* in *Polo per la libertà* umgetauft (statt Pol der Freiheit nun Pol für die Freiheit). Den Wählern versprach man statt einer Million Arbeitsplätzen diesmal die Halbierung der Arbeitslosigkeit bis zum Jahr 2000.

Durch ein Wahlprogramm, das wenig Neuigkeiten enthielt, war das Image des Neuen verloren gegangen. Berlusconis Meinungsforscher Gianni Pilo hatte lange vor den Wahlen die USA besucht, das erfolgreiche Wahlprogramm der Republikaner „Contract with America" analysiert und für Italien adaptiert. Dieses übersichtliche Programm wurde zwar gedruckt, allerdings niemals an die Wähler verteilt. Die Entscheidungsträger bei Forza Italia boykottierten in der Manier der Altparteien Pilos „Vertrag mit Italien" und schrieben ihr eigenes Wahlprogramm „100 Aufgaben, um Italien zu verändern". Der zutiefst verärgerte Pilo analysierte den offiziellen Text und kam zum Ergebnis, daß dieser nicht 100 sondern 622 „Aufgaben" enthielt. Dies sei verrückt gewesen, kritisierte er nach der Wahl, kein Kandidat habe sich diese 622 Punkte merken können, in Diskussionen sei es für die gegnerische Seite daher ein Leichtes gewesen, den Polo-Kandidaten die Unkenntnis ihres eigenen Programmes vorzuwerfen.[8]

Lega Nord - Ausrufung der Republik Padanien

Die Lega Nord schloß sich diesmal keinem politischen Bündnis an und stellte sich alleine der Wahl. Diese riskante Entscheidung des Parteichefs Umberto Bossi erwies sich als richtig. Beide großen Blöcke strebten die Regierungsverantwortung an, und so blieb nur die Lega als einzige wirkliche Oppositionspartei. Die Lega war nach dem Austritt aus der Regierung Berlusconi 1994 intern gespalten gewesen, und viele Beobachter hatten bereits ihr Ende nahen sehen. Statt sich staatsmännischer zu geben, schlug Bossi immer rauhere Töne an. In Mantua gründete die Lega eine Art „Gegenregierung" zur römischen Zentralregierung. Sie reklamierte die Verantwortung über Norditalien, das künftig „Padanien" heißen sollte, für sich. Der Begriff Padanien (= *Padania*) wurde von der *val Padana*, der Poebene bis Padua, abgeleitet. Es wurde eine eigene Verfassung verabschiedet und ein Parlament mit kompletter Regierung eingesetzt, d.h. mit Regierungschef, Ministern etc. Die „Ordnungskräfte" wurden einheitlich mit grünen Hemden eingekleidet. Diese Aktion weckte nicht nur bei den Italienern bittere Erinnerungen. In den Umfragen wurde die Lega unterschätzt. Die Ausrufung der Unabhängigkeit Padaniens wurde von vielen als schwerer Fehler gesehen, die jeden vernünftig denkenden Wähler abschrecken würde. Bossi ließ sich allerdings nicht beirren und trat sogar für eine Volksabstimmung über die Abspaltung Norditaliens ein. Es stellt sich die Frage, ob in einem anderen europäischen Land eine Partei eine eigene Republik ausrufen könnte, ohne rechtliche Konsequenzen in Kauf nehmen zu müssen. Die Verfassungsrichter sahen Bossis Treiben zu, als handle es sich dabei um die Aufführung eines Laientheaters. Nach den Wahlen setzte er seine Sezessionspolitik unbeirrbar fort. Für den 15. September 1996 kündigte er die offizielle Abspaltung Padaniens an. Er selbst sah sich als Ghandi, seine einstige Jeanne D'Arc, Irene Pivetti, verstieß er aus der Partei, weil sie ihm wieder einmal widersprochen hatte. Seine Aussage, Pivetti werde man tot in den Vatikan zurückschicken, und sein Aufruf, die RAI-Sender zu sprengen, damit die Stimme Roms verstumme, lösten heftige Reaktionen aus. Di Pietro meinte, Bossi drohe mittlerweile das Gefängnis. Der Lega-Chef entgegnete, wenn jemand einsitzen würde, dann Di Pietro in einem Gefängnis Padaniens. Di Pietro hatte als Staatsanwalt Ermittlungen gegen die Lega wegen unerlaubter Parteifinanzierung geführt, damit das Saubermann-Image der *leghisti* angekratzt und somit den ewigen Zorn Bossis auf sich gezogen. Die Sezessionsveranstaltung am 15. September wurde nicht zum durchschlagenden Erfolg, den sich Bossi gewünscht hatte. Gleich mehrere Staatsanwälte nahmen aber Ermittlungen gegen die Lega wegen Gefährdung der staatlichen Einheit auf.

Ein Wahlkampf im Zeichen der *par condicio*

Romano Prodi mußte in der Bevölkerung bekannt werden und ein Image aufbauen. Für diesen Zweck suchte er neben der Aufmerksamkeit der Printmedien, die er größtenteils schon auf seiner Seite hatte, auch jene des Fernsehens. In den ersten TV-Auftritten mußte sich der Professor erst legitimieren, beweisen, daß er das Recht hatte, hier zu sitzen, und daß er nicht einer war, der sich selbst eingeladen hatte. Berlusconi konnte bereits auf seine unbestreitbare Kompetenz verweisen. Prodi liebte das Fernsehen nicht, dämonisierte und verweigerte es aber auch nicht. Es folgten Auftritte in Wahlsendungen und Talkshows, die seine eigenen Kommunikationsberater äußerst negativ beurteilten. Nichts entsprach den Regeln des Fernsehens - weder seine Mimik und Gestik noch die langen Sprechpausen. In seinen Wortmeldungen wandte er sich nur an die physisch anwesenden Personen und nicht an die Millionen Zuschauer vor den Bildschirmen. Seine Argumentationen waren viel zu langatmig, so als hätte er dafür den ganzen Nachmittag Zeit. Mit der Rhetorik eines Universitätsprofessors überforderte er oft den Durchschnittsbürger. Er war das absolute Gegenteil des Forza Italia-Chefs. In einem Leserbrief an eine große Tageszeitung beklagte er sich einmal, daß er im Fernsehen nur über Dini, D'Alema, Berlusconi, Fini und die anderen Politiker sprechen dürfe und kaum Gelegenheit habe über Schule, Jugend, Justiz, Pensionen, Arbeit und Reformen zu sprechen, jene Themen, die ihm und dem Land wirklich am Herzen liegen würden. Ihn störe auch dieser Zwang, um jeden Preis streiten zu müssen. Er meinte damit vor allem Berlusconis Kommunikations(un)kultur, der sein Gegenüber unterbrach, wann es ihm paßte, das Thema wechselte und sonst niemanden zu Wort kommen ließ. Bei der ersten TV-Konfrontation mit Prodi spielte er diesen beispiellos an die Wand.

Auch den Umgang mit Journalisten beherrschte Berlusconi besser. Prodi wurde von den Journalisten meist in ungelegenen Momenten „überrumpelt“. Nach Verhandlungen und Unterredungen trat er sichtlich ermüdet auf die Straße und wurde von Dutzenden Journalisten mit zahllosen Fragen bombardiert. Seine Antworten entsprachen diesen Rahmenbedingungen. Berlusconi führte hingegen eine Technik zur Perfektion, mit der er bereits 1994 begonnen hatte. Er machte sich rar und gab keine Interviews. Den ganzen Tag warteten die Journalisten auf eine Stellungnahme, dann am späten Nachmittag, nachdem er sich über die Ereignisses des Tages genau informiert und beraten hatte, bat er die Medien in seine Villa bei Arcore. Leger aber gut gekleidet erläuterte er in aller Ruhe auf seinem weißen Sofa im wunderschönen Wohnzimmer sitzend seine Standpunkte. Das Licht stimmte, der Ton paßte, es gab keine Nebengeräusche. Sah man in der abendlichen Nachrichtensendung beide Interviews hintereinander, konnte kein Zuschauer glauben, daß Prodi die Wahlen gewinnen würde. Berlusconi hatte sich auch im Argumentieren stark verbessert. Bei Sachfragen mußte er in seinem ersten Wahlkampf oft improvisieren und im Zweifelsfall darauf verweisen, daß er in seinem bisherigen Leben immer bewiesen habe, mit komplexen Problemen fertig zu werden. Nach zwei Jahren Politik kannte er alle Aspekte großer Sozial- und Wirtschaftsfragen.

Im Gegensatz zu seinem Gegner konnte sich Berlusconi diesmal aber nicht mehr mit dem Slogan des „neuen Produktes" verkaufen, mit dem er zwei Jahre zuvor so erfolgreich gewesen war. Viele sahen ihn jetzt nicht mehr als den Medientycoon, sondern als einen Politiker, den man viel zu oft im Fernsehen sah. Er wurde auf eine Ebene mit jenen Politikern gestellt, von denen er sich vor kurzer Zeit noch so stark unterschieden hatte. Hinzu kamen noch Probleme innerhalb von Forza Italia, die mittlerweile auch offiziell eine Partei und keine Bewegung mehr war - allerdings eine Partei ohne Parteivolk. In vielen Städten verfügten die Klubs nicht einmal über eigene Telefonnummern. Forza Italia und die meisten Kandidaten hatten deshalb kaum Profil. Um Stimmen zu erhalten, mußte Berlusconi das Rennen wieder alleine bestreiten. Er verfolgte dabei die klassische Kommunikationsstrategie der Delegitimierung Prodis. Dieser sei für das Amt des Ministerpräsidenten nicht geeignet, meinte er. Außerdem wurde auch der Antikommunismus wieder ausgegraben, mit dem die DC jahrzehntelang die Wahlen gewonnen hatte. Die Stimmung in der Bevölkerung hatte sich in den letzten Jahren allerdings grundlegend gewandelt.

Um möglichst viele Wähler zu gewinnen, erprobte Forza Italia eine neue Technik. Alle drei, vier Tage konzentrierte man sich auf ein neues Thema, wie z.B. Arbeitslosigkeit, Steuern, Pensionen oder Lohnnebenkosten. Man glaubte, auf diese Weise praktisch alle relevanten Gruppierungen in der Bevölkerung ansprechen zu können: die Arbeitslosen, die Kleinverdiener, die Senioren, die Unternehmer, die Katholiken etc. Roberto Grandi, Prodis Kommunikationsberater, sah einen Grund für das Scheitern dieses Kommunikationsmodells darin, daß diese Themen über das Fernsehen vermittelt wurden und die Audience mehr oder weniger immer die gleiche war. Für den Zuschauer mußten zwangsläufig Widersprüche in Berlusconis Argumentationen entstehen. Wie kann man es sowohl Arbeitslosen als auch Großunternehmern recht machen?[9] Berlusconi hätte erfolgreicher sein können, wenn er statt des Massenmediums Fernsehen für bestimmte Themen andere Kommunikationsformen gewählt hätte, um konkrete Bevölkerungsschichten anzusprechen.

TV-Duelle

Noch am 4. März mußte Prodi eine große Niederlage hinnehmen. Im Cinema Lux in Turin sollte er, wie auch der AN-Chef Gianfranco Fini, vor hunderten Unternehmern sprechen. Ob die Aktion vom politischen Gegner organisiert worden war, läßt sich zwar nicht mit Sicherheit sagen, Tatsache ist, daß Prodi, als er das Rednerpult betrat, fünf Minuten lang ausgepfiffen wurde und nicht das Wort ergreifen konnte, bis er resignierte und die Bühne verließ. Fini sah darin einen Beweis dafür, daß Prodi keine Leadership-Fähigkeiten besaß. Der März war für Prodi katastrophal. Die Kommentare zum Zwischenfall im Cinema Lux hielten für Wochen an. Als Regierungschef Lamberto Dini dann ebenfalls seinen Einstieg in den Wahlkampf auf der Seite des Mitte-Links-Blocks bekanntgab, wurde Prodis Führungsposition im Ulivo abermals in Frage gestellt. Am 23. und 24. März hielt der Ulivo eine *Convention* ab, zu dessen renommierten Rednern auch Umberto Eco zählte. Die Wahlveranstaltung war ein Erfolg, für den Prodi bei der ersten TV-Konfrontation allerdings einen hohen Preis zahlen mußte. Seit Monaten hatte er auf diesen Tag gewartet, die Müdigkeit des Wochenendes saß ihm bei der Diskussion allerdings noch in den Knochen. Das Publikum im Studio war ihm auch nicht wohlgesonnen. Berlusconi unterbrach ihn ständig und drängte ihn in die Ecke. Prodi versuchte sich in zaghaften Gegenangriffen. Berlusconi verliere durch den Börsengang der Mediaset nicht an Einfluß über seine Fernsehsender, kritisierte er. Dies wäre so, als würde man sagen: Agnelli hat nichts mit dem FIAT-Konzern zu tun, weil er keine Aktienmehrheit besitzt. Berlusconis Erfolgskarriere hielt er entgegen, daß wegen jedes neuen Hypermarktes viele kleine Unternehmen zusperren müßten. Berlusconi warf dem Ulivo im Gegenzug vor, ein *Jurassic Park* der Ersten Republik zu sein.[10] Die Konfrontation endete, wie sie enden mußte, der Favorit Berlusconi verließ als strahlender Sieger den Ring. Die Niederlage wurde zum heilsamen Schock für den Ulivo, der Polo wurde vielleicht dadurch etwas zu siegesgewiß. Wegen der großen Zahl an unentschlossenen Wählern war der Kampf noch nicht verloren. Der Ulivo begann, den Polo zu ignorieren und konsequent seinen eigenen Wahlkampf mit eigenen Themen zu führen. Gegen Ostern zeichnete sich bereits eine Wende ab. Ulivo und Lega, die beiden Außenseiter, legten in den Umfrage deutlich zu.

Ein weiteres TV-Duell zwischen Prodi, Berlusconi und den anderen Spitzenkandidaten stand bevor. Prodi zeigte sich zuversichtlich, schließlich werde nicht ein Schauspieler gewählt, sondern der richtige Mann, um Italien zu regieren. Wie Grandi berichtet, hatte man die Konsequenz aus der ersten Niederlage gezogen und jeden TV-Auftritt des Forza Italia-Chefs studiert. Dabei stellte sich heraus, daß dieser immer die gleiche Technik verwendete, um die Diskussion an sich zu reißen. Nur in der Sequenz gab es je nach Situation Variationen. In Hinblick auf die Fernsehdiskussion wurde für Berlusconis nun vorhersehbares Argumentationsmuster ein Gegenmuster entworfen, das auf dessen Schwächen abzielte. Ein Hauptpunkt sei dabei gewesen, so Grandi, das Publikum ernstzunehmen, was Prodis Natur und Art des Auftretens völlig entsprochen habe. Wichtig sei nicht sein Verhalten, sondern der Verlauf der Sendung als Ganzes gewesen.[11]

Während der Diskussion provozierte vor allem D´Alema Berlusconi, indem er ihm ständig widersprach. Berlusconi verließ seine sichere Position und begann, sich zu erregen. Millionen Fernsehzuschauer konnten erleben, wie er sichtlich ermüdete und alterte. D´Alema warf ihm ständig vor, keine Kommunikationskultur zu besitzen, intolerant und von einer demokratischen Kultur weit entfernt zu sein. Als sich Berlusconi abfällig über die Beamten äußerte, griff Prodi an und brachte ihn in schwere Bedrängnis. Berlusconis Zwischenrufe ignorierte er beharrlich. Der ehemalige IRI-Chef meinte auch, er habe eine Firma im Dienste des Landes saniert, Berlusconi habe hingegen das Land im Dienste seiner Firma regiert. Diese Aussage war, wie selbst Grandi zugibt, kaum haltbar.[12] Erstens genoß die IRI als staatlicher Koloß, der tausende Milliarden Lire verschlungen hatte, kein großes Ansehen in der Bevölkerung, und zweitens konnten Berlusconi für seine Zeit als Regierungschef auch nicht ernsthaft Maßnahmen zu Gunsten der Fininvest vorgeworfen werden. Berlusconi war allerdings bereits angeschlagen und verstand es diesmal nicht zu kontern. Prodi revanchierte sich an jenem Abend für die Niederlage bei der ersten Konfrontation. Der Aufwärtstrend für den Ulivo hielt an.

Am 18. April, drei Tage vor der Wahl, kam es zu einem weiteren Aufeinandertreffen der meisten Spitzenkandidaten in einer RAI-Sendung. Die Diskussion brachte nichts Neues: Prodi wirkte vor der Kamera mittlerweile sicherer, Berlusconi hatte auch kein As mehr im Ärmel. Am Tag darauf gab es dann das letzte TV-Duell zwischen Berlusconi und Prodi, diesmal auf Canale5 und unter der Diskussionsleitung von Enrico Mentana, dem sicherlich unabhängigsten und besten Journalisten der Berlusconi-Sender. Mentana räumte Prodis Beratern ein, sich vor der Sendung mit der Regie abzusprechen. Grandi bestätigte auch, daß die Kameraeinstellungen bis auf einige Details tatsächlich korrekt gewesen seien. Das Problem sei allerdings gewesen, daß „die Mikrofone, die Tische, das Personal und selbst Mentana Berlusconi gehörten“.[13] In der Diskussion hielt Berlusconi die Einheit des Polo der Uneinigkeit des Ulivo gegenüber, stellte Prodi als Marionette des PDS dar und versuchte sich neuerlich im Antikommunismus. Er stellte sich außerdem wieder als Opfer eines Komplotts der Justiz dar. Alle jene Versprechen, die er 1994 gegeben hatte, hätte er eingehalten, wäre er damals zum Regieren gekommen. Prodi bezeichnete Berlusconis Antikommunismus nach dem Fall der Berliner Mauer als haltlos. Er erinnerte auch wiederholt an dessen Medienmacht: „Ich habe sieben Geschwister und keine einzige Zeitung. Sie haben einen Bruder und vierzehn Periodika, mit denen sie uns bombardieren.“ Berlusconi meinte, der Ulivo würde im Falle eines Sieges auch *Rifondazione Comunista*, die Alt-Kommunisten, an der Regierung beteiligen. Prodi entgegnete, dies sein nur möglich, wenn der Parteichef der Rifondazione, Fausto Bertinotti, zuerst eine Pilgerfahrt nach Lourdes hinter sich bringe.[14] Die Diskussion brachte keinen eindeutigen Sieger, was bereits ein großer Erfolg für Prodi war. Am 20. April durfte im Fernsehen der Wahlkampf nicht mehr behandelt werden. Alles wartete auf den Urnengang und auf das Ergebnis, von dem man wußte, daß es knapp sein würde.

21. April 1996 - Italien hat die Telekratie überlebt

Der Wahltag brachte eine Sensation, die die gesamte Diskussion der letzten beiden Jahre über den Einfluß des Fernsehens auf die Demokratie in Frage stellte. In der Kammer erzielte der Ulivo 284 Sitze. Um die erforderliche Mehrheit von 316 Sitzen zu erzielen, war der Ulivo auf die 35 Abgeordneten der *Rifondazione Comunista* und auf fünf der sechs Vertreter autonomer Listen angewiesen, die dem Mitte-Links-Block nahestanden. Der Polo hatte 1994 mit den Lega-Abgeordneten immerhin auf eine satte Mehrheit von 366 Stimmen zählen können. Diesmal erzielte der Polo 246 und die Lega 59 Sitze.

Im Senat, wo eine Mandatsmehrheit von 158 Sitzen besteht, erreichte der Ulivo 157 und *Rifondazione Comunista* 10 Sitze. Außerdem konnte man auf die Unterstützung von sieben der zehn Senatoren auf Lebenszeit zählen. Autonome Listen waren mit drei Abgeordneten vertreten. Der Polo konnte 116 Senatoren, die Splittergruppe *Fiamma Tricolore* der ehemaligen Neo-Faschisten wie auch die Liste Panella-Sgarbi jeweils einen Vertreter stellen. Die Lega kam auf 27 Senatoren. Der Polo hatte 1994 mit 155 Sitzen die Mehrheit knapp verfehlt und war damals auf die Unterstützung der Senatoren auf Lebenszeit angewiesen.

Stärkste Einzelpartei wurde der PDS mit 21,1 Prozent vor Forza Italia mit 20,6 Prozent. Alleanza Nazionale lag mit 15,7 Prozent deutlich hinter den Vorhersagen der Meinungsumfragen. Die Lega erzielte mit landesweit 10,2 Prozent ein hervorragendes Ergebnis. Rifondazione kam auf 8,6 und der PPI auf 6,8 Prozent. Die Walbeteiligung lag mit 82,7 Prozent unter jener von 1994, als sie 86 Prozent betrug.

Die Börsenkurse schnellten am Tag nach der Wahl in die Höhe, die Lira erreichte fabelhafte Wechselkurse. Niemals zuvor war der Sieg einer von einer postkommunistischen Partei dominierten Koalition von der europäischen Wirtschaft so freudig aufgenommen worden. Das 13. Nachkriegsparlament wählte am 31. Mai Italiens 55. Nachkriegsregierung.

„Die Italiener haben nach Jahren der Fernsehsucht das TV-Gerät ausgeschaltet", schrieb der italienische Politologe Angelo Bolaffi nach Prodis Wahlsieg im „Spiegel". Berlusconi sei zwei Jahre zuvor nur eine „verführerische Fata Morgana" gewesen.[15] Nach Prodis überraschendem Wahlsieg wurden, wie zwei Jahre zuvor, voreilig Schlußfolgerungen gezogen. Hatte man 1994 die Telekratie, die allumspannende Macht des Fernsehens, ausgerufen, so trug man sie jetzt bereits wieder zu Grabe. Das Fernsehen sei an seine Grenzen gestoßen. Man bedürfe nicht mehr des Fernsehens, um Wahlen zu gewinnen. Prodi habe die Wahlen ohne Fernsehen mit Hilfe seines Autobusses gewonnen, hieß es. Journalisten und Intellektuelle begingen den selben Fehler wie zwei Jahre zuvor: Sie verallgemeinerten. Davon aber später...

Regierung Prodi - Zurück nach Europa

Prodis Stellvertreter wurde erwartungsgemäß der ehemalige Chefredakteur der *Unitá,* Walter Veltroni vom PDS. Lamberto Dini wurde Außenminister. Der ehemalige Premier und Banca d´ Italia-Chef Azeglio Ciampi übernahm das Haushaltsministerium. Antonio Di Pietro wurde als Saubermann mit dem für Korruption berüchtigten Ministerium für öffentliche Arbeiten betraut. Auf der Regierungsliste fanden sich noch andere bekannte Namen, jenen von Umberto Eco suchte man allerdings vergeblich. Viele hatten fest mit seiner Ernennung zum Wissenschaftsminister gerechnet, die Verhandlungen innerhalb des Bündnisses hatten sich allerdings schwierig gestaltet, denn der PDS wollte anfangs für seinen Wahlsieg mit der Hälfte der Ministerien belohnt werden, und so ging Eco leer aus. Kammerpräsident wurde der Mafiaexperte Luciano Violante vom PDS, Senatspräsident wurde der PPI-Politiker Nicola Mancino. Eines der beiden Ämter hätte traditionell der Opposition überlassen werden sollen, da der Polo aber völlig autonom über den Kandidaten entscheiden wollte, was der Ulivo nicht akzeptierte, verzichtete der Polo auf das Amt.

Die erste Hürde für die Regierung Prodi war der im Juli vom Parlament gebilligte Drei-Jahres-Plan zur Sanierung der Staatsfinanzen. Italien sollte damit wieder in das europäische Wechselkurssystem zurückgeführt werden, um die Maastricht-Kriterien für die geplante Währungsunion erreichen zu können.

Der Garante

Zu einer der ersten wichtigen Entscheidungen der beiden Parlamentspräsidenten zählte die Bestellung des neuen Garanten für das Verlags- und Rundfunkwesen. Giuseppe Santaniello hatte das Amt für neun Jahre innegehabt. Die Rizzoli-Gemina-Aktion fiel genauso in seine Amtszeit wie die *legge Mammì*, die ihm neben dem Verlagsbereich auch die Kontrolle über den Rundfunk übertrug. Die letzten Jahre standen im Zeichen der Wahlkämpfe, deren Berichterstattung 1993 erstmals gesetzlich geregelt worden war. Wegen der *par condicio* war es 1995 zu heftigen Auseinandersetzungen zwischen Santaniello und der Fininvest gekommen. Der Garant verhängte damals wegen Verstoßes gegen die Richtlinien eine Geldstrafe von mehr als einer Milliarde Lire und drohte sogar mit der Verdunkelung von *Rete4*. In all den Jahren hatte Santaniello immer das Fehlen von großen Befugnissen beklagt, um die Richtlinien auch tatsächlich durchsetzen zu können.

Zum neuen Garanten wurde der 65-jährige ehemalige Präsident des Verfassungsgerichtes, Francesco Paolo Casavola, ernannt, der dem katholischen Lager nahesteht. Bei seiner Antrittsrede 1992 als Präsident des Verfassungsgerichtes hatte sich Casavola auch an die anwesenden Journalisten gewandt und erklärt, daß - wie in den ersten Verfassungen vom Ende des 17. Jahrhunderts stehe - es nicht genüge, die Freiheit der Presse zu garantieren, sondern, daß es ohne freie Presse keine Regierung der Freiheit geben könne. Die Journalisten seien deshalb Wächter aller Formen der Macht im Staat.[16] Zu seiner Ernennung zum Garanten meinte er, daß er dazu beitragen wolle, Information in Kommunikation zu verwandeln.[17]

Die RAI

Wenige Tag vor den Parlamentswahlen war die RAI-Präsidentin Letizia Moratti, die von der Regierung Berlusconi eingesetzt worden war, zurückgetreten, da sie eine Beschneidung der öffentlich-rechtlichen Rundfunkanstalt befürchtete und ein „feindseliges politisches Klima gegenüber der RAI" witterte.[18] Moratti hatte durch eine vorsichtige Kommerzialisierung die schwer verschuldete RAI wirtschaftlich wieder auf den Weg aus den roten Zahlen gebracht. Am Tag ihres Rücktrittes gab auch Eugenio Scalferi, eine der Legenden des italienischen Journalismus, seinen Rückzug in das Privatleben bekannt. Der 73jährige Scalferi, seit 20 Jahren Herausgeber der *Repubblica*, übergab die Führung seiner Zeitung dem *Stampa*-Journalisten Ezio Mauro.

Giuseppe Morello übernahm provisorisch die Führung der RAI. Nach gewonnener Wahl wurden im Ulivo Stimmen laut, die sofort mit der noch von Berlusconi eingesetzten RAI-Führung abrechnen wollten. Tatsächlich wurde bereits nach wenigen Wochen der neue Aufsichtsrat bestellt, der aus Intellektuellen des Mitte-Links-Bündnisses gebildet wurde. „Katholinke", nach Auffassung der Opposition, die einzig nach politischen Kriterien ausgewählt worden seien, wie in den besten Jahren der *partitocrazia*.[19] Tatsächlich warf diese Entscheidung kein gutes Licht auf den Ulivo, der versprochen hatte, alles anders zu machen und Entscheidungen nur im Dienste des Landes zu fällen. Im Aufsichtsrat fanden sich zwar klingende Namen, wie jener des Literaten Enzo Siciliano, der RAI-Präsident wurde, und jener der Regisseurin Liliana Cavani. Allerdings war kein einziger „Technokrat" und Experte darunter, der wußte, wie ein moderner öffentlich-rechtlicher Rundfunk tatsächlich funktioniert. Umberto Eco soll zwar auch diesmal im Gespräch gewesen sein, aber dankend abgelehnt haben. Kritik an den Ernennungen kam von allen Seiten, so auch aus dem eigenen Lager, die allerdings weitgehend verstummte, als Franco Iseppi zum neuen Generaldirektor der RAI ernannt wurde. Der 57jährige Manager arbeitet seit 26 Jahren in der RAI und kennt jeden Aspekt der Rundfunkanstalt und hat eine Vorliebe für schöngeistige Themen wie „Qualität" und „Kommunikationsrevolution". Dem neuen Aufsichtsrat hatte er sogleich ein Weißbuch vorgelegt, in dem die RAI bis ins kleinste Detail durchleuchtet wurde. Nach seiner Ernennung kündigte er sofort an, den Wasserkopf, die RAI-Führung, stark zu verkleinern. Statt der Organisation nach Sendern, die jeder mehr oder weniger ein eigenes Leben führen, soll das Fernsehen „horizontal", nach Sendezeiten, organisiert werden. Iseppi gilt zwar als überzeugter Katholik und Konservativer, der allerdings mit allen reden kann. Sollte er tatsächlich freie Hand bekommen, könnte er den Riesen RAI tatsächlich gesunden.

Von der Legge Mammì zur Legge Maccanico

Für Aufsehen sorgte ein Gesetzesentwurf von Postminister Antonio Maccanico und Vizepremier Walter Veltroni, der in Grundzügen bereits in der letzten Legislaturperiode von der von Giorgio Napolitano geleiteten Parlamentskommission ausgearbeitet worden war und einen starken Eingriff auf die bestehende Fernsehlandschaft darstellt.

Demnach soll *RAI3* in einen Regionalkanal umgewandelt werden. Für diesen Kanal würden 50 Prozent der Rundfunkgebühren aufgewendet werden, Werbung wäre untersagt. Die RAI könnte sich für diesen Sender allerdings Partner, so z.B. die Regionalregierungen, suchen. Experten bezweifeln die Durchführbarkeit, da die RAI-Holding, der RAI1 und RAI2 angehören würden, nicht auf die Hälfte der Rundfunkgebühren verzichten könne. Gleichzeitig könne RAI3 damit auch nicht überleben. RAI3 würde stark an Qualität einbüßen und von den Regionalregierungen wirtschaftlich und politisch noch stärker abhängig sein.

Auch die Mediaset muß laut Maccanico Haare lassen. Einer der drei Sender sollte verkauft oder in einen Kabel- bzw. Satellitenkanal umgewandelt werden. Da alle drei Mediaset-Sender bereits über Satellit empfangbar sind, gilt als wahrscheinlich, daß Rete4 Ende August 1997 die terrestrische Ausstrahlung einstellt. Dadurch könnte sich ein neues gewinnbringendes Geschäft entwickeln, da es in Italien noch wenig Satellitenhaushalte gibt, und Berlusconi der Kirch-Gruppe nahesteht, die gerade den digitalen Satellitenmarkt erobert. Künftig wird - so der Gesetzesentwurf - eine Anstalt nicht mehr als 20 Prozent der Frequenzen und nicht mehr als 30 Prozent des Fernsehmarktes (20 Prozent, wenn die Anstalt auch im Verlagswesen aktiv ist) kontrollieren dürfen. In der Übergangsphase, bis die neuen Richtlinien in Kraft treten, soll die Werbung um zwei Prozent pro Kanal oder um ein Drittel auf einen Kanal reduziert werden. Die Konzernführung der Fininvest-Mediaset lief gegen diesen Vorschlag Sturm, die neuen Bestimmungen würden einen Jahresverlust zwischen 750 und 1.000 Milliarden Lire darstellen. Man witterte hinter diesem Vorhaben den Versuch, Berlusconi zu benachteiligen.[20] Dieser Gesetzesentwurf sei „wirtschaftlicher Vandalismus", der sich dezidiert gegen die Mediaset richte.[21] Der verantwortliche Staatssekretär hielt dem entgegen, daß in keinem Land der Welt ein Monopolist mit Antitrustbestimmungen einverstanden sei. Die Verlustrechnung sei ebenfalls übertrieben. Entschieden von Nachteil für die Fininvest war, daß der Gesetzesentwurf wenige Tage nach dem Börsengang der Mediaset publik wurde und die Aktien deshalb gehörig ins Schwanken gerieten.

Nur auf den ersten Blick stellt der Gesetzesentwurf allerdings einen großen Schaden für Berlusconi dar. Die Fininvest-Mediaset wird, sollte das Gesetz vom Parlament angenommen werden, keinen Sender einbüßen und kann künftig wieder am Zeitungs- und Pay TV-Markt aktiv werden. Die RAI wird wieder mehr Anstalt mit öffentlich-rechtlichem Auftrag, der aufreibende Konkurrenzkampf wird daher nachlassen. Außerdem kann sich die Mediaset um das dritte GSM-Mobiltelfon-Netz in Italien bewerben. Durch eine Kooperation mit der British Telecom und mit den zahllosen TV-Sendeanlagen, die die GSM-Transponder beherbergen könnten, hat sie sogar gute Chancen den Zuschlag zu bekommen. Außerdem wird die politische Opposition die Hälfte der Mitglieder der neu zu gründenden Authority stellen, die ein mächtiges Entscheidungs- und Kontrollorgan für das Medienwesen werden soll. Sie wird nicht nur für die bald fällige Neuverteilung der Frequenzen zuständig sein, sondern auch Kompetenzen des Garanten übernehmen. Antitrust, *par condicio* und Verteilung der Werbemittel können von Forza Italia-Parlamentariern deshalb mitbestimmt werden. Sollte es im neuen Frequenzplan 15 statt der bisher 12 landesweiten Fernsehnetworks geben, dann müßte Rete4 nicht einmal den Äther verlassen. Der vom Verfassungsgericht festgeschriebene Termin für die Reorganisation der Medienlandschaft ist im weiteren um ein ganzes Jahr auf August 1997 verlängert worden. Der Interessenskonflikt des Medientycoons und Politikers Berlusconi ist ebenfalls ein für alle Mal vom Tisch. Der Gesetzesentwurf enthält keinerlei Bestimmungen oder Einschränkungen in diese Richtung.

Aufschlußreich waren in diesem Zusammenhang die Reaktionen des Fininvest- und Mediaset-Präsidenten Fedele Confalonieri. Nach einer ersten Lektüre der *Legge Maccanico* zeigte er sich gemäßigt. Er bezweifelte die Rechtmäßigkeit einiger Details, bezeichnete den Entwurf aber, keineswegs negativ, als halbvolles bzw. halbleeres Glas. Es wird erzählt, daß Confalonieri daraufhin von Berlusconi, der offiziell nichts mehr mit der Fininvest-Leitung zu tun hat, beschimpft worden sei, „wie es nur unter Freunden möglich“[22] sei. Am nächsten Tag trat der Präsident der Fininvest-Mediaset (Fedele Confalonieri, nicht Silvio Berlusconi!) wieder vor die Journalisten und erklärte, man habe in jenem Glas nur Gift gefunden. Er erinnerte auch an das Fernsehreferendum von 1995, bei dem sich 57 Prozent der Italiener für den Status quo ausgesprochen hätten. Kritik am Entwurf kam auch von den Zeitungsverlegern. Abermals sei nur das Fernsehen behandelt und auf die Probleme der Presse vergessen worden.

Wie es scheint, kann auch die neue Regierung Italien nicht Stabilität verleihen. Bereits nach wenigen Wochen wurden von vielen Seiten Zweifel an Prodis Führungsstärke laut. *Rifondazione Comunista* nützt ihre Rolle als Zünglein an der Waage geschickt und beeinflußt die Regierungslinie maßgebend, ohne Teil der Regierung zu sein. Prodi war es im Wahlkampf gelungen, dem Ulivo ein einheitliches und gemäßigtes Image zu verleihen. Innerhalb des Bündnisses leidet er nun aber unter der Tatsache, daß er persönlich keine starke Partei hinter sich weiß, sondern als unabhängiger Spitzenkandidat mit den Stimmen des PDS die Wahlen gewonnen hat und deshalb praktisch kein politisches Gewicht besitzt. Auch die klingenden Namen auf der Regierungsbank können die von ihnen erwarteten Reformen nicht umsetzen, weil sich der Ulivo, wie alle anderen Koalitionen zuvor, im klassischen internen Kampf um Macht und Posten verstrickt hat. Ein abermaliger Machtwechsel ist mittelfristig nicht ausgeschlossen. Das Gespenst der Telekratie muß aber in der Form, wie es 1994 erschienen war, nicht mehr gefürchtet werden.

Anmerkungen:

1 APA-Meldung 501 5 AA 0419, 23.4.1996.
2 APA-Meldung 574 5 AA 0418, 21.2.1996.
3 APA-Meldung 046 5 WA 057, 2.4.1995.
4 BRUGGER, Oktavia: Rom: Neuwahlen rücken in die Ferne. In: Die Presse. 21.7.1995. S.4.
5 MALAGUTTI, Vittorio: Il Cavaliere va all´incasso. In: Corriere della Sera. 15.4.1995. S.19.
6 GRANDI, Roberto. Prodi. Una campagna lunga un anno. Mailand, 1996. S.21.
7 BERSELLI, Edmondo: Democrazia elettronica. Fa bene o male alla politica? In: Panorama. 25.4.1996. S.143.
8 ANSELMO, Mauro: „Incredibile, abbiamo perso vincendo...“. a.a.O.
9 GRANDI, Roberto: Prodi. a.a.O. S.53.
10 GRANDI, Roberto: Prodi. a.a.O. S.80.
11 GRANDI, Roberto: Prodi. a.a.O. S.87f.
12 GRANDI, Roberto: Prodi. a.a.O. S.93.
13 GRANDI, Roberto: Prodi. a.a.O. S.108f.
14 APA-Meldung 687 5 AA 0161, 19.4.1996.
15 BOLAFFI, Angelo: Ende der Fata Morgana. In: Der Spiegel. 18/1996. S.162.
16 ANSA-Meldung WIN 10143, 8.7.1996.
17 ANSA-Meldung YNA 10042, 8.7.1996.
18 APA-Meldung 010 5 AA 0452, 15.4.1996.
19 ANSA-Meldung YT 020053, 9.7.1996.
20 APA-Meldung 154 5 AA 0294, 17.7.1996.
21 ANSA-Meldung YMI 20145, 16.7.1996.
22 STELLA, Gian Antonio: Dell´Utri: „Tutta colpa dei cattocomunisti, per loro siamo come gli ebrei.“ In: Corriere della Sera. 20.7.1996. S.8.

VI. Was bleibt von der Telekratie?

„Italien ist das Labor
der Moderne für ganz Europa."
Paul Virilio[1]

Als Berlusconi 1994 zum Ministerpräsidenten gewählt wurde, fragten besorgte Stimmen, ob auch in anderen europäischen Ländern ähnliches passieren könnte. War Italien der Vorbote für eine unaufhaltsame Entwicklung? War Italien ein „Labortest"? Paul Virilio war sich dessen sicher. Italien habe in der europäischen Geschichte und Kultur immer eine Vorreiterrolle eingenommen. Virilios Aussage kann allerdings relativiert werden. Sowohl die politische als auch die Medienlandschaft unterscheiden sich grundsätzlich von denen anderer westlicher Demokratien. Obwohl Europa relativ klein ist, gibt es zahllose gesellschaftliche und kulturelle Unterschiede zwischen den einzelnen Ländern. Man vergleiche nur die Zeitungslesekultur in Italien, Österreich, Deutschland und der Schweiz! Jedes Land hat seine Tradition.

Die Ereignisse, die 1994 in Italien zu beobachten waren, sollen nicht bagatellisiert werden, keineswegs. Dennoch soll man mit Verallgemeinerungen vorsichtig sein. Ein Laborversuch kann nie Auskunft darüber geben, ob das Experiment unter anderen Rahmenbedingungen auch funktioniert. Berlusconi und Forza Italia haben zweifellos einen Trend aufgezeigt, der in verschieden starker Ausprägung auch in den anderen Ländern Westeuropas zu beobachten ist. Ganz Europa hat in den letzten Jahren die durch die Mediatisierung der Politik hervorgerufenen Veränderungen bereits erleben können. Der telegene Populist ist keine italienische Erfindung. Was war aber ausschlaggebend dafür, daß Italien nun diese Sonderstellung einnimmt?

1994 - Ein Sonderfall der politischen Kommunikation

1994 fehlte es nicht an gesellschaftskritischen Stellungnahmen zum italienischen Wahlkampf, aus dem Berlusconi als Sieger hervorgegangen war. Der Neopolitiker war im Frühjahr 1994 auf den Titelblättern der größten Nachrichtenmagazine Europas und Amerikas zu finden. Die französischen Philosophen äußerten sich besonders ausführlich zum „Phänomen Berlusconi". In der Diskussion vermißte man allerdings jede empirische Absicherung zu den aufgestellten Hypothesen. Welchen Einfluß hatte das Fernsehen nun tatsächlich auf die Wahlentscheidung der Italiener? Favorisierte die Fininvest wirklich Berlusconi und die RAI die Progressisten? Wenn ja, welcher Techniken bedienten sich die Programmacher, um ihr politisches Ziel zu erreichen? Welche Rolle spielte die Presse in diesem Telewahlkampf? Und wieso war 1996 dann wieder alles anders?

Die italienische Kommunikations- und Politikwissenschaft verfolgte den Wahlkampf mit großer Aufmerksamkeit.[2] Die Wissenschaftler wußten um die Einzigartigkeit dieses Ereignisses, und bereits kurze Zeit nach den Wahlen gab es die ersten empirischen Befunde, und die zentrale Frage war beantwortet: *Das Fernsehen hat den Wahlausgang entscheidend beeinflußt.*

RAI und Fininvest als „Parteisender"

Die vom Turiner Soziologen Luca Ricolfi[3] durchgeführte Analyse der Wählerstruktur und der TV-Sehgewohnheiten im Wahlkampf '94 ließ überaus deutliche Parallelen erkennen:

Wähler des Linksbündnisses der Progressisten (v.a. PDS) sehen durchschnittlich sehr wenig fern. Dies begründet sich damit, daß sie oft eine überdurchschnittlich hohe bzw. niedrige Schulbildung haben und mehrheitlich aus relativ niedrigen sozialen Schichten kommen. Das italienische Fernsehen mit seinen konsumverherrlichenden *soap operas* spricht aber vor allem die Mittelschicht an. A-Schicht-Rezipienten empfinden das Programm als banal. Die Unterschicht fühlt sich von dieser glitzernden Scheinwelt, an der sie nie teilhaben wird können, nur wenig angezogen. Die Mittelschicht ist davon hingegen nur einen Schritt entfernt und träumt davon, einmal zu sein wie diese schönen, reichen Menschen in den Endlos-Serien.

Die *Wähler des (mittlerweile verschollenen) PSI* konsumieren hingegen fast ausschließlich Fininvest-Programme. Der PSI ist die politische „Heimat" Berlusconis, da die Partei unter dem damaligen Vorsitzenden, Bettino Craxi, den Expansionsbestrebungen des Medientycoons wohlgesonnen war. Diese gute Beziehung zwischen PSI und Berlusconi dürfte auch 1994 noch funktioniert haben. Ideologisch steht der PSI einer Wirtschaftspartei der Aufsteiger näher als der Sozialdemokratie. Diese Aufsteiger, die fast ausschließlich im Norden leben, sind die Zielgruppe der Fininvest-Sender. Sie haben Geld, aber oft keine gehobene Ausbildung. Ihnen gefällt der Kitsch der Berlusconi-Programme. Da die Daten sehr nahe an der Fünf-Prozent-Schwelle der Repräsentativität liegen, hat dieses Ergebnis dennoch nur beschränkte Gültigkeit.

Die *Wähler der Zentrumsparteien, die 1994 kandidierten* (PPI, Segnis Patto per l´ Italia und PRI), schalten hingegen nur sehr selten auf Berlusconis TV-Sender. Sie sind dem öffentlich-rechtlichen Fernsehen treu. Sie sind meist Beamte, und in ihrer Rolle als typische konservative Familienmenschen fühlen sie sich „vom kommerziellen Fernsehen und dem Konsumismus abgestoßen". Aufgrund ihrer Weltanschauung stehen sie einem „asketischen", genügsameren Lebensstil näher.

Forza Italia, der CCD, und die Lista Pannella sprechen vor allem Wähler an, die fast ausschließlich Fininvest- und praktisch keine RAI-Programme sehen. Ihre Bildung ist etwas höher als die der PSI-Wähler, sie haben aber den gleichen konsumorientierten Lebensstil. Das kommerzielle Fernsehen wird „für sie" gemacht. Die Fininvest-Sender sind deshalb tatsächlich die „Partei-Sender" von Forza Italia.

Die *Wähler von Alleanza Nazionale und Lega* bevorzugen die RAI. Ihre Ideologien sind von (Lokal-)Patriotismus und Konservatismus geprägt. Die starke Tendenz zur Amerikanisierung und zum Werteverlust der Fernsehsender Berlusconis stößt sie daher ab. Die RAI präsentiert sich für sie hingegen als typisch italienischer Sender. AN- und Lega-Wähler haben mehrheitlich eine niedrige Ausbildung, sind in Privatfirmen angestellt und wohnen in Kleinstädten.

Das Fernsehen hat die Wahlen entschieden

Wieviele Stimmen wurden 1994 nun durch das Fernsehen verschoben? Ricolfi gibt für die RAI einen Wert von 4,8 Prozent und für die Fininvest sogar 13,7 Prozent an. Da es aber kaum Haushalte gibt, in denen ausschließlich RAI bzw. Fininvest gesehen wird, gleicht sich dieser Wert aus. Etwas weniger als 10 Prozent der Stimmen wurden nach Ricolfis Untersuchungen durch die Berichterstattung im Fernsehen verschoben, d.h. rund 4 Millionen. In der Summe gab es nur zwei „Gewinner", Forza Italia mit Verbündeten, sowie - sehr überraschend - der sozialistische PSI.*

Die Studie betont allerdings, daß diese starke Fluktuation ungewöhnlich und in der Geschichte Italiens einzigartig ist. Der Sturz der alten politischen Kaste, das neue Wahlsystem, das Auftreten von Parteien unter neuem Namen und die Kandidatur einer gänzlich neuen Partei werden als Begründungen angeführt. Bemerkenswert ist auch der starke Wechsel der Parteipräferenz während des Wahlkampfes. Zwischen Anfang Februar und den Wahlen Ende März `94 blieben nur 62 Prozent ihrer Entscheidung treu und wählten die Partei, die sie schon zu Beginn des Wahlkampfes wählen wollten. 38 Prozent gaben ihre Stimme einer anderen Partei. Die Hälfte dieser unentschlossenen Wähler wechselte sogar das Wahlbündnis, d.h. zwischen Progressisten, Zentrum und Pol der Freiheit. Mehr als ein Drittel aller Wähler änderte demnach in den letzten Wochen noch die Präferenz.[4]

Die RAI hat der Studie nach nur mäßig auf die Wahlentscheidung eingewirkt. Lega und AN hat sie in dem Maße „geholfen", in dem sie Wähler von Forza Italia abgezogen hat. Das

---

* s. Tabelle 2 im Anhang

Kräfteverhältnis zwischen den Polen ist demnach unverändert geblieben. Durch die Berichterstattung des öffentlich-rechtlichen Fernsehens wurde allerdings innerhalb des Pols der Freiheit der Vorsprung von Forza Italia minimiert. Die RAI hat sonst allen Parteien Stimmen gekostet. Nur das Zentrum wurde etwas gestärkt. Die Fininvest-Sender spielten im Entscheidungsprozeß hingegen eine wesentlich größere Rolle. Ihre Berichterstattung hat allen Parteien erheblich geschadet, sogar den Verbündeten. Dem PSI kam ein kleiner „Freundschaftsdienst" zugute. Forza Italia wurde mit 12,7 Prozent Wählerverschiebung massiv unterstützt.

Zusammenfassend kann man sagen, daß der Rundfunk der Linken 5 Prozent und dem Zentrum 3 Prozent gekostet, der Rechten hingegen 8 Prozent gebracht hat. Das bedeutet, daß die Wahl ohne Fernsehen anders ausgegangen wäre. Ricolfi bemüht sich in seiner Studie um eine vorsichtige Einschätzung, wie die Wahlen `94 hätten ausgehen können: „Was wir tatsächlich mit unserer Studie mit nötiger Sicherheit feststellen können, ist, daß das Fernsehen das Ergebnis beeinflußt hat, und daß das Ausmaß dieses Einflusses so groß war, daß es den Ausgang bestimmt hat. Eine Simulation von Wahlkreis zu Wahlkreis zeigt unmißverständlich, daß - ohne die Verschiebungen, die dem Fernsehen zugerechnet werden können - das Parlament heute eine völlig andere Zusammensetzung hätte. Nach der vorsichtigsten aller Hypothesen wäre der Partito Popolare das Zünglein an der Waage. Nach der wahrscheinlichsten Hypothese hätte die Linke die absolute Mehrheit der Sitze."[5]

Nach den Wahlen machte die Linke Berlusconis Medienimperium für die Wahlniederlage verantwortlich. Die Vertreter von Forza Italia versuchten hingegen, den Einfluß des Fernsehens zu minimieren und stellten den Wähler als unbeeinflußbar dar. Die Wahrheit liegt, so Ricolfi, bei keinem der beiden Lager. Die Linke war „unfähig, das Fernsehen zu nutzen". Die Rechte wußte hingegen, daß es wichtig war, in den Medien präsent zu sein, ob positiv oder negativ, war von sekundärer Bedeutung.

Verschiedene Formen der Parteinahme

Eine andere Untersuchung stammt vom Osservatorio di Pavia. Analysiert wurden alle TV-Sendungen, in denen politische Inhalte transportiert wurden, d.h. Nachrichtensendungen, Diskussionen, Talkshows, Spots, Wahlsendungen, aber auch satirische Programme. Analysiert wurde die Ausgewogenheit in der Berichterstattung:[6]

Bei einer Reihung der Sender nach ihrer Ausgewogenheit müßten *RAI 1* und *RAI 2* an erster Stelle genannt werden. Überraschenderweise findet sich am nächsten Platz bereits Berlusconis *Canale 5*. Es wurde bereits mehrfach auf Mentanas scheinbar unabhängige Nachrichtensendung eingegangen, diese Studie dürfte seine Objektivität in der Berichterstattung belegen. *Canale 5* folgen *RAI 3* und *TMC*, die wiederum wesentlich ausgewogener berichteten als *Rete 4* und *Italia 1*. Sie bilden unverkennbar das „Schlußlicht" in dieser Reihung.

Würde man die Ausgewogenheit der Berichterstattung auf einer 100-Punkte-Skala darstellen (0 als massiv negativ und 100 als massiv positiv), dann käme die Fininvest für die letzten vier Tage vor der Wahl in ihrer Berichterstattung über Forza Italia auf einen Wert von 80 (!). Für die 30 Tage des offiziellen Wahlkampfes wäre es ein Wert von 70.

Eine Analyse der Zeit, die den einzelnen Parteien gewidmet wurde, kommt zu einem ebenso deutlichen Ergebnis. Die Fininvest schenkte Forza Italia mit 20% fast doppelt so viel Zeit wie dem PDS (10,3%). Alle anderen Parteien bekamen noch weniger Zeit zur Verfügung gestellt: AN 7,9%, Lega 8,3%, Rete und Rifondazione 6,3% etc.

Besonders deutlich war die Parteinahme der Fininvest für Forza Italia in den Nachrichtensendungen. Auf *Rete 4* bekam Forza Italia 68,4% der Zeit mit einem Wert von 77. Der PDS mußte sich hingegen mit 9,3% der Zeit und einem Wert von 35 zufriedengeben. *Italia 1* berichtete 52,8% der Zeit über Forza Italia mit einem Wert von 75. Der PDS wieder weit abgeschlagen: 11,6% mit einem Wert von 32. Ein Vergleich mit dem „tendenziösen" RAI-Sender, *RAI 3*, zeigt die massive Parteinahme der Fininvest für ihren Herren: Forza Italia lag bei *RAI 3* mit 22% der Zeit und einem Wert von 47 praktisch gleichauf mit dem PDS, der 21,7% der Zeit mit einem Wert von 59 zu Wort kam.

Das Zentrum war der klare Verlierer. Auf allen sieben analysierten Networks bekam es nur 19,4% der Zeit zugesprochen. Dies ist gerade dreimal mehr als über die Radikalen, eine politisch bedeutungslose Kleinpartei, berichtet wurde. *RAI 1* war aus Tradition dem Zentrum wohlgesonnen (28,3%), Es folgte *TMC* (26,8%), *RAI 3* (22,2%), *RAI 2* (21,1%) *Canale 5* (20,4%), *Italia 1* (11,7%) und *Rete 4* (11,6%). Die RAI verstärkte gegen Ende des Wahlkampfes die Berichterstattung über das Zentrum. Die Fininvest berichtete gleichmäßig (wenig) über Segni, Martinazzoli und ihre Parteien.

Die detaillierteste Studie führte die römische Universität La Sapienza durch.[7] Es wurden politische Sendungen der RAI und Fininvest, vor allem die Talkshows untersucht. Ausgeschlossen wurden Nachrichtensendungen.[8] Ein Trend, den schon die anderen Studien attestiert hatten: Progressisten und Pol der Freiheit kamen gemeinsam auf beinahe 80 Prozent der Berichterstattungszeit im Fernsehen. Das Zentrum hatte hingegen nur 15 Prozent zur Verfügung.

Wie Rositi belegt auch Morcellini, daß in der Endphase des Wahlkampfes die tendenziöse Berichterstattung stark zunahm, v.a. wieder bei der Fininvest. Schenkte die RAI den Progressisten auch in der Schlußphase nicht mehr Zeit, so zog ihnen die Fininvest 15,1 Prozent der Zeit ab und berichtete 15,9 Prozent der Zeit mehr über den Pol der Freiheit, der bei der

RAI ein Minus von 3,2 hinnehmen mußte. Die RAI versuchte das Zentrum noch zu fördern, die Fininvest reduzierte allerdings auch hier das Zeitbudget.*

Unübersehbar ist die Parteinahme der Fininvest für Berlusconi. Auch die Unterstützung für den Radikalen Marco Pannella ist deutlich zu erkennen. Die RAI scheint hingegen sehr ausgewogen berichtet zu haben. Beiden Fernsehanstalten ist die Tendenz zur Bipolarität vorzuwerfen. Der Wahlkampf wurde auf Links gegen Rechts reduziert, auf das Zentrum wurde „vergessen".

Die Wahlkampfforschung spricht von einer zunehmenden Personalisierung der Politik. Diese Studie belegt auch diesen Trend. Gewinner waren jene Parteien, die ihr ganzes Erscheinungsbild auf eine Person zentrierten.* Sowohl Berlusconi als auch Pannella stehen an der Spitze von Ein-Mann-Parteien: Sie *sind* die Partei. Auch Fini steht einer hierarchisch strukturierten Partei vor. Das schlechte Abschneiden von Bossi begründet sich damit, daß keine der beiden TV-Anstalten Interesse hatte, ihn zu fördern. Die Lega muß seit jeher ohne die Unterstützung des Fernsehens auskommen. Occhetto setzte auf eine andere Form der Personalisierung, indem die Aufmerksamkeit auch auf andere PDS-Kandidaten verteilt wurde. Segni war noch kurz vor den Wahlen der große Hoffnungsträger der politischen Mitte. Auch er zentrierte die ganze Bewegung in seiner Person und hätte damit sehr erfolgreich sein können. Ein politischer Zick-Zack-Kurs und ein *over-coverage* in den Monaten vor den Wahlen machten ihn allerdings in der entscheidenden Schlußphase für das Fernsehen uninteressant. Was er in den Diskussionen sagte, hatten die Italiener bereits ein Jahr zuvor von ihm gehört. Berlusconi war hingegen noch „unverbraucht".

Wieso erlebten wir 1994 in Italien einen Telewahlkampf? Lag es an der Person Silvio Berlusconis und seinem Medienimperium? Paolo Mancini und Gianpietro Mazzoleni suchten in ihrer Studie nach Antworten auf diese Fragen.[9] Die Massenkommunikation ist zum elementaren Teil der Politik geworden. Politik stellt sich heute fast ausschließlich durch diese Kanäle dar. Die Massenparteien mit ihren Großkundgebungen sind verschwunden, weil man die Sympathisanten zuhause via Bildschirm viel einfacher erreichen kann.

1994 bot sich in Italien den Wählern eine völlig neue politische Landschaft. Ein neues Wahlgesetz stellte eine neue Ausgangssituation dar. Parteien mußten sich daher bereits vor den Wahlen zu Bündnissen zusammenschließen, diese mußten begründet werden. Durch die drei Blöcke wurde die Polarisierung nach dem Freund/Feind-Schema gefördert. Verschiedene Parteien traten mit neuem Namen auf. Die Bevölkerung mußte auch darüber genauer

---

* Eine genaue Aufschlüsselung der jeweiligen Zeitbudgets in RAI und Fininvest pro Partei erfolgt in Tabelle (3) und in Abbildung (1) im Anhang.

* Eine genaue Aufschlüsselung der jeweiligen Zeitbudgets in RAI und Fininvest pro Politiker erfolgt in Tabelle (4) und in Abbildung (2) im Anhang.

aufgeklärt werden. Schließlich stellte sich mit Forza Italia auch eine völlig neue politische Kraft zur Wahl. Demnach mußten verschiedene Parteiprogramme und zahllose neue Gesichter vorgestellt werden.

All dies machte einen Vor-Wahlkampf nötig, in dem erst die Ausgangssituation für den klassischen, eigentlichen Wahlkampf geschaffen wurde. Unter normalen Voraussetzungen wäre dies nicht nötig gewesen. Wären die politischen Lager bekannt gewesen, hätte es genügt, daß die Parteien ihre Wahlprogramme vorstellten. Diese war eine für eine westliche Demokratie einzigartige Situation. Bei allen Überlegungen, ob diese Art des Wahlkampfes auch in anderen Ländern möglich wäre, muß dieses Faktum deshalb beachtet werden.

Das Fernsehen kam dieser Form des „Bildungsauftrages" mit einer vermehrten politischen Berichterstattung nach. Zwischen 25. Jänner und 25. Februar 1994 strahlte das italienische Fernsehen 14.052 Minuten Programm aus, das in direktem Zusammenhang mit den Wahlen stand - und dies bereits vor dem offiziellen Wahlkampf! 1992 waren in den dreißig Tagen vor der Wahl „lediglich" 7.066 Minuten politisches Programm ausgestrahlt worden, d.h. die Hälfte. 1987 war das Zeitbudget, das den Wahlen gewidmet wurde, noch geringer gewesen.[10]

Die Journalisten nahmen eine besondere Rolle in diesem Wahlkampf ein. Sie entfernten sich von der klassischen Aufgabe des Vermittelns, wurden aktiver Teil dieses Wahlkampfes und verstärkten den Trend der Polarisierung und Personalisierung. 1994 wurde den charismatischen Parteiführern besondere Aufmerksamkeit geschenkt. Berlusconis Einstieg in die Politik machte ihn zum Wahlkampfthema Nummer 1. Eine Rolle, von der er nur profitieren konnte, auch wenn er mit scharfer Kritik zu kämpfen hatte: „Die Kritik, die Polemik und die Angriffe seiner Gegner bewirkten lediglich, daß dieses Image der zentralen Persönlichkeit des Wahlkampfes verstärkt wurde. Wie die Wahlkampfexperten bereits seit Jahren wußten, war die Beurteilung wenig bedeutsam, solange es gelang, die mediale Aufmerksamkeit zu monopolisieren."[11]

In dieser ausgeprägten Form der Polarisierung zwischen Berlusconi und Occhetto blieb wenig Platz für eine dritte Person. Forza Italia hielt seit Beginn die Thematisierungskompetenz in ihren Händen. Sie gab dem Gegner vor, worüber man im Fernsehen sprach. Eine Aussage Berlusconis während einer TV-Sendung wurde tagelang diskutiert, kritisiert und interpretiert.

Tageszeitungen als Meinungsbildner

Der Fernsehwahlkampf `94 sorgte für internationales Aufsehen. Die Tageszeitungen zählen aber dennoch nach wie vor zu den wichtigsten Meinungsbildnern der modernen Gesellschaft. Fausto Colombo und Anna Manzato verglichen deshalb die Berichterstattung der sieben führenden Zeitungen mit der des Fernsehens.[12]

Ähnlich wie das Fernsehen widmeten auch die Zeitungen dem Wahlkampf große Aufmerksamkeit. Rund zwanzig Artikel pro Zeitung beschäftigten sich täglich mit diesem Thema. Diese Seiten hatten in der Regel einen speziellen Kopf. Eine stilisierte Wahlurne o.ä. wies den Leser auf das Schwerpunktthema hin. Die Nachrichtensendungen kamen auf etwa eine Viertelstunde Wahlkampfberichterstattung. Die Zeitungen beschäftigten sich oft auf mehreren Seiten mit Fernsehereignissen zum Wahlkampf, wie z.B. dem TV-Duell.

Die journalistischen Darstellungsformen in den Zeitungen unterschieden sich nur unwesentlich von denen des Fernsehens. Personalisierung, Polarisierung und Metaphern aus dem Sport- oder Militärbereich dominierten auch in den Printmedien. Die Verteilung der Zahl der Berichte, die sich mit einer einzelnen Partei auseinandersetzten, entsprach dem Bild, das man vom Fernsehen kannte.

In der ersten Wahlkampfwoche konnte das Zentrum noch „mithalten“, verlor aber dann an medialer Aufmerksamkeit. Der Pol dominierte die Berichterstattung, obwohl der Tageszeitungsmarkt nicht in dem Maße von der Fininvest kontrolliert wird wie dies beim Fernsehen der Fall ist. Die Zeitungslandschaft ist in Italien sogar traditionell eher linksorientiert. Dennoch thematisierte man ununterbrochen Berlusconi und trug dadurch sicherlich zu seinem Sieg bei. Noch offensichtlicher wurde dieses Faktum bei den Artikeln, die sich mit den Spitzenkandidaten beschäftigten: Berlusconi 443, Bossi 98 und Fini 87.[13]

Trotz dieser Zahlen sind Colombo und Manzato *nicht* davon überzeugt, daß die Dominanz in der Berichterstattung den Wahlerfolg von Forza Italia bewirkt hat. 1992 habe der *Pentapartito* die Medien beherrscht und dennoch die Wahlen verloren. Noch im Herbst 1993 habe die Linke die Kommunalwahlen gewonnen. Die Autoren der Studie führen deshalb politische Gründe für den Wahlsieg Berlusconis an. Occhetto stand für einen sanften politischen Wechsel ohne „Wunder“, vor allem die Jugend wollte aber eine radikale Wende in der Politik sehen. Für diese Wende stand Berlusconi.

Eine andere Studie[14] untersuchte die Themen, die die Zeitungen in diesem Wahlkampf am meisten beschäftigten. Tangentopoli war auch im Frühjahr 1994 das wichtigste Thema. Die Telekratie war das Thema Nummer zwei. Alle großen Zeitungen ließen Intellektuelle und Journalisten zu Wort kommen, um die Auswirkungen des TV-Wahlkampfes und der medialen Machtkonzentration Berlusconis abzuhandeln. Den Nachteil, nicht die *scoops* dieses Wahlkampfes zu haben, machten die Zeitungen durch *backstage*-Reportagen der großen Fernsehdiskussionen wett. In diesen Artikeln erfuhr man, ob der Kandidat angespannt war, nach welchen Kriterien er seine Krawatte wählte etc. Das dritte große Thema in den Zeitungen war das klassische *horse race*. Mit zahllosen Umfragen wurden die „Fieberkurven“ der einzelnen Parteien nachgezeichnet. Durch das neue Mehrheitswahlrecht waren diese Umfragen oft sehr aufwendig und schließlich dennoch ungenau. Für den Pol der Freiheit erwies es sich als nützlich, daß er mit Berlusconi, Bossi und Fini *drei* Spitzenpolitiker zu präsentieren hatte. Occhetto mußte die Progressisten meist alleine vertreten.

Die politische Berichterstattung spiegelte laut Studie die Aggressivität des Wahlkampfes wider. Die meisten Artikel beschäftigten sich mit emotionellen Themen. Sachthemen oder gar ein Leitfaden für das neue Wahlsystem waren kaum zu finden. Ganze Seiten wurden hingegen Porträts der Kandidaten gewidmet, es wurde versucht, die „menschliche" Seite des Politikers zu zeigen.[15]

1996 - Rückkehr zur Normalität

Auch 1996 stellte sich die Frage nach dem Einfluß des Fernsehens auf die Wahlentscheidung. Wenige Tage vor dem Urnengang meinte Ricolfi, daß das Fernsehen diesmal etwa vier Prozent der Wählerstimmen verschieben würde. Viele Zuschauer seien des Fernsehens nun bereits wieder überdrüssig.[16] Wie ausführlich dargestellt, waren die Wahlen ´94 in vielerlei Hinsicht einzigartig, und das Fernsehen trug dem Rechnung und räumte der Politik so viel Sendezeit ein wie nie zuvor. Zwei Jahre später war das gemischte Proportional-Verhältnis-Wahlsystem hinlänglich bekannt. Es gab auch keine grundsätzlich neuen politischen Bewegungen. Zwar trat der Ulivo erstmals an, die Gründung lag aber auch wieder mehr als ein Jahr zurück.

Ein fast normaler Wahlkampf

Die Fernsehberichterstattung stand ganz im Zeichen der *par condicio*. Dini hatte im März 1995 ein Dekret erlassen, das TV-Programme im Wahlkampf strengen Richtlinien und Kontrollen unterwarf. Das Dekret sah bei Zuwiderhandeln auch hohe Geldstrafen und sogar die Verdunkelung des Senders vor. Die Bestimmungen waren erstmals bei den Regionalwahlen im April 1995 angewandt worden. Gegen das Verbot der Wahlwerbung einen Monat vor den Wahlen sprachen sich vor allem die kleinen Privatsender aus, denen eine lukrative Einnahme verlorenging. Die Fininvest, oder besser die mittlerweile nach der Restrukturierung des Konzerns an Bedeutung gestiegene TV-Subholding Mediaset, verzichtete aus Protest freiwillig auf jegliche Ausstrahlung von Wahlspots.

Der Osservatorio dell´ Università di Pavia führte wieder im Auftrag des Garante eine permanente Analyse der Berichterstattung durch, um die Einhaltung der *par condicio* zu kontrollieren. Die Ergebnisse[17] lassen sich grob zusammenfassen:

Die Fininvest-Sender senkten die Zahl der Wahlsendungen und gaben den Spitzenplatz in der Berichterstattung wieder an die RAI zurück. Die Studie belegt, daß diesmal die RAI den

Wahlen mehr Sendezeit schenkte als die private Konkurrenz. Bei den Nachrichtensendungen gab es nur geringfügige Unterschiede, Hintergrundsendungen gab es 1996 bei der Mediaset kaum noch. Bei den TV-Konfrontationen lag sie aber vor der RAI, wahrscheinlich weil Fernsehduelle die „kommerziellste" Form der Wahlberichterstattung sind. Daß die Mediaset bei den Unterhaltungssendungen rund vier Mal öfter den Wahlkampf behandelt hat als die RAI, liegt daran, daß erfolgreiche Talkshows wie jene von Maurizio Costanzo täglich Politiker als Gäste hatten und eine satirische Abendshow den Wahlkampf in den Mittelpunkt der Sketches stellte. Zwischen der öffentlich-rechtlichen RAI und der Mediaset fand sich wieder ein Gleichgewicht in der politischen Berichterstattung. Man kehrte wieder zur Normalität zurück. Der Quantität folgte die Qualität.

Die *par condicio* erlaubte die Ausstrahlung von täglich zwei Spots pro Partei und politischer Gruppierung im Fernsehen bis ein Monat vor dem Urnengang. Die Mediaset und der Polo verzichtete aus Protest, und um „ungerechtfertigte Polemik" zu vermeiden, gänzlich auf die Ausstrahlung von Wahlspots. Berlusconi bezeichnete das Dekret als eine „impar condicio", weil die Zeitungen, die „alle auf der anderen Seite" stünden, den Richtlinien nicht unterworfen seien.[18] Prodi erinnerte hingegen, in die Politik eingestiegen zu sein, als er im Fernsehen einen wahlwerbenden Weihnachtsmann gesehen habe. Damals habe er verstanden, daß das Land die Orientierung verloren habe. Das Problem seien allerdings nicht die Nachrichtensendungen, sondern die direkten und indirekten Parteinahmen in den Unterhaltungssendungen während des ganzen Tages.

Der freiwillige Verzicht der Mediaset auf Ausstrahlung der Spots wurde im Lager des Ulivo durchwegs positiv aufgenommen. Nur einige gaben zu bedenken, daß dem Ulivo dadurch die Möglichkeit genommen werde, sich als neue Bewegung den Wählern zu präsentieren. Der Polo hätte sowieso nicht mehr Spots als der Ulivo ausstrahlen dürfen. Im Polo wurden seit Dinis Einstieg in den Wahlkampf wiederholt Stimmen laut, die auch den Ministerpräsidenten den Richtlinien der *par condicio* unterworfen sehen wollten. Telemontecarlo war der einzige landesweite Sender, der von seinem Recht Gebrauch machte. Allerdings ließ nur der Mitte-Links-Block und dies in einem vernachlässigbaren Rahmen Werbung bei TMC über die Bildschirme flimmern.

Wegen der neuen Richtlinien war die Berichterstattung, was die Zeit betrifft, die den politischen Gruppierungen eingeräumt wurde, diesmal wesentlich ausgewogener. Auch bei der Mediaset kann man von einer „grundsätzlichen Korrektheit"[19] sprechen. Die RAI räumte im letzten Monat vor den Wahlen dem Polo 35,7 und dem Ulivo 33,7 Prozent der Sendezeit in den Nachrichtensendungen ein. Bei der Mediaset waren es 42,6 für den Polo und 35,8 für den Ulivo. Vernachlässigt wurden hingegen von beiden Fernsehanstalten Lega und Rifondazione Comunista, die keinem Wahlbündnis angehörten. Der Prozentanteil der Sendezeit, der ihnen eingeräumt wurde, lag weit unter dem Stimmenanteil, den sie dann bei den Wahlen erzielen würden. Unterschiede gab es bei den einzelnen Gruppierungen: Forza Italia verstand es wieder, die Aufmerksamkeit auf sich zu ziehen. Sowohl die RAI- als auch die Mediaset-Nachrichten räumten ihr rund doppelt so viel Zeit ein wie dem PDS, der am 21.

April zur stärksten Einzelpartei werden würde. Ebenso verhielt es sich bei der Zeit, die den einzelnen Kandidaten geschenkt wurde. Rechnet man alle untersuchten Nachrichtensendungen zusammen, so wurde Berlusconi mehr als doppelt so viel Zeit eingeräumt wie Prodi. Rete4 widmete ihm sogar 28,6 Prozent jener Zeit, die insgesamt den hundert wichtigsten Politikern des Landes zur Verfügung stand.

Unterschiedlich war die Form der Wahlkampfberichterstattung, ein Bereich auf den der Garant kaum Einfluß hatte.[20] TG1, die Nachrichtensendung von RAI1, entdeckte eine klassische, beinahe veraltete Form des Journalismus. Ein Bericht behandelte das Ereignis, in einem zweiten Bericht wurden die Meinungen wiedergegeben, wobei jedem relevanten Politiker einige Sekunden, ein Soundbit, eingeräumt wurde. Für den Zuschauer war es schwer, diese Unzahl an Statements aufzunehmen. Die Spätnachrichten standen hingegen, so das Forschungsinstitut Mediamonitor, seit Berlusconis RAI-Reform 1994, der AN nahe. Auch TG2 auf RAI2 berichtete wesentlich freundlicher über den Polo als über den Ulivo. TG3 auf RAI3 war hingegen weitgehend objektiv, wenn auch mit einem Hang zum Dramatisieren. Enrico Mentana versuchte mit seinem TG5 das Problem der *par condicio* zu lösen, indem Chronik bevorzugt wurde und Politik im Zweifelsfall wie eine Chronikmeldung dargestellt wurde, d.h. viel indirekte Rede, Konjunktiv und Konditional.

Emilio Fede machte in seiner Nachrichtensendung TG4 hingegen niemals ein Hehl aus seiner Nähe zu Berlusconi. Er fand seine Form der *par condicio*: Er räumte den beiden Lagern zwar annähernd die gleiche Zeit ein, diese nutzte er aber, um auf der einen Seite gut über den Polo und auf der anderen schlecht über den Ulivo zu sprechen. Berlusconi wurde immer im perfekten Umfeld zu großen, allgemeinen Themen interviewt. Prodi mußte auf der Straße rasch seinen Kommentar abgeben. Berlusconi sprach im O-Ton, die Stellungnahmen der Ulivo-Politiker wurden in der Regel vom Sprecher zusammengefaßt. Auch die Bildsprache war eindeutig. Prodi zeigte man nasenbohrend und Veltroni, wie er leicht irritiert ein funktionierendes Mikrofon sucht. Prodi wurde außerdem nicht als der Spitzenkandidat des Ulivo, sondern als einer ihrer vielen Vertreter dargestellt. Bei den häufig eingesetzten Straßenbefragungen dominierten positive Aussagen zum Polo. Ähnlich war auch Studio Aperto auf Italia1 gestaltet, nur daß dort der Schein der Objektivität besser gewahrt wurde und laut Mediamonitor gerade deshalb tendenziöser war. In den Fernsehshows dienten zwar beide Spitzenkandidaten als Opfer von Witzen und Sketches, nur daß Berlusconi dabei immer wesentlich besser abschnitt. Den Zielsetzungen der *par condicio* kam insgesamt Bruno Vespa auf RAI1 mit seinen Diskussionssendungen am nächsten. Ein Gong kennzeichnete den Beginn und das Ende der Redezeit eines Kandidaten, die Bildregie war unspektakulär aber korrekt.

Den Zeitungen kam mit dem Mehrheitswahlsystem, das erstmals in seiner Funktion verstanden worden war, eine neue Aufgabe zu. Die Leser wollten über den Wahlkampf in ihren Wahlkreisen informiert werden, und dazu eigneten sich die Tageszeitungen am besten. In Italien gibt es, außer eventuell die *Repubblica*, praktisch nur Regionalzeitungen. Auch der *Corriere* und die *Stampa* sind stark in Mailand bzw. Turin verwurzelt. Die Zeitungen übernahmen wieder verstärkt eine Orientierungsfunktion. Neben der Lokalberichterstattung dominierten in den Zeitungen auch diesmal Artikel über den Fernsehwahlkampf. Es wurde bis in das kleinste Detail über die TV-Duelle berichtet. Auch die Nachrichtengestaltung entsprach den Vorlagen des Fernsehens. Es gab zahllose Tabellen und Graphiken. Politiker wurden nach den absurdesten Kriterien verglichen.[21]

Der Triumph eines Anti-Stars

Wie Berlusconi 1994 die Wahlen nicht nur wegen des Fernsehens und der *maquillage* gewonnen hat, so hat Prodi nicht nur wegen des Autobusses gewonnen, und weil er sich dem Fernsehen „verwehrte", schrieb Grandi.[22] Der Spitzenkandidat des Ulivo hat die Wahlen auch durch das Fernsehen gewonnen. Er vermittelte allerdings ein völlig anderes Bild des Politikers im Fernsehzeitalter. Seine Volksnähe bei seinem *Giro d' Italia* im Autobus und seine Fernsehauftritte wirkten glaubwürdig, eben weil er sie nicht dominierte, ganz im Gegenteil! Prodi vertrat nicht den Selfmade-Milliardär, der „es geschafft" hatte, sondern den respektablen, schrulligen Professor von nebenan, mit dem es niemals Schwierigkeiten gegeben hat. In einer TV-Diskussion sagte er einmal über sich selbst, daß er unter anderem oft abschätzig Mortadella, Tortellino oder nützlicher Idiot genannt werde. Niemand habe ihn aber bisher als Dieb oder als unehrlich bezeichnet.[23] Ein Seitenhieb auf sein Gegenüber, der nicht unverstanden blieb. Er war im Gegensatz zu Berlusconi der „Anti-Star". Beide waren allerdings Nicht-Politiker, die ihre Sporen anderswo verdient hatten.

Die Telekratie soll deshalb aber nicht bereits wieder der Geschichtswissenschaft überlassen werden. Es wird erzählt, daß Umberto Eco, als er vom Einstieg in die Politik seines bologneser Kollegen hörte, diesem ein Buch schenkte, das den Wahlkampf '94 behandelte und analysierte.[24] Prodi dürfte das Buch gelesen und deshalb auch mit der Hilfe des Fernsehens gewonnen haben. Eco trat immer für einen nüchternen Kontakt des Ulivo mit dem Fernsehen ein. Man dürfe sich nicht beklagen, daß das Fernsehen in den Händen des Gegners sei. Wäre das Fernsehen in den Händen Prodis, täte der Ulivo gut daran, es zu benützen. Da der Ulivo aber nicht für das Fernsehen geschaffen worden, sondern von der Basis aus entstanden sei, müsse auf jene Formen der politischen Kommunikation zurückgegriffen werden, die dem Ulivo vertraut seien, schrieb Eco.[25]

Italien erlebte deshalb auch 1996 einen „Telewahlkampf", wenn auch unter anderen Vorzeichen. Es waren Wahlen, die im Grunde niemand gewollt hatte, und deshalb fehlte diesem Wahlkampf die stilisierte Dramatik, die die Wahlen 1994 gekennzeichnet hatten. Zwar gab es keine Werbespots und die Berichterstattung war durch die *par condicio* wesentlich ausgewogener, es dominierte aber auch diesmal die Symbolik des Fernsehzeitalters. Das wenig telegene Image Prodis verhalf ihm zum Sieg, sein Autobus erwies sich als erfolgreich, nicht weil Prodi auf den hunderten Plätzen in Italien Scharen von Menschen für sich gewinnen konnte, sondern weil der Bus in den Medien zu einem Symbol der direkten Kommunikation wurde. Wer an einer Wahlveranstaltung teilnahm, war politisch interessiert und hatte eine grundsätzliche Bereitschaft, seine Stimme dem Ulivo zu geben. Die Journalisten lokaler und nationaler Medien berichteten über dieses „Volksfest" und erreichten damit jene Menschen, die nicht an eine Teilnahme gedacht hatten und für die Politik ein notwendiges Übel ist. Die Idee mit dem Bus gefiel den Politikverdrossenen, da sie sich von Rom erstmals wieder ernstgenommen fühlten.

1996 war auch der erste Wahlkampf, in dem sich die Politik auf das Mehrheitswahlsystem einstellte. 1994 war man noch mit den alten Techniken in das Rennen gegangen und hatte den Wahlkampf auf nationaler Ebene geführt, wobei nur die Parteiführer und -sekretäre in Erscheinung traten. Viele Wahlkreise gingen auf diese Weise „verloren". Zwei Jahre später widmeten beide Wahlbündnisse hingegen jenen Wahlkreisen vermehrt Aufmerksamkeit, wo eine knappe Entscheidung zu erwarten war. Man erinnerte sich der Lokalpresse und der kleinen Privatsender, um die Kandidaten den Wählern näher zu bringen. Die klassischen Wahlveranstaltungen auf den Plätzen der Städte wurden wiederentdeckt, in denen die Kandidaten physisch anwesend waren und die Mitarbeiter gingen seit Jahren erstmals wieder von Haustür zu Haustür, um für den Kandidaten zu werben. Es war ein Wahlkampf „mit aufgekrempelten Ärmeln und verbrauchten Schuhsohlen".[26]

Ein treffendes Beispiel ist der AN-Spitzenpolitiker Maurizio Gasparri, „Finis Schatten", wie er oft genannt wird. Er trat in seiner Heimatstadt Ciampino, einem „sicheren" Wahlkreis, gegen einen relativ unbekannten Mann an, der sogar von außerhalb kam. Die Wähler bekamen Gasparri im Fernsehen zwar täglich mehrmals zu sehen, in ihrer Stadt erschien er allerdings kaum. In der Zwischenzeit rannte sich der Nobody des Ulivo die Sohlen platt und ging in zahllosen Gesprächen auf die konkreten Bedürfnisse der Wähler von Ciampino ein. Nach den Wahlen erlebte Gasparri eine böse Überraschung: Er war aus dem Parlament geflogen, sein Gegner hatte gewonnen.

Die Personalisierung der Politik hat sich demnach verändert. In den achtziger Jahren dominierten die Parteichefs die politische Bühne, 1994 waren es die Spitzenkandidaten der Wahlbündnisse, 1996 waren es wieder vermehrt die Kandidaten in den Mehrheitswahlkreisen. Die Spitzenpolitiker der Parteien traten selbstverständlich weiterhin als *pars pro toto* für ihr Bündnis oder ihre Partei vor allem in den Medien auf, sie konnten ihre persönlichen Wahlkreise allerdings nicht mehr vernachlässigen. Die Wähler wollten diesmal auf konkrete lokale Fragen konkrete Antworten hören. Das Mehrheitswahlsystem gab ihnen Macht zurück.

Warum Berlusconi verlor

Die Italiener sind, das muß betont werden, nicht scharenweise in das andere politische Lager übergelaufen. Die Stimmenverschiebungen im Vergleich zu 1994 waren nicht so dramatisch, wie es im ersten Moment schien. Bei allen Versuchen der Polarisierung ist es Polo und Ulivo dennoch nicht gelungen, sich als zwei grundsätzlich verschiedene, wenn nicht sogar entgegengesetzte Produkte zu verkaufen. Wirft man einen Blick in die Wahlprogramme der beiden Wahlbündnisse, so erkennt man, daß sie sich in vielen Punkten ähnlicher waren, als es ihnen lieb sein konnte. Die Sozialmilieus und die Ideologien scheinen sich völlig aufgelöst zu haben, und die Polarisierung mußte deshalb künstlich erfolgen.

Berlusconi hat seine ersten Wahlen gewonnen, weil in der Bevölkerung nach Tangentopoli der Durst nach etwas Neuem groß war, und er der einzige war, der versprechen konnte, diesen Durst zu stillen. Er sei ein Dilettant der Politik, der allerdings regieren konnte, wie er mit seinem Unternehmen bewiesen habe. Diesmal gaben die Italiener jenem ihr Vertrauen, der ihrer Meinung nach endlich Kontinuität in die Politik bringen konnte. Prodi hat den Wahlkampf wohlgemerkt nicht allein gewonnen. Die entscheidenden Stimmen kamen vom PDS. Das Mehrheitswahlsystem verhalf diesmal dem Ulivo zum Erfolg. Die große Zahl der unentschlossenen Wähler entschied sich im letzten Moment für das Mitte-Links-Bündnis. Deshalb kann auch nicht von einer Trendwende gesprochen werden, denn in Ländern mit Mehrheitssystem sind derartige Regierungswechsel keine Seltenheit.

Berlusconis Chefdemoskop und Forza-Italia-Abgeordneter Gianni Pilo analysierte in einem Buch die Gründe für die Niederlage des Polo bei den Parlamentswahlen. Er verwies darauf, daß Forza Italia bei den Stimmen nach dem Verhältniswahlrecht, nach dem ein Viertel der Sitze vergeben wird, sogar die Mehrheit errungen hat. 1,4 Millionen Menschen hätten am Verhältniswahlzettel den Polo und am Mehrheitswahlzettel einen Kandidaten des Ulivo gewählt. Dieses für das gemischte Wahlsystem nicht untypische Phänomen hatte sich auch 1994, damals allerdings zu Ungunsten der Progressisten, manifestiert. Pilo nennt diese extremen Wechselwähler „Amphibien", Tiere zwischen Land und Wasser. Diese Wähler hätten keinerlei Parteibindung mehr und würden innerhalb von zwei Sekunden, zwischen dem Ankreuzen des ersten und des zweiten Stimmzettels, das politische Lager wechseln.[27]

Pilos Argumentation scheint wenig fundiert. Diese Wähler haben nicht von einem Augenblick auf den anderen ihre Meinung geändert, sondern beim Verhältnismandat gaben sie eventuell Forza Italia als moderner, attraktiver Partei die Stimme, beim Mehrheitsmandat, bei dem sie zwischen zwei Kandidaten des Wahlkreises entscheiden mußten, gaben sie dem bekannteren Gesicht ihr Vertrauen. Gerade Forza Italia hat relativ unbekannte Quereinsteiger aufgestellt, die Parteien des Ulivo, allen voran der PDS, hingegen erfahrene Lokal- und Regionalpolitiker, die im Wahlkreis jeder kannte. Die Persönlichkeit trat vor die Ideologie.

Die Liste der möglichen Gründe für Berlusconis Wahlschlappe läßt sich noch fortsetzen: So versuchte er, sowohl die praktizierenden Katholiken als auch die Anhänger des Radikalen Marco Pannella für sich zu gewinnen - ein unmögliches Unterfangen. Der Polo hätte auch abwägen können, einen neuen Spitzenkandidaten ins Rennen zu schicken. Angeblich seien der ehemalige Staatspräsident Francesco Cossiga, der angesehene Senatspräsident Carlo Scognamiglio und vielleicht sogar der Korruptionsjäger Antonio Di Pietro bereit gewesen, dieses Amt für den Polo zu übernehmen. Berlusconi wollte sich aber anscheinend noch für seine Entmachtung revanchieren und wieder selbst die Regierung anführen.

Anmerkungen:

1 „Die Avantgarde des Vergessens“. Ein ZEIT-Interview mit Paul Virilio. In: Die Zeit. 15.4.1994. S.54.
2 ROSITI, Franco: Sette televisioni nazionali e quasi ventimila casi. Metodo e risultati dell´ Osservatorio di Pavia. In: Problemi dell´ informazione. 3/1994. S.253-260, hier S.253.
3 Vgl. im folgenden: RICOLFI, Luca: Elezioni e mass media. Quanti Voti ha spostato la Tv. In: Il Mulino. 6/1994. S.1031-1046.
4 RICOLFI, Luca: Elezioni e mass media. a.a.O. S.1040.
5 RICOLFI, Luca: Elezioni e mass media. a.a.O. S.1041.
6 ROSITI, Franco: Sette televisioni nazionali e quasi ventimila casi. a.a.O. S.257.
7 Vgl.: MORCELLINI, Mario: La telepolitica: polifonia e rappresentazione. In: Problemi dell´ informazione. 3/1994. S.261-283.
8 MORCELLINI, Mario: La telepolitica. a.a.O. S.264.
9 MANCINI, Paolo / MAZZOLENI, Gianpietro: Un´ offerta eccezionale e ruoli particolari tra i giornalisti. In: Problemi dell´ informazione. 3/1994. S.285-295.
10 MANCINI, Paolo / MAZZOLENI, Gianpietro: Un´ offerta eccezionale e ruoli particolari tra i giornalisti. a.a.O. S.287.
11 MANCINI, Paolo / MAZZOLENI, Gianpietro: Un´ offerta eccezionale e ruoli particolari tra i giornalisti. a.a.O. S.291. - Vgl. u.a.: MARTURANO, Marco: Sondaggi, informazione e risultati elettorali: analisi e metodi di un circolo vizioso. In: Problemi dell´ informazione. 3/1994. S.327-355.
12 COLOMBO, Fausto / MANZATO, Anna: Per i media un´ occasione perduta. In: Problemi dell´ informazione. 3/1994. S.297-301.
13 COLOMBO, Fausto / MANZATO, Anna: Per i media un´ occasione perduta. a.a.O. S.299.
14 CARDINI, Flaminia: Stampa, „sorella cieca“ della Tv. In: Problemi dell´ informazione. 3/1994. S.317-325.
15 CARDINI, Flaminia: Stampa, „sorella cieca“ della Tv. a.a.O. S.318ff.
16 TORTORELLA, Maurizio: Ma quanti voti sposta la televisione? In: Panorama. 25.4.1996. S.144.
17 unveröffentlichtes Manuskript.
18 ANSA-Meldung WDI 70162, 18.2.1996.
19 MORCELLINI, Mario: La Tv dell´ incertezza. Telepolitica e pubblico nella campagna elettorale ´96. In: Problemi dell´ Informazione. 3/1996. S.31-43, hier S.33.
20 Vgl.: GALLUCCI, Carlo: Letizia missione compiuta. Telegiornali/La faziosità di Rai e Fininvest. In: L´Espresso. 12.4.1996. S.54ff.
21 LACAPRARA, Lucia: La teledipendenza pre-elettorale. Analisi di tre quotidiani. In: Problemi dell´ Informazione. 3/1996. S.50-56.
22 GRANDI, Roberto. Prodi. a.a.O. S.8.
23 Panorama. 25.4.1996. S.290.
24 GRANDI, Roberto. Prodi. a.a.O. S.13.
25 ECO, Umberto: Chi ha detto di spengere la tv? Averne! Ma Prodi non ce l´ha. In: L´Espresso. 5.4.1996. S.194.
26 MARTURANO, Marco: Scomunicanti e scomunicati nell´anno dell´alternanza. In: Problemi dell´ Informazione. 3/1996. S.14-30, hier S.18.
27 ANSELMO, Mauro: „Incredibile, abbiamo perso vincendo...“. Paradossi politici. Perché il centro destra non ha sfondato. In: Panorama. 1.8.1996. S.48f.

VII. Die Telekratie ist tot, es lebe die Telekratie!

Was bleibt von 1994? War Berlusconis Telekratie eine vorübergehende Erscheinung? Lawrence Goodwyn spricht in seinem berühmten Buch über den amerikanischen Populismus vom „populistischen Moment", einer historischen Situation, in der sich das alte Gleichgewicht zwischen ökonomischen Interessen, kulturellen Werten und politischer Macht „schlagartig verschiebt". Tangentopoli hat dieses Gleichgewicht in der italienischen Gesellschaft verschoben. Man wußte nicht mehr, wem man vertrauen konnte. Berlusconi hat diesen „populistischen Moment", diese Orientierungslosigkeit, mit Hilfe seiner Fernsehsender zu nutzen verstanden. Als sich die politische Lage in Italien wieder stabilisierte, und eine neue Parteienlandschaft das entstandene Vakuum auffüllte, war auch die Sehnsucht nach einem Mann wie Berlusconi verschwunden. Die Italiener wollten zurück zur Normalität, und es geschah das, was in anderen Demokratien selbstverständlich ist: Die Opposition wurde an die Macht gerufen, um zu beweisen, ob sie tatsächlich besser zu regieren versteht, so wie sie es seit 50 Jahren behauptet.

Mediatisierte Politik und politische Medien

Eine Analyse der politischen Kommunikation in anderen Ländern beweist, daß das Phänomen Berlusconi in vielen Facetten nicht einzigartig ist. Sogenannte Telepolitiker gibt es in beinahe jeder westlichen Demokratie. Meistens sind es Populisten, die das Medium Fernsehen für ihre Zwecke verwenden. Allerdings können auch gemäßigte Regierungspolitiker ihren Erfolg mit ihrer Fernsehpräsenz begründen. Skizzenhaft sollen die Vertreter dieser neuen Generation der Politiker in einem Länderspiegel dargestellt werden. Berlusconi ist auch nicht der einzige Medienunternehmer mit politischer Macht. Medienmacht bringt - so scheint es - zwangsläufig auch politische Macht mit sich, oder besser: Medienmacht resultiert aus politischer Macht. Es stellt sich die Frage, was zuerst war: die mediale oder die politische Macht? Wie bei den Telepolitikern soll ebenfalls die Rolle anderer großer Medienunternehmer dargestellt werden. Es soll belegt werden, daß der Neopolitiker Berlusconi auf der einen und der Medientycoon Berlusconi auf der anderen Seite keine Novität darstellt. Lediglich die Vereinigung dieser beiden Funktionen in einer Person hat es bis heute noch nicht gegeben.

Telepolitiker

Im Kapitel zur Wahlkampfforschung wurde bereits ausgeführt, daß die Phänomene der politischen Kommunikation, die nun als Beweise für die Telekratie angesehen werden, in der amerikanischen Politik bereits seit Jahrzehnten zu beobachten sind. John F. Kennedy war ein Telepolitiker, denn er gewann die Wahlen im und durch das Fernsehen. Die Kameras begleiteten den Präsidenten auf Schritt und Tritt und waren schließlich auch bei seinem gewaltsamen Tod anwesend. Das Fernsehzeitalter hatte begonnen.

Doch schon vorher hatten die *USA* das politische Potential des Fernsehens erkannt. Spätestens seit dem Wahlkampf von Henry Truman Ende der vierziger Jahre verlagerte sich der amerikanische Präsidentschaftswahlkampf von den Redebühnen der Wahlveranstaltungen auf die TV-Bildschirme in den Wohnzimmern. In den USA ist die mediatisierte Politik zum Alltag geworden. Vieles, was an Berlusconi kritisiert wurde, gehört dort zur politischen Routine. Zwar besaß kein US-Präsident drei Fernseh-Networks, in der Wahlkampfführung waren sich allerdings Berlusconi und Clinton, Bush und Reagan sehr ähnlich. So standen diese Politiker kaum für politische Inhalte sondern lediglich für Stimmungen und Sehnsüchte in der Bevölkerung. Sie alle gewannen auf diese Weise die Wahlen.

Hatten Reagan und Bush den medialen Wahlkampfstil perfektioniert, so stellt der Präsidentschaftswahlkampf von 1992 den bisherigen Höhepunkt der Telepolitik dar. Ross Perot, der Mann, der mit seiner Kandidatur internationales Aufsehen erregte, wurde oft mit Berlusconi verglichen. Beide entstammen bescheidenen Verhältnissen, wurden Multi-Millionäre und stiegen schließlich in die Politik ein. Die politischen Inhalte Perots und Berlusconis sollen nicht verglichen werden. Beide bezeichnen sich als Liberale und meinen damit wohl den Wirtschaftsliberalismus. Interessant sind vielmehr die Parallelen im Wahlkampf. Perot nutzte wie Berlusconi das Fernsehen, um seinen Einstieg in die Politik bekanntzugeben. Er hatte aber keine eigene mediale Infrastruktur zur Verfügung. Für seine Fernsehauftritte und Werbespots mußte er deshalb bezahlen. Für eine halbe Stunde Sendezeit bei *NBC* zahlte er eine halbe Million Dollar. Die Sendezeit nutzte er, um der amerikanischen Bevölkerung sein Modell der amerikanischen Wirtschaftspolitik darzustellen. Im Anschluß an die Sendung ließ er die Zuschauer über seine politischen Ideen abstimmen. Perot sah darin das Demokratiemodell der Zukunft. Eine weitere halbe Million hatte er für Zeitungsanzeigen ausgegeben.[1] Insgesamt soll er mehr als eine Milliarde Dollar für die Werbung ausgegeben haben.[2]

Clinton versuchte ebenfalls ein neues Image des Präsidenten aufzubauen: jung und volksnah. Assoziationen mit John F. Kennedy waren erwünscht. Clinton wurde mit einem perfekten Telewahlkampf Präsident, versuchte aber dann mit den gleichen Mitteln im Amt zu bestehen. Dies stellte sich als schwerer Fehler heraus. Zu viele *human-interest stories* über den Präsidenten weckten bald das Mißtrauen in der Bevölkerung. Die Journalisten fragten zunehmend, ob Clinton wirklich der perfekte Präsident sei, als der er sich präsentiert hatte.[3]

Clintons Image, auf dem schließlich sein Erfolg basierte, begann zu verblassen. Deshalb präsentierte sich Clinton 1996 im Wahlkampf nicht mehr als der joggende Sunnyboy, sondern als verantwortungsvoller und erfolgreicher Präsident der stärksten Weltmacht. Dies ist ein weiterer Beleg für die Theorie, daß Wahlkampf und politischer Alltag unterschiedliche Formen des Umgangs mit der Öffentlichkeit verlangen. Im Wahlkampf wollen die Wähler „Lust auf die Zukunft" bekommen, während der Legislaturperiode müssen dann Antworten auf konkrete Fragen gegeben werden. Wiedergewählt wird nur der, der sich auch an den Schalthebeln der Macht bewährt hat.

Frankreich wird als das Land in Europa bezeichnet, das den „italienischen Zuständen" der Telekratie am nächsten ist. Jean-Marie Le Pen ist ein Populist, der seinen Erfolg größtenteils dem Fernsehen zu verdanken hat. Ihn mit Berlusconi auf eine Ebene zu stellen, wäre allerdings unzulässig. Der Industrielle Bernard Tapie gilt daher als das tatsächliche französische Gegenstück zu Berlusconi, auch wenn sein Stern bereits wieder hinter dem Horizont verschwunden ist. Der Politologe Oliver Duhamel glaubt den Grund ihres politischen Erfolges zu kennen: „Berlusconi ist ein rechter, Tapie ein linker Populist. [...] Diese Figuren haben im Gesellschaftsleben viel Geld verdient, sie verfügen über Macht und Einfluß auf die Medien. Sie verführen die Massen, denen sie sagen: Die Politiker haben versagt, ich, der große Wirtschaftsführer, habe Erfolg und werde euch retten."[4]

Laut Duhamel besteht die Gefahr des Populismus darin, daß er die Vernunft aus der Politik verdrängt und die Illusionen nährt.[5] Berlusconi und Tapie sind Meister der leeren Versprechungen. Der Italiener versprach eine Million Arbeitsplätze bei mehr Staatsausgaben und weniger Steuern, der Franzose wollte die Arbeitslosigkeit als „illegal" bezeichnen und so 750.000 Unternehmer zwingen, Arbeitslose einzustellen. In beiden Fällen trauten sich die politischen Gegner nicht, diesen absurden Aussagen zu widersprechen. Die Stimmen der Arbeitslosen waren Berlusconi und Tapie sicher.

Ein weiteres überaus interessantes Phänomen ist, daß beide Politiker außerordentliche Erfolge erzielen, obwohl sie selbst scheinbar nicht gerade Aushängeschilder großer Integrität sind. Umso erstaunlicher war dies in einer Zeit, in der korrupte Politiker beinahe gelyncht und die Särge von Industriellen, die wegen der Untersuchungen der Mailänder Richter Selbstmord begangen hatten, bespuckt wurden. Der wirtschaftliche und politische Erfolg ist wie eine Absolution für früher begangene „Fehler". Wie sich die Anklage gegen Berlusconi wegen angeblicher Steuerhinterziehung auswirken wird, läßt sich mittelfristig noch nicht einschätzen. Eine letzte, nicht zu unterschätzende Parallele ist, daß sowohl Berlusconi als auch Tapie einen Fußball-Klub besitzen bzw. besaßen. Ihr Engagement im Sport dürfte als Volksnähe interpretiert werden.

Der *deutsche* Bundeskanzler Helmut Kohl entspricht nicht dem klassischen Modell des Telepolitikers, und dennoch beruht sein Erfolg auf seiner Präsenz im Fernsehen. Kohl ist durch die Medien zu einer „Institution" geworden. Die Wahlkampfplakate kamen 1994 mit einem strahlenden Bundeskanzler in einer jubelnden Menschenmenge und ohne Parteischriftzug oder -symbol aus. Kohls rhetorische Begabung prädestiniert ihn für Fernsehauftritte. Sein Berater Ackermann bestätigte das große Interesse der TV-Anstalten, Kohl für bestimmte Sendungen zu gewinnen. Man befindet sich nicht mehr in der Rolle der Bittsteller, so Ackermann.[6] Der Kanzler wird zum Medienereignis. Kohl kann, ähnlich wie Kreisky und phasenweise Vranitzky, das Fernseh-Image des Staatsmannes nutzen. Sie alle haben ein völlig anderes Auftreten als die telegenen Oppositionspolitiker. Kohl gelingt es z.B., im Fernsehen das Amt des Kanzlers zu personalisieren. Seine selbstsichere Form des Formulierens unterstreicht dieses Image. D.h., es gibt auch Telepolitiker unter den Staatsmännern. Der Unterschied zu ihren populistischen Kollegen besteht allerdings darin, daß sie nicht politische Veränderungen sondern Stabilität und Kontinuität vermitteln. Auf diese Weise ist auch Prodis Wahlsieg zu begründen. Das Land entschied sich für einen „klassischen" Ministerpräsidenten und gegen einen Wunderheiler.

Dennoch: Telekratie nach italienischem Vorbild ist in Deutschland nicht denkbar. Das Parteiensystem ist wesentlich stabiler und die Eigentumsverhältnisse der Massenmedien weisen bei allen Konzentrationstendenzen nicht das demokratiegefährdende Duopol Italiens auf.[7] Heinz-Joachim Fischer, Italien-Korrespondent der *Frankfurter Allgemeinen Zeitung:* „Wäre Berlusconi in Deutschland möglich? Da fallen bei einem Vergleich jedoch in allen Punkten mehr Disparitäten auf als Ähnlichkeiten. Zwischen Deutschland und Italien, der Korruption hier und dort, dem öffentlichen Dienst und der staatlichen Verwaltung, den politischen Parteien, den Haushaltsdefiziten und den Staatsverschuldungen, der Stellung eines publikumswirksamen, sich selbst allein verantwortlichen, in keine Entscheidungsgremien eingezwängten und von anderen Institutionen kontrollierten Medienunternehmers südlich der Alpen und einer ganz anderen Wirtschaftskultur ohne Kondottieri nördlich davon, zwischen Deutschland und Italien gibt es zu viele Unterschiede, als daß Parallelen eine sinnvolle Analogie zulassen. Wodurch Deutschland zu gefährden ist, hat die Geschichte dieses Jahrhunderts gezeigt. Wohl kaum durch einen deutschen Berlusconi."[8] Eine Antwort, die auch für Österreich Gültigkeit hat...

Telekratie in *Österreich*: Jörg Haider[9] führte die FPÖ mit seinem populistischen Stil 1996 in die Nähe der 30-Prozent-Marke. Seit seinem Sieg am Parteitag 1986 verfolgte er konsequent die Politik, immer und überall mediale Aufmerksamkeit zu erwecken. Ob dies mit politischen Aussagen geschah, die oft für internationalen Protest sorgten, oder mit *non-events*, wie der Bergtour und dem Bungeeseil-Sprung von der Brücke. Die Massenmedien, die bis auf die *Neue Kronen Zeitung* Haider sehr kritisch gegenüber stehen, ließen sich diese Spektakel nicht entgehen und berichteten detailliert über Haider. Zu seinen größten medialen Coups zählen die Schautafeln bei den „Runden Tischen" vor der Nationalratswahl 1994.

Berlusconi muß sich nicht um die mediale Aufmerksamkeit kümmern, er besitzt sie. Deshalb kann er sich staatsmännisch geben und auf populistische „Tiefschläge" verzichten. Sein Anti-Kommunismus kann nicht mit Haiders Beschönigungen der Beschäftigungspolitik der Nationalsozialisten verglichen werden. Der Forza Italia-Chef zeigt sich in seinem ganzen politischen Verhalten, so auch in der Frage der Einbürgerung von Ausländern wesentlich gemäßigter und bleibt deshalb für den Großteil der Bevölkerung „wählbar".

Medienimperien

Die wirtschaftlichen Entwicklungen favorisieren zunehmend internationale Großverlage. Wenige Verlage kontrollieren deshalb den Großteil der Medienlandschaft. In der Regel halten sich die Unternehmer allerdings im Hintergrund, und die Bevölkerung kennt kaum ihre Namen. Ihre Macht und ihr Einfluß sollten gerade deshalb nicht unterschätzt werden.

Rupert Murdoch herrscht über das größte Verlagsnetz der Welt. Er macht seine Geschäfte in praktisch allen Kontinenten der Welt. Sein Satellitenprogramm kann von zwei Dritteln der Weltbevölkerung empfangen werden. Weltweit besitzt er 150 Zeitungen. In Australien kontrolliert er drei Viertel des Printmedienmarktes, in Großbritannien ein Drittel. Murdoch ist *der* Welt-Verleger.[10] Der *Spiegel* ging in einem Interview mit Murdoch scharf ins Gericht. Man warf ihm vor, die „mediale Weltherrschaft" erringen zu wollen. Sein Einfluß sei „jenseits jeglicher Vorstellungskraft", wird gerne eine Murdoch-Biographie von William Shawcross zitiert.[11] Dennoch meidet Murdoch die politische Arena und hält sich im Hintergrund. Seine Medien unterstützen in England und den USA die konservativen Parteien, in Australien hingegen die Labor-Party. Es scheint, als müsse Murdoch nicht in die Politik, weil er auch so alles erreicht, was er braucht. Zu Berlusconis Einstieg in die Politik meinte er: „Sein Wechsel in die Politik kam sehr überraschend. Wenn ein Verleger ein Land führen will, kann man nur sagen: viel Glück. [...] Ich bin zu alt für diese Träume. [...] Als Verleger versuche ich, meinem Land indirekt zu dienen."[12] Murdoch begrüßte zwar, daß Berlusconi Italien 1994 „vor dem Kommunismus gerettet" habe, seinen Worten konnte man aber entnehmen, daß ein Verleger besser aus dem Hintergrund agieren solle.

Der Deutsche *Leo Kirch* verwaltet ein Unternehmen, das 15.000 Kinofilme und 55.000 Stunden Serien, Kinderprogramme, Dokumentationen etc. verwaltet. Er beliefert damit alle deutschen Fernsehsender (außer *n-tv*). Die Sender, an denen er beteiligt ist,[13] haben einen Zuschaueranteil von 27 Prozent und 1993 betrug der Netto-Werbeumsatz mehr als zwei Milliarden DM.[14] Weder ihm noch seinem Sohn Thomas werden politische Ambitionen nachgesagt. Dennoch hat Kirch großen politischen Einfluß. Seine Freundschaft zu Helmut Kohl[15] sorgte für Kritik, als auf *SAT 1* die Sendung *Zur Sache, Kanzler* eingerichtet wurde. Man warf dem Moderator Heinz Klaus Mertes, ehemaliger Chefredakteur des *Bayerischen Rundfunks*, vor, lediglich als Stichwortgeber zu fungieren. Als das bayerische Mediengesetz konzipiert wurde, soll Kirch in Detailfragen beratend tätig gewesen sein. [16]

Die anderen deutschen Medienunternehmen, wie Bertelsmann und Springer, haben andere interne Machtstrukturen. Es gibt dort keinen Berlusconi, Murdoch oder Kirch. Die Macht konzentriert sich nicht auf eine Person. Selbstverständlich stellen auch Bertelsmann und Springer große politische Macht dar. Beide Unternehmen vertreten eine Weltanschauung, die sich auch in ihrer Unternehmenspolitik wiederfindet. Der Einfluß ihrer Zeitungen und Fernsehsender auf die Tagespolitik ist auch gegeben. Es ist aber unwahrscheinlich, daß einer der beiden Großverlage eines Tages den Bundeskanzler stellen wird.

Hans Dichand ist *Krone*-Miteigentümer und gilt in Österreich als eine der einflußreichsten Persönlichkeiten des Landes. Die Rolle der *Neuen Kronen Zeitung* bei der EU-Volksabstimmung schrieb Mediengeschichte. Anfang 1994 änderte die Zeitung ihren Kurs von EU-Nein zu einem beinahe euphorischen Ja. Der 73jährige Herausgeber hatte mit einem ganzseitigen Kommentar, der mit „Cato“ gezeichnet war, den neuen Kurs vorgegeben. Fritz Plasser zeigte sich überzeugt, daß die Pro-EU-Haltung der *Krone* für die Zwei-Drittel-Mehrheit bei der Volksabstimmung verantwortlich war. Ohne diese Lobby hätte es „allenfalls ein knappes Ja“ gegeben.[17]

Das Boulevardblatt hatte bereits mehrmals seine Macht unter Beweis gestellt. 1973 setzte man sich für die Rettung des Wiener Sternwarteparks ein; Bürgermeister Felix Slavik mußte daraufhin gehen. 1984/85 trat man gegen das Kraftwerk Hainburg ein, und es wurde nicht gebaut. 1986 unterstützte man Kurt Waldheim im Präsidentschaftswahlkampf, und dieser zog in die Hofburg. 1987 favorisierte man Helmut Zilk, und dieser verteidigte wider Erwarten die absolute SP-Mehrheit im Rathaus. Als einzige große Tageszeitung unterstützt man Jörg Haider... Dichand hält es wie seine Berufskollegen und meidet die Politik. Es genügt ihm, mit seinen Zeitungs-Kommentaren die Politik zu beeinflussen.

Die Grenzen der Telekratie, die Zukunft der Demokratie

Italien gilt als Fernsehnation. Das Fernsehen dominiert das öffentliche Leben wie in kaum einem anderen europäischen Land. Die Politik paßt sich den Kommunikationsregeln des

Fernsehens an. Jene Tendenzen, die die Forschung in den USA schon seit Jahrzehnten belegen kann, setzten auch in Italien ein. Die alte Politikergeneration, die von der Polarisierung durch den Kalten Krieg lebte, wußte diese neuen Formen der politischen Kommunikation noch nicht zu nützen. Den großen Parteien des Landes standen oft wenig charismatische Parteiführer vor. Außer einigen wenigen Populisten, wie Umberto Bossi, Gianfranco Fini und Marco Pannella, wußte niemand das Medium Fernsehen zu nützen. Der Wahlkampf von 1994 hätte sich nur unwesentlich von den vorhergehenden unterschieden, wenn nicht Silvio Berlusconi die politische Bühne betreten hätte.

Berlusconi wußte um die Bedeutung des Fernsehens in der heutigen Gesellschaft. Die Rolle des Fernsehens läßt sich - grob vereinfacht - auf zwei Gesellschaftsfunktionen beschränken: Unterhaltung und Orientierung. Vom Fernsehen erwartet man, unterhalten zu werden. Es ist nebensächlich, ob man einen Spielfilm, eine Dokumentation oder eine politische Sendung sieht: In der einen oder anderen Form will man unterhalten werden. Das große Interesse an der Berichterstattung des italienischen Wahlkampfes ist deshalb nicht auf das gestiegene politische Interesse in der Bevölkerung zurückzuführen, sondern auf den *horse race*, wie die amerikanischen Wissenschaftler den politischen Wettkampf nennen. Der Wahlkampf `94 war tatsächlich mit einem sportlichen Wettkampf zu vergleichen. In zahllosen TV-Konfrontationen und Talkshows „duellierten" sich die Spitzenkandidaten. Sieger war nicht jener, der die besten politischen Konzepte vorlegen konnte, sondern jener, der es verstand, sein Publikum zu unterhalten. Berlusconi fiel es leicht, seine Gegner in den Schatten zu stellen.

In einer Zeit, in der die Bevölkerung die Informationsflut nicht mehr bewältigen kann, will sie vom Fernsehen durch diese komplexe Welt geführt werden. Das *map-making* fällt dem Fernsehen zu, es gibt dem Zuschauer einen Orientierungspunkt. Berlusconi ist zwar erst im Herbst 1993 in die Politik eingestiegen, durch seine drei TV-Sender hat er aber schon die längste Zeit die italienische Gesellschaft beeinflußt. Durch seine Fernsehsender und seine Werbespots bestimmt er seit Jahren, was schön, erstrebenswert oder ästhetisch ist. Als der schließlich seine politische Karriere startete, unterschied er sich von den anderen Politikern darin, daß er die „Sprache des Fernsehens" sprach: knapp, bildreich und immer witzig und lächelnd. Berlusconi wußte das Fernsehen zu nutzen. Seine Spots, seine Auftritte und seine Reden waren für das Fernsehen gemacht.

Er kannte die Italiener, denn er gestaltete ihre Freizeit. Die Demoskopen erhoben die Sehnsüchte und Wünsche der Bevölkerung und trugen so zum Erfolg von Forza Italia bei. Meinungsumfragen sind nur vordergründig demokratisch. Aufgrund der Art der Fragestellung und der geringen Zahl an Befragten kann eine Umfrage nicht mit einer demokratischen Wahl verglichen werden. Dennoch waren bei Forza Italia die Demoskopen die wirklichen Entscheidungsträger. Die Demoskopie-Politik bringt aber nur kurzfristige Erfolge, weil sie nicht homogen ist. Orientiert sich ein Politiker an den Meinungsumfragen, dann wird er sehr rasch als wankelmütig erscheinen. Erfolgreich wird hingegen jener sein, der nicht auf kurz-, sondern auf mittel- und langfristige Zustimmung abzielt. Ministerpräsident Berlusconi mußte dies bereits nach wenigen Monaten zur Kenntnis nehmen.

Mediatisierte Politik unterscheidet sich nicht nur inhaltlich, sondern auch stilistisch von der „klassischen" Politik. Als sich die Politik von den Verhandlungszimmern auf die Fernsehbühne verlagerte, wandelte sich auch die Kommunikationskultur. Das Emotionsmedium Fernsehen verlangt nach einem emotional geführten Diskurs. Diese Tendenz wird im Wahlkampf nochmals verstärkt. Der italienische Wahlkampf von 1994 war deshalb im höchsten Maße emotionalisiert. Er fand im Fernsehen statt, und man befand sich in einer Phase des politischen Umbruchs. Der Beginn der neunziger Jahre stellte für Italien eine Zäsur dar. Die mächtigen Parteien der Ersten Republik waren über Nacht von den Staatsanwälten gestürzt worden. Mag die italienische Nachkriegsgeschichte für den Außenstehenden als chaotisch erscheinen, so übersieht er, daß es auch beständige Faktoren gab. Die Democrazia Cristiana war die „Ordnung im Chaos". Als sich ihr Absturz bei den nächsten Wahlen abzuzeichnen begann, fürchtete man das generelle Chaos. Daß Italiener grundsätzlich zu Emotionen neigen, ist hinlänglich bekannt. Die Wahlentscheidung basierte deshalb auf keiner rein rationalen Grundlage. Man wählte jene Bewegung, die das schönste Bild der Zukunft malen konnte, keine Partei im herkömmlichen Sinn war, und die nicht korrupt sein konnte, da es sie noch wenige Wochen zuvor nicht gegeben hatte: Forza Italia.

Berlusconis politische Bewegung mied es in dieser Phase des Volkszornes auf die Regierenden, sich als Partei zu bezeichnen. Man sei eine Bewegung, die sich in Klubs organisiere. Jörg Haider folgte wenige Monate später diesem Konzept und wandelte die FPÖ in die F-Bewegung um. Berlusconi wie Haider versuchten lediglich, ein neues Politikerimage aufzubauen. Abwertend könnte man sie mit den modernen Waschmitteln vergleichen, die sich als Umweltwunder verkaufen, obwohl sie nach wie vor Waschmittel sind. Berlusconi konnte sein „Nicht-Politiker"-Image nicht lange halten und wird mittlerweile neben die anderen Politiker in eine Reihe gestellt. Außerdem kündigte er bereits die Umwandlung von Forza Italia in eine Partei „nach amerikanischem Vorbild" an. „Parteiprogramm" wird vermutlich weiterhin die Zentrierung auf seine Person sein. Sollte sich Berlusconi eines Tages - aus welchen Grund auch immer - aus der Politik zurückziehen, dann wird auch Forza Italia von der politischen Bühne verschwinden. Für den schnellen Erfolg ist dies allerdings nebensächlich.

Als Regierungschef verlor Berlusconi rasch sein Charisma. Er mußte ein Land regieren, das in einer tiefen Krise steckte. Er versuchte dies im Stile eines Großunternehmers und scheiterte. Eine mächtige Opposition kämpfte pausenlos gegen ihn an. Wie Berlusconi während des Wahlkampfes, konnten jetzt seine politischen Gegner kritisieren und Versprechungen abgeben, es besser zu machen. 1996 gewann schließlich ein Mann, der besonnen wirkte. Die Bevölkerung wollte nach den Jahren des politischen Umbruchs endlich wieder Ruhe, und Prodi schien dieses Ziel besser zu verkörpern. Mit einem behutsamen und von schwachen Fernsehauftritten gekennzeichneten Wahlkampf gelang es dem Wirtschaftsprofessor, Vertrauen in der Bevölkerung zu wecken. Nachdem Italien 1994 die ganze Hoffnung in den Neopolitiker Berlusconi und seine neue Bewegung Forza Italia gelegt hatte, wollte das Land diesmal der „ewigen Opposition", der politischen Linken, eine Chance geben. So ist der

Wahlerfolg des Ulivo nicht ausschließlich auf Prodi und seinen Bus zurückzuführen. Die entscheidenden Stimmen kamen vom PDS, die christlichen Mitte-Parteien im Bündnis nützten dem gemäßigten Image des Bündnisses, hatten allerdings kaum politisches Gewicht.

Auch Prodi mußte bald zur Kenntnis nehmen, daß dieses Land offenbar nicht regiert werden kann. Wie alle Regierungen zuvor verfiel auch diese sofort der Machtpolitik und dem Postenschacher. Die Gelegenheit, es anders zu machen und beispielsweise die RAI aus der politischen Umklammerung zu lösen, wurde vertan. Daß der Ulivo auf die Stimmen von Rifondazione Comunista angewiesen ist, trug ebenfalls nicht zu einer klaren Regierungslinie bei. Prodi fehlte es in diesen Momenten an Macht. Er war die Integrationsfigur des Bündnisses, hatte aber keinen Parteiapparat, keine Gewerkschaften und nur wenig Wählerstimmen hinter sich, die ihm Durchschlagskraft geben konnten. So scheint es, daß auch diesmal das „italienische Wunder" ausbleiben wird, und sich die Italiener auch weiterhin mit der berühmten *arte del vivere* selbst regieren werden...

Die Telekratie frißt ihre Kinder. Laut Joshua Meyrowitz verhindert die omnipräsente Fernsehkamera die Mystifikation eines Politikers. Das Fernsehen kann zwar einem telegenen Politiker wie Clinton, Perot oder Berlusconi zu einem raschen Wahlerfolg verhelfen, aber es ist umso schwieriger, vor den Kameras dann auch zu bestehen. Früher konnte ein Präsident, auch wenn er keine charismatische Persönlichkeit war, leichter zu einem Mythos in der Bevölkerung werden. Man kannte ihn schließlich nur aus den Zeitungen. Heute sehen wir unsere Spitzenpolitiker täglich im Fernsehen. Durch die Nähe der Kameras kennen wir aber auch ihre Schwächen. Wir sehen sie schwitzen, ihren Zorn unterdrücken, nervös mit ihren Brillen und Füllhaltern spielen... Es scheint fast, als würden die Kameras umso näher gehen, je mehr der Politiker in Bedrängnis gerät.

Zu Beginn seiner politischen Laufbahn lebte Berlusconi vom Fernsehen, er konnte die Kameras in nötiger Distanz halten. Bei den Parteiveranstaltungen lieferten seine TV-Sender das Bildmaterial, das ihn selbstverständlich von seiner besten Seite zeigte. Als Berlusconi allerdings in das Kreuzfeuer der Kritik geriet und vor den Mailänder Staatsanwälten aussagen mußte, erkannte er die Gefahr, die vom Fernsehen ausging und mied es plötzlich. Als er das Justizgebäude mit seinem Wagen verlassen mußte und hunderte Journalisten auf der Straße warteten, waren die Vorhänge im Fond des Wagens zugezogen. Der Tele-Politiker war medienscheu geworden.

Warum ist Berlusconi in die Politik gegangen? Ein Grund mag sicherlich darin zu finden sein, daß sein Medienimperium, auf dem eine große Schuldenlast liegt, auf das Wohlwollen der Regierenden angewiesen ist. Dieses Wohlwollen hätte er bei einem Wahlsieg der Progressisten nicht erwarten können, im Gegenteil: Man hätte sicherlich versucht, seine Firma zu beschneiden. Da Berlusconi auf keinen Fürsprecher mehr zählen konnte, mußte er selbst in die Politik. Der andere Grund könnte darin zu finden sein, daß Berlusconi gerne Geschichte schreiben wollte und von der Gunst der Stunde fasziniert war. Der Fininvest-Chef ist als äußerst zielstrebig bekannt. Die ununterbrochenen Expansionsbestrebungen seiner Firma sind ein Beleg für diese Charaktereigenschaft. Am Anfang seiner Karriere machte er das Geld im Baugewerbe. Als dieses stagnierte, zog er sich mit seinem beträchtlichen Vermögen nicht in seine Villa bei Mailand zurück, sondern widmete sich dem Fernsehmarkt. Als auch dieser an seine Wachstumsgrenzen stieß, blickte er sich um und fand eine praktisch verwaiste politische Landschaft vor. Man mußte sie nur besetzen, bevor andere auf diese Idee kamen.

Abschließend stellt sich die Frage nach der Zukunft der Demokratie. Wird in Italien die Mediatisierung der Politik weiter voranschreiten, oder wird es wieder eine Phase „klassischer Politik" geben? Alles deutet daraufhin, daß die „Ausrufung der Telekratie", die „Machtübernahme der Vierten Gewalt", vorerst abgewendet worden ist. Das heißt zwar nicht, daß Berlusconi möglicherweise die nächsten Wahlen nicht wieder gewinnen wird, aber die Rahmenbedingungen werden verändert sein. Stephan Ruß-Mohl warnte in der deutschen Wochenzeitung, *Die Zeit*, davor, Berlusconis politische Karriere als beendet zu sehen.[18] Der Forza Italia-Chef kann sich nicht mehr auf den Bonus des Nicht- bzw. Neo-Politikers verlassen. Die Regierungs- und Parlamentsarbeit hat viel von dem Mythos des Großindustriellen, der das Unternehmen Italien in die Gewinnzone führen will, genommen. Forza Italia verliert ebenfalls ihr erfolgreiches Image. Die ersten politischen Niederlagen haben Berlusconis Auftreten ebenfalls verändert. Es bewahrheitete sich, was Hans Rauscher wenige Tage nach Berlusconis Wahlsieg im März 1994 prophezeit hatte: „Autokratische Unternehmerpersönlichkeiten sind in der Politik noch immer gescheitert, weil sie glaubten, befehlen zu können, wo man überzeugen und motivieren muß. Deswegen besteht eine gute Chance, daß Berlusconi das bleibt, was er ist - ein Medienphänomen, nicht weniger, aber auch nicht mehr."[19]

Auf der Ebene der Medien hat der Gesetzgeber erste Handlungen gesetzt, um Wahlkämpfe künftig nicht in kostenintensive Medienschlachten ausarten zu lassen. Wichtiger als diese Gesetze, die mehr symbolische Bedeutung haben, ist die Thematisierung der Problematik. Zwischen Berlusconis Einstieg in die Politik und seinem Wahlsieg war die Zeit zu kurz und zu emotional, um die Instrumentalisierung der Medien zu diskutieren.

Die Demokratie wird sich zwar noch stark verändern, aber sie wird nicht von der Telekratie abgelöst werden. Zahlreiche Studien belegen, daß in der Bevölkerung der Euphorie über die scheinbar bürgernahe, neue Politik eine Phase der Ernüchterung folgt. Die Demoskopie-Politik sucht nach den Wünschen und verspricht, diese zu erfüllen. Die meisten dieser Versprechungen lassen sich aber nicht verwirklichen. Die Wähler vergessen aber nicht auf die - in Italien mittlerweile sprichwörtlich gewordene - „Million Arbeitsplätze", die Berlusconi im Wahlkampf versprochen hatte. Die anfängliche Begeisterung wird von der Enttäuschung abgelöst. Plasser faßt das von zahlreichen Wissenschaftlern entworfene Szenario der Demokratie zusammen: „Der elektronische Populismus führe sich somit längerfristig ad absurdum, da sich seine Stilmittel allmählich verbrauchen, der kunstvoll inszenierte Emotions-

und Erregungspegel zu Sättigungserscheinungen führe, vorfabrizierte, kameragerechte Ereignisse an Neuigkeitswert verlieren, das politische Kommunikationsdrama bei den Adressaten auf Langeweile, Abneigung und Widerwillen zu stoßen beginnt, das Publikum beim Anblick der politischen Medienstars - zumindest mental - abzuschalten beginnt."[20] Es gibt Anlaß zur Hoffnung. Dennoch: Ist das Fernsehen die Schwachstelle der modernen Gesellschaft - die Achillesferse der Demokratie? Das Fernsehen ist ohne Zweifel für jede Form des medien- und kameragerechten Populismus anfällig.[21]

Italien ist wohl das beste Beispiel dafür, daß Entwicklungen des Fernsehens, die anfangs unaufhaltsam schienen, sich selbst regulieren. Das Fernsehen galt noch vor wenigen Jahren als der beste Werbeträger. Man begann den Zuschauer mit Millionen Spots zu bombardieren. Während der *primetime* oder der Ausstrahlung eines sogenannten „Straßenfegers", nahm die Werbung unerträgliche Ausmaße an. Die Zuschauer reagierten mit Unmut, und die Fininvest schränkte die Werbeunterbrechungen ein. Ähnlich hat es sich mit der „Medienpartei" Forza Italia verhalten. Die Wähler wollten die teuren, aufwendigen Spots, die ununterbrochen ein Neues Italien beschwören, bald nicht mehr wahrnehmen, und so verzichtete Forza Italia 1996 gänzlich auf Spots.

Berlusconi hatte zwei Jahre zuvor aufgrund seiner perfekt inszenierten Wahlwerbung einen Vertrauensvorschuß von der Bevölkerung bekommen. Man wußte nicht, ob er regieren konnte, aber er versprach, es besser als die alten Parteien zu machen. Mittlerweile mußte Berlusconi erkennen, daß Politik mehr als nur moderne PR ist. Er zog die Konsequenzen und versucht mit sachorientierter Oppositionspolitik die Herzen der Italiener zurückzugewinnen.

Politik und politische Berichterstattung werden sich - nicht nur in Italien - noch stark wandeln, die Parteien werden sich programmatisch immer stärker gleichen, und die Plattform der Politik wird das Fernsehen sein. Das Parlament wird in seinen elementaren Funktionen vom Fernsehen abgelöst werden. Dennoch wird die Demokratie das Fernsehen überleben. Es wird eine mediatisierte Demokratie sein, die Macht wird aber nach wie vor in den Händen des Volkes und nicht bei den Medien liegen.

Anmerkungen:

1 RENNER, Jens: Der Fall Berlusconi. a.a.O. S.12.
2 HARPPRECHT, Klaus: Kann die Demokratie das Fernsehen überleben? a.a.O. S.28.
3 Vgl. u.a.: HOLZER, Werner: Ein Präsident ohne Flitterwochen. Bill Clinton, die Medien und das politische System der USA. In: Bertelsmann Briefe. Dez. 1994. S.38-39.
4 Zit.n. ALTWEGG, Jürg: Sanfter Totalitarismus. a.a.O.
5 Zit.n. ALTWEGG, Jürg: Sanfter Totalitarismus. a.a.O.
6 RENNER; Jens: Der Fall Berlusconi. a.a.O. S.160.
7 Vgl. u.a.: GROSS, Jens: Ein Berlusconi in Deutschland? In: Bertelsmann Briefe. Dez. 1994. S.56-57.
8 FISCHER, Hans-Joachim: Wäre Berlusconi in Deutschland möglich? In: Bertelsmann Briefe. Dez. 1994. S.52-55, hier S.55.

9 Die Forschungsliteratur hat sich bereits mehrfach mit Jörg Haider auseinandergesetzt. Vgl. hierzu die Literaturangaben in: PLASSER, Fritz: Die populistische Arena. Massenmedien als Verstärker. In: LANGENBUCHER, Wolfgang R.: Politische Kommunikation. Grundlagen, Strukturen, Prozesse. Wien, [2]1993. S.186-207. - SCHARSACH, Hans-Henning: Haiders Kampf. Wien, [7]1992.

10 Vgl.: RENNER, Jens: Der Fall Berlusconi. a.a.O. S.158.

11 „Wir erweitern den Horizont der Leute". Der Großverleger Rupert Murdoch über Medien und Macht. In: Der Spiegel. 32/1994. S.128-134, hier S.130.

12 „Wir erweitern den Horizont der Leute". a.a.O. S.131.

13 Sat 1, Pro 7, Kabelkanal und DSF.

14 RENNER, Jens: Der Fall Berlusconi. a.a.O. S.159f.

15 Vgl. u.a.: MEYN, Hermann: Journalisten als Instrument der Politik? In: Bertelsmann Briefe. Dez. 1994. S.19-21.

16 RENNER, Jens: Der Fall Berlusconi. a.a.O. S.160f.

17 HACKER, Herbert E. / OSZTOVICS, Walter: Die Krone. In: WirtschaftsWoche. 26/1994. S.20-28, hier S.21.

18 RUSS-MOHL, Stephan: Berlusconi spaltet Italien. In: Die Zeit. 4.11.1994. k.S.

19 RAUSCHER, Hans: Forza Berlusconi? Der erste totale Mediokrat der Demokratiegeschichte auf dem Sprung zur Macht. In: WirtschaftsWoche. 14/1994. S.11-12, hier S.12.

20 PLASSER, Fritz: Die populistische Arena: Massenmedien als Verstärker. a.a.O. S.187.

21 PLASSER, Fritz: Die populistische Arena: Massenmedien als Verstärker. a.a.O. S.191.

Literaturverzeichnis

„Berlusconi ist ein Lügner". Der Publizist Indro Montanelli über den Wahlsieg der italienischen Rechten und die neue Republik. In: Der Spiegel. 14/1994. S.148-151.

„Die Avantgarde des Vergessens". Ein ZEIT-Interview mit Paul Virilio. In: Die Zeit. 15.4.1994.

„Eine autoritäre Demokratie". Interview mit Lilli Gruber über Macht und Zensur im Fernsehen. In: Der Spiegel. 24/1994. S.147-148.

„Ich habe Nerven aus Stahl." Italiens Ministerpräsident Silvio Berlusconi über seine Regierung und die Kritik an seiner Machtfülle. Interview von: LEICK, Romain / ROQUES, Valeska von. In: Der Spiegel. 32/1994. S.114-118.

„Wir erweitern den Horizont der Leute". Der Großverleger Rupert Murdoch über Medien und Macht. In: Der Spiegel. 32/1994. S.128-134.

ALTWEGG, Jürg: Sanfter Totalitarismus. Völker, seht die Einschaltquoten: Paris ist von Rom gebannt. In: Frankfurter Allgemeine Zeitung. 21.4.1994, S.33.

ANSA-Meldung WDI 70162, 18.2.1996.

ANSA-Meldung WIN 10143, 8.7.1996.

ANSA-Meldung YMI 20145, 16.7.1996.

ANSA-Meldung YNA 10042, 8.7.1996.

ANSA-Meldung YT 020053, 9.7.1996.

ANSELMO, Mauro: „Incredibile, abbiamo perso vincendo...". Paradossi politici. Perché il centro destra non ha sfondato. In: Panorama. 1.8.1996. S.48f.

APA-Meldung 010 5 AA 0452, 15.4.1996.

APA-Meldung 046 5 WA 057, 2.4.1995.

APA-Meldung 154 5 AA 0294, 17.7.1996.

APA-Meldung 501 5 AA 0419, 23.4.1996.

APA-Meldung 574 5 AA 0418, 21.2.1996.

APA-Meldung 687 5 AA 0161, 19.4.1996.

BAGET BOZZO, Gianni: Cattolici e democristiani. Un' esperienza politica italiana. Mailand, 1994.

BEHRENS, Bolke: „Im Notfall Böses tun." Staatsphilosoph Niccolò Machiavelli über den römischen Regierungschef Berlusconi. In: WirtschaftsWoche. 32/1994. S.18, 22.

BERGMEISTER, Helga: Das Image des Österreichers in der italienischen Presse. Eine inhaltsanalytische Untersuchung am Beispiel der italienischen Tageszeitung „La Repubblica". Diplomarbeit. Wien, 1989.

BERGSDORF, Wolfgang: Mediatisierte Politik und politischer Wertewandel. In: BÖKKELMANN, Frank E. (Hg.): Medienmacht und Politik. Berlin, 1989.

BERGSDORF, Wolfgang: Probleme der Regierungskommunikation. In: Communications. 3/1986. S. 30ff.

BERSELLI, Edmondo: Democrazia elettronica. Fa bene o male alla politica? In: Panorama. 25.4.1996. S.143.

BÖCKELMANN, Frank E. (Hg.): Medienmacht und Politik. Berlin, 1989.

BOLAFFI, Angelo: Ende der Fata Morgana. In: Der Spiegel. 18/1996. S.162.

BOLAFFI, Angelo: Spieler unter Zugzwang. Italiens Intellektuelle am Beginn der Epoche Berlusconi. In: Frankfurter Allgemeine Zeitung. 8.6.1994, S.33.

BRAUN, Michael: Italiens politische Zukunft. Frankfurt a.M., 1994.

BRETSCHNEIDER, Rudolf: Demoskopie als Politikersatz? Gebrauch und Mißbrauch der politischen Meinungsforschung. In: PLASSER, Fritz / ULRAM, Peter A. / WELAN, Manfried (Hg.): Demokratierituale. Zur politischen Kultur der Informationsgesellschaft. Wien / Köln / Graz, 1985. S.271-277.

BRILL, Klaus: Bei Fede darf sich der Chef aussprechen. Wie der Politiker und Medienmogul Silvio Berlusconi in seinen Fernsehsendern mit dem Pluralismus umgeht. In: Süddeutsche Zeitung. 9.7.1994. S.30.

BRINDANI, Umberto: Teniamo la sinistra! L'altra faccia del pianeta RAI / Lerner e „Milano, Italia". In: Panorama. 14.2.1993. S.42-44.

BRUGGER, Oktavia: Rom: Neuwahlen rücken in die Ferne. In: Die Presse. 21.7.1995. S.4.

BRUNNSTEINER, Eva: Das Kulturprogramm der RAI und der Berlusconi-Sender Canale 5 und Italia 1. Diplomarbeit. Wien, 1993.

BUOVOLO, Marisa: Fernsehlandschaft in Italien - Entwicklungen im dualen Modell. In: Media Perspektiven. 8/1987. S.528-534.

BUOVOLO, Marisa: Kämpfe mit Beilagen. In: Medium. 1/1989. S.61.

BURKART, Roland: Medienereignis „TV-Duell": Die Entlarvung eines Mythos. In: PLASSER, Fritz / ULRAM, Peter A. / WELAN, Manfried (Hg.): Demokratierituale. Zur politischen Kultur der Informationsgesellschaft. Wien / Köln / Graz, 1985. S.75-92.

CARACCIOLO, Luigi: Spirale der Selbstzerstörung. Berlusconis erste postpolitische Regierung des Westens. In: Der Spiegel. 25/1994. S.135-138.

CARDINI, Flaminia: Stampa, „sorella cieca" della Tv. In: Problemi dell´ informazione. 3/1994. S.317-325.

CERVI, Mario: Der Faschismus ist tot. In: Frankfurter Allgemeine Zeitung. 16.8.1994, S.8.

CIVICO, Aldo: „Ich fürchte die Italiener". Indro Montanelli, Publizist und ehemaliger Wegbegleiter Silvio Berlusconis, über das Versagen der italienischen Politik und die zerbrechliche Einheit seines Landes. In: Die Woche. 9.12.1994. S.27.

COLLI, Laura delli: Nel mirino della Rai. In: Panorama. 19.9.1993. S.40.

COLOMBO, Fausto / MANZATO, Anna: Per i media un´ occasione perduta. In: Problemi dell´ informazione. 3/1994. S.297-301.

CORRIAS, Pino / GRAMELLINI, Massimo / MALTESE, Curzio: 1994. Colpo Grosso. Mailand, 1994.

Das wiedererwachte Gefühl für die Legalität. Oberstaatsanwalt Saverio Borelli über das neue Italien im Gespräch mit Gudrun HARRER. In: Der Standard. 11./12. 12. 1993. S.34.

DAVID, Wolfgang: Sua Emittenza. In: profil. 6.12.1993. S.44f.

DEUTSCH, Dorette: Die Freunde im Alltag. Beobachtungen aus der Fernsehumwelt Italiens. In: Medium. 7/1981. S.21-23.

DI NICOLA, Primo: „In preda a un raptus". Montanelli su Berlusconi. Un´ antologia. In: L´Espresso. 21.1.1994. S.55.

DONSBACH, Wolfgang: Täter oder Opfer - Die Rolle der Massenmedien in der amerikanischen Politik. In: DONSBACH, Wolfgang / JARREN, Otfried / KEPPLINGER, Hans Mathias / PFETSCH, Barbara: Beziehungsspiele - Medien und Politik in der öffentlichen Diskussion. Gütersloh, 1993. S.221-281.

DOVIFAT, Emil: Handbuch der Weltpresse. Bd. 1. Pressesysteme der Welt. Hg. v. Institut für Publizistik der Universität Münster. Köln, 1970.

ECO, Umberto: Chi ha detto di spengere la tv? Averne! Ma Prodi non ce l´ha. In: L´Espresso. 5.4.1996. S.194.

FABRIS, Hans Heinz: Zwischen Politik und Politikinszenierung: Medienkurse der sechziger Jahre. In: LANGENBUCHER, Wolfgang R. (Hg.): Politische Kommunikation. Grundlagen, Strukturen, Prozesse. Wien, überarb. Auflage, ^{2}1993. S.164-173.

FISCHER, Hans-Joachim: Wäre Berlusconi in Deutschland möglich? In: Bertelsmann Briefe. Dez. 1994. S.52-55.

FLAIG, Berthold Bodo / MEYER, Thomas / UELTZHÖFFER, Jörg: Alltagsästhetik und politische Kultur. Zur ästhetischen Dimension politischer Bildung und politischer Kommunikation. Bonn, 1993.

FRACASSI, Claudio / GAMBINO, Michele: Berlusconi. Una biografia non autorizzata. La vita, le amicizie, gli affari. Beilage zu: Avvenimenti. 7/1994.

FRANCO, Massimo: Tutti a casa. Il crepuscolo di mamma DC. Mailand, 1993.

GALLUCCI, Carlo: Letizia missione compiuta. Telegiornali/La faziosità di Rai e Fininvest. In: L´Espresso. 12.4.1996. S.54ff.

GALLUCCI, Carlo: Ma Forza Italia era sempre in video! In: L´Espresso. 5.5.1995. S.62-64.

GALLUCCI, Carlo: Parlo pure in fuori Gioco. Le reti Fininvest e le elezioni. In: L´Espresso. 10/1994. S.72f.

GATNAR, Anton F.: Neues Radio- und Fernsehgesetz in Italien. In: Medien und Recht. 5/1990. S.177f., 207f.

GIGLER, Hubert: Entstehungs- und Erfolgsgründe liberaler Tageszeitungen am Beispiel von La Repubblica und El Pais. Dissertation. Wien, 1989.

GOTTSCHLICH, Maximilian: Journalismus und Orientierungsverlust. Grundprobleme öffentlich-kommunikativen Handelns. Wien / Köln / Graz, 1980.

GOTTSCHLICH, Maximilian: Machen Medienzaren in Zukunft Staat? In: Wiener. 5/1994. S.14.

GRANDI, Roberto. Prodi. Una campagna lunga un anno. Mailand, 1996.

GRASSI, Manuela: C´ eravamo tanto odiati. Tipi controcorrente. Il caso Montanelli. In: Panorama. 16.7.1994. S.22f.

GRIZZAFFI, Giuseppe: Fernsehen in Italien: Der Weg zum Duopol. In: Media Perspektiven. 11/1984. S.854-861.

GRIZZAFFI, Giuseppe: Sechs Jahre Privatfernsehen in Italien. In: Media Perspektiven. 11/1982. S.711-717.

GROSS, Jens: Ein Berlusconi in Deutschland? In: Bertelsmann Briefe. Dez. 1994. S.56-57.

HACKER, Herbert E. / OSZTOVICS, Walter: Die Krone. In: WirtschaftsWoche. 26/1994. S.20-28.

HARPPRECHT, Klaus: Kann die Demokratie das Fernsehen überleben? In: Bertelsmann Briefe. Dez. 1994. S.26ff.

HARTMANN, Peter: Die Erste Republik Kakao. Wie Silvio Berlusconi nach dem Himmel auch den Stiefel erobern will. In: Die Weltwoche. 10.3.1994. S.1-2.

HOLTZ-BACHA, Christina / LEE KAID, Lynda (Hg.): Die Massenmedien im Wahlkampf. Untersuchungen aus dem Wahljahr 1990. Opladen, 1993.

HOLZER, Werner: Ein Präsident ohne Flitterwochen. Bill Clinton, die Medien und das politische System der USA. In: Bertelsmann Briefe. Dez. 1994. S.38-39.

IGEL, Renate: Berlusconi. Eine italienische Karriere. Rastatt, 1990.

IGEL, Renate: Lex Berlusconi. Nach 15 Jahren Privatfunk hat Italien ein Mediengesetz. In: Medium. 3/1991. S.101ff.

JARREN, Otfried / GROTHE, Thorsten / RYBARCZYK, Christoph: Medien und Politik - eine Problemskizze. In: DONSBACH, Wolfgang / JARREN, Otfried / KEPPLINGER, Hans Mathias / PFETSCH, Barbara: Beziehungsspiele - Medien und Politik in der öffentlichen Diskussion. Gütersloh, 1993. S.11-44.

KEPPLINGER, Hans Mathias: Voluntaristische Grundlagen der Politikberichterstattung. In: BÖCKELMANN, Frank E. (Hg.): Medienmacht und Politik. Berlin, 1989. S.59-83.

LACAPRARA, Lucia: La teledipendenza pre-elettorale. Analisi di tre quotidiani. In: Problemi dell´ Informazione. 3/1996. S.50-56.

LANGENBUCHER, Wolfgang R. (Hg.): Politische Kommunikation. Grundlagen, Strukturen, Prozesse. Wien, überarb. Auflage, [2]1993.

LANGENBUCHER, Wolfgang R. / UEKERMANN, Heinz R.: Politische Kommunikationsrituale. Zur publizistischen Funktion moderner Wahlkämpfe am Beispiel der Bundesrepublik Deutschland. In: PLASSER, Fritz / ULRAM, Peter A. / WELAN, Manfried (Hg.): Demokratierituale. Zur politischen Kultur der Informationsgesellschaft. Wien / Köln / Graz, 1985. S.49-59.

LANGENBUCHER, Wolfgang R.: Grenzen (fernseh)mediatisierter Politik. In: BÖCKELMANN, Frank E. (Hg.): Medienmacht und Politik. Berlin, 1989. S.87-96.

LERG, Winfried B.: Medienmacht und Politik. In: WITTKÄMPER, Gerhard W. (Hg.): Medien und Politik. Darmstadt 1992. S.14-26.

LIPPMANN, Walter: Die öffentliche Meinung. Reprint. Bochum, 1990.

LISTRI, Pier Francesco: I segreti dell' informazione. Stampa e TV nelle parole dei protagonisti. Mailand, 1994.

LÜBBE, Hermann: Streit um Worte. In: KALTENBRUNNER, Gerd-Klaus (Hg.): Die umfunktionierten Wörter. Freiburg, 1987. S.87-111.

LUHMANN, Niklas: Öffentliche Meinung. In: Politische Vierteljahresschrift. 1/1970, S.2-28.

MALAGUTTI, Vittorio: Il Cavaliere va all´incasso. In: Corriere della Sera. 15.4.1995. S.19.

MALASPINA, Telesio: Sono nervile, non difficoltatemi. In: L´Espresso. 10/1994. S.54-56.

MANCINI, Paolo / MAZZOLENI, Gianpietro: Un´ offerta eccezionale e ruoli particolari tra i giornalisti. In: Problemi dell´ informazione. 3/1994. S.285-295.

MANFELLOTTO, Bruno: Borghesia milanese, l´ottusità infinita. Ricominciare a 85 anni. Montanelli racconta la sua nuova avventura. In: L´Espresso. 11.3.1995. S.22-28.

MARTINI, Paolo: Die Umstrukturierung des italienischen Fernsehsystems. In: Rundfunk und Fernsehen. 3-4/1985. S.501-512.

MARTURANO, Marco: Scomunicanti e scomunicati nell´anno dell´alternanza. In: Problemi Dell´ Informazione. 3/1996. S.14-30.

MARTURANO, Marco: Sondaggi, informazione e risultati elettorali: analisi e metodi di un circolo vizioso. In: Problemi dell´ informazione. 3/1994. S.327-355.

MAST, Claudia: Tagesschau oder Tagesshow? Zur Präsentation politischer Informationen in den Medien. In: BÖCKELMANN, Frank E. (Hg.): Medienmacht und Politik. Berlin, 1989. S.105-115.

MATHEUS, Annette: Fünfzehn Jahre „la Repubblica": Die Karriere einer italienischen Tageszeitung. In: Publizistik. 2/1991. S.227-241.

MAZZUCA, Giancarlo: „Ma combatterò ancora con voi". Intervista a Montanelli „pensionato". In: la Voce. 12.4.1995. S.2.

McLEOD, Jack M. / BLUMLER, Jay G.: The Macrosocial Level of Communication Science. In: BERGER, Charles / CHAFFEE, Steven H. (Hg.): Handbook of Communication Science. Newbury Park / Beverly Hills / London / New Delhi, 1987. S.310f.

MEINEL, Wulf: Die Rundfunkstruktur in Italien. Ein zur Ruhe gekommener freier Markt? In: Media Perspektiven. 6/1985. S.401-411.

MEINEL, Wulf: Italien: Die Stabilisierung eines Patts zwischen Unterhaltungsnetworks und der RAI. In: Media Perspektiven. 9/1986. S.582-586.

MEYN, Hermann: Journalisten als Instrument der Politik? In: Bertelsmann Briefe. Dez. 1994. S.19-21.

MEYROWITZ, Joshua: Überall und nirgends dabei. Die Fernsehgesellschaft I. Weinheim/Basel, 1990.

MEYROWITZ, Joshua: Wie Medien unsere Welt verändern. Die Fernseh-Gesellschaft II. Weinheim/Basel, 1990.

MIGGE, Thomas: Mini-Mussolini. Die Faschisten lassen lächelnd die Zähne blitzen statt der Messer. In: profil, 11.4.1994. S.66.

MONTANELLI, Indro / CERVI, Mario: L' Italia degli anni di fango (1978-1993). Mailand, ^{3}1994.

MONTANELLI, Indro: Uno straniero in Italia. In: la Voce. 12.4.1995. S.1.

MORCELLINI, Mario: La telepolitica: polifonia e rappresentazione. In: Problemi dell´ informazione. 3/1994. S.261-283.

MORCELLINI, Mario: La Tv dell´ incertezza. Telepolitica e pubblico nella campagna elettorale `96. In: Problemi dell´ Informazione. 3/1996. S.31-43.

MUGHINI, Giampiero: Chi di accetta ferisce... In: Panorama. 19.9.1993, S.38.

MÜLLER, Karin: Die Österreich-Berichterstattung in den italienischen Medien. Eine Inhaltsuntersuchung der Auslandskorrespondenz über Österreich am Beispiel des Corriere della Sera. Diplomarbeit. Wien, 1993.

MÜNCH, Richard: Dialektik der Kommunikationsgesellschaft. Frankfurt a.M., 1991.

MÜNCH, Richard: Journalismus in der Kommunikationsgesellschaft. In: Publizistik. 3/1993. S.261-279.

N.N.: „Sono influenti? Paghiamoli“. In: Panorama. 19.9.1993. S.42.

N.N.: Rundfunkchaos in Italien dauert an. In: Media Perspektiven. 1/1980. S.73.

N.N.: Senza Ordine né legge. In: Panorama. 19.9.1993. S.39.

N.N.: Wiedereinstieg Mondadoris in Italiens TV-Geschäft? Ehrgeizige Expansionspläne der Verlagsgruppe. In: Neue Zürcher Zeitung. 21.4.1989. S.19.

NAMUTH, Michaela: Augen schließen. Bilanz eines Niedergangs: Nur elf Wochen nach seinem Amtsantritt hat Silvio Berlusconi die Kontrolle über die Politik verloren und sein Land in eine neue Staatskrise gestürzt. In: WirtschaftsWoche. 32/1994. S.14-17.

NAMUTH, Michaela: Benettons Stimme. Italien: Vor den Wahlen hat eine Revolution im Zeitungswesen begonnen. In: Die Zeit. 11.3.1994. S.36.

OBERREUTER, Heinrich: Mediatisierte Politik und politischer Wertewandel. In: BÖKKELMANN, Frank E. (Hg.): Medienmacht und Politik. Berlin, 1989. S.31-41.

OBERREUTER, Heinrich: Parlament und Öffentlichkeit. In: LANGENBUCHER, Wolfgang R. (Hg.): Politische Kommunikation. Grundlagen, Strukturen, Prozesse. Wien, überarb. Auflage, 21993. S.94-103.

OFFE, Claus: Politische Legitimation durch Mehrheitsentscheidung? In: Journal für Sozialforschung. 3/1982.

OLDANI, Tino: Mamma che RAI! Viaggio negli sprechi della tivu di stato. In: Panorama. 14.2.1993. S.36-39.

OLDANI, Tino: Turani uno, due, tre... In: Panorama: 3.4.1994. S.53.

ORREN, Gary R.: Thinking About the Press and Government. In: LINSKY, Martin: Impact. How The Press Affects Federal Policy Making. New York / London, 1986.

PANSA, Giampaolo: Lo sfascio. Politici politicanti portaborse e malfattori. Mailand, 1987.

PATTERSON, Thomas E.: More Style Than Substance: Television News in U.S. National Elections. Political Communication and Persuasion. 8/1991. S.145-161.

PELIKAN, Veronika: Der „Ordine dei giornalisti italiani". Journalismus als Beruf in Italien. Dissertation. Wien, 1989.

PELINKA, Anton: Mächtige Medien - ohnmächtige Politik? In: Publizistik. 3/1993. S.305-310.

Per un nuovo miracolo italiano. Il programma di Forza Italia. Beilage zu: Trend - Italia Viaggi. 8/1994.

PERGOLINI, Angelo: Messaggero benedetto. In: Panorama. 19.9.1993. S.41-42.

PERNA, Giancarlo: Scalferi. Una vita per il potere. Mailand, 1989.

PETERSEN, Jens: Neuer Wind aus dem Süden. Mussolinis Faschismus, die Macht und Medienmagnat Berlusconi. In: Der Spiegel. 19/1994. S.152-158.

PIZZORNO, Alessandro / DELLA PORTA, Donatella: „Geschäftspolitiker" in Italien. Überlegungen im Anschluß an eine Studie über politische Korruption. In: Kölner Zeitschrift für Soziologie und Sozialpsychologie. 3/1993. S.439-464.

PLASSER, Fritz / SOMMER, Franz: Politische Öffentlichkeitsarbeit in informationsgesellschaftlichen Demokratien. In: DORER, Johanna / LOJKA, Klaus (Hg.): Öffentlichkeitsarbeit. Theoretische Ansätze, empirische Befunde und Berufspraxis der Public Relations. Wien, 1991. S. 93-110.

PLASSER, Fritz / ULRAM, Peter A. / WELAN, Manfried (Hg.): Demokratierituale. Zur politischen Kultur der Informationsgesellschaft. Wien / Köln / Graz, 1985.

PLASSER, Fritz: Die populistische Arena. Massenmedien als Verstärker. In: LANGENBUCHER, Wolfgang R.: Politische Kommunikation. Grundlagen, Strukturen, Prozesse. Wien, 21993. S.186-207.

PLASSER, Fritz: Die populistische Arena: Massenmedien als Verstärker. In: LANGENBUCHER, Wolfgang R. (Hg.): Politische Kommunikation. Grundlagen, Strukturen, Prozesse. Wien, überarb. Auflage, 21993. S.186-207.

PLASSER, Fritz: Elektronische Politik und politische Technostruktur reifer Industriegesellschaften - Ein Orientierungsversuch. In: PLASSER, Fritz / ULRAM, Peter A. / WELAN, Manfried (Hg.): Demokratierituale. Zur politischen Kultur der Informationsgesellschaft. Wien / Köln / Graz, 1985. S.9-31.

PLASSER, Fritz: Medienlogik und Parteienwettbewerb. In: BÖCKELMANN, Frank E. (Hg.): Medienmacht und Politik. Berlin, 1989. S.207-218.

POLACZEK, Dietmar: Der Preis der Meinung. Pressefreiheit in Italien. Der Fall Cavallari und die Tradition. In: Frankfurter Allgemeine Zeitung. 21.2.1984. S.21.

POLACZEK, Dietmar: In der Wasserleitung fließt Gratisalkohol. Berlusconis Videokratie oder Warum Italiens Demokraten ohne Verbraucherschutz auskommen. In: Frankfurter Allgemeine Zeitung. 16.6.1994. S.36.

POLACZEK, Dietmar: Unsaubere Hände. Das Ende der Fernsehrepublik in Italien? In: Frankfurter Allgemeine Zeitung. 18.7.1994.

POLIZZI, Daniela: Rischio Brasile. Lottizzazione. Parla Carlo Freccero. In: Il Mondo. 28.2.1994. S.43-44.

PORTER, William E.: The italian journalist. Michigan, 1983.

RAITH, Werner: Der Korruptionsschock. Demokratie zwischen Auflösung und Erneuerung: Das Beispiel Italien. Hamburg 1994.

RAUEN, Birgit: Italien: Kartellbildung von Medien und Industrie. In: Media Perspektiven. 3/1990. S.156-174.

RAUEN, Birgit: Italienische Presse 1978 bis 1988. In: Media Perspektiven. 11/1988. S.692-704.

RAUEN, Birgit: Italienischer Rundfunk: Vom Wellensalat zum wohlgeordneten Geschäft. In: Media Perspektiven. 6/1980. S.385-394.

RAUEN, Birgit: Lustig ist das Zuschauerleben... Was aus dem freien Senden in Italien geworden ist. In: Medium. 7/1984. S.24-28.

RAUEN, Birgit: Platz für zwei Networks: Medienkonzentration in Italien. In: Media Perspektiven. 3/1984. S.161-172, hier: S.162.

RAUEN, Birgit: Pressekonzentration in Italien. In: Media Perspektiven. 9/1979. S.613-624.

RAUEN, Birgit: Vorläufige Genehmigung für Privatsender. In: Media Perspektiven. 4/1985. S.301-304.

RAUSCHER, Hans: Forza Berlusconi? Der erste totale Mediokrat der Demokratiegeschichte auf dem Sprung zur Macht. In: WirtschaftsWoche. 14/1994. S.11-12.

RENGER, Reinhard: Eine italienische Geschichte. Indro Montanelli und seine neue Zeitung la Voce. In: Süddeutsche Zeitung. 22.6.1994. S.9.

RENNER, Jens: Der Fall Berlusconi. Rechte Politik und Mediendiktatur. Göttingen, 1994.

RICOLFI, Luca: Elezioni e mass media. Quanti Voti ha spostato la Tv. In: Il Mulino. 6/1994. S.1031-1046.

RINALDI, Claudio: Dieci buone ragioni per Non fidarsi di Berlusconi. In: L´Espresso. 10/1994. S.38-45.

ROEGELE, Otto B.: Anmerkungen zum Thema der Tagung. In: BÖCKELMANN, Frank E. (Hg.): Medienmacht und Politik. Berlin, 1989. 145-148.

ROIDI, Vittorio: Duemila coscienza contro il bavaglio. In: Avvenimenti. 27.7.1994. S.14.

RONNEBERGER, Franz: Die Rolle von Public Relations im politischen Entscheidungsprozeß. In: BÖCKELMANN, Frank E. (Hg.): Medienmacht und Politik. Berlin, 1989. S.149-160.

ROQUES, Valeska von: Die Stunde der Leoparden. Italien im Umbruch. Wien / München 1994.

ROSE, Richard / McALLISTER, Ian: Voters Begin to Chose. From Closed Class to Open Elections. London / Beverly Hills / New Delhi, 1986.

ROSITI, Franco: Sette televisioni nazionali e quasi ventimila casi. Metodo e risultati dell´ Osservatorio di Pavia. In: Problemi dell´ informazione. 3/1994. S.253-260.

RUGGERI, Giovanni / GUARINO, Mario: Berlusconi. Showmaster der Macht. Die Biographie. Berlin, 1994.

RUGGERI, Giovanni: Berlusconi. Gli affari del Presidente. Mailand, 1994.

RUSS-MOHL, Stephan: Berlusconi spaltet Italien. In: Die Zeit. 4.11.1994. k.S.

SARCINELLI, Ulrich: Massenmedien und Politikvermittlung - Eine Problem- und Forschungsskizze. In: WITTKÄMPER, Gerhard W. (Hg.): Medien und Politik. Darmstadt, 1992. S.37-62.

SARCINELLI, Ulrich: Mediatisierung und Wertewandel: Politik zwischen Entscheidungsprozeß und politischer Regiekunst. In: BÖCKELMANN, Frank E. (Hg.): Medienmacht und Politik. Berlin, 1989. S.165-174.

SARCINELLI, Ulrich: Symbolische Politik und politische Kultur. Das Kommunikationsritual als politische Wirklichkeit. In: Politische Vierteljahresschrift. 2/1989. S.292-309.

SARCINELLI, Ulrich: Symbolische Politik. Zur Bedeutung symbolischen Handelns in der Wahlkampfkommunikation der Bundesrepublik Deutschland. Opladen, 1987.

SAUER, Ulrike: Auswirkungen des neuen Mediengesetzes in Italien. In: Media Perspektiven. 3/1991. S.161-169.

SAXER, Ulrich: Aspekte und Modalitäten politischer Wertsozialisation durch Medienkommunikation. In: BÖCKELMANN, Frank E. (Hg.): Medienmacht und Politik. Berlin, 1989. S.121-137.

SCHARSACH, Hans-Henning: Aufstieg & Fall. Silvio Berlusconi ist Aufsteiger und Absteiger des Jahres 1994 in einer Person. Die Staatsanwälte ermitteln gegen ihn. Seine Koalition ist am Ende. In: News. 51/1994. S.64f.

SCHARSACH, Hans-Henning: Haiders Kampf. Wien, 71992.

SCHARSACH, Hans-Henning: Medien-Krieg. Italiens Regierungschef feuert TV-Bosse. In: News. 40/1994. S.69-73.

SCHMIDT, Helmut: Menschen und Mächte. Berlin, 1987.

SCHULZ, Winfried / KINDELMANN, Klaus: Die Entwicklung der Images von Kohl und Lafontaine im Wahljahr 1990. Ein Vergleich der Wählerurteile mit den Urteilen ausgewählter Leitmedien. In: HOLTZ-BACHA, Christina / LEE KAID, Lynda (Hg.): Die Massenmedien im Wahlkampf. Untersuchungen aus dem Wahljahr 1990. Opladen, 1993. S.10-45.

SCHÜMER, Dirk: Geballte Gewalten, gemischte Kanäle. In: Frankfurter Allgemeine Zeitung. 30.3.1994.

SEISSELBERG, Jörg: Forza? Find ich gut... Mit Marketing wie für Konsumprodukte gewinnt Berlusconis Partei „Forza Italia“ Wahlen: Sie setzt Demoskopie in Politik um. In: Die Woche. 7.10.1994. S.23.

SEMRAU, Eugen: Entertainment für Einsiedler. Überlegungen zur Strategie politischer Fernsehwerbung. In: PLASSER, Fritz / ULRAM, Peter A. / WELAN, Manfried (Hg.): Demokratierituale. Zur politischen Kultur der Informationsgesellschaft. Wien / Köln / Graz, 1985. S.61-74.

STECHER, Sabine: Journalismusausbildung in Italien. Diplomarbeit. Wien, 1991.

STELLA, Gian Antonio: Dell'Utri: „Tutta colpa dei cattocomunisti, per loro siamo come gli ebrei." In: Corriere della Sera. 20.7.1996. S.8.

STOBER, Rolf: Medien als Vierte Gewalt - Zur Verantwortung der Massenmedien. In: WITTKÄMPER, Gerhard W. (Hg.): Medien und Politik. Darmstadt, 1992. S.27-36.

TAYLOR, Paul: See How They Run. Electing the President in An Age of Mediocracy. New York, 1990.

TEODORI, Massimo: Ladri di democrazia. Dalla P2 a Tangentopoli, il malaffare politico che ha portato alla fine della Repubblica. Neapel, 1994.

TEODORI, Massimo: Una nuova Repubblica? Il Voto e la riforma elettorale, il tramonto dei partiti, la questione del governo nella democrazia dell' alternanza. Mailand, 1994.

TORTORELLA, Maurizio: Ma quanti voti sposta la televisione? In: Panorama. 25.4.1996. S.144.

TURI, Gianandrea: Guerra di quotidiani. In: Avvenimenti. 27.7.1994. S.53.

URBANI, Giuliano: L' Italia del Buongoverno. Le Idee, i Valori, il programma per ricostruire il Paese e creare una autentica democrazia liberale. Mailand, 1994.

VACCARI, Lanfranco: C'è da fidarsi dei giornalisti? In: Panorama. 19.9.1993. S. 36-41.

VACCARI, Lanfranco: Quante ombre in prima pagina. In: Panorama. 3.4.1994. S.52-54. -

VERDERAMI, Francesco: PDS e Popolari: democrazia in pericolo. In: Corriere della Sera. 20.12.1994. S.2.

VIRILIO, Paul: Revolution der Geschwindigkeit. Berlin, 1993..

VISENTINI, Toni: Die Lega. Italien in Scherben. Bozen, 1993.

VOGEL, Dieter: Kommunikationsprobleme des modernen demokratischen Staates. Vortrag am Institut für Publizistik- und Kommunikationswissenschaft der Universität Wien am 17. November 1994. Unveröffentlichtes Vortragsmanuskript.

WAGENLEHNER, Günther: Politische Feindbilder und Medien. In: WITTKÄMPER, Gerhard W. (Hg.): Medien und Politik. Darmstadt 1992. S.63-72.

WALLISCH, Gianluca / WALLISCH, Stefan: Der Versuch einer „regressiven" Medienpolitik - Italien als ein ermutigendes Beispiel? In: PELINKA, Peter / DUCHKO-

WITSCH, Wolfgang / HAUSJELL, Fritz: Zeitungs-Los. Essays zu Pressepolitik und Pressekonzentration in Österreich. Salzburg, 1992. S.86-102.

WALLISCH, Stefan: Die Medien-Kriege. Die Problematik der modernen Kriegsberichterstattung. Vietnam-, Falkland- und Golf-Krieg als zeitgeschichtliche Fallbeispiele. Diplomarbeit. Wien, 1992.

WARNER, Steven / GAMBETTA, Diego: La retorica della riforma. Fine del sistema proporzionale in Italia. Turin, 1994.

WEISCHENBERG, Siegfried: Gladiatoren und Propagandisten? Die Akteure politischer Kommunikation in einer medialen Streitkultur. In: LANGENBUCHER, Wolfgang R. (Hg.): Politische Kommunikation. Grundlagen, Strukturen, Prozesse. Wien, überarb. Auflage, ^{2}1993. S.132-149.

WITTKÄMPER, Gerhard W. (Hg.): Medien und Politik. Darmstadt 1992.

Anhang

Tabellen und Abbildungen

Die Regierungen Italiens von 1945 bis 1996 *Tabelle 1*

Ministerpräsident	Regierungsparteien	Dauer
1. Parri	DC-PCI-PSI-PLI-DL-Pd´A	21.6.45-24.11.45
2. De Gasperi I	DC-PCI-PSI-PLI-DL-Pd´A	10.12.45-1.7.46
3. De Gasperi II	DC-PCI-PSI-PRI	13.7.46-20.1.47
4. De Gasperi III	DC-PCI-PSI	2.2.47-13.5.47
5. De Gasperi IV	DC-PLI-PSDI-PRI	31.5.47-12.5.48
6. De Gasperi V	DC-PLI-PSDI-PRI	23.5.48-12.1.50
7. De Gasperi VI	DC-PSDI-PRI	27.1.50-16.7.51
8. De Gasperi VII	DC-PRI	26.7.51-29.6.53
9. De Gasperi VIII	DC	16.7.53-28.7.53
10. Pella	DC	17.8.53-5.1.54
11. Fanfani I	DC	18.1.54-30.1.54
12. Scelba	DC-PSDI-PLI	10.2.54-22.6.55
13. Segni I	DC-PSDI-PLI	6.7.55-6.5.57
14. Zoli	DC	19.5.57-19.6.58
15. Fanfani II	DC-PSDI	1.7.58-26.1.59
16. Segni II	DC	15.2.59-24.2.60
17. Tambroni	DC	25.3.60-19.7.60
18. Fanfani III	DC	26.7.60-2.2.62
19. Fanfani IV	DC-PSDI-PRI	21.2.62-16.5.63
20. Leone I	DC	21.6.63-5.11.63
21. Moro I	DC-PSI-PSDI-PRI	4.12.63-26.6.64
22. Moro II	DC-PSI-PSDI-PRI	22.7.64-21.1.66
23. Moro III	DC-PSI-PSDI-PRI	23.2.66-5.6.68
24. Leone II	DC	24.6.68-19.11.68
25. Rumor I	DC-PSU-PRI	12.12.68-5.7.69
26. Rumor II	DC	5.8.69-7.2.70
27. Rumor III	DC-PSI-PSDI-PRI	27.3.70-6.7.70
28. Colombo	DC-PSI-PSDI-PRI	6.8.70-15.1.72
29. Andreotti I	DC	17.2.72-26.2.72
30. Andreotti II	DC-PSDI-PLI	26.6.72-12.6.73
31. Rumor IV	DC-PSI-PSDI-PRI	7.7.73-2.3.74
32. Rumor V	DC-PSI-PSDI	14.3.74-3.10.74
33. Moro IV	DC-PRI	23.1.74-7.1.76
34. Moro V	DC	12.2.76-30.4.76
35. Andreotti III	DC	29.7.76-16.1.78
36. Andreotti IV	DC	11.3.78-31.1.79
37. Andreotti V	DC-PRI-PSDI	20.3.79-31.3.79
38. Cossiga I	DC-PSDI-PLI	4.8.79-19.3.80
39. Cossiga II	DC-PSI-PRI	4.4.80-27.9.80
40. Forlani	DC-PSI-PSDI-PRI	18.10.80-26.5.81
41. Spadolini I	DC-PSI-PSDI-PRI-PLI	28.6.81-7.8.82
42. Spadolini II	DC-PSI-PSDI-PRI-PLI	23.8.82-13.11.82
43. Fanfani V	DC-PSI-PSDI-PLI	1.12.82-29.4.83
44. Craxi I	DC-PSI-PSDI-PRI-PLI	4.8.83-27.6.86
45. Craxi II	DC-PSI-PSDI-PRI-PLI	1.8.86-3.3.87
46. Fanfani VI	DC	17.4.87-28.4.87
47. Goria	DC-PSI-PSDI-PRI-PLI	28.7.87-11.3.88
48. De Mita	DC-PSI-PSDI-PRI-PLI	13.4.88-19.5.89
49. Andreotti VI	DC-PSI-PSDI-PRI-PLI	23.7.89-29.3.91
50. Andreotti VII	DC-PSI-PSDI-PLI	13.4.91-24.4.92
51. Amato	DC-PSI-PSDI-PLI	29.6.92-28.4.93
52. Ciampi	DC-PSI-PSDI-PLI	28.4.93-13.1.94
53. Berlusconi	Polo della libertà	15.5.94-22.12.94
54. Dini	parteilos	17.1.94-11.1.96
55. Prodi	Ulivo	28.5. 96-

Die Aufstellung basiert auf: BRAUN, Michael: Italiens politische Zukunft. a.a.O. S.183f.

Wählerverschiebungen RAI - Fininvest — *Tabelle 2*

	RAI	Fininvest
RC, Rete, Verdi, AD	(-0,6)	(-0,4)
PDS	(-0,7)	(-4,2)
PSI	(-0,4)	1,0
PPI, Segni, PRI	(1,4)	-4,2
Forza Italia, CCD, Pannella	-4,5	12,7
Lega, AN	4,8	-4,8

Die Werte in den Klammern sind nicht repräsentativ.
Quelle: RICOLFI, Luca: Elezioni e mass media. a.a.O. S.1040.

Zeitbudget einzelner Parteien im Fernsehen — *Tabelle 3*

	RAI	Fininvest
Forza Italia	14624	28737
PDS	14639	15330
Lega Nord	12547	13762
PPI	10486	13976
Riformatori / Pannella	5253	14946
AN	10835	8024
Patto per l´Italia	7437	6561
AD	5915	7234
RC	3850	9216
Rete	4406	8265
Cand. ind. progressisti	7659	3345
Verdi	3918	6178
PSI	2524	3986
CCD	4620	1206
Radicali in Forza Italia	3291	736
UDC	1480	1452
Socialdemocrazia	1408	569
Andere vom Pol der Freiheit	0	1235
Andere Zentrum	1167	0
Cristiano-sociali	800	290

MORCELLINI, Mario: La telepolitica. a.a.O. S.275.

Zeitbudget einzelner Parteien im Fernsehen

Abbildung 1 zu Tabelle 3

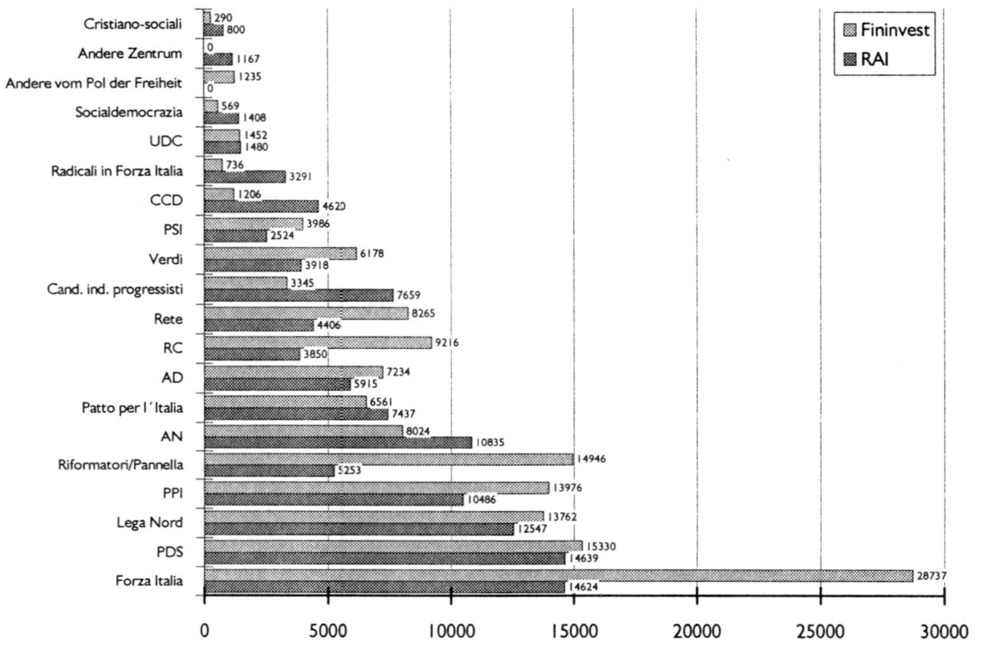

TV-Präsenz von Partei-Leadern — *Tabelle 4*

	RAI	Fininvest
Berlusconi	3236	16951
Pannella	4277	13168
Occhetto	5958	3768
Fini	4799	3952
D´Alema	2362	6111
Bossi	3400	3270
Buttiglione	492	5920
Martinazzoli	1451	3935
Spaventa	2873	2415
Bertinotti	2420	2197
Orlando	1921	2651
Segni	2367	2167
Speroni	0	4085
Ayala	2355	1512
Martino	2822	955

MORCELLINI, Mario: La telepolitica. a.a.O. S.281.

TV-Präsenz von Partei-Leadern

Abbildung 2 zu Tabelle4

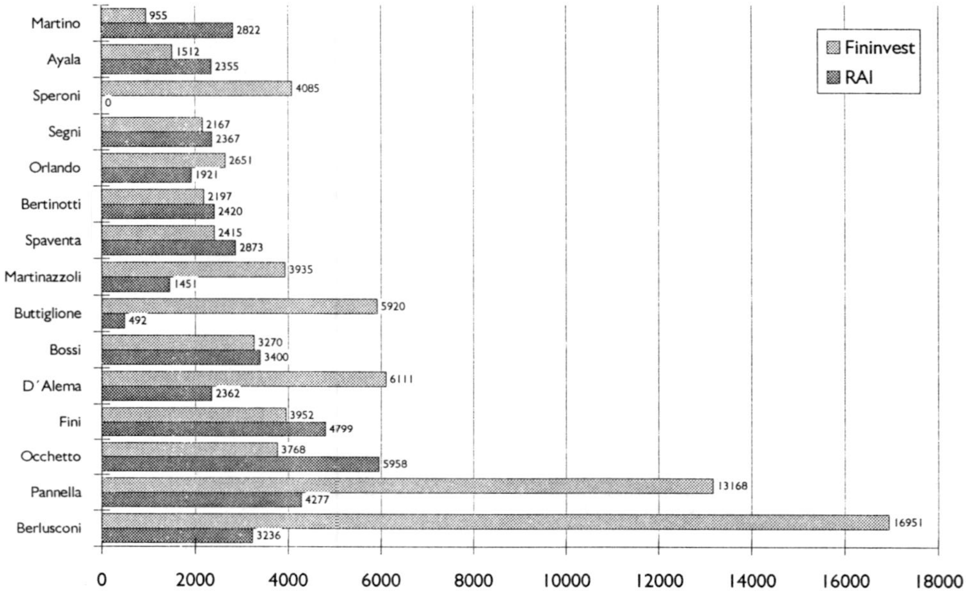